人民·联盟文库

顾问委员会

由人民出版社市场联盟成员社社长、总编辑组成

编辑委员会

(以姓氏拼音为序)

主　任：陈有和

副主任：杜培斌　潘少平　王德树

委　员：陈令军　姜　辛　刘锦泉　刘智宏
　　　　王　路　许方方　徐佩和　张文明

人民·联盟文库

宋学的
发展和演变

漆侠著

河北人民出版社
人民出版社

出版说明

人民出版社及全国各省市自治区人民出版社是我们党和国家创建的最重要的出版机构。几十年来，伴随着共和国的发展与脚步，他们在宣传马克思列宁主义、毛泽东思想、邓小平理论、"三个代表"重要思想，深入贯彻落实科学发展观，坚持走有中国特色社会主义道路方面，出版了大量的各种类型的优秀出版物，为丰富人民群众的学习、文化需求作出了不可磨灭的贡献，发挥了不可替代的作用。但由于环境、地域及发行渠道等诸多原因，许多精品图书并不为广大读者所知晓。为了有效地利用和二次开发全国人民出版社及其他成员社的优秀出版资源，向广大读者提供更多更好的精品佳作，也为了提升人民出版社市场联盟的整体形象，人民出版社市场联盟决定，在全国各成员社已出版的数十万个品种中，精心筛选出具有理论性、学术性、创新性、前沿性及可读性的优秀图书，辑编成《人民·联盟文库》，分批分次陆续出版，以飨读者。

《人民·联盟文库》的编选原则：1. 充分体现人民出版社的政治、学术水平和出版风格；2. 展示出各地人民出版社及其他成员社的特色；3. 图书主题应是民族的，而不是地区性的；4. 注重市场价值，要为读者所喜爱；5.译著要具有经典性或重要影响；6.内容不受时间变化之影响，可供读者长期阅读和收藏。基于上述原则，《人民·联盟文库》未收入以下图书：1.套书、丛书类图书；2.偏重于地方的政治类、经济类图书；3.旅游、休闲、生活类图书；4.个人的文集、年谱；5.工具书、辞书。

《人民·联盟文库》分政治、哲学、历史、文化、人物、译著六大类。由于所选原书出版于不同的年代、不同的出版单位，在封面、开本、版式、材料、装帧设计等方面都不尽一致，我们此次编选，为便宜读者阅读，全部予以统一，并在封面上以颜色作不同类别的区分，以利读者的选购。

人民出版社市场联盟委托人民出版社具体操作《人民·联盟文库》的出版和发行工作，所选图书出版采用联合署名的方式，即人民出版社与原书所属出版社共同署名，版权仍归原出版单位。《人民·联盟文库》在编选过程中，得到了人民出版社市场联盟成员社的大力支持与帮助，部分专家学者及发行界行家们也提出了很多建设性的意见，在此一并表示诚挚的感谢！

《人民·联盟文库》编辑委员会

初版说明

呈现在读者诸君面前的是著名历史学家、宋学泰斗漆侠先生的一部遗作。漆侠先生不幸于2001年11月2日遽然离世。这实在是我国宋史学界乃至历史学界的一大损失。自1994年始,漆侠先生以古稀高龄,转攻宋学。在漆侠先生去世之前,他以每天2000余字的速度,倾心撰写《宋学的发展和演变》一书。然而天不假年,就在该书行将完稿之时,漆侠先生遽然离开了我们,离开了他钟爱一生,且为之鞠躬尽瘁、呕心沥血的宋史研究,致使该书第四编"宋学的演变阶段"之第十八章未及写完,第十九章——陆九渊主观唯心主义哲学思想的发展与朱陆"鹅湖之会"、第二十二章——理学的集大成者朱熹及其在理学上的地位、第二十三章——论程朱系统的"明天理,灭人欲"三章未及提笔,诚为憾哉!因之,在出版此书时,我们对目录稍微做了调整,请读者诸君鉴谅。尽管如此,就像断臂的维纳斯一样,残缺有残缺之美。捧读书稿,我们时时为漆侠先生新颖之观点、独到之思想、详赡之材料、犀利之文笔、磅礴之文气所震慑、所感动,时时体悟到思想之魅力。尽管这是一部尚未写完的著作,但是想必,她会像《王安石变法》之成为漆侠先生在宋代政治史领域里的代表作、《宋代经济史》之成为漆侠先生在宋代经济史领域里的代表作一样,《宋学的发展和演变》亦将作为漆侠先生在宋代学术思想史领域里的代表作而流传后世,

———— • 初版说明 • ————

嘉惠学林。

呜呼，哲人虽逝，著作永存，思想不朽！谨此永志。

河北人民出版社

2002 年 4 月 30 日

中国哲学史研究走向何处去?[①]

——《宋学的发展和演变》(代序)

啃完《宋学的发展和演变》这个苦果之后,我想把多年积压在心头上的对中国哲学史研究的一些意见,提供出来,请学术界同志予以指正。

以《中国哲学史研究走向何处去?》为题,我打算写出以下几个问题,即:一、我是如何从史学的学习走向中国哲学史的学习的;二、对近八十年中国哲学史研究取得巨大成就的认识;三、当前中国哲学史研究所面临的困境;四、中国哲学史研究的广阔道路;五、结论。这些想法是否恰当,请加评正。

[①] 本篇文章为漆侠先生的遗稿,因漆侠先生遽然离世,未及写完本文,为尊重作者,特保持原貌,此处不加补充,请读者鉴谅。——编者

目 录

总　论　宋学的发展和演变 ……………………………………… 1

第一编　唐中叶以来经济文化思想领域里的变化

第一章　唐宋之际社会经济关系的变革及其对文化思想领域所
　　　　产生的影响 …………………………………………… 49

第二章　唐中叶以来文化思想领域里的变化（上）：汉章句之学
　　　　及其衰落　唐中叶春秋学研究的突破 ……………… 75

第三章　唐中叶文化思想领域中的变化（下）：以韩李柳刘为代
　　　　表的儒生士大夫对复兴儒学所做出的努力 ………… 94

第二编　宋学的形成阶段

引　言 ……………………………………………………………… 123

第四章　宋学形成前儒释道三家思想的渗透、沟通及其向纵深
　　　　处发展（上）：释智圆对儒学思想的认识 …………… 125

第五章　宋学形成前儒释道三家思想的渗透、沟通及其向纵深

处发展（下）：晁迥对佛道思想的认识 …………… 143

　　［附］儒家的中庸之道与佛家的中道义
　　　　——兼评释智圆有关中庸中道义的论点 …………… 156

第六章　北宋初年文风学风的巨大变革　欧阳修在宋学形成阶段中的先锋作用 …………… 168

第七章　宋学的奠基者：宋初三先生在经学上的贡献 …………… 195

第八章　李觏：一个面向社会实际、与时代息息相关的杰出思想家 …………… 231

第九章　以范仲淹为领导的庆历新政与宋学的形成 …………… 253

第三编　宋学的发展阶段

第十章　荆公学派与辩证法哲学 …………… 281

第十一章　王雱：一个早慧的才华四溢的思想家 …………… 304

第十二章　中庸之道与司马光哲学 …………… 322

第十三章　王安石、张载哲学比较研究
　　　　——兼论张载有关的社会思想 …………… 346

第十四章　苏蜀学派及其对《易》、《老子》哲学思想的阐发 …………… 376

第十五章　理学的主流——程颢程颐所创建的洛学 …………… 407

第十六章　苏轼"蜀学"与程颐"洛学"在思想领域中的对立 …………… 433

第四编　宋学的演变阶段

第十七章　二程理学突然兴发 …………… 453

目 录

第十八章 南宋乾道淳熙年间鼎足而立的讲学形势及其演进 …… 472

第十九章 浙东事功派代表人物陈亮的思想与朱陈"王霸义利之辨" …… 490

第二十章 叶适献身于恢复事业的不懈努力及其对理学的批判 …… 516

参考书目 …… 541

后　　记 …… 548

总 论
宋学的发展和演变

一、与汉学相对立，宋学是对探索
　　古代经典的一个巨大变革

在我国古代经济文化发展的总过程中，宋代不仅社会经济发展到最高峰，而且它的文化也发展到登峰造极的地步。半个世纪之前，陈寅恪先生畅论我国文化演进之态势，首先便指出了，"华夏民族之文化，历数千载之演进，造极于赵宋之世"；又称尔后学术发展的必然趋势是，"宋代学术之复兴，或新宋学之建立是已"①。陈先生提出来的新宋学和宋学两个概念的涵义是很不相同的：新宋学包括了哲学（主要是经学）、史学、文学艺术等多个方面，涵盖面是较为宽广的；而宋学则指的是，在对古代儒家经典的探索中，与汉学迥然不同的一种新思路、新方法和新学风。正如本师邓恭三广铭先生所说："宋学是汉学的对立物，是汉学引起的一种反动。"②

汉学之所以成为宋学的对立物，主要是由于汉学内在矛盾的发展造成的。自汉武帝罢黜百家，独尊儒术，五经成为经世济用、作育人才的大典，成为儒生们探索和研究的重要对象。然而由于文字形体的演变，从大篆到小篆，又从秦篆到汉隶，特别由于秦火之后，古代经典佚散得极其严重，研究儒经的经师们不得不从辑补、校正、训释方面入手，从而形成了汉学训诂的独特研究方法，以及经师们自己探索经典的家法。以评论先秦诸学派而著称的司马谈，认为儒家最大的缺陷是"博而寡要，劳而少功"③。而汉儒这一研究方法，愈益暴露了儒学的弱点。家

---

① 陈寅恪：《邓广铭〈宋史职官志考证〉序》，《金明馆丛稿二编》第245页，上海古籍出版社1980年10月版。
② 邓广铭：《略谈宋学》，《宋史研究论文集》（1984年年会编刊），浙江人民出版社1987年11月版，后收入《邓广铭治史丛稿》，北京大学出版社1997年6月版。
③ 《史记》卷一三〇《太史公自序·论六家要旨》。

法使经学的传承得到了基本的保证，但其末流所及，墨守师说，固步自封，严重窒息了学术思想的新发展。而且章句之学，梳理爬通，已是极其繁杂琐碎，而有的经师说一二字之文，便自三五万言，则又加速地走上烦琐哲学的道路，以至于白首不能通一经。这种治学道路和方法，历魏晋隋唐而没有得到大的改变。只要看看孔颖达的《五经正义》，就会知道汉代经师依然统治隋唐人的头脑。任何一门学问或思想，只要固步自封，陷入烦琐哲学的泥淖，就会失去它的生命力，就会被另一门学问或思想所代替。因此，学术史或者思想史，也就形成了它自己不断更新的历史，即一门学术或思想战胜、取代另一门学术或思想的历史。汉学之所以被宋学取代，不过是学术史或思想史无数更替和更新中的一个镜头而已。

宋学是以义理之学代替了汉学的章句之学的。那么，义理之学与章句之学这两者的区别是什么呢？

认真比较起来，汉学和宋学之间，在对儒经的探索方面，确实存在不小的差别。在未进行比较之前，这里先举述如下一则有关学习方法的故事。《三国志·蜀书·诸葛亮传》上说：

〔诸葛〕亮在荆州，以建安初与颍川石广元、徐元直、汝南孟公威等俱游学，三人务于精熟，而亮独观其大略。①

这是在东汉末年传统的章句之学讲授形式下，表现出的两种治学态度：石广元等三人显然按照经师们的章句的传授，走上务于精熟的道路；诸葛亮则一反传统的学习方法，不务章句，而"独观其大略"，即从经的要旨方面入手，从而与石广元等大不相同。如果对上段文字的这个理解不错，那就可以说，在章句之学的全盛时期，一些杰出之士如诸葛亮，即已突破章句之学的局限，从领会经的要旨出发，达到对经籍的理解，走上新的治经方法和道路。以义理之学的宋学代替了汉学的章句

---

① 《三国志·蜀书》卷三五《诸葛亮传》注引《魏略》。

之学，其主要的、基本的区别在于：汉儒治经，从章句训诂方面入手，亦即从细微处入手，达到通经的目的；而宋儒则摆脱了汉儒章句之学的束缚，从经的要旨、大义、义理之所在，亦即从宏观方面着眼，来理解经典的涵义，达到通经的目的。总之，从方法论上说，汉学属于微观类型，而宋学则属于宏观类型。在我国古代学术发展史上，宋学确实开创了学术探索的新局面，并表现出了它独特的新思路和新方法。

宋学在中国古代学术史上虽然占有重要地位，受到许多学者如陈寅恪等的重视，但在学术研究上还没放在它应当放在的位置上。从过去的研究来看，大体上存在两个偏向：第一个偏向是，用理学代替宋学。本师邓恭三先生在《略谈宋学》一文中，已经指出了这一问题，"应当把宋学和理学加以区别"。宋学和理学之间的关系是，宋学可以包蕴理学，而理学则仅仅是宋学的一个支派。在宋学的建立中，被称为宋初三先生的胡瑗等人，起着奠基者的作用。然而由于过去以理学代替宋学，一些研究者们仅仅把胡瑗等人的学术思想作为理学的一个来源加以论证，于是宋学的奠基者反倒成为理学的附庸而存在了，这显然是违背历史实际的。

第二个偏向是，大多数的研究者贬低了荆公学派。《宋元学案》在末尾数卷中立有《荆公新学略》，明显地贬低了荆公学派。近代学者对荆公学派虽然作了较为广泛的研究，使荆公之学为世所知，从而与《宋元学案》有所不同，但也没有把荆公学派安置在当时学术界的主导地位上，甚至安置在二程理学派之下，这尤其是违背历史实际的。试看宋人记述的如下一则故事：

> ……伯淳（程颢）作谏官，论新法，上令至中书议。伯淳见介甫（王安石），与之剖析道理，气色甚和，且曰："天下自有顺人心底道理，参政何必须如此做？"介甫连声谢伯淳曰："此则极感贤诚意，此则极感贤诚意！"①

---

① 吕本中：《杂说》，《长编》卷二一〇熙宁三年四月己卯注引。

这则故事记述了青苗法创行之初引起的矛盾斗争，是无需多加说明的，但它所反映的王安石、程颢之间的关系，则值得注意。"贤"在宋人的称呼中，一般是先生对学生、长者对晚辈的称呼。王安石称程颢为"贤"，这说明了王安石在程颢面前是以长辈自居的，也反映了程颢在变法之初对王安石的尊敬。当时程氏兄弟正值壮年，学术上还处于起步阶段，经过熙宁、元丰（1068—1085）十七八年，到元祐年间（1086—1094），方才形成为洛学，在学术上崭露头角。他们与张载建立的关学，在整个宋学中发展成为理学，从而成为理学的创始阶段。把刚刚形成、在社会上还没有多大影响的理学，置于得到政府大力支持、在学术上起着决定性作用的荆公学派之上，是无甚根据的，因而也是不恰当的。

宋学不仅为学术的探索开创了新局面，它的强大的生命力和突出的特点还表现在，把学术探索同社会实践结合起来，力图在社会改革上表现经世济用之学。宋学从创始阶段到发展阶段，亦即从范仲淹到王安石，一再把经世济用的经学放在社会实践上，实际上这也就是把儒生们所尊奉的"内圣外王之道"这一最高理想，不是托诸空言，而是通过社会实践付诸实现。宋学之所以在北宋取得蓬勃的发展，这是一个重要的原因；宋学之所以在南宋逐步衰落，宋学之所以蜕变为理学，也就在于经世致用之学与社会政治生活日益脱节，仅限于"道德性命"之类的空谈，仅限于著书立说（陆九渊则走得更远，连著书也都加以反对）。把经世致用之学运用到社会实践上，不论其成功还是失败，都是值得注意、值得探讨的。正是在这个关键问题上，为过去的研究者们所忽视，从来无人涉及。这大概是与政治生活脱节，习惯于在书斋中长时地从思想到思想这一思维方式的具体表现吧！

由于对宋学的上述几点认识，本文打算把宋学作为一个整体进行考察，看看它是怎样形成和怎样发展的，看看它又是怎样从兴盛中演变的。大体上宋学的发展和演变可以划分为如下三个阶段，即：宋仁宗统治期间（庆历前后）为宋学的形成阶段，其代表人物为宋初三先生的胡瑗、孙复、石介和李觏、欧阳修，而以范仲淹为核心人物。宋仁宗晚年

（嘉祐）到宋神宗初是宋学的大发展阶段，形成为各具特色的荆公学派、温公学派、苏蜀学派和以洛（二程）关（张载）为代表的理学派等四大学派。其中荆公学派影响最大，在学术上居主导地位达60年之久，即使到南宋初横遭压制，但与二程、三苏之学依然鼎立而三，足见其影响的深远。到南宋，经过杨时、胡安国、胡宏父子的积极努力，特别宋高宗对荆公学派不遗余力地打击，到乾道、淳熙年间（1165—1189）形成了在社会上拥有一定势力的道学（即理学）。至此，形成二程理学派独领风骚的局面，而继承二程之学的为陆九渊的心学和朱熹的理学。整个南宋学术思想界是以朱熹为代表的理学居统治地位，而与之对立的则是以吕祖谦、陈亮、薛季宣、陈傅良和叶适为代表的浙东事功派。宋学处于演变阶段，而从宋学演变来的理学虽然处于鼎盛阶段，但在其内部也隐伏了衰落的因素。最后，将从社会历史条件来论述宋学发展演变的原因所在。所论是否妥当，还请同道们多加匡正。

二、宋学的形成阶段

（庆历新政前后）

宋学形成于宋仁宗统治期间，庆历新政前后（1043—1044）是宋学形成的阶段。

宋学之所以在这个时期形成，从学术的渊源看，它受到中唐以来韩愈、李翱等儒家道统说和一些学者疑经的深刻影响。从形成的时代看，它是在宋专制主义统治高度发展，以及宝元、康定（1038—1041）以来内外交迫的形势下产生的，不能不具有鲜明的时代特色。特别是宋学在范仲淹、三先生、欧阳修和李觏等的积极推动之下形成，不能不受到这些代表人物更加深刻的影响。因而，宋学的形成，有其学术的、政治的以及社会条件等多种因素，是较为复杂的。

总　论　宋学的发展和演变

（一）疑经是宋学的一个重要特点。继唐人之后，宋儒对儒经也提出了大胆的怀疑，认为有的经典并非出自孔子之手。欧阳修最先着鞭，他的《易童子问》是宋人第一个大胆地提出疑经问题的。他说：

> 童子问曰：《系辞》非圣人之作乎？曰：何独《系辞》焉，《文言》、《说卦》而下，皆非圣人之作。①

欧阳修认为这些篇章，"众说淆乱，亦非一人之言也"，是"昔之学《易》者，杂取以资其讲说，而说非一家，是以或同或异，或是或非，其择而不精，至使害经而惑世也"。尽管《易·系辞》"繁衍丛脞"、"非圣人之作"，当是"汉初谓之易大传"，因为当时"学经者皆有大传"，所以也不可废去。欧阳修这种治学的态度是非常可贵的。如果认为以前的经典以及后人对经典的阐释，都是完美无缺、无任何可以厚非之处，死抱着那些古老的教条不放，包括经学在内的各种学问又怎么能够发展呢？欧阳修之所以能够提出《易·系辞》之非孔子所作，这是他从对《易·系辞》及其有关材料剖析中得到的，反映了他对古代典籍的理解有了突破性的进展，鉴别审订材料的水平大有提高。这一点，半个多世纪以前，傅斯年先生在其有关史料学的著作中即提出，并以欧阳修著作为例，说明宋人在史料学方面的进步。②

（二）欧阳修对儒经尚且采取怀疑态度，那么对儒经的注疏就更加不信任了。他在《诗解统序》中对"毛、郑二学"提出批评，称"其说炽辞辩，固已广博，然不合于经者，亦为不少"。因此，欧阳修"欲志郑学之妄、益毛氏疏略而不至者，合之于经"，从而写出了一组文章："先明其统要十篇，庶不为之芜泥云尔！"③ 四库馆臣们在欧阳修《毛诗本意》的提要上说："自唐以来，说《诗》者莫敢议毛、郑，虽老师宿儒亦谨守小序。至宋而新义日增，旧说几废，推原所始，实发于修。"

---

① 《欧阳文忠公文集》卷七八《易童子问》卷三，四部丛刊本。
② 傅斯年：《史学方法导论》，《傅斯年全集》第三册第364页。
③ 《欧阳文忠公文集》卷六〇（外集卷一〇）《诗解统序》，四部丛刊本。

总　论　宋学的发展和演变

由此说明了首先向毛、郑二家挑战的是欧阳修。欧阳修对毛、郑二家提出批评，不"曲徇"二家之说，他所作的训释，"往往得诗人之本意"①，对毛、郑二家的纠正是正确的。由此也就说明，欧阳修在宋学建立过程中，起了披荆斩棘的、开拓性的重大作用。

（三）除疑经、对汉人注疏不信任这两大特色外，宋学的第三个特点是，摆脱汉儒以来章句之学的束缚，从自己对儒经理解的实际出发，创造了义理之学，从而成为探索儒经的新途径。

胡瑗，宋初三先生之一，《宋元学案》将其列为宋代学术第一人，谓之《安定学案》，在宋学开创和宋代教育史上都发挥了重要作用。蔡襄称胡瑗，"为文章皆傅经义，必以理胜"②；他的讲课，由学生们记录下来，称为"胡氏口义"，保留下来的还有《周易口义》和《洪范口义》，四库均著录。《周易口义》的特色是，"其说易以义理为宗"，根本不谈神秘莫测的"象数"③。这种治《易》的方法，上承王辅嗣，下启王荆公，"文义皆坦明"，为小程所宗。《洪范口义》也是以儒家思想观点阐明其义旨的，如对"恶"、"弱"的解释是，"恶与弱，皆不好德者也。好德者，由乎中道也。恶与弱皆过乎中道与不及中道也"④。这显然是以中庸之道来解释的。但对"食货"的诠释，胡瑗非常明确地提出来，"夫圣人治天下，未有不以足食为本"，"所谓仓廪实然后语荣辱之分，衣食足然后议廉耻之事"⑤。四库提要的作者们称胡瑗的《洪范口义》，"发明天人合一之旨，不务新奇"；"驳正注疏，自抒心得"，"以经注经，特为精确"⑥。但是，胡瑗对"食货"的诠释，则不像四库馆臣们所说那样，而是吸收了《管子》的思想观点，并予以阐发。这里标明

---

① 《四库全书》《诗本意》提要，四库影印本70—181。
② 蔡襄：《端明集》卷三七《太常博士致仕胡君墓志》，四库影印本1090—654。
③ 《直斋书录解题》卷一《周易口义》解题，四库影印本674—534。
④ 《洪范口义》卷下《五曰恶六曰弱》释义，四库影印本54—482。
⑤ 《洪范口义》卷上，四库影印本54—463。
⑥ 《四库全书》《洪范口义》提要，四库影印本54—452。

这一点，是非常重要的。宋学之所以丰富多彩，之所以有强大的生命力，就在于它立足于儒学的立场上，广泛吸收其他各家各派的见解，以丰富和完善自己的内容，使之更加发展壮大，这就是学术界通常所说的"援佛入儒"、"援道入儒"、"援法入儒"，等等，而胡瑗就是吸收《管子》思想来丰富《洪范》内容的开端者，在这里值得一提。

宋初三先生中的另一位是孙复，他以治《春秋》经名世，所著《春秋尊王发微》一书，与胡瑗的"口义"一样，"不取传注，其言简而义详，著诸大夫功罪，以考时之盛衰"①；"不惑传注，不为曲说，真切简易"②，"得经之意为多"③。

名列宋初三先生的石介，对经学的阐发，也是"不取"或"不惑""传注"的，同样体现了宋学的时代风貌。

总之，宋学的建立者，从其开始即撇开了汉人章句之学，直接从经学本身来理解和发挥经学的义理之所在，宋学之被称为义理之学，原因即在于此。

（四）在建立之初，宋学一个更加重要的特点是，不单纯从理论上探索经学，而是重实际、讲实用、务实效的，南宋浙东事功派即继承了这一学风。这在胡瑗的教育实践中表现得极为清楚，如材料所显示的：

> 安定先生自庆历中教学于苏湖间二十余年，束修弟子前后以数千计。是时，方尚辞赋，独湖学以经义及时务。学中故有经义斋、治事斋。经义斋者，择疏通有器局者居之；治事斋者，人各治一事，又兼一事，如边防、水利之类。故天下谓湖学多秀彦……④

……国家累朝取士，不以体用为本，而尚其声律浮华之

---

① 《郡斋读书志》卷一下，四库影印本 674—175。
② 《直斋书录解题》卷三，四库影印本 674—564。
③ 《郡斋读书志》卷一下，四库影印本 674—175。
④ 《五朝名臣言行录》卷十之二引《吕氏家塾记》，四部丛刊本。

词，是以风俗偷薄。臣师瑗当宝元明道之间，尤病其失，遂明体用之学，以授诸生。……今学者明夫圣人体用以为政教之本，皆臣师之功也。①

[胡瑗]又各因其所好类聚而别居之，故好尚经术者、好谈兵战者、好文艺者、好尚节义者，皆以所类群居，相与讲习。胡亦时召之，使论其所学，为定其理，或自出一义，使人人以对，为可否之；时取当时政事，俾之折衷，故人皆乐从而有成。②

上述几段材料说明了，胡瑗在人才的作育培养方面有其独到的地方，不愧为一个杰出的教育家。这里说明两点：其一是：儒经被封建统治阶级视为经国安邦的重要典籍，从中吸取经世济用的知识，因而是士大夫们自年轻时即诵习的重要对象。胡瑗继承了此前对五经的重视，设"经义斋"，选拔一些"疏通有器局者"专门探索这个封建统治的基本理论，从这里将儒家"体用之学"传授下来，使学者们"明夫圣人体用以为政教之本"，以经世致用。这是从大的方面对学者进行的教育。实际上，在小的方面，胡瑗也不予放松。据说徐积入太学，见到胡瑗，胡瑗猛喝一声，"头宜正"。徐积吃了一惊，从此不仅"头宜正"，而且更重要的是"心宜正"，对个人身心修养具有重要的教诲意义。薛季宣对胡瑗的作育人才给以很高的评价，他称胡瑗教育人才的"成人成己"的方法，是从"古之洒扫应对进退"开始，而归诸君子之道，即"致广大而尽精微，极高明而道中庸"，以达到儒生们所向往的"内圣外王"最高理想。③ 程颐正是从胡瑗这里受到教育和启发，把内心反省工夫放在头等重要的地位，逐步形成理学一派。

其二是，胡瑗还设立了专门性质的学科，如边防、水利之类让学生

---

① 《五朝名臣言行录》卷十之二据李廌书，四部丛刊本。
② 李廌：《师友谈记》，四库影印本863—185。
③ 薛季宣：《浪语集》卷二三《又与朱编修书》，四库影印本1159—366。

们学习，使他们有足够的专业知识，以适应社会的需要。理论（经学）和专业知识相结合，是胡瑗教育实践中的又一特色。为学好专业知识，胡瑗还将好经术、好文艺和好兵战者"以所类群居"，使具有共同爱好的学生聚集在一起，以便于共同研究讨论。这实际上是近代教育分系分科的一种胚胎形式，对学术的发展有重要作用，而这种教育方法同样说明了它如何适应了社会的需要。崇尚实际，以及适应社会的需要，是构成宋学的重要特点，应当予以充分肯定。

（五）由于宋学重实际、讲实效，所以宋学是以实践来实现儒生们长期形成而为宋儒特别讲求的"内圣外王之道"这一最高理想。当然，这种实践也可分为多种形式。

上面说过，儒生们正是从儒经中寻绎出了治国安邦的大道理，因而宋学的建立者不是把儒经当做教条，而是把对经学的研究同现实生活（包括经济、政治生活诸方面）联系起来，强调对社会生活的改善。李觏写有以《周礼致太平论》为题的一组文章，共有51篇，包括了"内治"、"国用"、"军卫"、"官人"等许多重要方面①。由此可见，李觏研究《周礼》，不是把《周礼》作为顶礼膜拜的教条，而是要从中找出解决当时宋代社会所面临的种种问题的办法。即使是孙复的《春秋尊王发微》，也只强调贬刺，无任何褒美，被常秩讥之为"商鞅之法"②。但其所以如此，在于强调"王"的这一至高无上的地位，这就在实际上为宋代皇帝的专制主义唱赞歌，使之立于不可动摇的地位。把理论、把著书立说，应用到现实中去，这也算是一种实践，虽然是不完善的。

实现"内圣外王之道"，既要成德，又要立功，而立功就只有走上政治这条唯一的道路，儒生们没有别的选择。从孔夫子就提倡"学而优则仕"，通过"仕"，而行儒家之道。宋学的建立者们也都积极地奔上仕

---

① 《直讲李先生文集》卷五至十四，四部丛刊本。
② 陆佃：《陶山集》卷一二《答崔子方季才书》。

宦之途。石介,"非隐者也","其仕尝位于朝矣"①。石介任学官之后,又为孙复仕宦之途奔走,曾"语于朝曰:先生非隐者也,欲仕而未得其方也"②。通过政治,来施展他们的抱负。后来王安石就是以谈论经术治道,使宋神宗为之折服,而才出任参知政事,进行变法改革,成为宋学实践"内圣外王之道"的一个范例。惟其如此,胡适之先生在60多年前,曾称李觏是一个不曾得君行道的王安石。③

仕宦,这仅是宋学建立者们实践"内圣外王之道"的第一步,要紧的是,要投身于社会改革之中,对社会进行这样或那样的变革。在这方面,宋学建立者们是得到了检验的。

宋学建立者们首先遇到古文复兴运动。宋代继承了文起八代之衰的韩愈的主张,反对言之无物的四六骈文,赞成"文以载道",主张恢复朴实的文风。古文复兴倡始于柳开,见效于王禹偁,完成于欧阳修。宋学建立者欧阳修是这一运动的重要代表,做出了突出贡献。孙复、石介等亦都能写出平正通畅的文字,范仲淹的《岳阳楼记》更是脍炙人口的名作,不必多说。

尤为重要的是,宋学建立者们面临了宝元、康定(1038—1041)以来宋朝国内外紧迫的形势,如何挽救这一危局成为当时一大批士大夫的共同认识。宋学建立者们同一些有志改革的士大夫共同推动了一场政治改革运动,这就是庆历新政。欧阳修在推动这场改革运动中起了显著的作用,石介也积极参加,写出有名的《庆历圣德颂》一诗。远在南方的李觏,闻听范仲淹出任参知政事,主持改革,给范仲淹写出了这样一封信:

　　……窃闻明公归自塞垣,参预朝政,无似之人,辱知最厚,延颈下风,忧喜交战。喜者何谓?冀明公土天下之公。忧

---

① 《欧阳文忠公文集》卷三四《徂徕石先生墓志铭》,四部丛刊本。
② 《欧阳文忠公文集》卷二七《孙明复先生墓志铭》,四部丛刊本。
③ 《胡适文集》第三册第一卷《记李觏的学说》,北京大学出版社1998年版。

者何谓？恐明公失天下之名。夫以明哲之性，树刚中之德，裁量古今，愍测衰敝。昔昔言之，而不得行之，诚无可奈何。今在行之之位矣！盖当筑邦家之基，天不足为高，地不足为牢，此所谓冀明公立天下之功也。然塞孟津者，非捧土可足；治膏肓者，非苦口不宜。遗阙之广，岂是渺小？若曰患更张之难，以因循为便，扬汤止沸，日甚一日，则士林称颂，不复得如司谏待制时矣。此所谓恐明公失天下之名也。①

李觏这封信虽然是推动范仲淹进行改革，但他自己要求改革的迫切心情亦跃然纸上。这就是一个宋学建立者对当前要求改革的心声，它反映了当时士大夫的共同愿望。宋学，不但在经学探索上树立了与汉学相对立的义理之学，而且它立足于所建立的经济基础上，以经世济用之学置身于社会现实改革的巨流中，从而为社会做出积极的贡献。宋学的建立与庆历新政有着内在的、本质的联系，这一点是研究者们需认真注意的，不容有任何的忽略。

（六）在宋学建立阶段，范仲淹有其不可磨灭的重大作用。范仲淹不仅是庆历新政中的核心人物，而且也是宋学建立阶段的组织者和带头人。史称："[范]仲淹门下多贤士，如胡瑗、孙复、石介、李觏之徒，[范]纯仁皆与从游。"② 这几位宋学的建立者如胡瑗等都与范仲淹有密切的关系，我在《范仲淹集团与庆历新政》一文中已经说过③，不再多说。除这几位学者外，理学家、关派的创始者张载，"少喜谈兵，至欲结客取洮西之地"④，曾"上书谒范文正公，公一见知其远器，欲成就之，乃责之曰：'儒者自有名教，何事于兵！'因劝读《中庸》"⑤。在范仲淹的诱导、启蒙之下，张载走上了学术道路，并在理学中独树一帜。

---

① 《直讲李先生文集》卷二七《寄上范参政书》，四部丛刊本。
② 《宋史》卷三一四《范纯仁传》。
③ 漆侠：《范仲淹集团与庆历新政》，载《历史研究》1992年第3期。
④ 《宋史》卷四二七《张载传》。
⑤ 吕大临：《横渠先生行状》，载《张载集》第381页，中华书局1978年8月版。

范仲淹不仅对许多学者予以汲引、援助，而且以其独有的行谊和风范，给当时士大夫以极大的影响，因而朱熹一再称赞范仲淹"大厉名节，振作士气，故振作士大夫之功为多"；"至范文正方厉廉耻，振作士气"①。这样的士风，对宋学当然有着深厚的影响。

而且，范仲淹自己在学术上也有其过人的、出色的成就。欧阳修在其所撰写范仲淹神道碑铭上称，范仲淹"大通六经之旨，为文章，论说必本于仁义"②。保留下来的有关范仲淹经学探索方面的著作，还有《易义》。同其他宋学建立者一样，范仲淹也是摆脱此前的注疏，径直地从《易》的义理方面进行阐发。范仲淹阐发《易》的义理，同李觏探索《周礼》一样，用于对社会现实的变革上。在上呈宋仁宗《答手诏条陈十事》这一庆历改革的纲领性文件中，范仲淹指出："历代之政，久皆有弊，弊而不救，祸乱必生"；而"救乱"就需要"变"，因而他引《易经》上"穷则变，变则通，通则久"的教导，来进行政治改革③，从而充分体现了通经致用的实践意义。宋学的再一特色是，宋学与政治变革结合起来，而范仲淹则在这一结合中起着带头人的重要作用。

三、宋学的发展阶段

宋仁宗、英宗之际，亦即嘉祐治平年间（1056—1067），宋学获得了迅猛的发展，形成了王安石学派（荆公学派）、司马光学派（温公学派）、苏氏蜀学派和以洛、关为代表的理学派。自熙宁二年（1069）王安石变法，四大学派都卷入了由变法而激起的政治漩涡之中，进行了激烈的论战和斗争。政治上的对立，必然包含了思想上的分歧，政治上的

---

① 《朱子语类》卷一二九《本朝三·自国初至熙宁人物》。
② 《欧阳文忠公文集》卷二○《资政殿学士户部侍郎文正范公神道碑铭》。
③ 范仲淹：《范文正公政府奏议》卷上《答手诏条陈十事》，四部丛刊本。

对立越厉害,思想上的分歧也就越大。例如,司马光全面反对王安石变法,元祐更化又全部废除了新法,因而温公学派与荆公学派在世界观、方法论等许多根本问题上都是对立着的。在政治上虽然一致,如苏轼、程颐都反对王安石变法,但在思想上也明显地存在分歧。如"敬"字,这是程氏兄弟有关道德修养方面的甚至是哲理方面一个特有的认识:主一无适谓之敬。而苏轼却发誓要"打破"程颐的这个"敬"字①。这就深刻地反映了苏学与洛学甚至整个理学之间的差别和分歧。苏学、洛学与荆公学派也显然有分歧。但是,对于他们之间的分歧,学术界几乎还未涉及,还需要开展这方面的研究。下面分别对这几个学派加以叙述:

(一)王安石学派(荆公学派)

正当安定之学盛行淮南之际,王安石于治平年间(1064—1067)因服丧而在江宁府聚生讲学,从而名声大噪。王安石的弟子陆佃曾记载此事道:

> [嘉祐、治平间]淮之南学士大夫宗安定先生之学,予独疑焉。及得荆公《淮南杂说》与其《洪范传》,心独谓然。于是愿扫临川先生之门。后余见公,亦骤见称奖,语器言道,朝虚而往,暮实而归,觉平日就师十年,不如从公一日也。②

王安石之婿蔡卞也曾论及荆公的学术:

> 自先王泽竭,国异家殊,由汉迄唐,源流浸深。宋兴,文物盛矣,然不知道德性命之理。安石奋乎百世之下,追尧舜三代,通乎昼夜阴阳所不能测而入于神。初著《杂说》数万言,世谓其言与孟轲相上下,于是天下之士始原道德之意,窥性命之端云。③

---

① 《朱子语类》卷一三〇《本朝四·自熙宁至靖康用人》。
② 陆佃:《陶山集》卷一五《傅府君墓志》,四库影印本 1117—179。
③ 《郡斋读书志·后志》(赵希弁编)卷二,四库影印本 674—394。《郡斋读书志》卷四下略同。

从陆佃和蔡卞的这些话里，可以知道荆公之学之所以在士大夫群中享有如此高的声誉，在于他的《淮南杂说》和《洪范传》中论述的"通乎昼夜阴阳所不能测而入于神"的那个"道德性命之理"，而这一说法则是宋初以来所未有的。那么，荆公的"道德性命之理"究竟是些什么？

关于《淮南杂说》，侯外庐先生的《中国思想通史》虽然有所考证，但是很难明确指出是现存王安石文集中的哪些篇章。倒是在《洪范传》中，王安石畅谈自然界由"五行"（金、木、水、火、土五种物质）"相生"、"相克"，产生无限新的物质；并用"有耦"、"有对"两个概念，概括了《老子》哲学中高下相倾、祸福相倚等事物的矛盾是由两个对立而形成的；"性命之理，道德之意"，便存在于两个对立事物的无穷变化之中①。十多年前，我根据王安石的《老子注》（彭耜：《老子道德真经集注》收有）、《洪范传》等文章，写出了《王安石的哲学思想》一文②，此处不再多赘。从孔夫子以来的儒家思想，唯物论倒是有一些，如荀子、王充、柳宗元，等等，但有关辩证法的思想甚少，以辩证法畅论自然界发展变化则从来未有。确如蔡卞所说，王安石"奋乎百世之下"，大量地吸收消化了《老子》哲学中的朴素辩证法，用来观察自然界及一些社会现象，给儒家学说注射了新的血液，使之产生了新的升华。无怪乎王安石的"道德性命之理"一经提出，即征服了许多士大夫，认为"与孟轲相上下"，声名远远超出了胡安定。在荆公学派中，不仅荆公富有辩证法的思想，荆公之子王雱也注有《老子》（也保留在彭耜《老子道德真经集注》中）、解释《庄子》，对老庄思想有着自己的独到见解，可惜在三十几岁的英年便逝去了。王安石的同事吕惠卿等对老庄也很有研究。看来，以王安石为代表的变法派，正是在辩证法思想指导下，把巨大的社会变革付诸实践的。这正是荆公学派继承以范仲淹为核心的前期宋学把社会变革放在突出地位的具体表现。自然熙宁变法

---

① 王安石：《临川先生文集》卷六五《洪范传》，四部丛刊本。
② 漆侠：《求实集》，天津人民出版社1982年4月版。

的规模远远超出了庆历新政,而荆公学派的辩证法思想也多于前期宋学,当然也多于其他诸学派。

这里需要着重叙述王安石对儒家以外诸学说兼收并蓄的态度,这一点对宋学的发展具有重要意义。王安石曾经批评,"世之不见全经久矣"。其所以如此,就在于"读经而已","则不足以知经"。因此,要真正懂得经,就必须在学术上、在知识面上,有一个广阔的视野。所以他自己"自百家诸子书,至于《难经》、《素问》、《本草》、诸小说,无所不读,农夫、女工,无所不问",即使对于佛家思想,也不持一种轻率的否定态度。他曾经严肃郑重地指出:"善学者读其书,惟理之求!有合吾心者,则樵牧之言犹不废;言而无理,周、孔所不敢从。"① 由于抱着"惟理之求"的态度,王安石也就大量地摄取老子、佛家等家的思想,用来丰富自己的知识,提高自己的认识。但他大量摄取诸家思想,是有条件、有原则的。这个条件和原则,在他给曾子固的一封信中和盘托出:

……扬雄虽为不好非圣人之书,然于墨、晏、邹、庄、申、韩,亦何所不读?彼致其知而后读,以有所去取,故异学不能乱也。惟其不能乱,故能有所去取者,所以明吾道而已。②

对百家"有所去取","以明吾道",这就是王安石兼收并蓄的条件和原则。以我为主、博采众长,用来发展儒家思想,王安石可以说是最早的拿来主义者。宋学之所以取得蓬勃的发展,就在于它大量摄取老庄佛道的思想,从而使其更加丰富、更加绚丽多彩。古往今来,任何学说、任何思想或任何一门学问,如果善于吸取他家思想、学说和学问,就能够取得进步,取得发展。否则,固步自封、缺乏生命力,就只有枯萎凋谢了!王安石立足于"惟理之求"的立场上,敢于公然宣布自己的拿来主

---

① 释惠洪:《冷斋夜话》卷六,四库影印本 863—261。
② 《临川先生文集》卷七三《答曾子固书》。

义，推动了宋学的发展；而吸收禅宗和道教思想的理学诸派，对此却讳莫如深，不敢面对事实，迫使理学陷于固步自封的境地，只有枯萎凋谢下去了。

由于王安石主持政府工作，荆公学派在行政权力的支持下，宋学得到了极大的发展。主要表现在以下三个方面：

（1）学者们究竟采取什么样的顺序，才能通经明理，成为合格的人才？王安石曾经明确表示：

> 三经（指诗、书、礼）所以造士，《春秋》非造士之书也。学者求经当自近者始：学得《诗》，然后学《书》；学得《书》，然后学《礼》；三者备，《春秋》其通矣。故《诗》、《书》执《礼》，子所雅言，《春秋》罕言以此。①

王安石安排《诗》、《书》执《礼》而后《春秋》这一从易到难的循序渐进的学习方式，是符合孔子的教育思想的。从《论语》上看，孔夫子总是教导包括孔鲤在内的学生们，从多识鸟兽虫鱼之名的《诗》经开始读起，《诗》又是韵文，也便讽诵。《春秋》较难学，王安石不把《春秋》作为培育人才的教本，丝毫没有贬低《春秋》的意思。一些后生小子如周麟之流，将"断烂朝报"一语断章取义，给王安石扣上诬蔑《春秋》的罪名，不过暴露他们的无知罢了。四库馆臣们也拾取周麟之辈的牙慧，在上引陆佃转述王安石的那段话以后，加上附注，说什么"案安石不以《春秋》取士，至谓为破（文渊阁抄本如此）烂朝报，独此论甚正，疑未出自安石，或佃欲为师回护其短耳"！② 同样暴露馆臣们的无知和偏见。根据王安石对经学的理解，在科举考试中，《春秋》是不应作为考试项目的。

（2）扩大儒经学习的范围。熙宁四年（1071）科举考试制度进行重要的变革，废诗赋取士，以儒经作为考试的主要内容。它规定：参加考

---

① 《陶山集》卷一二《答崔子方秀才书》，四库影印本1117—156。
② 同上。

试的,任选《诗》、《书》、《易》、《周礼》、《礼记》中的一种,作为考试科目,谓之"本经"(《文献通考》、《宋史》作"大经");还要兼治《论语》和《孟子》,谓之"兼经";四场考试中前两场考试"本经"和"兼经";这两场考试,只要通晓经文的主旨大义即可,不必局限于注疏的讲说。① 对考试制度的变革这里没有必要评论,但值得提出的是,三礼之一的《周礼》成为科举考试中的科目,《论语》和《孟子》也提到经的范围以内。《论语》多记录孔子的言行,而孟子则远低于孔夫子,他们的这两部书的地位在这次变革中被大大提高了。儒经学习范围扩大了,这也意味着,在王安石变法派推动之下,宋学的范围也相应地扩大了。

(3) 为适应科举考试和学校教育的需要,王安石将《诗》、《书》和《周礼》加以训释,称之为《三经新义》颁于学校,作为学生们的教材,科举考试也以此为准。《诗》、《书》由王雱、吕惠卿等共同诠释,《周官》则由他自己亲自撰写。王安石认为《周礼》一书,"立政造事",最值得重视,所谓"惟道之在政事,其贵贱有位,其先后有序,其迟数有时。制而用之存乎法,推而行之存乎人。其人足以任官,其官足以行法,莫盛于成周之时,其法可以施于后世,其文有见于载籍,莫具备于《周官》之书"。② 王安石的前辈李觏认为《周礼》可以致太平,而王安石则以《周礼》作育人才,同样认为《周礼》对社会现实具有重要意义,从而作为学生的教本。王安石强调经术造士,扩大儒经的学习范围,使学生们或考生们更多地接受到儒经的教育和影响。当然,在强调经术造士的同时,也有其以经术统一人们的思想和认识的目的。所以在熙宁二年(1069)议论改革科举考试时,王安石曾经提出:"今人材乏少,且其学术不一,一人一义,十人十义,朝廷欲有所为,异论纷然,

---

① 《宋会要辑稿》选举三之四四;《长编》卷二二〇二月丁巳朔。请参阅拙作《王安石变法》。
② 王安石:《周官新义序》,粤雅堂丛书本;《临川先生文集》卷八四《周礼义序》。

莫肯承认，此盖朝廷不能一道德故也。"① 通过科举考试、学校教育，《三经新义》也确实能够起到这种"一道德"的作用。这是因为，它既然作为入仕的敲门砖，举子们就必须按照它上面的诠释去想、去答，自然要受其影响了。

在宋学的大发展阶段，荆公学派是四个学派中占主导地位的一个学派，对社会对学术思想界有着广泛的、深刻的影响。荆公的经学《三经新义》以及"自谓少作未善"的《易解》，由于"行于场屋"② 和作为学校教材，影响广泛。至于这些经义的内容，连自视甚高的朱熹，也不得不承认"尽有好处"③。惟其如此，它的影响又是深远的，远不是60年就能限制得住的。

（二）司马光学派（温公学派）

如果从成就和影响来看，温公的史学掩盖了他的经学。"元祐更化"之际，温公废除全部新法，要比他在史学、经学上影响大得多。实际上，温公在经学上的成就足以成家，对宋学的发展也产生了重要的作用。

如前所说，司马温公同王荆公在政治领域里是对立的，而在学术思想领域里，更具体地说，在世界观、方法论等许多关键性的问题上也是对立着的。正是由于温公、荆公之间以及其他诸学派之间的对立，才使宋学呈现了不同的色彩和格调。

温公、荆公之间的对立，首先表现在天道观上。在司马光看来，"天者，万物之父也"，这个作为"万物之父"的"天"，是有意志、有人格的，人们必须按照它的命令、意志办事，"违天之命者，天得而刑

---

① 马端临：《文献通考》卷三十一《选举考四》。
② 《郡斋读书志》卷一上，四库影印本 674—163。
③ 《朱子语类》卷一三〇《本朝四·自熙宁至靖康用人》。

之；顺天之命者，天得而赏之"①。王安石则认为，"天"是自然的、物质的，沿着它自己的道路即"天道"运行着，没有任何意志、目的，所谓"无作好、无作恶、无偏无党、无反无侧"②。由于王安石认为"天"是自然的、物质的，他也就反对董仲舒以来的天命论，认为："道之将兴欤，命也；道之将废欤，命也。苟命矣，则如世之人何？"③既然一切都由于命，还要世上的人做什么？由此来强调人的第一位的作用。人们或者认为，司马光反对孟子而推崇荀子，王安石则推崇孟子而非议荀子。这个意见也许是对的。可是从天道观这个根本问题上看，司马光在事实上则是继承了孟子、董仲舒以来的天道观和天命论，而王安石则继承了荀子的天道论和人定胜天的思想。由于在天道观上的根本分歧和对立，司马光同王安石在人性论、德才论、贫富观等一系列的问题上存在分歧和对立。称司马光是唯物论者，那是对唯物论缺乏最基本的常识。

《中庸》被宋儒提到突出的地位上，它和《论语》、《孟子》、《大学》被称为"四书"。这是由于，《中庸》是实现儒生们"内圣外王之道"这一最高理想的路径和方法，所谓"致广大而尽精微，极高明而道中庸"。宋人探索中庸之道的文章不下百篇，但最早探索《中庸》的不是儒生，而是卒于宋真宗乾兴元年（1022）的方外之士——释智圆。释智圆"提倡中庸，甚至以僧徒而号称'中庸子'，并自为传以述其义（孤山《闲居编》）"。"似亦于宋代新儒家为先觉。"④智圆以僧徒而讲中庸，实为儒佛两种思想相互影响、相互渗透的一个反映，并成为两种思想相互影响的一个中间环节。深入研究这个中间环节，对于儒佛思想的渗透和演变，具有重要的意义和作用，当另作讨论。在智圆之后，司马光则是宋儒中论中庸较早的一个。他写有《中和论》的文章，在同韩维的书信中还讨论了有关中庸的重要问题，载于《温国文正司马公文集》（卷六三）

---

① 《温国文正司马公文集》卷七四《迂书·士则》。
② 《临川先生文集》卷六五《洪范传》。
③ 《临川先生文集》卷六七《行述》。
④ 陈寅恪：《冯友兰〈中国哲学史〉（下册）审查报告》，《金明馆丛稿二编》第250页。

和韩维《南阳集》（卷三十）。这几篇文章汇集了司马光关于中庸的见解。

在《中和论》中，司马光劈头就指出了，"求道贵于要"，而"道之要在治方寸之地而已"。方寸之地就是所谓的"心"，"治方寸之地"也就关乎个人的道德修养了。如何"治"这个"心"？心有"人心"和"道心"，即是以"道心"来克制"人心"，其办法就"执中而已"，"执中"就是"致广大而尽精微，极高明而道中庸"这个"中庸之道"。这样，司马光就把"中庸之道"提到成德、立功的最基本的方法和途径上了。

司马光所说的"中和"也就是"中庸"。《中庸》上说："喜怒哀乐之未发谓之中，发而皆中节谓之和。"司马光对这句话的解释是，"君子之心，于喜怒哀乐之未发，未始不存乎中，故谓之中庸。庸，常也，以中为常也。及其既发，必制之以中，则无不中节，中节则和矣"。因此，"中、和一物也"，"中者，天下之大本也；和者，天下之达道也"。智者、仁者、礼者、乐者，等等，都要坚持"中和"这个"大本"和"达道"。司马光在一封信中又强调了中和的意义，他说："一阴一阳之谓道，然变而通之，未始不由乎中和也。"他把阴阳和中和的关系比喻为："故阴阳者，弓矢也；中和者，质的也。弓矢不可偏废，而质的不可远离。"① 司马光对中庸的阐发，是宋学对此问题的开创，在此以后，更加深入地展开了探索，有所谓体用论等说法，给儒家这个方法论作了多方面的说明。

（三）苏氏蜀学派

《宋元学案》把《荆公新学略》和《苏氏蜀学略》放在卷末，而且写得都很简单，故称之为"略"。虽然不够重视，但"聊胜于无"，比没

---

① 《温国文正司马公文集》卷六一《答李大卿孝基书》。

有要好得多。从宋学发展的总过程看,具有独自特色的苏氏蜀学派,在宋学中应有一席之地。苏氏蜀学派的创始人苏洵,对于诗、书、礼诸经均有论述,文集中的《六经论》就是这方面的著作。应当说,苏洵治学较晚,"年二十七始大发愤"①,因而在经学上的工夫是稍逊于其他学者的。但他的长处是善于抓住某一事物或某一问题的某一点或某一侧面,而后纵横驰骋、上下古今。朱熹对苏氏父子在这方面的长处观察得非常细致,也极为深刻,称:"老苏父子自史中《战国策》得之,故皆自小处起议论。欧公喜之。"②苏洵对六经的论述,在个别地方亦颇有独到之处。如《利者义之和论》一文,对《易经》上的义利关系的阐发是正确的,与此前孟子、董仲舒和此后理学家们义利对立的观点是截然不同的。③苏洵"晚年好《易》,曰《易》之道深矣,汩而不明者,诸儒以附会之说乱之也;去之,则圣人之旨见矣!作《易传》未成而卒"④。

苏洵之子苏轼、苏辙继续推动了蜀学的发展。苏轼著有《易传》,以完成其父未竟之志;另有《书传》二十卷传世。四库馆臣对《书传》评价甚高,称"(苏)轼究心经世之学,明于事势,而又长于议论,故其诠解经义于治乱兴亡之故,披抉明畅,较他经独为擅长"⑤。朱熹部分地肯定了苏轼《易传》、《书传》的诠释,但在总体上是否定的。朱熹指出,苏轼对《象辞》的解释往往以"不可言、不可说"磨过去,致使读者"茫然"而无从与之申辩。实际上,朱熹就是抓住苏轼的"不可言、不可说"等语作由头,来说明苏轼受佛家的影响。所以在苏轼的"性之所在,庶几知之,而性卒不可得言也"这一段话后,朱熹批评苏轼,"特假于浮屠'非幻不灭,得无所还者'而为是说"⑥,指明苏轼

---

① 《欧阳文忠公文集》卷三四《苏洵墓志铭》。
② 《朱子语类》卷一三九《论文上》。
③ 苏洵:《嘉祐集》卷八《利者义之和论》。
④ 《欧阳文忠公文集》卷三四《苏洵墓志铭》。
⑤ 苏轼《书传》提要,四库影印本54—485。
⑥ 《宋元学案》卷九十九《苏氏蜀学略·苏黄门老子解》。

《易传》是受到佛家的影响。《朱子语类》也有多处提到苏轼受浮屠的影响。对苏辙的《老子解》，朱熹也同样采取否定的、批判的态度。他说，苏辙晚年的这本著作"合吾儒于《老子》，以为未足，又并释氏而弥缝之，可谓舛矣！然其自许甚高，至谓'当世无一人可与语此者'，而其兄东坡公亦以为'不意晚年见此奇特'。以予观之，其可谓无忌惮者与！"①

前面朱熹曾称苏氏父子出自《战国策》纵横家流，这里朱熹又称苏氏兄弟受老子、浮屠的影响。不论苏氏父子在宋学上的成就如何，就其学术思想而言，则是立足于儒而摄取其他诸家学说的。从政治上看，在变法反变法斗争的过程中，苏轼是多变的，这种变是倒退和前进兼而有之。就其思想状态看，儒、释、老庄思想是色色俱全的，往往随着他的政治经历以及倒退和前进之多变表现在他的作品中，从而在瑰丽恢奇之中夹杂着无名的衰飒。从总的方面说，苏氏蜀学在文学上的成就和影响是惊人的，"眉山在西南数千里外，一日父子隐然名动京师，而苏氏文章遂擅天下"②。应当看到，在宋学发展演变的总过程中，其中一些人物如欧阳修、苏氏父子，则是向文学方向发展的，并且对文学起着推进者的作用。尤其是欧阳修和苏轼，不单单在散文方面，在诗词方面也都做出了巨大贡献！

（四）以洛、关为代表的理学派

近70多年来，理学是我国哲学界研究的热门课题，因而这里不打算对程颢、程颐（洛）、张载（关）诸家多加叙述，仅着重说明以下诸问题：

（1）理学在北宋处于形成时期，在名声上是否能与苏氏蜀学相比都很难说，更不用说与荆公学派分庭抗礼了。因而如何更恰当地处理北宋

---

① 《宋元学案》卷九十九《苏氏蜀学略·苏黄门老子解》。
② 《欧阳文忠公文集》卷三四《苏洵墓志铭》。

理学的社会地位问题,学术界应当予以注意。

(2) 宋学诸家多汲取老庄浮屠的思想以丰富自己,理学诸家也并不例外。但理学家们为了把自己说成是纯而又纯的儒家正宗,则千方百计地回避这一问题。然而事实俱在,又怎么能够回避得了呢?约50年前,我在昆明西南联大历史系读书时,曾从冯芝生友兰先生学《中国哲学史》课程,深服先生博学高识。冯先生曾经指出,程明道、程伊川兄弟二人形成了此后对立的两大派别。陆九渊的心学派来自于程明道,而朱熹的理学派则传自程伊川。心学一派显然受禅宗的影响,从程明道那里已见端倪,试看下面的记载:

> 谢显道习举业,已知名,入扶沟见明道先生受学,志甚笃。明道一日谓之曰:"尔辈在此相从,只是学某言语,故其学心口不相应,盍若行之?"请问焉。曰:"且静坐。"伊川每见人静坐,便叹其善学。①

按程明道用静坐的方法,让学者解决"心口不相应"的问题,这种方法与佛家的禅定有什么两样?至于陆九渊的明乎本心与禅宗顿悟之间的联系,学术界早已说过。朱熹不止一次地称"江西之学只是禅"②,说明了明道系统的理学受佛家禅宗的影响。鹅湖之会,朱揭陆为禅,陆揭朱为道,双方揭得都对,两大系统的理学都各自吸取了佛道的思想。可是,为了争正统,都隐瞒不说。朱、陆两家都强调以诚以敬磨炼自己,但他们自己却都在说谎话,又怎么能够管得住他们的弟子不说谎话呢?

(3) 理学和宋学都探索经学,但理学是宋学的一支,是从宋学演变来的。那么,理学和宋学的基本区别是什么?过去不谈宋学,无从提出这个问题,而现在必须回答这个问题。先看看朱熹对苏轼等的评论:

> ……东坡与伊川是争论甚么?只看这处,曲直自显然可

---

① 《河南程氏外书》卷一二《传闻杂记》,载《二程集》,中华书局点校本。
② 《朱子语类》卷一二三《陈君举》。

见，何用别商量？只看东坡所记云，"几时得与他打破这'敬'字！"看这说话，只要奋手捋臂，放意肆志，无所不为便是。

问："东坡与韩公如何？"曰："平正不及韩公。东坡说得高妙处，只是说佛，其他处又皆粗。"又问"欧公如何？"曰："浅！"久之，又曰："大概皆以文人自立。平时读书，只把做考究古今治乱兴衰底事，要做文章，都不曾向身上做工夫，平日只是以吟诗饮酒戏谑度日。"①

按"敬"字是程氏兄弟从事内心反省工夫的一个总结或概括，在洛学中占有极为重要的地位，前面曾经提到。东坡要打破伊川洛学的这个"敬"字，深刻地反映了苏氏蜀学与洛学之间的分歧。这个分歧表现在：洛学把"敬"字亦即其内心反省工夫放在绝对重要的位置，因为它是实现儒生们（更明确地说应是理学家们）最高理想——"内圣外王之道"的根本，而苏学则没有把这种内心反省工夫看得多么重要。惟其如此，所以朱熹非常明确地说，欧阳修、苏轼等"皆以文人自立"，"都不曾向身上做工夫"。从宋学派生出来的理学，把内心反省工夫放在首位，脱离社会现实的实践，以静、诚、敬等向自己身上使劲，这大概是理学之异于宋学的一个基本点。

我国古代教育，自儿童时即通过洒扫应对进退给以相应的礼节教育，以期在其生活行为上符合一定的规范。胡瑗以"冬日之阳"教导学生，但在继承上述传统教育时对学生则严格要求，前举徐仲车一入太学胡瑗即要求其"头宜正"，即是一例。这种规范教育不能不影响于个人的身心修养，胡瑗的教育方法不能不给程氏兄弟以极其深刻的影响。特别是程颐在太学时，所作《颜子所好何学论》一文，强调圣人是可以学而至之的，深受胡瑗的称赞和提拔。而这种圣人可学而至之的见解，同来自胡瑗的个人身心修养工夫相结合，于是从安定之学过渡到程氏兄弟

---

① 《朱子语类》卷一三〇《本朝四·自熙宁至靖康用人》。

的内心反省这一基本点，从而完成了洛学的转变。程氏兄弟称周敦颐的字，茂叔如何，而对胡瑗终身以先生呼之，这大概是由学术上的这一渊源及其重要转变造成的吧！

（4）程氏兄弟的"洛学"形成于熙丰之间的十七八年间，程颢自变法派中游离出来，因而程学处于民间。这个以发扬圣人之学自居的学派，在服饰上也有其特点，幅巾大袖与一般人不同。"绍兴初，程氏之学始盛，言者排之，至讥其幅巾大袖。胡康侯力辨其不然，曰：'伊川衣冠，未尝与人异也。'然张文潜元祐初《赠赵景平主簿诗》曰：'明道新坟草已春，遗风犹得见门人。定知鲁国衣冠异，尽戴林宗折角巾。'则是自元祐初，为程学者幅巾已与人异矣。衣冠近古，正儒者事，讥者固非，辨者亦未然也。"① 伊川"所戴纱巾，背后望之如钟形，其制乃似今道士谓之仙桃巾者"②。此虽系细微末节，但牵涉到理学派的形象，也在此一提。

南宋乾道、淳熙（1165—1189）时候，一个名叫员兴宗的四川士大夫曾对荆公之学、洛学和苏学作过如下的评论：

> 昔者国家右文之盛，蜀学如苏氏，洛学如程氏，临川如王氏，皆以所长，经纬吾道，务鸣其善鸣也。……考其渊源，皆有所长，不可废也。然学者好恶，入乎彼则出乎此，入者附之，出者污之，此好恶所以萌其心者。苏学长于经济，洛学长于性理，临川学长于名数，诚能通三而贯一，明性理以辨名数，充为经济，则孔氏之道满门矣，岂不休哉！……今苏、程、王之学，未必尽非，执一而废一，是以坏易坏。置合三家之长，以出一道，使归于大公至正。③

员兴宗对三家所学之长的评论是否正确，是另一问题，但他认为三家各

---

① 陆游：《老学庵笔记》卷九，中华书局点校本。
② 《河南程氏外书》卷一二《传闻杂记》，载《二程集》。
③ 员兴宗：《九华集》卷九《苏氏程氏王氏三家之学是非策》。

有所长，不可偏废，则值得注意。按员兴宗蜀人，对苏学不能不有所偏向，而在其写作是文时，程氏洛学正为显学，而荆公之学则受到宋高宗不遗余力的打击，此时强调不可偏废，"合三家之长，以出一道"，这样才算"归于大公至正"，不啻为受压制的荆公之学鸣冤叫屈，从这一侧面也反映了荆公之学，即使到宋孝宗时，在社会上仍然有它的重要影响。

四、宋学的演变阶段

南宋是宋学发展演变的第三个阶段。在这个阶段中，从宋学中发展起来的理学兴盛起来，成为占主导地位的学派，同时与理学对立的则是浙东事功派。下面围绕三个问题加以叙述：

（1）理学在南宋初年高宗朝已经取得很大的发展。陈亮在《送王仲德序》一文中，即已谈到这个发展的趋势：

> 二十年之间，道德性命之说一兴，迭相唱和，不知其所从来。后生小子读书未成句读，执笔未免手颤者，已能拾其遗说，高自誉道，非议前辈，以为不足学矣。①

本师邓恭三先生在《略谈宋学》一文中，考订此文写作于1190年前，上推二十年，道德性命之学是在"宋孝宗即位之初期，亦即隆兴、乾道年间（1163—1173）"发展的②。前面说过，二程洛学形成于熙丰之际，处于民间。一个影响不大的学派经靖康乱后，到宋孝宗即位之初成为社会上有如此重大影响的学派。很明显，它在宋高宗一朝取得很大发展。

为什么二程系统的道学能够在宋高宗朝发展起来？程门嫡传弟子杨

---

① 《陈亮集》卷二四《送王仲德序》，中华书局点校本。
② 《略谈宋学》，载《邓广铭治史丛稿》，北京大学出版社1997年6月版。

时以及胡安国父子在朝野上下的努力提倡，对二程理学的发展当然有重要作用。但尤为重要的是，高宗一朝的客观历史环境，给程系道学提供了充分发展的土壤和条件，这是首先值得注意的。从北宋末到南宋初，是阶级矛盾、民族矛盾交织发展，而以民族矛盾为社会主要矛盾的历史时期。在这个非常时期建立起来的以宋高宗为首的南宋王朝，究竟采取什么样的方针、政策来应付这个极其严峻的政治局面？从最本质最根本的方面来看，由宋高宗—秦桧—小撮当权者集团制订的、实质上是卖国投降的对金和议，是宋高宗一朝的总方针和总政策。它的具体表现是：

（甲）为实现其卖国投降的主张，在政治上不遗余力地打击抗战派，逐步地把军队纳入宋高宗—秦桧卖国投降的政治轨道上，加强对内的控制和镇压。最后在时机成熟之际，惨杀岳飞等爱国将领，签订卖国投降的和议。

（乙）为实现这个卖国投降的反动政策，宋高宗—秦桧集团便十分需要在舆论上、思想上乃至学术上与这个反动政策来相配合、呼应。而胡安国的《春秋传》就是在学术上与之积极配合、呼应的一个例证。

《春秋传》三十卷，胡安国"潜心是书二十余年，以为天下事物无不备于此"，并自诩为"传心要典"①。四库馆臣们称这部书"多借以托讽时事，于经义不尽相符"②。楼钥在《春秋后传序》中论及胡安国《春秋传》的学术地位时说："自王荆公安石之说盛行，此道（指《春秋》之学）几废，建炎、绍兴之初，高宗皇帝复振斯文，胡文定公安国承伊洛之余，推明师道，劝讲经筵，然后其学复传，学者以为标准。"③现在就看看，承伊洛二程之学的胡安国，是怎样借解释《春秋》之际"托讽时事"的。

在鲁僖公十八年秋八月丁亥葬齐桓公条下，胡安国发挥其义理道：

---

① 《宋史》卷四三五《胡安国传》。
② 《四库全书·胡氏春秋传》简目评语。
③ 楼钥：《春秋后传序》，载陈傅良《春秋后传》卷首，四库影印本151—595。

总　论　宋学的发展和演变

　　[桓公]虽名方伯，实行天子事，然而不能慎终如始，付托非人，柩方在殡，四邻谋动其国家而莫之恤，至于九月而后葬，以此见功利之在人浅矣。《春秋》明道正义，不急近功，不规小利，于齐桓晋文之事有所贬而无过褒以此。①

胡安国是根据孟子有关齐桓、晋文的评论而阐发的，义理之所在主要体现从孟子、董仲舒到二程的要义不要利的义利观。胡安国的这个议论，对现实政治生活也不是无的放矢，而是针对朝廷上批判荆公之学而发的，后面还要提到。在鲁隐公十年鲁公子翬帅师伐宋条下，胡安国发挥其义理道：

　　夫乱臣贼子积其强恶，非一朝一夕之故，及极势已成，威行中外，虽欲制之，其将能乎？故去其公子，以戒兵柄下移，制之于未乱也。②

在鲁庄公二年夏公子庆父帅师伐于馀丘条下说：

　　（馀丘，邾邑也，因而曰伐）志庆父之得兵权也。庄公幼年即位，首以庆父主兵，卒致子般之祸……鲁在春秋中见弑者三君，其贼未有不得鲁国之兵权者。③

在鲁闵公二年十二月郑弃其师条下说：

　　……人君擅一国之名宠，杀生予夺，惟我所制尔，使[高]克不臣之罪已著，[郑伯]按而诛之可也；情况未名，黜而远之可也；爱惜其才，以礼驭之可也；乌有假之兵权、委诸境上，坐视其失伍离散而莫之恤乎？然则弃师者，郑伯！④

按胡安国在其所著《春秋传》序言中曾说，他的这部书的写作是"尊君

---

① 《胡氏春秋传》卷一二《僖公中》，四库影印本151—102。
② 《胡氏春秋传》卷三隐公十年夏翬帅师伐宋条，四库影印本151—36。
③ 《胡氏春秋传》卷七庄公二年夏公子庆父帅师伐于馀丘条，四库影印本151—60。
④ 《胡氏春秋传》卷一〇闵公二年十二月郑弃师条，四库影印本151—85。

父,讨乱贼,辟邪说,正人心,用夏变夷,大法略具;庶几圣王经世之志,小有补云"。上述引文,胡安国左一个兵权,右一个兵权,一再强调兵柄之重要,而不能为乱臣贼子占有,这些对谁说的,又对谁"有补"呢?今查《宋史·胡安国传》,胡安国于绍兴元年(1131)"兼除侍读,专讲《春秋》",绍兴五年(1135)"提举江州太平观,令纂修所著《春秋传》","书成,高宗谓深得圣人之旨,除提举万寿观兼侍读"。此前,胡安国受朱胜非排挤之时,"右相秦桧三上章乞留之"。上述这些,足以说明胡安国与宋高宗、秦桧之间的关系。胡安国之受到宋高宗的重视,是很清楚的。宋高宗曾说:"他人通经,岂胡安国比!"胡安国《春秋传》中有关兵柄不可下移的观点,宋高宗、秦桧是非常熟悉的。绍兴五年前后的六七年间,正是朝廷上宋高宗—秦桧集团吆喝收夺大将兵权的关键时刻。而在这个关键时刻包括张浚、赵鼎、吕颐浩甚至李纲在内,都在吆喝收夺兵柄。而胡安国向宋高宗秦桧们一再灌输兵柄之不可下移,难道说对宋高宗—秦桧集团收夺大将兵权无任何作用?姚瀛艇等同志《宋代文化史》最先注意到胡安国的这些言论,并引用了王夫之的《宋论》进行了评论。① 王夫之在《宋论》上说,"尝读胡氏《春秋传》而有憾焉"。他认为胡安国对公子翚之伐郑、公子庆父之伐于馀丘,"两发兵权不可假人之说"是"考古验今"的,与秦桧是"以志合相奖"的。不论怎样说,胡安国《春秋传》是从思想上、学术上配合了呼应了宋高宗—秦桧集团收夺兵权的政策,对这个集团的卖国投降不是"小有补",而是"大有补云云"。"承伊洛之余,推明师道"的胡安国立了功,二程系统的道学之受到宋高宗朝的重视也就可以理解了。

(丙)宋高宗为维护赵姓的统治,开脱乃父宋徽宗的亡国罪责,将全部罪责推卸给蔡京,又转弯抹角地推卸给王安石和王安石变法,为此不遗余力地打击王安石,打击荆公之学。绍兴四年(1134)八月,宋高宗令范冲修改神宗、哲宗"两朝大典"。范冲趁机攻击王安石"尽变祖

---

① 姚瀛艇等:《宋代文化史》第115页,河南大学出版社1992年2月版。

宗法度，上误神宗皇帝，天下之乱，实兆于安石"。宋高宗认为"极是"，并且表了态，"朕最爱元祐"。宋高宗又论王安石之奸，"至今犹有说安石是者，近日有人要行安石法度，不知人情何故直至如此"。范冲重复了程颐对王安石的诬蔑，称其"心术不正"，"顺其利欲之心"，故"为害最大"。① 翌年三月，兵部侍郎王居正献《辩学四十二》，"以旧所论著王安石父子平昔之言不合于道者为献"。王居正曾问宋高宗："臣闻陛下深恶安石之学久矣，不识圣心灼见，其弊安在？"宋高宗回答道："安石之学，杂以伯道，取商鞅富国强兵。今日之祸，人徒知蔡京王黼之罪，而不知天下之乱生于安石。"② 宋高宗从政治上彻底否定了王安石和荆公学派，认为北宋亡国之祸"生于安石"。

二程系统的道学，与宋高宗的这些谬论是合拍的。立雪程门的嫡传弟子杨时，是蔡京汲引起来的人物。一般材料没有记载，也许是讳言这件事情，但一篇小说《勘皮靴单证二郎神》倒是记录了这个事情。这位为蔡京汲引的程门道学家，于蔡京垮台之后又成为反蔡京的英雄，是他最早把北宋亡国之祸同王安石联系起来的："［蔡］京以继述神宗为名，实挟王安石以图身利，故推尊王安石"；"今日之祸，实安石有以启之"；还称"［王］安石挟管商之术，饰六艺以文奸言，变乱祖宗法度"③。试看杨时的这些话，同宋高宗所说的是多么一致！在绍兴四、五年朝廷上反王安石、荆公之学的一片叫嚣中，胡安国也是参加这个大合唱的。前引《春秋传》对功利的批评，就是指向王安石、荆公学派的。《宋史·杨时传》针对杨时南宋初年的活动及其影响说道："凡绍兴初崇尚元祐学术，而朱熹、张栻学得程氏之正，其源委脉络皆出于时。"总之，宋高宗是以二程系统的道学从政治上、学术上打击王安石，二程系统的道学家如杨时、胡安国也趁机攻击王安石、荆公之学，向南宋反动政府靠

---

① 《建炎以来系年要录》卷七九绍兴四年八月戊寅。
② 《建炎以来系年要录》卷八七绍兴五年三月庚子。
③ 《宋史》卷四二八《杨时传》。

拢,从而借助这个反动政府发展程系道学。

宋高宗—秦桧集团的卖国投降政策终于付诸实现。自绍兴和议以后,轰轰烈烈的抗金斗争被压制下去。尽管"中原父老望旌旗",但是以宋高宗、秦桧为代表的反动统治阶级却沉浸在罪恶的糜烂生活之中。到处是灯红酒绿,到处是歌舞升平。在这样空虚的时代里,就只有空洞无物的"道德性命"的说教来装饰这个时代。这是理学得以发展的客观环境。而且,在宋高宗—秦桧集团推行其卖国投降政策之时,程系理学杨时、胡安国等在思想上、学术上与之呼应、配合,从而得到南宋政府的支持,程系理学成为了显学。当然,也要看到秦桧也曾迫害过胡氏父子,不遗余力地打击程系理学。但程系理学终于得到此前未有的大发展,像陈亮所说的那样,在高喊"道德性命之说"的人群中,情况是很驳杂的。应当像当年孔夫子所说,有不少的甚至是大批的"小人儒"。但也就是在道学驳杂的队伍中,到乾道、淳熙年间出现了在社会上负有盛名的三个讲学家,即朱熹、张栻和吕祖谦。至少前两人即朱熹和张栻,是伊洛理学的继承者和发扬者。他们要算是这个时代的"君子儒"了。当然,他们之间,思想上也是有所不同的。例如前面说的朱熹和陆九渊,就代表着两个不同的理学派别。

(2)在理学大发展的时期,形成了与理学对立的浙东事功派。事功派主要是由金华学派吕祖谦、永康学派陈亮、永嘉学派薛季宣、陈傅良、叶适等为代表。这个学派的代表人物都出生于南宋的浙东路,称为浙东学派;在思想上,他们之间也有分歧,但他们共同继承北宋从范仲淹到王安石宋学主流中的重实际、讲实用、务实效的思想观点,所以称之为浙东事功派。这个学派同南宋朱、陆为代表的理学在认识上、思想上有着严重的分歧,它主要表现在:

(甲)自韩愈的《原道》以来,强调周公孔子以下形成一个完整的、渊源有自的道统,表示韩愈们是儒家正统的继承者。理学家们继承了这个道统论,二程成为儒家的正统,借以提高他们的地位。对这个根本性的大问题,浙东事功派则持怀疑的、否定的态度。对此问题最先发难的是薛季宣,他在两道策问中先后提出了"道学之统、源流之辨"的问题①,以及"传道之序",认为从形式上看,"自孔子、曾子、子思、孟轲,端若贯珠"②,似乎没有什么可以怀疑的。可是从年龄上看,此前的记载"记事参错",应当"祛其妄而辨其惑",由此来说明道统之序的不可靠。叶适继之,在《习学记言序目》中称:"孔子殁,或言传之曾子,曾子传子思,子思传孟子",认为"孔子自言德行颜渊而下十人,无曾子",而且"参也鲁";也许"曾子于孔子后殁,德加尊,行加修",能够单独继承孔子之道,"然无明据"③。这是浙东事功派以其史学方面的专长,对理学道统说的一个致命性的打击。

(乙) 正因为浙东事功派重实际、讲实效,所以他对理学家们尽心言性而无补于社会实际的空谈,表示极大的不满。在这个问题上,浙东事功派一再提出评议,其中陈亮以其犀利的笔锋,给以深刻的批判。他说:

> 往三十年时,亮初有识知,犹记为士者必以文章行义自名,居官者必以政事书判自显,各务其实而极其所至,人各有能有不能,卒亦不敢强也。自道德性命之说一兴,而寻常烂熟无所能解之人自托于其间,以端悫静深为体,以徐行缓语为用,务为不可穷测,以盖其所无,一艺一能,皆以为不足自通于圣人之道也。于是,天下之士始丧其所有而不知适从矣。为士者耻言文章行义,而曰"尽心知性";居官者耻言政事书判,而曰"学道爱人"。相蒙相欺以尽废天下之实,则亦终于百事不理而已。④

---

① 薛季宣:《浪语集》卷二八《策问二十道》,四库影印本1159—433。
② 薛季宣:《浪语集》卷二八《策问二十道》,四库影印本1159—439。
③ 叶适:《习学记言序目》卷四九《皇朝文鉴三》。参阅了周梦江《薛季宣的生平、著作及其对道学思想的异议》,载《宋史研究论文集》1984年年会编刊,浙江人民出版社1987年11月版。
④ 《陈亮集》卷二四《送兄允成运干序》。

陈龙川对理学的这一批判是多么精彩。我们一些理学研究工作者,如果读读这篇文章,从理学的对立面去观察理学,就不致把作为传统文化的理学说得完美无缺了。

(丙)浙东事功派务实精神深得北宋以来宋学的精髓,但也仅仅限于思想上。浙东事功派也没有形成一个强大的力量,在政治实践中实行自己务实的主张。但浙东事功派在这方面的论述,则充满了活力。吕祖谦在给朱熹的一封信中,曾称薛士龙(即季宣)"向来喜事功之意颇锐","于世务二三务如田赋、兵制、地形、水利,甚曾下工夫,眼前殊少见其比"。① 薛季宣在回答薛象先的信中说:"务为深醇盛大,以求经学之正;讲明时务本末利害,必周知之,无为空言,无戾于行"②,来表明他对治学的态度。在给一位心学派理学家杨简的信中,薛季宣指出,"灭学以来"把"言行判为两途"的偏颇不对,称那些"矫情之过者,语道乃不及事",徒发空论,等于无知,表明他对那些"清淡脱俗之论","未能无恶焉"。③ 因此,他把那些"言道而不及物"的空谈家,视为"今之异端"④。不言而喻,薛季宣的这些话,是他立足于事功的立场对那些空洞无物的道学家而发的,从而表现了他们之间的对立。

(丁)由于理学同浙东事功之学存在上述的原则性分歧,因此在一系列重大问题上,诸如理欲观、义利观和历史观诸方面,都是对立的。在理欲观上,程朱理学派强调"存天理,灭人欲",把一般人的基本生活欲望也要灭掉;而浙东事功派中的陈亮则主张节欲,承认人们基本的生活欲望。在义利观上,理学家们从二程到朱熹,把义和利对立起来,要义不要利,继承了孔、孟、董仲舒到司马光等儒家正统派的观点;浙东事功派则继承了李觏、王安石的义利观,进一步发挥了义利统一论。

---

① 吕祖谦:《东莱集·别集》卷七《与朱侍讲》,四库影印本1159—395。
② 《浪语集》卷二五《答象先任书》四库影印本1159—395。
③ 《浪语集》卷二五《抵杨敬仲简》,四库影印本1159—379。
④ 《浪语集》卷二五《抵沈叔晦》,四库影印本1159—398。

对上述问题，我在《宋代经济史》有关经济思想部分①，作了叙述，这里不多赘。

（戊）理学同浙东事功之学之所以存在如此重大的分歧，从学术思想的渊源看，一个极为重要的因素是浙东事功派学者出乎经而入乎史，他们在史学上都有所成就和贡献；而南宋的理学则纯本乎经学，虽然朱熹本人对史学是极其熟悉的，也是有其见解的。对这一点，朱熹是非常清楚的，他说"伯恭（吕祖谦）、子约（吕祖俭）宗太史公之学"，"抬得司马迁不知大小，恰比孔子相似"；"伯恭更不教人读《论语》"②。朱熹还批评陈亮，"看史只如看人相打，相打有甚好看处？陈同父一生被史坏了"③。朱熹对史学的评论自然是偏颇不对的，无需多论。刘向、刘歆父子在议论先秦诸子学术源流时，曾提出"诸子出于王官"之说，这里也不必多论。他们认为"道家者流"的主张，之所以能成为"君人南面之术"，是由于道家"出于史官，历记成败存亡祸福古今之道"，抓住了"秉要执本"的根本道理而成功的④。浙东事功派通过对历史的探索，不仅对历代典制因革变化提出了不少有益的见解，而且从历史发展过程中了解了一些切合现实的问题，从而丰富了自己的学说。

（己）当然，在浙东事功学派中，对许多问题的认识也存在这样或那样的差别。吕祖谦同张栻、朱熹分别在浙、楚、闽三地讲学，是宋孝宗一朝非常有影响的著名学者。虽然朱熹对吕祖谦有不少的议论，但不论怎样说，吕祖谦是浙东事功派中最接近于理学家的一个。他曾经强调，"儒者当通世务"⑤，认为"儒者所恃以胜功利之说者，执圣人之经也"⑥。看起来，吕祖谦当是理学转向事功之学的一个代表人物，处于

---

① 漆侠：《宋代经济史》（下册），上海人民出版社1988年7月一版。
② 《朱子语类》卷一二二《吕伯恭》。
③ 《朱子语类》卷一二三《陈君举》。
④ 《汉书》卷三〇《艺文志》。
⑤ 《东莱外集》卷六，四库影印本1150—434。
⑥ 《东莱外集》卷二《策问》，四库影印本1150—381。

理学向事功之学转化的中间环节。陈亮则是浙东事功学派中最为激进的一个，他非常赞成戴溪（永嘉学派中的一员）"财者人之命"这个说法，认为是"真切而近人情"①；同时还认为，只有破仁、义、礼、智、信所谓的"五贼"，亦即破仁义道德之类的说教，才能够发家致富②。陈亮的思想在某些方面已经突破了儒家思想的范围。永嘉诸子如薛季宣、陈傅良和叶适，算是事功派中的温和派。虽然有上述区别，但浙东事功派的基本观点则是一致的。

（庚）浙东事功之学继承北宋宋学的务实精神，成为南宋独树一帜、富有特色的学派。朱熹曾称"浙学却专是功利"，认为这个学派要比陆九渊的"禅学"难办得多："禅学后来学者摸索一上，无可摸索，自会转去。若功利，则学者习之，便可见效，此意甚可忧！"③把事功之学看成自己理学的最为厉害的对手。

（3）前面从宋学发展演变的总趋势看，南宋宋学已不像北宋那样发展了，而且在演变中，理学兴盛起来了。尽管理学在南宋晚期得到政府的支持，元、明两代得到顺利发展，但在南宋兴盛阶段中，已隐伏了它的不可避免的衰落因素。根本原因在于，理学已经失去了宋学那样蓬勃发展的气势，在日益空疏之中，其生命力日益萎缩。下面就围绕这个问题加以叙述。

先从理学正统程氏兄弟说起。他们所追求的唯一的事物，就是把"道"放在绝对的不可动摇的位置上，把一切他们认为有害于"道"的事物摒诸一旁。程颐曾明确地指出："今之学者有三弊：一溺于文章，二牵于训诂，三惑于异端。苟无此三者，则将何归？必趋于道矣！"④异端指的是释老，无需多论。作文、作诗在程颐看来，也是有碍于"道"的：

---

① 《陈亮集》卷二四《赠楼应元序》，中华书局点校本。
② 岳珂：《桯史》卷二《富翁五贼》，中华书局点校本。
③ 《朱子语类》卷一二三《陈君举》。
④ 《河南程氏遗书》卷一八《伊川先生语四》，载《二程集》。

> 问:"作文害道否?"曰:"害也。凡为文,不专意则不工,若专意则志局于此,又安能与天地同其大也?《书》曰'玩物丧志',为文亦玩物也。"①
>
> 或问:"诗可学否?"曰:"既学时,须是用功,方合诗人格。既用功,甚妨事。……某素不作诗,亦非是禁止不作,但不欲为此闲言语。"②
>
> 学者先学文,鲜有能至道。至如博观泛览,亦自为害,故明道先生教余尝曰:"贤读书,慎不要寻行数墨。"③

程氏兄弟把作文看作是"玩物丧志",把诗歌看作是"闲言语",把阅读古书时必须具备的基本功——训诂工夫,以及把取得知识的"博观泛览",也都认为是"有害于道"而予以摒除;那么,以程氏兄弟为正统的洛学,就只有依赖所谓的内心反省、静坐冥想,去追求那个虚无缥缈的"道"了!

继承程氏兄弟并成为理学集大成者的朱熹,在如何摄取各种营养以充实自己的性理学的各方面,也存在极严重的缺陷。如何看待作文写诗,朱熹则继承了二程的见解,称"近世诸公作诗费工作,要何用"?"今言诗不必作,且道恐分了为学工作。然到极处,当自知作诗果无益。"④ 诗固然是不必作,作文也是一样:"才要作文章,便是枝叶,害著学问。"⑤ 朱熹认为,"道者,文之根本;文者,道之枝叶",只要能够"根本乎道","所以发之于文,皆道也"。这就是说,"文"不必学,就自然而然地做成了⑥。因此他批评"苏(轼)文害正道,甚于佛道"⑦。

---

① 《河南程氏遗书》卷一八《伊川先生语四》。
② 同上。
③ 同上。
④ 《朱子语类》卷一四〇《论文下》。
⑤ 《朱子语类》卷一三九《论文上》。
⑥ 同上。
⑦ 同上。

叶适曾经批评文章越来越不行的原因是，"及王氏（指王安石）用事，以周孔自比，掩绝前作；程氏兄弟，发明道学，从者十八九，文字遂复沦坏"①。他把文章衰落的原因归诸王安石、程氏兄弟，未必就对。但程明道以下的理学家在文学上不行，不能说与程氏兄弟无关。朱熹虽有别于二程，但对文学的评论也是过分的、不恰当的。

对史学，程颐曾认为，"读史须见圣贤所存治乱之机，贤人君子出处进退"②，是格物致知的一个途径。可是，朱熹对史学则不遗余力地加以贬斥。前面曾经引用几条，说明他对浙东学派重视史学的否定态度。而且在一次答问中，"义刚曰：'他（吕祖谦）也是相承那江浙间一种史学，故恁地？'"朱熹却不顾一切地说："史甚么学？只是见得浅。"③ 公然否定史学是一门学问，就走得更远了。

我国古代学术主要由经学、史学和文学（语言、文字包括在内）这三者构成。这几门学问是相互补充、相互影响、相互推动的。任何一门学问都不能孤立起来，不同其他的学问相来往。试想，经学能离开文字、训诂之学吗？离开文字、训诂之学，连经文字义尚且弄不清楚，又怎么能够通经明理呢？二程兄弟和朱熹都是饱学之士，特别是朱熹，一生尊德性而道学问，是南宋时期最为博学的学者，当时罕与伦比。而程氏兄弟贬低文学，朱熹连史学也一概摒斥，把经学同文学、史学割裂开来，使经学走上了狭隘的道路，对人才的作育和培养是极其不利的。惟其如此，在南宋初乾道、淳熙之际出现了高谈"道德性命"而不成句读的无知小子，以及此后又出现一批一批的"冬烘"之辈，使理学承受了其应当承受的惩罚。

理学不仅从学术上由于与史学、文学脱节而日益走上空疏的道路，而且尤为严重的是，它脱离实践，同现实生活脱节，更成为理学的致命

---

① 叶适：《习学记言》卷四七《吕氏文鉴一》，四库影印本847—770。
② 《河南程氏遗书》卷一八《伊川语录》，载《二程集》。
③ 《朱子语类》卷一二二《吕伯恭》。

伤。前面提到，儒生们为实现"内圣外王之道"这个最高理想，只有从政这条途径，在政治实践中成德、立功。虽然这种政治实践非常狭隘，但它毕竟还能够同社会现实接触，通过对实际问题的解决实现其政治上的理想和抱负。所以从范仲淹到王安石，一些在经学上有成就的宋学者，不做隐士，积极地入仕，就在于经仕宦之途施展自己的理想。荀子说，始为儒生，终为圣人；孟子说，达则兼善天下，穷则独善其身。在始终之间、穷达之际，也必须经过这样或那样的实践。从来没有过，静坐在那里就可以成为孔圣人！也从来没有过，光靠冥想就能成德、立功！从程夫子到朱夫子的理学家，都异想天开地靠内心反省工夫去登上大成殿：

> 谢子与伊川别一年，往见之。伊川曰："相别又一年，做得甚工夫？"谢曰："也只去个矜字。"又曰："何故？"曰："子细检点得来，病痛尽在这里。若按伏得这个罪过，方有向进处。"伊川点头，因语在坐同志者曰："此人为学，切问近思者也。"
>
> ……伊川每见人静坐，便叹其善学。①

割断与客观世界的联系，靠自己的内心反省工夫去成德、立功，不亦夐夐乎其难也哉！不仅如此，静坐冥思，只有走上野狐参禅的路子，又岂有他哉！

五、论宋学演变的社会历史环境

汉学之向宋学演变，不仅是在学术上以义理之学代替了章句之学，而且由于宋学之重实际、务实效，与社会现实生活紧密结合，使宋学得

---

① 《河南程氏遗书》卷一二《传闻杂记》，载《二程集》。

到了蓬蓬勃勃的发展。宋学之向理学演变，亦即是与现实结合的义理之学，向与现实脱节的性理之学或道德性命之学演变。演变的关键在于是否务实，在于是否与现实结合，因而这个演变是极其深刻的。宋学之所以发生如此深刻的演变，同两宋社会历史的演变是息息相关的。只有从两宋社会历史演变中才能寻找宋学演变的内在的、深刻的原因。

经过唐中叶以来社会经济的剧烈变动，由山东士族、关陇豪族代表的封建农奴制衰落下去；而由士族以外的地主和中下层地主代表的封建租佃制得到发展，到宋代成为占主导地位的经济制度。这个剧烈变动给社会生活带来某种宽松和盎然的生机。广大地区的客户有了迁徙的自由，比此前庄园制下的农奴的人身依附关系宽松了一些，自由多了一些。给士族以外的地主阶级带来的宽松和自由更多一些：随着压在他们头上的士族门阀的衰落，他们的社会政治地位上升的机会增多了。同时，山东士族代表和维护的封建礼法以及道德规范也由于这一变动而发生一定的变化。这对于整个社会特别是对中下层地主士大夫的束缚有所宽松，因而也就有了更多的自由。陈寅恪先生在《论再生缘》一文中，曾经提到我国古代的魏晋六朝是思想自由的时期。在宋代，这种自由也并非漫无边际，而是像上面说过的，是较为具体和非常有限的。尽管如此，在经济领域里所发生的以及导致上层建筑领域里的这个变化，给社会各方面都带来了勃勃生机。敢于作"周公孔子驱为奴"的《傲歌》，不能不反映此前封建礼法及其道德规范的削弱，不能不说明了封建士大夫用自己的头脑思考的自由是多了一些。惟其如此，在经学的探索上，宋人敢于疑经，敢于否定汉儒的家法，亦敢于充分发挥自己的见解，从而以勃勃有生气的义理之学代替了烦琐不堪的章句之学，建立了与汉学对立的宋学，这是一方面。

另一方面，士族外的庶族地主和中下层地主，不仅经济地位的上升有了更多的可能，而且还可以通过科举考试制度在政治上取得一定的地位。正是这样，一批来自中下层地主阶级的士大夫，在他们通过科举走上政治历程时，一方面创建了上面所说的宋学，而另一方面则又在政治

总　论　宋学的发展和演变

上形成一个富有改革意识的政治集团。他们力图把从古典经学探索来的经世安邦之学同社会现实中的具体问题结合起来，通过政治实践，革除政治上的保守主义以及由此带来的种种积弊，从而使宋王朝走上富强的道路。庆历新政和熙宁新法，便是宋学家们的两次著名的政治实践，虽然这两次实践的内容以及深度和广度都有所差别。这两次政治实践，对宋学的创建者和发展者来说，目的便是施展其学术上通经致用的才能，实现其"先天下之忧而忧，后天下之乐而乐"的政治抱负，亦即所谓"达则兼善天下，穷则独善其身"。而这样做的结果，也就是实现儒生们始为儒生，终为圣人，成德、立功，这一"内圣外王之道"的最高理想。

归纳上面的叙述，宋学之务实际、富有与社会现实相结合的实践精神，建立在或者说表现在庆历新政、熙宁新法两次政治改革上。而这两次改革则建立在中下层地主阶级的经济力量以及由此而形成的政治力量上。

宋学之向理学的演变，亦即从务实、从与社会现实结合，向尚空谈、与社会现实脱节的演变，也是宋代社会经济演变的结果。当然，形成于熙丰之际的洛学，由于程颢之从变法派中游离出来，政治态度的变化对此后洛学的形成不能不产生相应的影响。但最重要的还是经济变动带来的影响。

南宋经济的发展同北宋经济的发展已经有所不同。这个不同表现在地主阶级方面：北宋末年宋徽宗统治期间和南宋初期土地兼并猛烈发展的结果，是中下层地主阶级的经济力量削弱了。一个有一二百亩田地的地主，收入不过一二百石地租，由于"和买折帛之类，至有用田租一半以上纳税者"[①]。"今之家业及千缗者，仅有百亩之田，税役之外，十口之家，未必糊口。"[②] 中下层地主阶级经济力量在两宋的这个变化，我

[①]　《水心文集》卷一《上宁宗皇帝札子》，载《叶适集》，中华书局点校本。
[②]　张守：《毗陵集》卷二《论淮西科率札子》，四部丛刊本。

——— · 总　论　宋学的发展和演变 · ———

在《宋代经济史》（上册）中已经作了说明，不再赘述。中下层地主经济力量的削弱，径直地造成了他们在政治上不能形成一个有力的政治力量，从而不能像他们的前辈那样，表演出有声有色的庆历新政和熙宁新法。从南宋建立之日到南宋灭亡，一直是大地主专政，而且在某些时期内表现为权臣，如秦桧、史弥远、韩侂胄、贾似道们的大地主专政。

在这样的政治局面下，出身于中下层地主的士大夫，要么依附权臣大地主阶级，杨时、胡安国就是极为明显的例子；要么屈居于地方州县。务实、讲究事功的浙东学派诸子，如薛季宣、陈傅良和叶适等，终生不过州郡。但他们不负所学，在州郡做了不少有益的事情，有着可以称道的政绩。博学的朱夫子，也不是只向皇帝讲正心诚意，而是在漳州、南康军等地对赋税、盐法进行改革或提出改革意见，并非安于当时的积弊。理学家们诸如陆九渊、杨简、袁燮等也都有德政可言。所有这些，无非是归结为一点，在宋代社会经济的变动下，南宋社会历史环境已经不能向理学和浙东事功之学这两个学派提供政治实践条件，让他们实现其"内圣外王之道"这一最高理想。这就是说，理学力主的与实践相脱节的内心反省工夫是这个学派的内在弱点，而客观历史环境则不给理学家、事功派学者们以政治实践机会，成为理学演变的客观原因。这两者相结合，便决定了理学日益走上空疏的道路，终于在历史进程中被遗弃和淘汰。

我国自汉到清两千多年以来的经学发展，经历了一个否定之否定的曲折道路。两汉的章句之学，由于陷入烦琐哲学的困境，被生机勃勃的宋代义理之学所代替，这是宋学对汉学的否定。宋学演变为理学之后，日益走上空洞无物的道路，于是清代的乾嘉考据之学对宋学否定，以恢复汉学的治学方法，这是否定之否定。从这个否定之否定的学术发展历程中，可以看到，否定了汉学的宋学，把经学的发展推进到一个新的水平；而否定了宋学的考据之学，不是对汉学的一个简单重复，而是在文字训诂方面突破了汉人的成就，足以弥补宋学之不足。但就规模、成就而论，乾嘉之学则不能与宋学相提并论。否定之否定这就是从汉历宋到清经学探索上的辩证法的发展。

　　宋学与社会现实、政治实践相结合，而理学则与社会现实、实践相脱节，这个演变和分歧是非常明显的。七八十年来，我国哲学史、思想史的研究有着突出的成就和贡献，但其中也有不少的弱点和不足。其中一个主要的弱点和不足是：由于研究者们自身与政治的脱节，因此在考察古代学术思想的发展过程中，往往习惯于沿着从思想到思想的认识路线进行，割断了这些思想同社会经济关系的联系。这样研究的结果，就只能寻找到这种思想同那种思想的联系，而找不到形成这种思想的政治经济诸关系，以至使这种思想成为无源之水、无本之木，孤零零地无从挂搭，像朱熹所说的"失去了气的理"所遇到的那样。与此同时，也就不自觉地夸大了这些思想的作用和意义，使这些思想成为超时空的、绝对的观念，成为只能歌颂不能动摇的绝对真理。本文提出的上述问题，是否恰当，还请方家指正。

第一编

唐中叶以来经济文化思想领域里的变化

第一章
唐宋之际社会经济关系的变革及其对文化思想领域所产生的影响

唐宋之际社会经济关系是否发生变革，变革的内容是什么，以及变革的规模和程度究竟怎样，一直为国内外学者所关注，也一直成为困扰学术界的问题。下面不妨提出几种说法，来说明这个问题。

最先提出唐宋之际社会变革的是日本内藤湖南先生的宋代近世说。是说曾风靡一时，可是近世说的涵义是什么，却说不清楚。欧洲诸国自产业革命后社会面貌发生了显著的变化，从而自中世纪走上近代，有了近世说。如果同欧洲近代情况进行比较研究，宋代与之差距甚大，很难具有近世的涵义。因此，宋代近世说之涵义难以说得清楚，当即在此。

稍后，一些域外的，如美国的治宋史的学者称宋代为官僚社会。从欧洲的古希腊、罗马到今天，中国从夏商周古代到近代中国，只要有国家政权形式和各级政府机构，就有官有吏有僚属，无不可以称之为官僚社会。既然欧洲诸国、中国自古代到近代，都一概名之曰官僚社会，在历史发展过程中还有没有自己的独特面貌？显而易见，这个说法的涵义也难以说得清楚。

20世纪50年代，对中国封建社会的形成、发展及其内部分期进行了探索。在对中国封建社会内部分期的一些说法中，其中之一是以两税法作为封建制内部分期的界标，以前为中国封建社会前期，此后为中国封建社会后期。这个说法确实反映了唐宋之际赋税制度的重要变革，同时也反映由这一变革引发的社会经济关系的某些变革。但，放在唐宋之际社会变革的总体上看，它既不是唐宋社会变革中的唯一的一次变革，而且在变革中也不是主要的。因此，这个说法也没有能够把唐宋之际的社会变革说清楚。

唐宋之际的社会变革是一个比较繁杂的问题，还需要进行多方面的探索。对此问题，我在《关于中国封建经济制度发展的阶段问题》一文中提出了一些想法，认为这个时期的变革虽然是中国封建经济制度内部的推移演化，但值得密切注意的是，它是从唐代农奴制向宋代封建租佃制转化的全局性的重大问题。[①] 为进一步说明这个问题，本文打算叙述如下几个问题：一、唐中叶以来封建国家土地所有制日益衰落，向土地私有制转化；二、新的土地兼并势力代替了原来的如山东士族等老牌土地势力；三、封建租佃制关系占支配地位；四、两税法实施后封建国家与土地所有者（地主）、佃户这三者之间的关系，以及封建国家与土地所有者（自耕农民诸阶层）之间的关系；五、唐宋之际土地关系的变化对文化思想领域所产生的作用。这些叙述是否切合历史实际，请同道们多加匡正。

一、唐中叶以来各种形式的封建国家土地所有制衰落，土地私有制在宋居于绝对的优势地位

自北魏延续下来的均田制，在唐代前期依然是居于主导地位的国有

---

① 漆侠：《关于中国封建经济制度发展的阶段问题》，原刊于《山东师范学院学报》1978年第6期。后为《宋代经济史》代绪论，上海人民出版社1987年2月版。

第一章　唐宋之际社会经济关系的变革及其对文化思想领域所产生的影响

土地制度。然而，在开元、天宝（713—756）之际，这种土地形态已彻底崩溃。学术界对此问题论述甚多，兹不多赘，但遇到有关问题，后面再叙述。继均田制之后，唐中叶以来的如屯田、营田等国有土地制度也同样地衰落下去。下面着重对这些土地形态的情况加以论述：

先说屯田制。

唐代屯田之制来自西魏大统十二年（546）之制，大统制"取州郡户十分之一为屯田人"，"一夫之田岁责六十斛"，主要是民屯。唐代大规模屯田始于开元二十五年（737），它的主要内容是：

（一）"令诸屯隶司农寺者，每三十顷以下，二十顷以上为一屯；隶州镇诸军者，每五十顷为一屯。应置者皆从尚书省处分。"分列为民屯、军屯两类，这是有别于大统之制的。

（二）"其旧屯重置者，一依承前封疆为定；新置者并取荒闲、无籍广占之地。其屯虽料五十顷，易田之处各依乡原量事加数。"据此，在开元之前，各地已经置有屯田，所以才有"旧屯重置者"仍按照原来的田亩，亦即"承前封疆"。至于唐代什么时候兴置屯田，则缺乏记载，难以考知。

（三）置有屯田官，"取勋官五品以上，及武散官，并前资边州县府镇戍八品以上文武官内简堪者充"。

（四）"诸屯田应用牛之处，山原川泽土有硬软，至于耕垦用力不同，土软处每一顷五十亩配牛一头，强硬处一顷二十亩配牛一头"；"其稻田每八十亩配牛一头"。

（五）"诸营田若五十顷外，更有地剩配丁牛者，所收斛斗皆准顷亩折除，其大麦、荞麦、干萝葡等准粟计折斛斗，以定等级。"

屯田令发布之后，到天宝八年（749）屯田的总收入是1913960石，其中关内563810石，河北403280石，河东245880石，河西260088石，陇右440902石。此后，唐肃宗"上元（760—761）中，于楚州古谢阳湖置洪泽屯、寿州置芍陂屯，厥田沃壤，大获其利"[①]。

---

① 杜佑：《通典》卷二《食货二·田制下·屯田》，光绪丙申年四月浙江书局本。

第一编 唐中叶以来经济文化思想领域里的变化

由于资料的短缺,唐代屯田情况无法说得清楚。就现有情况同宋代相比,唐代屯田每一顷五十亩或一顷二十亩,才配备一头丁牛;宋代一般是一顷一头,有的屯田可有二头,另外宋代还配备了多种农具。就配备牛数一事而论,宋代显然超过了唐代,这就不难理解,宋代农业生产力之所以超过唐代,是生产条件造成的。

唐代屯田演变的情况,从它的宋代遗存中得到某些消息。杨万里《吉水县除屯田租记》中记述了江西吉州一带的屯田,他指出:

> 屯田之为吉水病,三四百年于此矣,十余年来病之中又滋病焉!盖自唐末五代以还,吉水之屯田在一郡为加多,而其租为已重。乾道淳熙间,郡白于朝,请官鬻之而更为税亩,于是租之为斛者二千一百三十四有奇。①

自"屯田之为吉水病",已"三四百年",以及"唐末五代以还"诸句可知,江西吉水之屯田实来自于唐代屯田。屯田租之重,已使屯田的租种者承受不了,以至逃亡而去,屯田为之抛荒。屯田租之重同样是来自于唐代。

唐代屯田到宋代有一个非常重要的变化,即从国有土地转化为私有土地。宋徽宗政和元年(1111)知吉州徐常的奏疏上说:

> 诸路惟江西乃有屯田非边地,其所立租则比税苗特重,所以祖宗时许民间用为永业。如有移变,虽名立价交佃,其实便如典卖己物。其有得以为业者,于中悉为居室坟墓,既不可例以夺卖,又其交佃岁久,甲乙相传,皆随价得佃。今若令见业者买之,则是一业而两输直,亦为不可。而况若卖而起税,税起于租,计一岁而州失租米八万七千余石,其势便当损减上供……②

据此,江西吉州屯田数是甚为可观的,田租达八万七千余石(前引杨万

---

① 杨万里:《诚斋集》卷七四《吉水县除屯田租记》,四部丛刊本。
② 马端临:《文献通考》卷七《田赋考七·屯田》,中华书局影印本。

第一章 唐宋之际社会经济关系的变革及其
对文化思想领域所产生的影响

里文,吉水县屯田不过两千一百多石,所占比数甚小),如果以亩租五斗推算,吉州屯田至少有十七万亩。不过,吉州屯田就其所有权来说,仍属于国家,但佃户们则可以将土地的佃种权(或者说是田面权)"移变"买卖。而且在佃户们佃种的屯田上,有居室坟墓。佃户生老送死于这块土地上,土地实际上成为佃户们的永业田。这是唐代屯田向土地私有转化的一种形式。

江西抚州也有屯田,据陆九渊的记载,与吉州屯田则有所不同:"若系省额屯田者","其租课比之税田虽为加重,然佃之者皆是良农,老幼男女皆能力作,又谙晓耕种培灌之利便,终岁竭力其间,所收往往多于税田,故输官之余,可以自给",这说明了抚州屯田生产情况是较为正常的。抚州屯田等一类的田,"皆有庄名,如某所居之里,则有所谓大岭庄,有所谓精步庄。询之他处,莫不各有庄名。故老相传,以为元祐间宣仁垂帘之日,捐汤沐之入,以补大农,而俾以在官之田,区分为庄,以赡贫民,籍其名数,计其顷亩,定其租课,使为永业";"岁月寖久,民又相与贸易,谓之'资陪',厥价与税田相若,著令亦许其承佃,明有资陪之文,使之立契字,输牙税,盖无异于税田";"此邑之民耕屯田者,当不下三千石(人),以中农夫食七人为率,则三七二十一,当二万一千人。"① 如果以抚州屯田耕作人数估计,该地屯田不下千五百顷,较诸吉州有过之而无不及。这里的屯田,田面权同样可买卖,谓之"资陪",在实际上也是向土地私有方向转化的。而且与前引知吉州徐常的奏疏联系起来考察,两地屯田之向私有土地转化也是一致的。

总之,作为国有土地制度之一的屯田,自唐中叶以来不仅衰落下来,而且到宋向土地私有制转化。

其次再看营田。

营田是唐代国有土地制度中的重要一项,但有关它的记载还远不如屯田为详,因而在什么时候建置都说不清楚。据《通考》记载,"唐开

---

① 陆九渊:《象山先生全集》卷八《与苏宰第二书》,四部丛刊本。

军府以捍要冲,因隙地置营田,天下屯总九百九十二"。①《通考》这段文字,大概来自于白居易的策林第四十五道(载《白氏长庆集》卷四七)《复府兵置屯田》条,文作:"昔高祖始受隋禅,太宗既定天下,以为兵不可去,农不可废。于是,当要冲以开府,因隙地以营田……"营田的"营"字是经营之义,指的是兴复屯田。这项制度肯定在唐初既有,开元、天宝时继续,所谓"便至四十西营田"者是也。唐宪宗元和七年(812),宰相李绛建议,"振武、天德左右良田可万顷,请择能吏开置营田,可以省费足食"②,在韩重华的积极推行下,垦田达四千八百顷,节省了国家财政的开支。

营田是普遍实施于全国各地的一项土地制度,但总起来看,这种土地制度实行的效果不好。刘禹锡在《代论废楚州营田》奏疏中明确地提出,应予以废除:

> 本置营田,是求足食。今则徒有糜费,鲜逢顺成。刈获所收,无裨于国用。种粮每阙,常假于供司,较其利害,宜废已久。比来循守旧制,不敢轻有上陈。皇明鉴微,特革斯弊。取其田畜,授彼黎蒸。仍俾薄租,诚为至当。但以田数虽广,地力各殊,须量沃瘠,用立程度。③

刘禹锡认为营田的经营不善,"刈获所收,无裨于国用","较其利害,宜废已久"。包括营田在内的一切封建国家土地所有制,只要是经营不善就缺乏存在的理由,或早或晚要衰落下来。但包括营田在内的国有土地之所以衰落、崩溃,还有一个更为重要的因素,即国有土地上的劳动生产者是由国家强行征调来的,以劳役的形式承担这种生产的。杜甫的著名诗篇《兵车行》上写道:

> 或从十五北防河,便至四十西营田。

---

① 《文献通考》卷七《田赋考七·屯田》。
② 司马光:《资治通鉴》卷二三九,宪宗元和七年冬十月辛巳。
③ 刘禹锡:《刘梦得文集》卷一六《代论废楚州营田》,四部丛刊本。

第一章　唐宋之际社会经济关系的变革及其对文化思想领域所产生的影响

除去征役的形式，抑配租佃也是一种形式。元稹在《当州两税地》一文中指出：

> 京官上司职田又须百姓变米雇车般送，比量正税，近于四倍加征。既缘差税至重，州县遂逐年抑配百姓租佃。或有隔越乡村被配一亩二亩之者，或有身居市井亦令虚额出税之者。其公廨田、官田、驿田等所税轻重，约与职田相似，亦是抑配百姓租佃，疲人患苦，无过于斯。①

各种形式的国有地，总是采取上述两种办法进行生产。后者抑配租佃同样是一种强制性的劳动生产，只是承担的租数更为沉重而已。

营田的经营不善、产量低下，与田吏们的管理是分不开的，但应役的劳动生产者离乡背井又怎么能够发挥生产积极性呢？由于内在的致命伤，所以到晚唐营田几乎是告朔之气，名存而实亡，五代后唐明宗长兴二年（931）九月诏："天下营田务，只许耕无主荒田及召浮客，不得留占属县编户。"② 诏令的意思是说，营田只许可召浮客实行租佃制，而不许可召属县编户齐民实行像过去那样的徭役制。这个重要变化，在《五代会要》的记载中也有所反映，其情况与上述诏令的涵义是一致的。租佃制代替了徭役制，使封建国家土地关系向前迈进了一大步。这一点后面还要提到。

后周广顺三年（953），营田又发生了一个重大变化。这年正月，素知营田积弊的周太祖郭威，在臣僚们的建议下，将"诸道州府系属户部营田及租税课利"，"并割属州县"，仍按旧额征收租税课利，管理营田的"职员节级一切停废"；"应有客户元佃系省庄田、桑土、舍宇（《资治通鉴》作"田庐、牛、农器"），便赐逐户，充为永业，仍仰县司给予凭由"；梁太祖时自淮南掠夺来的耕牛配于民户而收的"牛租"，已经"六十馀载，时移代改，牛租犹在，百姓苦之"，也为之"除放"。约值

---

① 元稹：《元氏长庆集》卷三八《当州两税地》，四部丛刊本。
② 薛居正：《旧五代史》卷四二《明宗纪八》。

三十万缗、数以万计的"系官庄田",成为佃户们的"永业"之后,"比户欣然,于是葺屋植树,敢致功力"①(《资治通鉴》作"获地利数倍")。作为国有地的营田,转化为私有土地,而此前租佃营田的佃户成为占有一块土地的自耕农民,这是土地关系上发生的一个极其重要的变化。

唐代营田到宋代南方依然有所遗存,如四川诸路。南宋孝宗乾道九年(1173)四川提举常平司出卖诸州户绝没官田,但对于前代遗存下来的营田,则"权行住卖,仍旧令人请佃":

> 先是资州言:属县有营田,自隋唐以来人户请佃为业,虽名营田,与民间二税田产一同,不应出卖,故有是命。②

号称"隋唐时代的营田",到两宋也已自国有转化为"与民间二税田产一同"的私有地了。又四川诸路的所谓省庄田,也可能就是这类营田:

> 省庄田者,今蜀中有之,号官田,自二税外仍科租。应大小麦、豆、糙白米谷、桑、麻、荞、芋之类凡十有八种,无不必取之。既高估其直,又每引别输称提钱,民甚苦之。然其实皆民间世业,每贸易,官仍收其算钱,但世相沿袭,谓之官田,不知所始也。③

利州也有官庄,大概也属于这类田地。从这类田地纳租纳税情况看,国有地之向私有地转化的痕迹依然是斑斑可见的。

宋孝宗乾道九年(1173)曾大规模出卖"没官田产屋宇并营田",其中有两浙、江东、福建、广东、江西、湖南北、广西、四川等路。营田有不少是宋代建立的,除四川诸路外,其他诸路营田中是否也有"隋唐营田",附此待考。(隋灭江南,不久即引起江南方隅豪族的反抗,又进行了第二次南征。隋灭江南曾推行所谓的苏威"五教",加强对南方

---

① 以上引文见《旧五代史》卷一一二《周书·太祖纪》。
② 《宋会要辑稿·食货》五之三六,中华书局1987年版。
③ 李心传:《建炎以来朝野杂记》甲集卷一六《财赋三·省庄田》,中华书局点校本。

第一章 唐宋之际社会经济关系的变革及其对文化思想领域所产生的影响

的统治,既要加强统治,就要屯驻军队,而对军队的供应,屯田、营田的建立就十分必要了。四川之有"隋唐营田",南方诸路是否也有营田和屯田?隋朝短促,史文多阙,经济方面尤甚,附志于此。)

"此消彼长"。从唐中叶以来,均田、屯田、营田等国有地日趋衰落,而土地私有则日益发展,到北宋,私有土地远远超过了国有土地。这两种土地在比数上发生了根本性的变化。据《文献通考》所记,熙宁七年(1074),全部官田情况是:

> 开封府界诸路系省庄、屯田、营田、稻田务,及司农寺户绝水利田,并都水监官庄淤田司四十四万七千四百四十八顷一十六亩,内三司官田庄四千五百九十三顷四十亩零,总收租余斛斗匹帛六万一千四百九贯石匹。①

这是唯一的一条对北宋官田数量的记载,其中没有包括学田、职田。北宋有多少耕地?宋神宗元丰六年(1083)国家版籍上登录了461455000亩。由于官僚贵族大地主隐田漏税,这个数字是不确实的。在《宋代经济史》中,曾经估计为七亿至七亿五千亩,约数是七亿二千亩。② 根据上述数字估计,在北宋土地占有制中,国有地不过5%,而私有地则占95%。自北宋以来,土地私有制一直居于压倒的优势地位。这是唐中叶以来土地占有关系中一个具有关键性意义的变化。

二、土地私人占有制的新格局

在土地私有制居于压倒的优势地位的同时,土地占有诸阶级阶层也发生显著变化,从而使土地占有关系出现了新的格局。这个土地占有新

---

① 《文献通考》卷七《田赋考七·官田》。
② 《宋代经济史》上册,第59—60页,上海人民出版社1987年版。

格局之一就是，新兴的土地兼并势力取代了以山东士族为代表的旧的土地兼并势力，逐步爬上社会的极峰。

论史者无不熟稔山东士族之在唐末已成为历史的遗迹。但具体论述山东士族的衰亡，而且是从土地占有关系上论述山东士族之衰亡，应首推陈寅恪先生《论李栖筠自赵徙卫事》一文。是文开头即援引《白氏文集》卷六一《崔玄亮墓志并序略》指出，博陵崔玄亮于大和七年（833）临终之前，告诫其诸子，称"自天宝以还，山东士人皆改葬两京"。所谓"山东士人"指的是以崔、卢、李、郑为代表的汉魏旧族，他们之所以"舍弃其祖宗坟墓故地，而改葬于李唐中央政府所在之长安或洛阳"者，乃是由于：安史之乱以后，由安史及其余部而构成的藩镇势力，代表胡化集团；而"高等文化家族"以山东士族为代表，则支持李唐中央政府，故改葬两京，即用文化史观解释中央与藩镇两相对抗之势力。① 本文旨在探索山东士族这一旧有土地势力被新兴兼并势力，即由武夫悍将所构成之藩镇势力所取代，故对此说不再多赘。

今按汉魏以来的山东士族是盘踞河北一带之老牌土地势力，家大、业大、土地大。李吉甫的《元和郡县图志》曾记其父祖在赵州、平棘、高邑、赞皇之居宅、土地和墓地云：

> 平棘县，……赵郡李氏旧宅，在县西南二十里。即后汉、魏以来山东旧族也，亦谓之"三巷李家"，云东祖居巷之东，南祖居巷之南，西祖居巷之西，亦曰"三祖宅巷"也。三祖李氏，亦有地属高邑县。
>
> 赞皇县，……百陵岗，在县东十里，即赵郡李氏之别业于此岗下也。岗上亦有李氏茔冢甚多。②

陈寅恪先生指出："河北士族不必以仕宦至公卿，始得称华贵，即乡居不仕，仍足为社会之高等人物。盖此等家族乃一大地主，终老乡居亦不

---

① 陈寅恪：《金明馆丛稿二编》，第1—2页，上海古籍出版社1980年版。
② 李吉甫：《元和郡县图志》卷一七《河北道二·赵州》，中华书局点校本1995年版。

第一章　唐宋之际社会经济关系的变革及其对文化思想领域所产生的影响

损失其势力,自不必与人竞争胜负于京邑长安洛阳也。"①

但山东士族就其声势而论,毕竟有前后期之差别。此差别大体上以魏孝文帝为分界。山东士族在汉魏五胡十六国北魏前期,不仅地大业广,聚族而居,而且有许多无所归依的中下层地主和农民成为其依附户(苞荫户)。所谓"一宗几近万室"者殆由于此。惟其如此,他们也就能够建立坞壁堡垒,组织以宗兵为核心的武装力量,既与各胡族政权相周旋,又与地方政权相抗争,真可以称得上"强宗豪族"。然而自元魏后期,历周齐隋唐,在中央集权制逐步加强之下,三长制和大索貌阅之制使依附于豪族的苞荫户成为国家版籍上的编户齐民,府兵制的建立又使豪族们的武装力量纳诸中央统治的轨道。在《中国封建地主阶级的形成和演变》、《中国封建时代兵制的变革与封建经济制度推移的关系》诸文中②,我已经提出了一些想法,今不多赘。经过这些变化,山东士族虽然有的还能够臂鹰走狗,但他们已失去了往日的煊赫势力。所以,当着渔阳鼙鼓动地而来,他们组织不了任何有效的阻御,只有弃老巢、作鸟兽散,栖息于两京江淮。下面试举数例以资考察:

> 其(指韩愈宗兄韩弇)友四人,其一范阳卢君东美,少未出仕,皆在江淮间……大历初,御史大夫李栖筠由工部侍郎为浙西观察使。当是时,中国新去乱,仕(或作士)多避处江淮间。……墓在河南缑氏县梁国之原。③

> 君讳翰,字叔清,博陵安平人。曾大父知道仕至大理司直,大父玄同为刑部侍郎,出刺徐相州,父倚举进士,天宝之乱,隐居而终。君既丧厥父,携扶孤老,扎于大江之南,卒丧。……既去职,遂家于汝州。④

---

① 《金明馆丛稿二编》,第6页,上海古籍出版社1980年版。
② 漆侠:《知困集》,第1—75页,河北教育出版社1992年版。
③ 韩愈:《昌黎先生集》卷二四《考员外卢君墓铭》,四部丛刊本。
④ 《昌黎先生集》卷二四《崔评事墓铭》。

第一编 唐中叶以来经济文化思想领域里的变化

> 元和五年（810）十月日，范阳卢殷以故登封县尉卒登封，年六十五，……以病不能为官，……竟饥寒死。①

居于统治地位达五六百年之久的汉魏旧阀，终于失去自己的土地势力而成为了历史的遗迹。

代替旧土地兼并势力的新兴土地势力，是靠手中的枪杆子掠夺土地的。下面的材料极为值得注意：

> （于）嵩贞元初死于亳宋间，或传嵩有田在亳宋间，武人夺而有之。嵩将诣州讼理，为所杀。嵩无子，张籍云。②

从唐中叶到五代，既是战乱频仍的时代，也是通过军事暴力使得土地所有权转移频仍的时代。一批武夫悍将是新兴土地兼并势力的重要组成部分。六七年前，我在《从对〈辽史〉列传的分析看辽国家体制》一文中，曾经叙述在安史之乱以后河北士族垮台之后，幽蓟一带逐步形成了韩、刘、马、赵四大族。③ 元代王恽在《卢龙赵氏家传》中把他一再强调了的韩、刘、马、赵比作唐代的崔、卢、李、郑，借以说明这四大族在幽蓟地区的突出地位。④ 这几个家族差不多都是出身于枪杆子的。如河间刘氏就出自唐卢龙节度使刘怦。《辽史·刘景传》上说：

> 刘景，字可大，河间人。四世祖怦，即朱滔之甥，唐右仆射、卢龙军节度使。⑤

又郝经在《房山先生墓铭》上也说：

> 自（刘）怦（当作怦）有幽州，传姓授节数世，入契丹为王公数十人，如刘六符等尤其贵显者。⑥

---

① 《昌黎先生集》卷二五《登封县尉卢殷墓志》。
② 《昌黎先生集》卷一三《张中丞传后叙》。
③ 漆侠：《从对〈辽史〉列传的分析看辽国家体制》，载《历史研究》1994年第1期。
④ 王恽：《卢龙赵氏家传》，载《秋涧先生大全文集》卷四八，四部丛刊本。
⑤ 《辽史》卷八六《刘景传》。
⑥ 郝经：《陵川集》卷三五，四部丛刊本。

第一章　唐宋之际社会经济关系的变革及其对文化思想领域所产生的影响

刘怦与其子刘济、孙刘忌割据幽州三世,唐宪宗时在削藩的压力下不得不"以土地归国"。但刘氏家族之能够兴发起来,与三世割据幽州当然有着密切的联系。余如韩知古族系、韩延徽族系和赵思温族系都与兵家有关,前引文章已经谈过,不再赘述。这四个家族在幽蓟一带都占有大量土地、部曲、奴婢和门客,经济力量是雄厚的,同时在辽金统治中也占有重要位置。

其实,利用"兵"转移土地所有权不限于河北。唐中叶到五代,"兵"是决定政治、经济及其一切的因素。兵头子们以"兵"抢占皇位,以改朝换代;兵卒子们则在改朝换代之际公然抢掠财物。兵官们往往腰缠万贯,广占田园。宋初跟着赵匡胤起家的武夫悍将如石守信、王全斌、米信、安守忠辈哪个不是如此?安守忠布施给广济禅院的两处庄田达四十七八顷之多。[①] 自宋建国以后,这种急遽的土地所有权的变换方式才有所改变。

新兴土地兼并势力在中唐以来至为猖獗。李翱在一道策问中指出,更定两税法之后,"及兹三十年,百姓土田为有力者所并,三分逾一"[②]。有力者除具有各种权力(包括军事上的)之外,是否也包括拥有雄厚经济力量的兼并者?在皇甫湜的一道制策中说:"周之受田有经制,汉之名田有恒数。今疆畛相接,半为豪家,流庸无依,率是编户。本于交易,焉夺富以卑贫?将欲因循,岂损多而益少?酌于中道,其术如何?"[③] 策问中还指豪家占有的疆畛,"本于交易",即从土地买卖而来,那么是否挟有货币力量的富商大贾也成为新的土地兼并势力?通过资财兼并土地,这是两宋三百年土地兼并最常见的一种形式。

总之,自唐中叶土地关系的变换中,以山东士族为代表的旧的土地势力已彻底垮台,新兴土地势力(即武将以及所论有力者、富商大贾)

---

① 陆耀遹:《金石续编》卷一三《广济禅院庄地牌》。
② 李翱:《李文公集》卷三《进士策问第一道》,四部丛刊本。
③ 皇甫湜:《皇甫持正文集》卷三《制策一道》,四部丛刊本。

则扶摇而上,居于社会最高层,这是土地占有关系的一个重大变化。

土地占有关系的再一重大变化是:均田制破坏之后,均田制下的农民成为名副其实的自耕农民。

北魏实行的均田制是将荒地均给无地农民,所谓"细民获资生之利,豪右靡余地之盈"①,即透露了这个情况。这项加强拓跋氏贵族统治的重要制度,历北周、北齐而至隋唐,经过三长制、大索貌阅以及比豪强为强的赋役制,将为数甚多的苞荫户即依附于豪族的依附户变成为国家的编户齐民,均田制成为遍及全国各地、维护中央集权制的经济基础。但是,均田制存在着不可克服的内在弱点,即荒田垦辟跟不上人口的增长,按地区分配的土地越来越达不到规定标准,以致"狭乡"每丁不过二十亩,老小几乎分不到田地。可是,国家规定的一夫一妇的租庸调赋则按章缴纳。地少役税重的问题便日益尖锐起来,以致在隋代出现劳动人民为反对赋役的重压而切手断足,谓之"福手"、"福足"的现象。均田制这一内在致命伤,到开元、天宝之际,已是"土地兼并之烈有逾汉成、哀之间"。这一外部贵势豪强对国有土地的侵刷便使得国有土地制度崩溃无余了。

均田制崩溃之后,均田制下原来的编户齐民,依然是国家版籍上的农民,但是他们的身份地位发生了一个重要变化。这个变化就是:均田制下的农民的田地一是世业田,一是口分田,口分田不许买卖,卖一亩要笞二十,而世业田所占比重极小。因而均田制农民还不能自由处理(主要是买卖、赠与,等等)自己的份地,因而没有较为完整的土地所有权。均田制崩溃之后,农民们虽然剩余不多的土地,但是他们可以自由地处理自己的一小块土地,是具有真正土地所有权的自耕农民。这个重要变化发生于几微之间,是不够显著的。但历史科学需要的是,对一些几微之间的变化能够阐发出来。

均田制时代的农民所分配到的田地,各家各户是不一样的,多的不

---

① 《魏书》卷五三《李孝伯附李安世传》。

过七八十亩，少的三四十亩，而狭乡不足一二十亩。均田制崩溃之后这类自耕农民手中的土地自然是不一样的，由土地多少不同，形成了自耕农民诸等级。其中约五七十亩组成为上层自耕农民或富裕农民，三四十亩的为自耕农民，一二十亩的组成为下层自耕农民。这种分野是比较清楚的。诸等级自耕农民是中唐以后宋代农业生产发展的主力，其中再生产条件越好的农民所起的推动作用越大，而"耕种山田三四亩，苗疏税多不得食"的农民①，只能杂以橡实以延喘息，维持再生产是较困难的。总体说来，宋代经济发展与唐中叶均田制下农民的这个变化是分不开的。

三、封建租佃制关系取代农奴制而逐步居于支配地位

封建租佃制关系之取代农奴制而逐步居于支配地位，是唐中叶以来封建土地所有制关系发生的一个重大变化。这个重大变化是封建国家土地所有制衰落、地主土地私有制居于绝对支配地位的必然结果。

材料所显示的是，一些残存的国有土地也向封建租佃制方向发展。

（1）徐申行状上载有：

> 迁韶州刺史。四十余年刺史相循居于县城州城，与公田三百顷皆为墟，县令丞尉杂处民屋。公乃募百姓能以力耕公田者，假之牛犁粟种与食，所收其半与之，不假牛犁者三分与二。②

这条材料非常重要。第一，此前的屯田、营田等都是征调民力来实现其生产的，征调民力当然具有强制性质，带有对人身的役使，从而具有农奴的性质。徐申在韶州改变了征役的做法，而是以招募取代征役，招募

---

① 张籍：《张司业集》卷一《野老歌》，四库影印本1078—10。
② 李翱：《李文公集》卷一一《岭南节度使徐公行状》，四部丛刊本。

是自觉自愿的，没有任何的强迫性质。这种做法自然是顺应发展潮流的。所以宋的各类公田大都是"募人承佃"的。第二，徐申对招募者实行的公田产品分配的办法是，"假之牛犁粟种与食，所收其半与之，不假牛犁者三分与二"，前者属于对半分制，后者则占全部收获物的 2/3 亦即 66％强。这个分配制度对劳动生产者的生产积极性具有相应的刺激作用，在当时条件下也是值得肯定的。

（2）《故东川节度使卢公传》上载有："当涂县有渚田，久废，（卢）坦以为岁旱，苟贫人得食取佣，可易为功。于是渚田尽辟，籍佣以活者数千人。"① 卢坦所垦辟的当涂渚田规模相当大，数千人的"佣力"才能够成功。这个材料与租佃制还不沾边，但有一点是值得肯定的，即卢坦是以"籍佣"的方式而不是以强行征役的方式进行的。显然是唐中叶以来，征调的办法已经过时了，而招募的方法流行起来。

（3）残存于宋代的隋唐时期的各种国有土地，或是变为私田，或是改变为租佃制。如资州一带的营田：

> 先是资州言：属县有营田，自隋唐以来人户请佃（此佃当为佃种之意）为业。②

又据李心传的记载：

> 省庄田者，今蜀中有之，号官田。自二税外仍科租……③
> 文字中的"科租"亦即缴纳地租，显然是租佃制。

蜀中的营田或者省庄田之向私有制或租佃制方向转化，"隋唐"时期恐不可能，大约是在唐中叶以后才开始转化的。

（4）江西吉州、抚州各地的屯田也是隋唐时期的遗存，抚州屯田可能达到千五百顷之多，规模不小。据《文献通考》的记载，吉州一带的

---

① 李翱：《李文公集》卷一二《故东川节度使卢公传》，四部丛刊本。
② 《宋会要辑稿·食货》五之三六。
③ 李心传：《建炎以来朝野杂记》甲集卷一六《财赋三·省庄田》。

第一章　唐宋之际社会经济关系的变革及其对文化思想领域所产生的影响

屯田已经成为永业，"如有移变，虽名立价交佃，其实便如典卖己物"，"又其交佃岁久，甲乙相传，皆随价得佃"①。但土地所有权仍不完整，出相应的钱即可获得屯田的佃种权，这种形式的租佃制更加复杂化了。而其开始向租佃制方向转移也很可能自唐中叶以后。

应当说，在宋代封建土地所有制中的租佃制关系已居于绝对的支配地位，在宋以前至唐中叶这种租佃制关系也应当有所反应。可是，从材料上看，却形成了一个所谓的历史空隙，这里仅仅看到一条著名的材料，就是所谓的《豆卢革田园帖》，该帖记述道：

> 大德欲要一居处，畿甸间旧无田园，鄜州虽有三两处庄子，缘百姓租佃多年，累有令公大王书请，却给还人户，盖不欲侵夺疲民，兼虑无知之辈，妄有影庇包役云云。②

这条材料也具有相应的典型意义。豆卢革任过宰相，无甚志业，不足多论。但官僚士大夫们都拥有一定数量的产业，土地方面产业往往以"庄"计算，"庄"越多，地产越大。豆卢革的"三两处庄子"，百姓们已经"租佃多年"。什么时候开始租佃，则无法知道，但租佃已经多年，在时间上当在唐末或五代之初。

经过五代，到宋朝初年租佃制已成为普遍的制度。宋初文官武将，特别是武将，无不"外营田园，内造邸舍"，成为大地主。其中一个叫安守忠的，一次布施给寺院的田园，两个庄子，达四十八顷地之多，而这些田地也都是实行租佃制的。

总之，从唐中叶到五代，这个中间过程所反映的租佃制关系，就材料而言是不够充分的。一个值得重视的情况是，国有土地开始转变了它的经营方法，向租佃制方向转化。这个转化与封建土地私有制中的租佃关系是分不开的。但不论怎样说，这个转化为土地关系的变革开了良好的开端。

---

① 《文献通考》卷七《田赋考七·屯田》。
② 《旧五代史》卷六七《豆卢革传》注引。

四、两税法取代租庸调制而成为主要的税法

公元780年杨炎创制的两税法之取代租庸调制是唐中叶以来税制上的一个重大变化。这个税制历五代两宋元明清，施行达千年之久，今天民间仍有所谓的吃皇粮的说法，说明这项税制影响的深远。

国内外学者对两税、租庸调制的研究，难以以数量计。这里仅想提出两个问题予以说明：一是两税与租调制的最根本的区别是什么？正是这一根本的差别，才导致了两税制之取代租庸调制。二是实行两税法之后，国家、封建主、劳动生产者之间的变化，而这一变化促成中央集权制封建国家同地主阶级争夺农民剩余劳动的斗争不时展开。

先说第一个问题，即两税法与租庸调制之间的差异。陆宣公是反对两税法的，他曾批评两税法"唯以资产为宗，不以丁身为本"[①]。"以丁身为本"这是租调制的基本形式，宣公这一句话把两税法和租调制的差异说得清清楚楚。而两税与租调制正好从这种差异中反映出二者的优劣得失。

以丁为本的租调制，是在严格的自然经济条件下，封建国家以丁作为榨取的对象，并以这个小农户所生产的粮、布帛等作为租调向国家提供出来，丁尽管可以绢代役，但封建国家对丁的人身支配占有重要的地位。所以，在这种赋役制度下，均田制农民迁移都是比较困难的。

两税法是"以见居为簿"，"以贫富为差"，它把丁身作为奴役的对象从整个税制中清除出去，尽管还有各类职役、杂徭，但毕竟比租调制前进了一步。这是一点。租调制以丁为本，丁是一个不变的常数，他所负担租调税额是不变的。两税法以资产为准，资产是个可变数，因而这种税制是根据土地的多少（亦即土地的变动量）而加以征收，实际上这

[①] 陆贽：《陆宣公集》卷二二《均节赋税恤百姓六条》，四部丛刊本。

种税制是"履亩而税"的，因而它的征收是符合劳动农民的实际的，或者说是接近实际的。显然可见，两税法比租调制较为客观，较为实际。这是第一点。最后一点是，两税法是商品货币经济发展到一定条件下的产物，它征收货币，后来虽然又回到征收实物，但是这个税制是符合历史发展要求的，后来的两税法，从宋到明清，都征收一定数量的货币。因此，就这两种税制而言，何者有发展前途，何者无发展前途，是不难分辨的。

下面制成两表，一个是租调制中的租，一个是两税法中的亩税征收，借以考察这两种税制的畸轻畸重情况：

受田数	租	亩 租
100（亩）	2石	2升
90（亩）	2石	2.2升
80（亩）	2石	2.5升
70（亩）	2石	2.84升
60（亩）	2石	3.33升
50（亩）	2石	4升
40（亩）	2石	5升
30（亩）	2石	6.6升
20（亩）	2石	1斗
10（亩）	2石	2斗

上表表示得极为清楚，受田越少，亩租越重，一般狭乡每丁不过二十亩，亩租则高达一斗。这样的重租，当然要引起均田制农民的逃亡。

下表是两税法的征收情况，以每亩五升为准。实行两税时，扩大地税的征收，每亩从二升增加一倍或一倍多，因而以五升为准是比较符合当时征收情况的：

第一编 唐中叶以来经济文化思想领域里的变化

受田数	亩租
1亩	5升
10亩	5斗
20亩	1石
30亩	1.5石
40亩	2石

上表也清楚地反映了两税法的征收状况，田亩越多，征收的田赋也就越多。但对一般仅有三十亩上下的自耕农民来说，两税征收还算是有度有节，使这类民户还承受得了。两税法之能够实行千年而不衰，与它的接近客观实际的征收方法是分不开的。

再说第二个问题，即两税实施后，封建国家、封建主和劳动生产者这三者之间的关系。南宋的王柏在《赈济利害书》中，曾对国家、封建主、劳动生产者这三者的关系，作了极为精彩的议论。他指出，井田破坏以后，"官不养民而民养官矣"！"农夫资巨室之土，巨室资农夫之力"，"农夫输于巨室，巨室输于州县，州县输于朝廷，以之禄士，以之饷军，经费万端，其始尽出于农也，故曰民养官矣！"[①] 所谓"农夫输于巨室"，即佃户等劳动者租种地主的土地，向地主缴纳地租；"巨室输于州县"，巨室从农夫榨取来的地租，将其中的一部分作为田税输于州县；朝廷就靠这些田赋来赡士、饷军。说来说去，说到底，朝廷的全部重大开支，都是来自农夫的地租，亦即劳动者的血汗！

很明显，国家、地主与劳动生产者这三者的关系是，国家、地主共同瓜分农民的地租，亦即农民的剩余劳动。国家与地主在瓜分地租中便产生了新的矛盾，这个矛盾是自两税法以后日益明朗起来的。地主们为瓜分更多份额的地租，采取隐田漏税的办法；而国家为获得更多份额的地租，才用清丈土地的办法以制止隐田漏税。元稹的《当州两税地》中

---

① 王柏：《鲁斋集》卷七《赈济利害书》，四库影印本1186—115。

第一章　唐宋之际社会经济关系的变革及其
对文化思想领域所产生的影响

所表现的即是封建国家与地主阶级争夺地租斗争的第一个回合。两税法实施千年过程中，这是构成封建统治阶级内部一个重要的矛盾。大体说来，中央集权国家力量强大之时，能够控制住封建主的隐田漏税行为，获得的地租份额相对多些；反之，则相对少些。

五、经济关系的变革推动了经济的发展

中唐以来，经济关系的变革，不过是中国封建经济制度的自我推移，但从土地国有转为土地私有，从土地所有权到分配制度的全面变革，其方面之广，规模之大，实为历史上罕见。这些变革适应了劳动生产者的积极性，从而极大地推动了生产力的发展。从唐中叶经五代十国，直到北宋，是我国封建制时代经济突出发展的时代，到宋达到最高水平。

开元、天宝以来，随着土地兼并的发展，民户逃亡形成一个不可遏止的趋势。正是这些流民，冲破了自然经济的樊笼，使封建主再想用约束的方法把农民束缚到土地上，已是黔驴技穷，无所施其技。倒是新的土地关系，给这些民户和占有一小块土地劳动者带来一线生机。这就是按照自己的意愿进行垦荒。试看钱起的《观村人牧山田》诗所反映的情况：

  六府且未盈，三农争务作。贫民乏井税，瘠土皆垦凿。禾黍入寒云，茫茫半山郭。秋来积霖雨，霜降方铚获。中田聚黎甿，反景空村落。顾惭不耕者，微禄同卫鹤。庶追周任言，敢负谢生诺。①

在诗人笔下，全村的人都去垦辟山田，以至"瘠土皆垦凿"、"禾黍入寒

---

① 钱起：《钱仲文集》卷三《观村人牧山田》，四库影印本1072—453、454。

云",多么动人的情景,由此可见,劳动者的生产积极性迸发了出来。

官僚士大夫为建立自己的乐园,也触发了垦辟土地的情怀。杜牧《唐故复州司马杜君墓志铭》记杜诠开垦荒田的事情:

> (杜诠)自罢江夏令,卜居于汉北泗水上。烈日笠首,自督耕夫。而一年食足,二年衣食两余,三年而室屋完新。六畜肥繁,器用皆具。凡十五年,起于垦荒,不假人之一毫之助,至成富家翁。①

杜诠这个"富家翁","终于汉上别业"。另一位称作甫里先生的陆龟蒙则在苏州垦辟沮洳之地,也很见成效。陆龟蒙《甫里先生传》记其事道:

> 先生之居,有地数亩,有屋三十楹,有田奇十万步(吴田一亩当二百五十步),有牛不减四十蹄,有耕夫百余指。而田汙下,暑雨一昼夜则与江通,无别己田他田也。先生由是苦饥,困(当作囷)仓无斗升蓄积。乃躬负畚锸,率耕以为具。②

陆龟蒙大约有六顷多田,十头耕牛和十多个耕作者。一个耕作者和一头耕牛,耕种六十亩,当然这个生产还谈不上精耕细作。就晚唐情况说,陆龟蒙的庄子还是比较好的。

以上材料虽然不多,但在荒田的垦辟方面,唐中叶以来起了一个好的带头作用。五代十国都积极发展本地区经济,荒田为之垦辟,梯田修建甚多。北宋从政策上又给垦荒起了保证作用,只要在规定年份内缴纳赋税,政府绝不干预私家垦荒。因而北宋的垦辟荒田、修建梯田成绩是最为突出的。总之,唐中叶土地关系的变革成为经济发展的动力则是灼然可见的事实!

---

① 杜牧:《樊川文集》卷九,四部丛刊本。
② 陆龟蒙:《甫里先生文集》卷一六《甫里先生传》,四部丛刊本。

第一章 唐宋之际社会经济关系的变革及其对文化思想领域所产生的影响

六、经济领域里的变革对文化思想领域所产生的影响

唐中叶以来经济领域里的变革，对自然科学和人文科学都产生了积极的影响。当然，对这两者的影响是迥然不同的，对前者似乎是更直接、更显著，对后者则是曲折迂回的。本文则是偏重后者加以论述的。

在唐中叶以来经济关系的变动中，一个最引人注目的现象是山东士族的衰落，他们的地位和影响从历史上消失了。一个时代的思想是占统治地位的统治阶级的思想。尽管代表关陇豪族的唐太宗功业甚盛，"万国衣冠拜冕旒"，汉唐以武功并列，但"脏唐臭汉"也是出了名的，"唐源流出于夷狄，故闺门失礼之事，不以为异"①。因此占统治地位的思想是以山东士族所代表的大地主阶级的思想。自两汉博士之学随统一帝国而瓦解，遂演变为地方之学和地方家族之学。山东士族以精通礼学为其看家本领，既以之仕进，又以闺门礼法森严藻饰其门面，他们之间又结为婚姻而互相奥援，以至盘根错节，不以改朝换代而失去自己的声势。虽然经过隋末农民起义的打击，山东士族受到不小的创击，但唐初氏族的评论者仍然把崔干列为氏族的第一等，以至触发唐太宗的牢骚。虽然如此，但"新官之辈，丰财之家"者，如房玄龄、魏征辈照样与山东士族通婚姻，以抬高自己的门第身价。经过武则天一代努力，大力提拔进士科出身的新兴士大夫，既与李唐关陇集团抗争，同时也削弱山东士族的声势。然而，到唐中叶由进士科出身者组成的牛党，声势震朝野，而山东士族的代表者李德裕与之抗争，依然是平分秋色，难分轩轾。在地主士大夫们形成的党争中，一些有才干的士大夫如李商隐，既因进士科出身而为牛党，又因婚姻与山东士族有关系，被两党所不容，"斯义山（李商隐字）所以虽秉负绝代之才，复经出入李牛之党，而终

---

① 《朱子语类》卷一三六《历代三》。

于锦瑟年华惘然觉梦者欤？此五十载词人之凄凉身世固极可哀伤，而数百年社会之压迫气流尤为可畏者也"①。

从古今中外的历史来看，凡是社会阶级发生较大的变动，社会的变革就会具有异样的色彩。人们常说：一代新人换旧人。真正出现一代的新人，往往是在社会阶级发生较大变动时才能成为现实。一代新人也就给这个社会带来新的活力，所谓的新思想、新学风，等等就是这个活力的具体表现。

那么，山东士族在历史上消亡之后，给社会带来什么影响呢？我在总论《宋学的发展和演变》中初步接触了这个问题。② 文章集中为两点：其一是，压在新兴地主阶级头上的一座大山随着山东士族的衰亡而消失，他们的政治道路更加拓宽。在宋代，由于经济的发展，不仅中下层士大夫参加科举考试的越来越多，一般自耕农民也有一定数量参加考试。许多才俊之士，来自于中下层地主士大夫和少数农民知识分子，参加了政治，其中有的成为中坚分子。我在《范仲淹集团与庆历新政》一文中，曾经指出这个集团主要是由下层士大夫组成的。③ 王安石变法也是由中下层士大夫发动起来。中下层士大夫成为北宋一代政治中不可轻视的政治力量。

其二是，随着山东士族的衰亡，山东士族的看家学问——礼学也随之衰亡。礼不仅是作为山东士族的仪表规范而存在，更加重要的是，礼是区分山东士族、庶族地主诸等级的用来维护山东士族等级特权的工具。因而，礼是传统中最保守、最落后的东西。当然，山东士族所代表的礼学虽然衰亡，新兴地主阶级要制订新的礼来维护现存等级制度。但不论怎样讲，曾经锢蔽人们思想和限制人们行动的礼学的衰亡，对社会、对新兴地主阶级来说，带来较为宽松的社会环境，总是有利的。

---

① 陈寅恪：《唐代政治史述论稿》第93页，上海古籍出版社1989年版。
② 漆侠：《宋学的发展和演变》，载《文史哲》1995年第1期。参见本书总论。
③ 漆侠：《范仲淹集团与庆历新政——读欧阳修〈朋党论〉书后》，载《历史研究》1992年第3期。

第一章 唐宋之际社会经济关系的变革及其对文化思想领域所产生的影响

总结以上两点，由于山东士族及其所代表的礼学的衰亡，数百年来社会压迫气流一朝消散，人们的思想、新兴地主阶级的思想在相应程度上得到解脱，这对于一代新人及其所代表的新思想、新学风的形成，是完全有利的。说到底，经济领域里的变革，为文化思想领域的发展，带来一个较为良好的社会环境，这一点是值得认真研究和阐明的。

本文所要表达的意思差不多已经完了。应当是曲终奏雅，告一结束。可是意犹未尽，还要说上几句。

唐中叶以来，不仅经济领域里发生重要变革，如前面说过的，而且在文化思想领域里也发生这样和那样的变革。文化思想领域里的这些变革，对宋代文化思想领域有其直接的影响。因此，下面扼要地加以叙述。

唐中叶文化思想领域的主要变革是：

（一）儒佛道三家矛盾斗争及其相互渗透。魏晋六朝到隋唐，文化思想领域中占支配地位的不是传统的儒家思想，而是先之以老庄为代表的玄学，继之以异军突起的外来的佛家思想，儒家思想以"不断如带"加以形容，并不过分。为维护儒家思想的正统地位，针对"桑门害政"等具体事实，儒家代表人物如范缜等从政治上、认识思想上展开对佛家的批判。儒佛道三家在政治、文化思想领域里进行了长期斗争。这是三家思想的主要方面。但在长期斗争中，僧、道与儒生士大夫之间的往还，以及这种往还对三家思想的沟通则起着有益的作用。韩愈在排佛问题上是非常坚决的，但他同大颠则有较多的过从，而柳宗元不排佛，与僧人往还较之韩愈密切得多。儒生与和尚之间的往还，使一些有识之士，如北宋初年的释智圆认为，儒佛"言异而理贯"，是可以"求其友声"的。这样，在儒佛道长期斗争中，三者又有其互相吸收、互相渗透和互相影响的一面。这一点，对宋代士大夫及其所建立的宋学是有其重要作用的。

（二）儒家遇到佛道两家的严重挑战，儒家正统地位岌岌可危，韩愈及其弟子李翱以儒家卫道者自居，在排佛的同时，大力宣扬周孔之道。在儒学"不断如带"的情况下，韩愈呼喊确实表现了他的先觉者的作用，对后来的宋代的儒生士大夫觉醒起着重要作用。韩愈在思想史领域的重要贡献，哲学史研究者们给予了高度的评价，本文从略。

（三）经学一直沿袭汉儒章句之学的路子，日益陷于烦琐哲学，直到唐代无所改变。唐中叶啖助、赵匡和陆淳在对春秋经传的研治中，一扫过去遵循传注的老路，提出从大的纲领中去把握《春秋》。他们经过多年的研究，才得出这个研治《春秋》经传的重要方法。这个方法对当时经学界似乎无甚影响，但它给宋儒治经提供了极为可贵的启示，即从宏观上把握经学，而不是从章句上理解经学要旨，使经学研究达到新阶段。宋学不仅与汉学并驾齐驱，而且漫漫乎超而过之！

以上所说的三个方面，都发生在唐中叶。如果从经济、文化思想领域作一整体全面的考察，唐中叶是我国古代真正变革的历史时代。这个变革在其开始时，好像是风起萍末，没有什么显著的影响和作用。但是当这些涓滴的变革汇集起来，找到它适合发展的土壤，作为触媒剂就会使涓涓细流扩展成横无际涯的学术的汪洋大海。陈寅恪先生曾经指出，我国学术的发展"造极于赵宋之世"，并提出建立新宋学的主张。如果从宋学发展加以推断，更可以看出唐中叶文化思想领域里的变革所具有的重大意义！今后对这些问题应作更深一步的探索和研究。

第二章
唐中叶以来文化思想领域里的变化（上）：汉章句之学及其衰落　唐中叶春秋学研究的突破

随着唐中叶以来经济领域里的深刻变化，文化思想领域里也发生了相应的变化。

唐中叶文化思想领域里的变化主要是：（1）两汉研究经学的传统方法，由于它自身内在弱点暴露无遗，已经无法适应经学的发展，而且在佛道两家思想咄咄逼人的兴旺势头之下，儒学愈益相形见绌，不能不加以变革；（2）在旧的经学研究陷于穷途末路之际，啖助、赵匡在多年探索《春秋》的基础上，突破旧的局限，提出了总揽全局的新思路、新方法；（3）在佛道兴发势头下，在文化思想领域里，儒家从此前独领风骚的局面衰落到"不断如带"的地步[1]。儒生们从不同方面维护儒学，其中韩愈、李翱则给儒学的复兴提出新的途径，不仅给宋儒以重要启示，而且使宋儒沿着这条道路迅猛前进。以上几点变化，在唐中叶不过是萍末之风，没有产生多大影响。但是，一旦获得了适合生长的土壤，这些不起眼的变革发生了意想不到的巨大力量，从而催化了气势磅礴的宋学的诞生。

---

[1]　《新唐书》卷一七六《韩愈传赞》。

下面，分别对以上三个方面给以扼要叙述。

一、汉代章句之学及其衰落

在我国古代学术思想发展史上，在对古代典籍的探索上，宋学与汉学是对立的，宋学的义理之学代替了汉学的章句之学。汉学的基本内容是什么，它是怎样形成又是怎样衰落的，给以扼要的说明是完全必要的。

我国保留下来的殷周古代典籍，有所谓《诗》、《书》、《易》、《礼》、《乐》和《春秋》，称之为"六经"或者"六艺"。除《乐》经佚失外，保存下来的谓之"五经"。这几部经典汇集了殷周时代的政治经济和文化的内容，庄子以极其简练的字句说明这几部经典的性质：

《诗》以道志，《书》以道事，《礼》以道行，《乐》以道和，《易》以道阴阳，《春秋》以道名分。①

这几部典籍，从不同层面灌溉了我国古代文化。即使是周秦诸子，也往往被用作为思想资料。诸子百家亦从中汲取了丰富的营养，充实、扩展自己的理论和思想。《汉书·艺文志》上说："诸子百家亦六经之支与流裔"，从而深刻地揭示了六经与周秦诸子之间的密切关系，同时也充分说明了，在先秦时，"六经"并没有被儒家垄断而称之为"儒经"。

当然，"六经"同儒家的关系是非常密切的。孔夫子对"六经"是否予以整理，怕是说不清楚。但孔夫子以"六经"作为教授生徒的教材，是毫无问题的。也正是由于此，孔门弟子经过讽读诵习，成为精通某种经典的专门人才，在各地教授生徒，继承了孔夫子的教育事业。私家讲授经学是先秦以来形成的一个传统。秦始皇焚书坑儒，使儒学受到相应的打击。但到汉武帝时，采纳了董仲舒的奏策，"诸不在六艺之科

---

① 《庄子·天下篇》，四部丛刊本。

第二章 唐中叶以来文化思想领域里的变化（上）：
汉章句之学及其衰落 唐中叶春秋学研究的突破

孔子之术者，皆绝其道，勿使并进"①，从此开始了儒家独尊的局面。建元五年（公元前135），设置五经博士。② 此前私家讲授五经的，一跃成为官学，得到西汉政府的扶植。据《汉书·艺文志》，汉武帝以来立为五经博士的有：

(1)《易》施（雠）、孟（喜）、梁丘（贺）三家；

(2)《书》则自济南伏生传下来，欧阳（和伯）、大小夏侯（夏侯胜、夏侯建叔侄）三家立为官学；

(3)《诗》则鲁（申培公）、齐（辕固生）、韩（婴）三家；

(4)《礼》大小戴（戴德、戴圣）、庆（普）三家；

(5)《春秋》则公羊、谷梁两家。

以上所说十四家，经文都是用汉代隶书写成的，因而被称为"经今文学派"。但在秦代焚书时，被藏夹壁墙中的一些经典免遭于难，陆续在汉初以来发现。孔安国尚书、毛诗、左传、论语、孝经等，都是用先秦时代文字写的，被称之为"古文经"。经过勘校，经今古文之间有不小的差异，古文经学也要求立于学官。刘歆于西汉末为平息经今古文之间的矛盾，积极支持经古文派，给当时主持学政的太常博士写信批评今文派——《移让太常博士书》，也未起作用。东汉初年设立的十四家，依然是清一色的经今文派，不过经古文派地位已经与此前有所不同，渐渐受到人们的重视。汉章帝建初八年（83），诏令"群儒选高才生，受学左氏、谷梁春秋，古文尚书，毛诗，以扶微学，广异义焉"；③ "虽未立学官，然皆擢高第为讲郎，给事近署"④。经古文派地位有了显著的提高。经今古文的矛盾虽然有所缓和，但经今古文派以及各派内部的门户之见依然存在。经今古文是导致两汉经学走上章句之学的重要因素，后面还要提到。这是两汉经学中的一个问题。

---

① 《汉书》卷五六《董仲舒传》。
② 《汉书》卷六《武帝纪》。
③ 《后汉书》卷三《章帝纪》，中华书局点校本。
④ 《后汉书》卷七九上《儒林传》。

第一编　唐中叶以来经济文化思想领域里的变化

除经今古文之外，汉代经学中一个极为重要的问题是经学的日益谶纬化。孔夫子虽然标榜"不语怪力乱神"，但在"天"是否有意志，以及是否给人以祸福的问题上，则持两可态度、模糊不清。有所谓"天厌之"、"天生德于予"，以及河洛图书等语，不能不具有消极影响。到孔夫子的孙子子思以及孟轲，使这些落后的消极思想有了进一步的发展，这就是所谓的"五行说"。荀子在《非十二子》一文中曾痛加驳斥，称他们"案往旧造说"成就的五行说，使一批"世俗之沟犹瞀儒嚾嚾然不知其非"，"遂受而传之"，"是则子思孟轲之罪也"①。董仲舒所代表的今文派《公羊春秋》的思想路线是，把阴阳五行等神学思想与经学结合起来，使经学谶纬化、神学化，宣扬"天人感应"谬说。他的后继者则根据天变灾异，推导预测天人感应下的人事上的得失，图谶纬候之说于焉大盛，使两汉经学成为经学发展史上的畸形怪胎。但经学谶纬化的结果，也把他们逼到死胡同。搞"再受命"的把戏，却导致了王莽篡汉的一幕闹剧；五德三统唱得响彻云霄，黄巾义军却提出了"苍天已死，黄天当立"的号召。这个批评的武器，再加上武器的批评，两汉经学下的乌烟瘴气，则一扫而光，思想领域里随之改换了旗帜。

经学在西汉政府的积极扶植下急遽地发展起来。"自武帝立五经博士，开弟子员，设科射策，劝以官禄，讫于元始，百有余年，传业者浸盛，枝叶繁滋，一经说至百余万言，大师众至千余人，盖禄利之路然也。"②"禄利之路"对于信奉"学而优则仕"的孔门弟子来说，确是一个极大的诱惑。西汉韦贤自博士扶摇而上至于丞相，他的小儿子韦玄成也是由此起家的，以至"邹鲁谚曰：遗子黄金满籝，不如一经"③。当然，"禄利之路"启动经学发展的同时，经今古文间，以及经学诸家的矛盾展开，与此也有一定的关系。但不论怎样说，由于专业的固定化，

---

① 《荀子》卷三《非十二子》，四部丛刊本。
② 《汉书》卷八八《儒林传赞》。
③ 《汉书》卷七三《韦贤传》。

第二章 唐中叶以来文化思想领域里的变化（上）：
汉章句之学及其衰落 唐中叶春秋学研究的突破

给"累世经学"，亦即世代相承的经学世家创造了条件。伏生将今文尚书传授给欧阳和伯，"欧阳生授同郡兒宽，宽授欧生之子，世世相传，至曾孙欧阳高，为《尚书》欧阳氏学"，"自欧阳生传伏生《尚书》，为《尚书》欧阳氏学"，"自欧阳生传伏生《尚书》，至歙八世，皆为博士"①。伏氏也是有名的经学世家。这些经学世家，虽以经起家，但可以为公卿，可以为帝王师，可以同皇室贵族们通婚，往往拥有为数可观的门生、故吏，形成了一个政治集团。以上面所说的经学世家欧阳歙来说，在汝南太守任"生千余万脏罪下狱"，他的学生为其"求哀者千余人"，有的要求代死，以求赦免。后来欧阳歙死于狱中，汉光武帝既赐棺木，又赠赙三千匹，由此就可知道，经学世家在社会上所造成的声势是多么大。魏晋以下的士族就是从累世经学、累世公卿所组成的官僚士大夫中演化来的。

两汉经学重师承，重家法。师徒相传形成为师法，家学世代相传即形成为家法。师法与家法其实是一致的，即某一个经师和某家经学传授某一门经书保留下来的教学经验。具有这个经师和这家经学的特色。家法主要内容大概是：（1）讲授的某种经书是今文书写的，还是秦以前的古文书写的；（2）诸家所讲经书文字及其音读各有不同；（3）对经书中的分章断句以及句读各自不同，在对经书章句的理解认识上也就不同，以上三者也就构成为章句之学，下面还将有所说明；（4）诸家经学"各以家法教授"②，对师法、家法只能墨守而不能有所逾越，所谓"皆专相传祖，莫或讹杂"者是也。③ 何休曾作"公羊墨守"，墨守是经学家法的特色。"博士缺，众人荐喜"，"上闻喜改师法，遂不用喜"④。这是由于改师法而未能做上博士的一个例证。东汉初的张玄，则由于"兼通数家法"，

---

① 《后汉书》卷七九上《儒林传·欧阳生、欧阳歙》。
② 《后汉书》卷七九上《儒林传》。
③ 《后汉书》卷七九下《儒林传》。
④ 《汉书》卷八八《儒林传·孟喜传》。

79

虽然补上了颜氏春秋博士,也由于"诸生上言"而被免去。① 这一事实表明,只能死拖着一家家法才能混上博士,而不许涉猎其他诸家。

经师们不但墨守家法,而且高自标置自己的家法,形成门户之见,歧互难合,很难求得一致的认识。西汉宣帝时石渠阁、东汉章帝时白虎观集会诸儒,就是为了诸家经学中的异同,使经学有所前进。为弄清经学上的是非谬误,还许可经师们"执经问难",举行辩论。汉元帝时少府五鹿充宗,讲梁丘《易》,极为骄横,"诸儒莫能与抗","皆称疾不敢会"。唯有朱云毫不认账,高视阔步地走入会场:

> 召入,摄斋(颜师古注:衣下之裳,音子私反)登堂,抗首而请,音动左右。既论难,连拄五鹿君,故诸儒为之语曰:五鹿嶽嶽(颜师古曰:长角之貌),朱云折其角。②

朱云杀掉了五鹿充宗的气焰,做了博士。东汉光武帝时也有一个著名的故事:

> 时诏公卿大会,群臣皆就席。[戴]凭独立。光武问其意?凭对曰:"博士说经皆不如臣,而坐居臣上,是以不得就席。"帝即召上殿,令与诸儒杂说,凭多所解释。帝善之……
> 正旦朝贺,百僚毕会,帝令群臣能说经者更相难诘,义有不通,辄夺其席以益通者,凭遂重坐五十余席。③

戴凭在一次论辩中就夺得了五十席,看来以经起家、但"义有不通"的博士为数还真不算少。"夺席谈经",以论辩形式讨论经学中的问题,这算是古代经学探索中的一种学术上的民主。可惜这类辩论场所不多,范围又小,使那些抱着家法吃老本、滥竽充数的经师们固步自封,阻碍了学术前进的道路。

---

① 《后汉书》卷七九下《儒林·张玄传》。
② 《汉书》卷六七《朱云传》。
③ 《后汉书》卷七九上《戴凭传》。

第二章　唐中叶以来文化思想领域里的变化（上）：
汉章句之学及其衰落　唐中叶春秋学研究的突破

与家法息息相关的是所谓章句之学，这两者一表一里，构成为两汉经学。而章句之学则是两汉经学探索的根本方法，称汉学为章句之学即在于此。为什么汉学从章句之说入手，而又以章句之学作为其研治经学的根本方法？先秦诸子百家之学习古代经典，如本文开始所说，汲取古代典籍中的营养，充实、发挥他们自己的思想和理论。两汉经学家研治经学的目的则与此不同，他们旨在讲述经学本身，所谓传者传也，在于传授经典本身的知识。因此，经学家们必须是亦只能是从章句入手，既要明白字音字义，又要逐句逐章讲解清楚，以便把经典本身的基本知识通过讲述而世世代代地流传下去。一个时代有一个时代的学术，而一个时代的学术又遇到这个时代的具体条件，从而使这个时代的学术根据所遇到的具体条件发展下去。两汉经学家在开始传述经典的时刻，遇到如下几个条件，即：

首先，关于语言方面的问题。两周到秦汉是我国古代语言复杂多变的时代。明代陈第在《毛诗古音考》序言中曾指出语音的变化道："盖时有古今，地有南北，字有更革，音有转移，亦执所必至。"① 《诗》中的诗歌都是押韵的，可是按照今音读《诗》都成无韵之诗。如《诗》中母读米，马读姥，京读疆，等等，古今音变极大。这些字在汉代如何读法？这是一方面。另一方面，通用的标准语言需要相当长的时间才能够形成，因而两汉时期各地所流行的是各地方言。在胡越万里、关山阻隔之下，对方言的识别是非常困难的。颍川人晁错去跟济南人伏生学今文尚书，碰上方言的困扰：

　　伏生老，不能正言，言不可晓也，使其女传言教［晁］错。
　　齐人语多与颍川异，错所不知凡十二三，略以其意属读而已。②

颍川、济南不过千里之遥，已经有十之二三的字音不好辨别，加上古代音变反映在各地方言中，就更加麻烦。切韵形成于魏晋六朝，注释字音才有了着落，两汉时期字音注释自然是非常麻烦的。两汉经学，《诗》

---

① 陈第：《毛诗古音考》，四库影印本 239—407。
② 《汉书》卷八八《儒林·伏生传》颜师古注引卫宏《定古文尚书序》。

有齐、鲁、韩之分,《论语》有齐论、鲁论之别,经学诸家之间地区性的差别与语言特别是非标准化的方言是分不开的。

其次,关于文字方面的问题。两周至秦汉也是文字形体上发生重要变化的时期。秦统一前各国使用文字是籀文,"周时史官教学童书也"①,各国之间也不尽同。孔壁中的古文尚书,古文体与籀文也不同。秦灭六国,提出"书同文",使用同一的文字,以消除各国文字上的差异。李斯《苍颉篇》、赵高《爰历篇》和胡母敬的《博学篇》就是为统一文字、是正文字而创制的秦篆,亦即小篆,比籀文在形体上简化了一些。不过,秦篆仅使用于政府诸机构通用的公文,民间则有更为简化的文字即所"徒隶之书",是民间通用文字。两汉经学在面临语言问题的同时,还面临了文字问题,这就是前面提到的经今古文。这个问题非常广泛,而且有的极为突出。例如《孝经》,古文孝经计1782字,与"今异者四百余字"②。在家法森严亦即门户之见极深的情况下,究竟根据什么原则解决经学上文字异同的问题,看来是困难的。文字形体上由于异文太多,以及前面提到字的音读问题,句读、分章必然受到更多的影响,使两汉经更加难以统一。为是正文字、音读,经师们所起的负作用显然大于正作用,政府不得不担当起来。东汉灵帝熹平四年(175)蔡邕等奏请正定六经文字,从而有石经的镌刻:

> [蔡]邕以经籍去圣久远,文字多谬,俗儒穿凿,疑误后学,……奏求正定六经文字。灵帝许之。邕乃自书丹于碑,使工镌刻立于太学门外。于是后儒晚学,咸取正焉。③

熹平石经的镌刻,正订了经典文字,终结了三百年前经师们围绕这一问题的斗争。

两汉经学走上章句之学的道路,与古代书籍——简册也有相应的关

---

① 《汉书》卷三〇《艺文志》。
② 《汉书·艺文志》颜师古注引桓谭《新论》。
③ 《后汉书》卷六〇下《蔡邕传》。

第二章　唐中叶以来文化思想领域里的变化（上）：
汉章句之学及其衰落　唐中叶春秋学研究的突破

系。古代书籍是在竹简木片上书写，然后在简木两端用牛皮条或其他的东西，按书写的顺序将其穿连编束在一起。孔子读《易》，"韦编三绝"，束缚简木的牛皮条断了三次，由此反映了古代简册装订的形制。由于年代久远，韦编朽断，使简木散漫无纪，重新按原顺序恢复起来，是很不容易。这一点，恢复汉墓等简册工作的同志们，对此有着深刻的体会。即使不是这类情况，简册其他方面的问题，也会引惹出不少麻烦。例如脱简，即脱落了一个或几个简木，就会丢漏一些文字。刘向曾以孔安国古文尚书与欧阳、大小夏侯三家今文尚书勘校，"《酒诰》脱简一，《召诰》脱简二；率简二十五字者，脱亦二十五字，简二十二字者，脱亦二十二字；文字异者七百有余，脱字数十"①。余如错简，即简木前后顺序颠倒，以及著述者脱文衍文，等等，也都是难免的。让遵守家法的经师们去解决这类问题，同样是困难的。而这项工作，又是由政府创始的。汉成帝时，刘向、刘歆父子校书秘阁，校勘了不少的古代典籍，对包括经学在内的古代学术作出了重要贡献。他们所创立的校勘学一直成为整理研究古代典籍的依据。

经师们探索经学的主旨在正确经义，以传授给后人。可是，他们的探索范畴却面临了语言、文字和简册上存在的种种问题，以至于不能不走上章句之学的道路。从一字一句的句读字义这一方法入手，弄清个别、局部的问题，然后弄清全经的意旨，这种微观方法是研究学问的基本方法，是完全必要的和无可厚非的。但是，把这种研究方法当作唯一的研究方法，那就大成问题了。早在西汉初年，司马谈对儒家进行批评，称其"博而寡要，劳而少功"，以至白首不能通一经。② 两汉经学演变所及，则远远超过了司马谈的批评。试看下面的材料及其论述：

　　[伏]湛弟黯，字稚文，以明《齐诗》，改定章句。……
初，父黯章句繁多，[伏]恭乃省减浮辞，定为二十万言。③

---

① 《汉书》卷三〇《艺文志》。
② 《史记·太史公自序》引司马谈《论六家要旨》。
③ 《后汉书》卷七九下《儒林·伏恭传》。

> 钟兴字次文,……少从少府丁恭受严氏春秋。……诏令定《春秋》章句,去其复重……①
>
> 后世经传既已乖离,博学者又不思多闻阙疑之义,而务碎义逃难,便辞巧说,破坏形体;说五字之文,至于二三万言。后进弥以驰逐,故幼童而守一艺,白首而后能言;安其所习,毁所不见,终以自蔽。此学者之大患也。②
>
> 自武帝立五经博士,开弟子员,设科射策,劝以官禄,讫于元始,百有余年,传业者浸盛,枝叶繁滋。一经说至百余万言,大师众至千余人,盖禄利之路然也。③
>
> 桓谭《新论》云:秦近君能说《尧典》,篇目两字之说至十余万言,但说"曰若稽古"三万言。④
>
> ……其耆名高义开门受徒者,编牒不下万人,皆专相传祖,莫或讹杂。至有分争王庭,树朋私里,繁其章条,穿求崖穴,以合一家之说。故扬雄曰:"今之学者,非独为之华藻,又从而绣其鞶帨。"夫书理无二,义归有宗,而硕学之徒,莫之或徙,故通人鄙其固焉,又扬雄所谓"诡说之学,各习其师"也。且观成名高第,终能远至者,盖亦寡焉,而迂滞若是矣!⑤

班固、范晔上述评论,集中在两汉经学家法、家学和章句文义三个方面。所谓"专相传祖,莫或讹杂","分争王庭,树朋私里",经师们无不形成自己的门户,死守自己的家法。在这种家法锢蔽之下,"安其所习,毁所不见,终以自蔽",鼠目寸光,排斥异己,固步自封,"通人鄙其固焉"!经学上的这批冬烘,偏偏又很不老实,"繁其章条,穿求崖穴",凿空心思地"以合一家之说","而务碎义逃难,便辞巧说",哗众

---

① 《后汉书》卷七九下《儒林·钟兴传》。
② 《汉书》卷三〇《艺文志》。
③ 《汉书》卷八八《儒林传赞》。
④ 《汉书》卷三〇《艺文志》颜师古注引。
⑤ 《后汉书》卷七九下《儒林传论》。

第二章　唐中叶以来文化思想领域里的变化（上）：
汉章句之学及其衰落　唐中叶春秋学研究的突破

取宠，拼死维护自己的说教。这样一来，不能不陷入烦琐哲学的泥潭："说五字之文，至于二三万言"，"一经说至百余万言"！只见章句，不见全经；只见末节，不见宏旨，两汉经学所走的就是这么一条道路。可怜亦复可笑的是，这般喧叫不已的"诧诧之学"，"各习其师"，从他们的祖师爷那里都一代跟一代地流传下来。

东汉瓦解之后，官学同私学都转化到地方之后，一些世家大族成为经学的垄断者。在此后几百年中，佛道两家特别是佛家以惊人的速度发展起来，在整个思想领域里，占支配地位的不是儒家，而是佛道两家。唐帝国建立后，唐太宗命孔颖达与儒生们撰写《五经正义》。这部官书虽然取得政治上的大力支持，但是它的读解经书的方法，依然是两汉章句之学的旧路。尽管比较精炼，却无法同佛道两家思想一争高低。儒学地位随着儒经诠释者们的思想的陈旧，确实是陷于"不断如带"的地步！当两汉经学日益支离破碎之时，不仅常受到一些有识之士如扬雄、桓谭的批评，而且也促使人们试图从这个死胡同里走出来，改变这种探索方法。试看下面的一则故事：

> ［郑玄］以山东无足问者，乃西入关，因涿郡卢植，事扶风马融。……［马］融素骄贵，玄在门下，三年不得见，乃使高业弟子传受于玄。……会融集诸生考论图纬，闻玄善算，乃召见于楼上。玄因从质诸疑义，问毕辞归。融喟然谓门人曰："郑生今去，吾道东矣！"①

郑玄即是集两汉经今古文的经学大师郑康成，他因为山东没有能够回答他的问题而才西去见马融的。他所需要解答的问题当然不会是章句方面的细小末节，而必然是经典中的重大问题。这可见，在经学中不是没有重大问题可供探索，而是经师们墨守成规而不愿探索疑难问题。再看下面一个事例：

---

① 《后汉书》卷三五《郑玄传》。

> [诸葛]亮在荆州，以建安初与颍川石广元、徐元直、汝南孟公威等俱游学，三人务于精熟，而亮独观其大略。①

徐庶等对经学的学习，"务于精熟"，从逐句逐章了解，按照经师们传经的老方法学习；而诸葛亮则"独观大略"，从经义宏旨等重大问题上探索经学，因而与徐庶等不同。在章句之学盛行的时代，诸葛亮便已经摆脱章句之学的局限，从大处着眼，由此表现了他的卓识。到唐代中叶以后，一些有识之士则明确地提出了不为章句之学。独孤及即是其中的一个：

> 秘监府君（指独孤及之父）亲授以孝经，常州（指独孤及）一览成诵。秘监问曰："汝志于何句？"对曰："立身行道，扬名于后世，是志所向也。"自是遍览五经，观其大义，不为章句学。②（梁肃所作《独孤及行状》称："后博览五经，举其大略，而不为章句学"，与前文涵义同。）

独孤及研读《孝经》在于"立身行道"，亦即通经致用，因而在学习经典时，"观其大义"或"举其大略"，亦即从大处着眼，从而一反此前只重章句的方法。学习者已经改变了学习方法，那些探索经学传述经学的学者们还能够维持旧有的探索方法吗？是变革的时候了。

二、唐中叶啖助等对《春秋》的探索及其对经学传统方法的突破

直到唐中叶啖助等对春秋学的探索，从义例入手，亦即宏观上对《春秋》进行总体上的认识和把握，才突破了两汉春秋学的章句之说，

---

① 《三国志·蜀书·诸葛亮传》注引《魏略》。
② 崔祐甫：《独孤公神道碑铭》，《毗陵集》附录，四部丛刊本。

第二章 唐中叶以来文化思想领域里的变化（上）：
汉章句之学及其衰落　唐中叶春秋学研究的突破

创立了研究春秋学的新方法。

为什么啖助等能够率先从对《春秋》的探索中突破了此前的研究方法？这可能与《春秋》一书的特性有关。《春秋》虽然是缺少血肉而被讽刺为"断烂朝报"的，但它毕竟是一部记录历史事实的编年史，而与其他经典有所不同。不错，"左史记言，右史记事，言在《尚书》，事在《春秋》"，《尚书》也属于历史类的典籍。但记言与记事仍然有所不同。编年史总是要求或是引导人们从大处、从整体来认识和了解这部历史。伟大的史学家司马迁所提出的"通古今之变"，就包含了这层意思。《春秋》一书对它的探索者提出的，大约是这样的要求。

《春秋》以"道名分"，或者说"微言大义"。"道名分"和"微言大义"往往是结合着的，"道名分"莫过于阐释和维护等级制度及其秩序，而所要"微言"的"大义"不正是从这一根本性质的问题上萌发出来的吗？所谓《春秋》三传中的《公羊》、《谷梁》二传尤其所谓的《公羊传》便紧紧抓住了这一重大课题予以阐发，连啖助都认为，"然其大指，亦是子夏所传，故二传传经，密于左氏"①。两汉公羊派春秋学继续了这个路子，如公羊学今文派大师董仲舒将阴阳五行家谬误引入经学，使经学谶纬化、受到极大的污染，这是一方面。但另一方面董仲舒抓住《春秋》尊王这一要害所在，在《王道通三》一文中，把"王"说成为贯通天、地、人的唯一人物②，从而突出了"王"的特殊的、崇高的地位，为秦汉专制皇帝神圣存在找到了理论依据。董仲舒将《春秋》十二世区分为三等，即："有见，有闻，有传闻"；"故哀、定、昭，君子之所见也；襄、成、文、宣，君子之所闻也；僖、闵、庄、桓、隐，君子之所传闻也"；"所见六十一年，所闻八十五年，所传闻九十六年"③。董仲舒便是根据见、闻、传闻三个等次区分把握《春秋》十二世、二百

---

① 陆淳：《春秋集传纂例》卷一《三传得失议第二》，四库影印本 146—381。
② 董仲舒：《春秋繁露》卷一一《王道通三》，四库影印本 181—769。
③ 《春秋繁露》卷一《楚庄王》，四库影印本 181—702。

四十二年的历史的。东汉又一个公羊派学者何休,根据董仲舒的这一区分而推衍成为据乱世、升平世和太平世"三世说"①,这类说法是否正确属于另一个问题,同样是从大处着眼把握和阐释《春秋》的。上述这些,对啖助突破旧有的章句之学、创立新方法,不是没有任何影响的。

李肇《国史补》(卷下)记载,唐代宗大历(766—779)以后形成不少的"专学",其中春秋学有啖助、赵匡和陆质三家。其实,这三家是一家,他们在学风上、认识上是一致的。柳宗元《陆质墓表》上说:"陆先生质以其师友天水啖助洎赵匡能知圣人之旨,故春秋之言及是而光明。"由于啖助等在认识上的一致,"於是合古今,散同异,联之以言,累之以文,盖讲道者二十年,书而志之者又十余年,其事大备"②,完成了他们的合作。

陆质记录他们之间合作的情况还要详细。在《修传终始记》中他说:啖助,字叔佐,关中人,安史之乱流徙于江南,先后任过临安尉、丹阳主簿,并在丹阳落户;"始以上元辛丑岁(761)集三传释春秋,至大历庚戌岁(770)而毕";原订同天水赵匡来访,"深话经意,事多响合",相约"当更讨论",作更进一步的探索。不幸啖助于这年逝去,啖助弟子陆质(原名淳,避唐宪宗讳)"痛师学之不彰",与啖助子啖异"躬自缮写",造访赵匡。"赵子因损益焉,淳(即陆质)随而纂会之",到大历乙丑岁(775)而书成。③ 现今保留下来的《春秋集传纂例》、《春秋集传微旨》和《春秋集传辨疑》三书,共用了十五个年头,是啖助、赵匡和陆质共同的劳动结果。

啖助、赵匡和陆质对《春秋》的探索,具有哪些特点和内容?

啖助曾经指出:"惜乎微言久绝,通儒不作,遗文所存,三传而已。

---

① 《春秋公羊传注疏》鲁隐公元年,公羊高撰、何休注,四库影印本145—30、31;参考冯友兰《中国哲学史》下册第543页,商务印书馆1935年版。
② 《唐柳先生文集》卷一〇《陆质墓表》,四部丛刊本。
③ 陆淳:《春秋集传纂例》卷一《修传终始记第八》,四库影印本146—389、390。

第二章 唐中叶以来文化思想领域里的变化（上）：
汉章句之学及其衰落 唐中叶春秋学研究的突破

传已互失经指，注又不尽传意。春秋之义，几乎泯灭。"① 这段火药气息甚为浓厚的文字，矛头所向，直指春秋三传。东汉以来，对被称为《春秋》三传的公羊、谷梁和左氏三家，人们一向是敬而有加而不敢对他们的权威性有丝毫怀疑，更何况向他们挑战！啖助等则毫无顾忌地向权威挑战，从这里一方面看到儒学某种程度的衰落，更重要的是，在学术上这种破旧立新的勇气，实在值得后人学习。那么，啖助从哪些方面论证三传，使《春秋》大义濒于危灭呢？

首先，公羊等三家从根本上没有抓住《春秋》的宗旨。啖助指出：左氏认为，孔夫子作《春秋》在于阐明周公之志，以便"上以遵周公之遗制，下以明将来之法"；公羊氏认为，"夫子之作《春秋》，将以黜周王鲁，变周之文，从先代之质"；谷梁氏认为，孔夫子有见于周室衰微，"作《春秋》所以明黜陟，著劝戒，成天下之事业，定天下之邪正"。啖助则认为，三家说法都没有抓住《春秋》一书的宗旨。从根本上，《春秋》一书的纂作，旨在"救时之弊，革礼之薄"的，许多事实说明了这一点。既然三家未"达乎《春秋》大宗"，亦即没有抓住《春秋》的宗旨，当然谈不上如何说明《春秋》大义了，所谓"宏纲既失，万目从而大去者也"②。

其次，啖助从学风上批评三家对《春秋》褒贬是非的歪曲。啖助指出，古代经学的传授，"悉是口传"，汉以后"乃为章句"，亦即后来学者把此前口传书写到竹帛之上，并"以祖师之目题之"，使人们谨守而不敢逾越。从史学角度看，左氏"博采诸家，叙事尤备"，比其他两家，"其功最高"；然而，由于"作传之人"，"妄有附益，故多迂诞"，"遂令邪正纷揉，学者迷宗"。公羊、谷梁两家，传经方面虽然"密于左氏"，凡是书经上一字一义，"随文解释，往往钩深，但以守文坚滞，泥难不

---

① 《春秋集传纂例》卷一《啖氏集传注义第三》，四库影印本146—381。
② 《春秋集传纂例》卷一《春秋宗旨议第一》，四库影印本146—379。

第一编 唐中叶以来经济文化思想领域里的变化

通"；特别在是非褒贬方面，"二传穿凿"，"繁碎甚于左氏"。① 由于这些情况，"传已互失经指，注又不尽传意"，在穿凿附会的学风下，《春秋》意旨又怎么能够得到宣扬呢！

第三，啖助从两汉经学中形成的门户偏见方面对三家进行了批评。啖助指出，本来"春秋之文简易如天地"，"其理著明如日月"，阐述训释并不是多么困难的事。可是，由于三传都有自己的解释，"各守一传，不肯相通"，而且又"互相弹射，仇雠不若"，"益令后人不识宗本"；"因注迷经，因疏迷注，党于所习，其俗若此"！② 门户偏见，不仅阻碍了各家对经学认识的沟通，互相推动、互相促进，而且把传述经学这一根本任务丢置在一边，以致对《春秋》义旨的阐发受到严重的影响！

最后，啖助对三传的批评，旨在"通经义"，即对《春秋》宗旨大义搞个明白，并不是对三家一棍子打死，将三家注疏说得一无是处。如啖助所说的："三传分流其源，则同择善而从"；"若旧注理通，则依而书之；小有不安，则随文改易"；"归乎允当，亦何所师"？③ 主旨即在于通经，因此对三经注疏不是全予摈斥，而是择善而从。一个真正在学术上进行探索的人，既能洞察旧的学术中的弊病而予以无情的批判，同时也能从旧的垃圾中寻觅出一些有益的东西而予以继承！啖助等在春秋学的创造中给后人留下了丰硕的成果，这当是其中重要的一个。

啖助等对三传的批评，是从探索《春秋》旨义这一最根本方面进行的。因此批评的目的是，使人们从三传的桎梏中摆脱出来，径直地从《春秋》中理解其中的宏旨大义。要做到这一步，首先，如前提到的，对《春秋》这部书的特性要有所了解。啖助在《春秋宗指议》中说，孔夫子"虽因旧史，酌以圣心；拨乱反正，归诸王道"④，不能把《春秋》

---

① 《春秋集传纂例》卷一《三传得失议第二》，四库影印本146—381。
② 《春秋集传纂例》卷一《啖氏集注义第三》，四库影印本146—382。
③ 《春秋集传纂例》卷一《啖氏集注义例第四》，四库影印本146—382。
④ 《春秋集传纂例》卷一《春秋宗旨议第一》，四库影印本146—380。

第二章 唐中叶以来文化思想领域里的变化（上）：
汉章句之学及其衰落 唐中叶春秋学研究的突破

与一般的史书等量齐观。赵匡则认为，"春秋因事制经，以明王道"①。正是因为《春秋》不同于一般史籍，所以对《春秋》的探索，就不能像过去之三传那样，而是应从如何阐明《春秋》宏旨大义着手！这是一点。

从阐明《春秋》宏旨大义出发，啖助的合作者赵匡提出，要做好褒贬是非，就需要从体例方面入手："褒贬之指在乎例，缀叙之意在乎体。"体例是一书的框架，阐明《春秋》大义把体例亦即框架建构起来。赵匡还曾说过，"春秋因事制经，以明王道"的大端是"兴常典"和"著权制"。所谓的体例就是在"兴常典"、"著权制"基础上建立起来的。"体者其大概有三而区分有十"，择其要点来说，"凡即位、崩、薨葬、朝聘、盟会，此常典所当载也，故悉书之，随其邪正而加褒贬"，这是一类的情况。"祭祀、婚姻、赋税、军旅、蒐狩，皆国之大事，亦所当载"，这是又一类的情况。"庆瑞灾异，及君被杀被执，及奔放逃叛，归入纳立，如此并非常之事，亦史册所当载"，这是再一类的情况。这三类情况的记载，加上"区分有十"，体例框架大致为此。② 啖助、赵匡等对《春秋》探索的路子是：根据《春秋》记录的事实，分门别类，第其轻重，分作国之大事等门类，由此形成为体例亦即框架，而这个框架是根据常典权制的原则建立的，由此在总体上阐述《春秋》宏旨大义的。

啖助、赵匡和陆质对春秋学甚至可以说对经学的贡献是巨大的。

啖助等在春秋学上的新探索，是两汉以来经学史上的重大转折。啖助等对春秋三传的批判，一扫人们对传注的迷信，从传注的桎梏中解放出来，从而为新的研治经学开拓了道路。

同时啖助在破除旧的迷信的过程中，也初步建立了自己的探索经学的新方法。这个方法就是：越过三传，直接进入《春秋》的堂奥；抓住

---

① 《春秋集传纂例》卷一《赵氏损益义第五》，四库影印本 146—383。
② 《春秋集传纂例》卷一《赵氏损益义第五》，四库影印本 146—382、384。

── 第一编　唐中叶以来经济文化思想领域里的变化 ──

《春秋》要旨，亦即"经的大义"，从总体上阐明《春秋》；树立这个总体的框架、结构，即：以《春秋》的宏旨大义作为指导，以"体"和"例"统率重要事实。如果汉代章句之学使用的是微观的方法，那就应当说，啖助、赵匡、陆质等的新探索则是宏观的道路。宏观的方法，对啖助等不过是一次初步的尝试，但这是一个有益的尝试，而且意味着经学发展史上一个革命性的变革，一个富有开创意义的开端。

啖助等对春秋学的新探索，对宋学的形成和发展具有重要的意义。宋学以义理之学代替汉章句之学，在方法论上受到啖助等的启示。宋人对春秋学的研究，直接受到啖助等的影响。如孙觉的《春秋经社》（已佚）："其学亦出于啖赵。"① 孙觉的另一部著作《春秋经解》（十三卷），四库提要指出，是书以谷梁为宗，"其说是非褒贬则杂取三传及历代诸儒啖赵陆氏之说长者从之"②。对啖助、赵匡等在经学研究的转折中所起的不可磨灭的作用，宋人也是不断称赞的：

> 问公（徐积）治《春秋》之法。公曰：春秋之学，其大要先求经旨，三传非所急也。后世必以赵、啖为善学者，大功正在此尔！
>
> 问公、谷三传何如。公（指徐积）曰：子心之所自得必已多矣，此其大本也。至于古今论议，择而取之，辅其所得者也。啖赵二氏有大功于《春秋》，但未能全尽尔！考其所学，盖不止于《春秋》，贯串经义，穷极是非，所论不苟。若斯人者，岂易得哉！所谓有志于圣人之道也。③

徐积的上述两段话，概括起来，研治春秋之学的大要是："先求经旨"，"三传非所急也"；对于传注的态度，以"心之所自得"为"大本"亦即根本，即以自己对《春秋》的理解为主，然后对古今议论，"择善

---

① 晁公武：《郡斋读书志》卷一《春秋经社》六卷，四库影印本674—373。
② 《孙氏春秋经解》提要，四库影印本147—552。
③ 徐积：《节孝集》卷三一《语录》，四库影印本1101—956、971。按《节孝集》卷三一亦即《节孝语录》，《节孝语录》单独成书，四库中亦著录，载于698册中，所引文字分别见于698—479、495。

第二章 唐中叶以来文化思想领域里的变化（上）：
汉章句之学及其衰落　唐中叶春秋学研究的突破

而从"，作为自心所得的辅助。宋人研究经学的方法来自于啖助、赵匡是至为明显的。啖助、赵匡之"有大功正在此尔"，而其对宋人宋学的影响亦"正在此尔"！

[**附记**] 最近读到已故的张跃同志的《唐代后期儒学》一书，是书不仅详尽地论述了唐代后期儒学的重要变化，填补了学术上的这一空白，而且更重要的是，是书把哲学史思想史的研究与特定的历史条件结合起来，来说明思想史的变化与历史发展具有不可分的关系。尽管这个结合还需要做更进一步的努力，但对哲学史思想史的研究来说，是一个良好的开端。我与张跃同志从未见面，读了他的这本著作，对他的英年早逝，倍觉痛惜。爰志于此。又本书此章所论，仅是对文化思想领域中重要变化作些叙述，许多见解都是前人作过的，顺便也在这里一提。

漆侠1999年9月8日记

第三章
唐中叶文化思想领域中的变化(下):以韩李柳刘为代表的儒生士大夫对复兴儒学所做出的努力

一、在佛道急遽发展之下儒学统治地位的动摇

两汉儒学居于主导的统治地位达三百年之久,但魏晋以后却面临严峻的局势。《新唐书·韩愈传》上说:

自晋讫隋,老佛显行,圣道不断如带。①

这几句话绝不是《新唐书》列传作者的危言耸听,从汉末以来佛道急遽发展的形势,以及从此前对两汉经学的论述来看,儒学确实从此前的主导地位上滑落下来!

佛教从东南和西北两个方向,特别是自西北方向通过西域诸国逐步东来。约在西汉前后早已到达中国西部边疆,两汉之际传入内地。从史料迹象看,传入中国的佛教,开始是在宫廷贵族统治者上层中间传布

---

① 《新唐书》卷一七六《韩愈传》。

第三章 唐中叶文化思想领域中的变化（下）：
以韩李柳刘为代表的儒生士大夫对复兴儒学所做出的努力

的。到东汉末年，由于战乱频仍，长年陷于水深火热中的劳动人民，为了稍纾自己的苦痛，取得精神上的些微慰藉，纷纷通过佛、道教的廉价门票，成为寺院道观庇护下的依附臣民。在南朝，单是在首都建康一隅之地，即有上十万之多的僧尼，所谓"南朝四百八十寺"者是也。在北方，尤足以惊人。"有能岁输六十斛入僧曹者，即为'僧祇户'，粟为'僧祇粟'"；"民犯重罪及官奴以为'佛图户'，以供诸寺扫洒，岁兼营田输粟"；而"所在编民，相与入道，倚慕沙门，实避调役，猥滥之极"；"略而计之，僧尼大众二百万矣，其寺三万有余"。[①] 佛教寺院的发展，扩大了农奴制经济关系。

道教是我国土生土长的一个宗教。道教的教义教规等都是非常驳杂的。先秦、秦汉以来方士们采药炼丹、吐纳导引，等等，都包容在道教中。它的早期经典《太平清领书》多杂以巫觋之语；佛教盛行之后，道教又从佛教吸取了它所需要的东西。太平道、五斗米道都属于道教的支派，而学道于鹄鸣山的张道陵所创的天师道则在南北朝时成为道教正宗。道教之所以能够流行，一个重要原因是取得了统治者上层的支持。秦皇汉武固然是"贪生之心太重"（赵瓯北语）而追求长生不老药；而魏晋以来皇帝贵势又何尝不是"服食求神仙，反被药石误"？虽然如此，但"方士金丹事"依然受到北魏皇帝的重视。称道教以金丹药石起家，并不为过。道教以老子李耳为祖师爷，用来压低儒学。李唐皇室找到李耳作他们的祖宗，这样一来，却成为道教与儒佛抗争的一个得力支柱。但道教的声势与影响远远不能与佛教相比。

佛教宣扬，人人都可成佛，甚至"放下屠刀，立地成佛"。这种进入极乐世界的廉价门票，是苦难人们取得慰藉而信奉佛教的重要原因。佛教之所以取得急遽的发展，也确有它所独具的优势。从佛经看，有一卷本的《般若波罗蜜多心经》，也有极其繁复的长达上百卷的《大般若波罗蜜多经》，这两部经译自玄奘，前者大体上是后者的删节或浓缩。

---

① 《魏书》卷一一四《释老志》。

卷数少的可以自行研读，卷帙浩瀚而文义繁复的靠僧人们的宣讲，雅俗共赏，以收宣传佛家教义之效。其次，佛教宣讲也很讲究。据向达觉明师《唐代俗讲考》、周一良先生《读〈唐代俗讲考〉》两文，都讲法师们在高台讲座之上，不但声音洪亮地转读经文，而且对转读经文每卷分做若干段落（一段谓之"一契"），以便于讲述。每一段落（即一契）之间，还要增加一段赞唱，这类赞唱大抵是与诗歌类似的韵文，亦即所谓的"偈子"。为了增加讲述佛经的内容，使情节更加生动，法师们还讲述佛家各类变文，以及一些名重当时的文人的诗文。[①] 佛教轮回报应种种说教，便通过这种生动活泼、引人入胜的佛经讲述方式灌输给广大听众了。两汉经学的讲述，如前章所述，除了朝廷上不多见的夺席谈经的场面值得一提外，不论在讲述的语言运用上，还是讲述的情节上，都无法同佛经讲述相比。即此一点而论，两汉经学之所以衰落，佛教之所以兴盛，与各自的宣传方式不能说毫不相干吧！

　　佛教毕竟是来自于域外，要想在中国这块土地上生存下来并得到发展，必须是亦只能是与这块土壤的性能相适应。社会的混乱和贫困化固然是佛教生存和发展的重要条件，但单只这一条还很不够，必须同当时占主导地位的统治思想相投合，得到统治上层的认可和支持，才能使自己在思想领域里获有一席之地。魏晋以来，孔夫子虽然还享有冷猪肉的待遇，圣人的地位没有动摇，但居于主导地位的统治思想则是玄学而不是儒学。这一点早已得到学术界的认可，而无须啧啧烦言的。正是在这个关键性重大问题上，佛教的名僧大德展现了他们的才能，把佛家教条糅合在玄学之中，以佛理渗透到玄理之中，从而取得了东晋士大夫们的赞好，试看下面的材料：

　　　　竺法深在简文坐，刘尹问道人何以游朱门？答曰："君自见其

---

① 向达：《唐代俗讲考》，载《唐代长安与西域文明》三联书店1957年版；《读〈唐代俗讲考〉》，载《周一良集》第三卷，辽宁教育出版社1998年版。

第三章 唐中叶文化思想领域中的变化（下）：
以韩李柳刘为代表的儒生士大夫对复兴儒学所做出的努力

朱门，贫道如游蓬户"。①

道壹道人好整饰音辞。②

王［濛］刘［惔］与林公（支道林）共看何骠骑（充）。骠骑看文书，不顾之。王谓何曰："我今故与林公来相看望，卿摆拨常务，应对玄言，那得方低头看此邪？"何曰："我不看此，卿等何以得存？"诸人以为佳。③

殷中军［浩］见佛经云："理亦应阿堵上。"④

庄子逍遥篇，旧是难处，诸名贤所可钻味而不能拔理于郭［象］向［秀］之外。支道林在白马寺中将冯太常［怀］共语，因及逍遥。支卓然标新理于二家之表，立异义于众贤之外，皆是诸名贤寻味之所不得，后遂用支理。⑤

支道林造即色论，论成示王中郎［坦之］。中郎都无言，支曰："默而识之乎？"王曰："既无文殊，谁能见赏？"⑥

支道林许掾［询］诸人共在会稽王斋头，支为法师，许为都讲。支通一义，四坐莫不厌心；许送一难，众人莫不忭舞。但共嗟咏二家之美，不辩其理之所在。⑦

殷荆州［浩］曾问远公［慧远］："《易》以何为体？"答曰："《易》以感为体。"殷曰："铜山西崩，灵钟东应，便是《易》耶？"远公笑而不答。⑧

何次道（充）往瓦官寺礼拜甚勤，阮思旷［裕］语之曰："卿志大宇宙，勇迈终古。"何曰："卿今日何故忽见推？"阮曰："我图

---

① 《世说新语》卷上之上《言语第二》，四库影印本1035—51。
② 《世说新语》卷上之上《言语第二》，四库影印本1035—58。
③ 《世说新语》卷上之下《政事第三》，四库影印本1035—66。
④ 《世说新语》卷上之下《文字第四》，四库影印本1035—71。
⑤ 《世说新语》卷上之下《文字第四》，四库影印本1035—73。
⑥ 《世说新语》卷上之下《文字第四》，四库影印本1035—73。
⑦ 《世说新语》卷上之下《文字第四》，四库影印本1035—74、75。
⑧ 《世说新语》卷上之下《文字第四》，四库影印本1035—78。

97

数千户郡尚不能得，卿乃图作佛，不亦大乎？"①

二郗［郗愔、郗昙］奉道，二何［何充、何准］奉佛，皆以财贿。谢中郎云："二郗谄于道，二何佞于佛。"②

愍度道人始欲过江，与一伧道人为侣。谋曰："用旧义往江东，恐不办得食，便共立心无义。"既而此道人不成渡，愍度果讲义积年。后有伧人来，先道人寄语云："为我致意愍度，无义那可立，治此计权救饥耳，无为遂负如来也。"③

从上述自《世说新语》中选来的诸条看：僧人们为宣扬佛教，必须同东晋上层士族打交道，不得不"游朱门"。而与士族们交往，首先是能够同士族有共同语言，亦即"清言"、谈玄；谈玄的首要条件是语言，这就是"道壹道人好整饰音辞"的道理所在。清言所涉及的是老庄和周易，因而当时的名僧大德亦都熟谙玄理。上述支道林是其中的一个，而慧远声名尤著：

释慧远，……少为诸生，博综六经，尤善庄老。……年二十四便就讲说。尝有客听讲，难实相义，往复移时，弥增疑昧。远乃引庄子义为连类，于是惑者晓然。是后安公［道安］特听慧远不废俗书。④

慧远以老庄讲说佛经经旨。与此同时，在与士族打交道的过程中，僧人们也将佛教教义向士族们渗透。支道林之《即色论》即是一例。为了触动士族们，有的和尚如愍度伪造"心无义"而标新立异。在僧人们和士族频频往来接触之下，确如汤用彤锡予先生所说，玄理佛理，融为一体，两者互相渗透、互相影响，佛家思想征服了不少的士族士大夫，又岂止"二郗谄于道，二何佞于佛"区区几个人？伴随士族上层统治阶层

---

① 《世说新语》卷下之下《排调第二五》，四库影印本 1035—185、186。
② 《世说新语》卷下之下《排调第二五》，四库影印本 1035—189。
③ 《世说新语》卷下之下《假谲第二七》，四库影印本 1035—198。
④ 释慧皎：《高僧传》卷六《慧远传》，频伽精舍本《大藏经》。

第三章 唐中叶文化思想领域中的变化(下):
以韩李柳刘为代表的儒生士大夫对复兴儒学所做出的努力

信奉佛教的日多,佛道寺院随之增多。佛道在南北朝不仅在经济领域,而且思想领域里都获得了极大的发展,称佛教在这个时候扎下根来,也无任何过分之处。

佛道教的急遽膨胀,引发了同封建统治者之间,以及同儒生士大夫之间的矛盾斗争,而且在北朝演变为灭佛灭道的激烈斗争。北朝灭佛灭道的斗争共有两次,一次在北魏太武帝拓跋焘太平真君七年(446),是年"三月,诏诸州坑沙门,毁诸佛像"①。一次在北周武帝宇文邕建德三年(574),是年五月"丙子,初断佛、道二教,经像悉毁,罢沙门、道士,并令还民"②。北魏太武帝、北周武帝的一百二三十年间两次灭佛一次灭道,根本原因在于寺观占有广土众民,使当权者的赋役等财政经济利益受到极大的影响,从而爆发起来。两次灭佛灭道,僧徒们受到了严重创击。不少僧传记录了僧徒们凄凄惶惶、昼伏夜行、试图逃脱这一"劫难"而不可得的种种狼狈相。但过不了多少年,特别是在有关佛道教的封建统治政策有所改变,或者说具有某种程度的宽松,就又能够死灰复燃,重新发展起来。

所谓佛道教同儒生士大夫之间的矛盾,指的是佛家思想与儒家思想之间的矛盾。前面引用《世说新语》中的记载,说明佛理与玄理之间互相渗透和影响。但这只能说明佛老两家思想的影响和渗透。一部分士族士大夫从玄学走进了佛理。但,不少坚持儒家思想的士大夫则对佛教采取批判态度。齐梁之际的范缜即是著名的一个。佛家虽然讲空、讲寂,认为现实世界一切都是虚幻的,但它追求来世,为了进入西方极乐世界,因而主张灵魂不灭、因果报应,等等。范缜的《神灭论》直斥佛家的神不灭论。这一点已成为学术界的共同看法,兹不多论。但范缜对佛家因果报应的批评,则值得注意和提出:

[齐竟陵王萧]子良问曰:"君不信因果,世间何得有富

---

① 《魏书》卷四下《世祖纪第四下》。
② 《周书》卷五《武帝纪上》。

贵，何得有贱贫？"

[范]缜答曰："人之生譬如一树花，同发一枝，俱开一蒂，随风而堕，自有拂帘幌堕于茵席之上，自有关篱墙落于粪溷之侧。堕茵席者，殿下是也；落粪溷者，下官是也。贵贱虽复殊途，因果竟在何处？"①

佛家所讲因果是由命运注定的一种必然性，而命运的注定则来自善恶报应，社会上的富贵贫贱就是通过善恶报应而由因果命运注定了的。范缜却不这样认为，他认为人们好像是一株树上的花，经过风吹而坠落到不同地方，有的落在茵席之上，有的落在粪溷之中。富贵贫贱是由这种机遇（风吹）或这种偶然性造成的，而不是因果、善恶报应一类命运注定的。范缜以偶然论反对佛家因果、命定论，在当时历史条件下是具有进步意义的，比佛家因果论和后来的宋代司马光富贵贫贱天生论要高明得多。

比范缜稍早的自然科学家何承天也批评过佛教的因果报应谬说。何承天指出，"西方说报应，其枝末虽明而根本常昧，其言奢而寡要，其譬迂而无征"，报应说是无根据的。何承天以有趣的故事说明这个问题：鹅"浮清池，咀春草，众生蠢动，弗之犯也"，"甚少有得免刀俎者"；燕子"翻翔求食，惟飞虫是甘，而人皆爱之"；"群生万有，往往如之"，"是知杀生者无恶报，为福者无善应"；把这类教条"科法入中国，乃所以为民陷阱也"。②何承天对因果报应说的批评，基本上属于知识性的批评，不过其中指出佛教因果报应说"迂而无征"则是有识见的。

在文化思想领域中，儒生士大夫反对佛道的斗争直到唐中叶仍未停息。一般地说，儒生士大夫反佛道的斗争，主要从国计民生这个重大问题上着眼，指出桑门害政、佛屠伤国，这自然是必要的。但是，佛道思想毕竟属于意识形态领域，因而必须从思想上理论上给以批判，儒学才

---

① 《梁书》卷四八《范缜传》。
② 何承天：《报应问》，载释道宣《广弘明集》卷一八，四部丛刊本。

第三章 唐中叶文化思想领域中的变化（下）：
以韩李柳刘为代表的儒生士大夫对复兴儒学所做出的努力

能够恢复失去的阵地，才能摆脱困难的局面。唐中叶儒生士大夫们面临的，就是这个根本性的问题。

二、韩愈捍卫和复兴儒学的划时代作用

摆在唐中叶儒生士大夫面前的严峻事实是：如何挽救日益滑落的儒学统治地位，以及如何对付佛道两家特别是佛家的挑战。这两个问题，其实是一而二、二而一的。这是因为：不打破佛家的挑战无从挽救儒学的动摇地位，而儒学的地位只有在对佛道具有压倒的优势之下才能改变过来。作为一个坚强的儒学卫道者，韩愈正是在儒学面临如此严峻的时刻挺身而出的。

韩愈（768—824）生长的时代，从他个人到国家，都是非常严峻的。韩愈"生三岁而孤，随伯兄会贬官岭表。会卒，嫂郑鞠之"[1]，青少年时期遭受不少磨难。韩愈成长的时代，唐中央集权统治随着安史之乱以后藩镇日益强大而衰落下来。"感恩知有地，不上望京楼"[2]，只知有藩镇而不知有皇室的儒生士大夫，当然不只李益一人；而远离孔夫子之道，不知"慕义强仁"的儒生士大夫[3]，也大有人在。时代给韩愈以磨炼，韩愈积极地投入时代。唐宪宗元和十二年（817），韩愈在彰义节度使裴度麾下作行军司马，参与了对淮西吴元济的军事行动，取得了胜利。唐宪宗一朝中央集权统治有了明显的改变。

为了恢复、重振儒学，韩愈首先对数百年来人们罕少论述的孔夫子之

---

[1]《新唐书》卷一七六《韩愈传》（以下不注明者，皆引此传）。可参考《昌黎先生集》卷二三《祭郑夫人文》、《祭十二郎文》。
[2] 此系李益献刘总之诗。陈寅恪先生《唐代政治史述论稿》上篇所载论唐代安史之乱以后政治形势可参看。
[3] 韩愈：《昌黎先生集》卷二〇《送董邵南序》，四部丛刊本。

道，重新提出并加以阐释。在《原道》一文中，韩愈开宗明义地指出：

> 博爱之谓仁，行而宜之之谓义。由是而之焉之谓道，足乎己无待于外之谓德。仁与义为定名，道与德为虚位。①

在《送浮屠文畅师序》中又说：

> 道莫大乎仁义，教莫正乎礼乐刑政。施之于天下万物得其宜，措之于其躬休安而气平。②

韩愈以极其精练的语言，把儒家的仁义道德之说予以概括式的说明。在《原性》中，韩愈把这个概括式的说明进一步具体化：

> 性也者，与生俱生也。情也者，接于物而生也。性之品有三，而其所以为性者五。……性之品有上中下三：上焉者，善焉而已矣；中焉者，可导而上下也；下焉者，恶焉而已矣。其所以为性者五，曰仁、曰礼、曰信、曰义、曰智。③

韩愈的性三品说，来自于孔夫子"上智下愚"论，表面上似乎与孟子的性善说有些不同，但实质韩愈把仁、义、礼、智、信作为人的本性并认为"与生俱生"，则是孟子性善说的补充和发挥，都属于先验主义。

在佛教法统影响下，韩愈对儒学源流作了论述，并为儒学建立了道统。这个道统就是：

> 斯道也，何道也？……尧以是传之舜，舜以是传之禹，禹以是传之汤，汤以是传之文武周公，文武周公传之孔子，孔子传之孟轲，轲之死不得其传。④

韩愈所建立的儒学道统中，荀卿、扬雄是被摈斥不与的，而孟子在这个道统中则具有非常突出的地位。韩愈在《送王秀才序》中说：

---

① 《昌黎先生集》卷一一《原道》。
② 《昌黎先生集》卷二〇《送浮屠文畅师序》。
③ 《昌黎先生集》卷一一《原性》。
④ 《昌黎先生集》卷一一《原道》；《送浮屠文畅师序》也叙述了这一道统。

第三章　唐中叶文化思想领域中的变化（下）：
以韩李柳刘为代表的儒生士大夫对复兴儒学所做出的努力

> 孟轲师子思，子思之学盖出曾子。自孔子没，群弟子莫不有书，独孟轲氏之传得其宗。故吾少而乐观焉。①

韩愈所建立的儒家道统是用来与佛教法统相抗争的，以表示儒学来自尧舜禹汤，但比佛道法统为远。这个道统说深得宋代儒生士大夫特别是其中道学家的称赞和支持，同时为使孟轲死后后继有人，把韩愈这个儒学卫道士列于道统中，成为孟轲的继承者。而宋代道学家如程朱等人，也把自己放在祖师爷的位子上，成为韩愈的继承者。陈寅恪先生《论韩愈》一文，评论韩愈在复兴儒学中的功绩和地位，把韩愈的道统说列为功绩之一。② 从影响上看，韩愈的道统说，是相当巨大的。

重新论述孔夫子仁义道德学说，这仅仅是复兴儒学的初步。下一步便是：如何使儒学以及儒学道统延绵赓续下去？对此重大问题，韩愈提出两个办法：一个是关于改变文风的问题，这个问题，直接关涉到古文运动，放在后面再做说明。韩愈认为，撰写文章，不只是陈言之务去，而且要阐明"先王之道"，亦即阐明儒学之道。为此，他提出了"文以明道"和"文以载道"这个原则性的说法。

第二是建立以传授儒学之道的师生关系，韩愈在《师说》一文中详尽地阐述了这个问题。韩愈于文章的第一句话就指出："古之学者必有师，师者，所以传道授业解惑也。"师的重要职责在于"传道"，亦即传儒学之道。而且还说，"道之所存，师之所存也"，把师的传道作用提到这样的高度。可是，在韩愈所处的时代里，人们对于师生传授孔夫子之道却无动于衷，因而韩愈为此发出了叹惋：

> 巫医乐师百工之人，不耻相师。士大夫之族曰师曰弟子云者，则群聚而笑之。问之则曰：彼与彼年相若也，道相似也，位卑则足羞，官盛则近谀。呜呼！师道之不复可知矣！③

---

① 《昌黎先生集》卷二〇《送王秀才序》，按王秀才名壎，该卷有两篇同题目的序。
② 陈寅恪：《金明馆丛稿初编》，上海古籍出版社1980年版。
③ 《昌黎先生集》卷一二《师说》。

韩愈所提出的师道问题,是当时普遍存在的一个问题。柳宗元对此亦有所论述:

> 今之世为人师者,众笑之,举世不师,故道益离;为人友者,不以道而以利,举世无友,故道益弃。①

在此情况下,韩愈不仅著《师说》说明师道的重要,而且自己毫不含糊地招收生徒,以便传道授业。却不料,韩愈受到人们的讥讪。柳宗元在《答韦中立论师道书》中曾经把这一事实记录下来:

> 由魏晋氏以下,人益不事师。今之世不闻有师,有辄哗笑之,以为狂人。独韩愈奋不顾流俗犯笑侮,收召后学,作《师说》,因抗颜而为师,世果群怪聚骂,指目牵引,而增与为言词。愈以是得狂名,居长安,炊不暇熟,又挈挈而东,如是者数矣。②

据此,韩愈以师道传孔夫子之学,受到的社会压力是极其沉重的。唯其如此,柳宗元才一再拒绝收徒为师,他坦率地承认:"仆才能勇气不如韩退之",为人师表的勇气,柳宗元确实不如韩愈。《新唐书·韩愈传》上说:"愈独喟然引圣,争四海之惑,虽蒙讪,跲而复奋"云云,当即是指此而言的。

韩愈《师说》中提出的师道一事,绝不是一个不值一提的小问题,在当时条件下是值得重视的。孔夫子这位职业教育家是通过私人讲学亦即通过师道以宣扬他的学说的,他的弟子也是代代相传宣扬儒家仁义道德的。对儒学来说传道授业是儒学延续的一个极为重要的途径,可以说师道与儒道是不可分的。两汉章句之学,虽也师徒相传,但如上章所论,显然是无法宣扬儒学根本的。韩愈提出师道,传道授业,径直地宣讲儒学的根本道理,对章句之学的传授也是一个重大变革。而当时人们

---

① 柳宗元:《唐柳先生集》卷一九《师友箴》,四部丛刊本。
② 《唐柳先生集》卷三四《答韦中立论师道书》。

第三章　唐中叶文化思想领域中的变化（下）：
以韩李柳刘为代表的儒生士大夫对复兴儒学所做出的努力

极力讥讪师道，现象上是不愿从师向学，而实际上是对儒学的厌恶而不愿学习，即所谓的"厌学"。魏晋至唐中叶，一方面佛道以咄咄逼人之势兴盛起来，儒学遇到外在的挑战；而另一方面，儒生士大夫厌学儒学根本道理，儒学内部又出现这样的危机。在一外一内夹击之下，"圣学不断如带"，绝非危言耸听，这是韩、柳面临的真实情况，这是须加了解的一点。

韩愈《师说》通过师道以宣扬儒家根本道理，同时是对章句之学传授方式的重大改革，当然要遭到安于旧有学习方式的人们的反对。对此，柳宗元既同韩愈有着共同的认识，又明确地提出来对章句之学的不满。他指出："仲尼岂易言耶？马融、郑玄者，二子独章句师耳！今世固不少章句师。"柳宗元之所以把东汉两位最著名的经学家看作为两个章句师，就在于他们不懂儒学道理的根本所在，所以柳宗元把宣扬儒学大道理作为他们这些人的应有的责任："言道讲古，穷文辞以为师，则固吾属事！"① 坚持师道、宣扬儒学，反对章句之学，是韩愈《师说》的再一内容。

正如柳宗元所说，"仲尼岂易言耶"？韩愈在《原道》等文中提出宣扬孔夫子之道，但孔夫子之道是怎样宣扬的呢？《大学》是一篇儒家思想的重要文献，是儒家教育生徒如何从事学问的一套顺序，从治学到学而优则仕，实现儒生们梦寐以求的"内圣外王之道"这个理想。从诚意正心开始，而后修身、齐家、治国、平天下，以完成"大学之道"在于"明明德于天下"的目的。在儒学沉寂多年之后，韩愈第一次把《大学》提出来，让儒生诵习，通过《大学》来理解儒学根本道理，其意义是不容忽视的。应当说，《原道》和《师说》，是韩愈复兴儒学的两篇重要文献，都需要认真研究。

韩愈既然以儒学的卫道者自居，必然要反对佛老的挑战，以稳定和恢复儒学的统治地位。

韩愈在《原道》中对老、佛都有所批判。韩愈将老子和儒家的道德

---

① 《唐柳先生集》卷三四《答严厚兴论师道书》。

论区分开来，儒家道德是"合仁与义言之也"；而老子的道德论则是绝仁弃智的，因而认为老子所说的道德是"一人之私言"。老子称"圣人不死，大盗不止"。韩愈批评道，正是由于圣人制定多项法令，教以"相生相养之道"，人类才不断进步发展起来，"如古之无圣人，人之类灭久矣"！

韩愈批判的火力，更集中在对佛教的批判上。唐宪宗元和十四年（819）正月将佛骨迎于京师，"上留禁中三日，乃历送诸寺，王公士民瞻奉舍施，惟恐弗及，有竭产充施者，有然香臂顶供养者"。① 韩愈上《论佛骨表》，辞气激烈，唐宪宗大怒，贬其为潮州刺史。这是韩愈反对佛教最为有声有色的一幕。

综合韩愈排佛言论，大致可以分为：

（一）"事佛求福，乃更得祸。""佛者，夷狄之一法耳"，"汉明帝时，始有佛法，明帝在位才十八年耳。其后乱亡相继，运祚不长。宋齐梁陈元魏已下，事佛渐谨，年代尤促"。"惟梁武帝在位四十八年，前后三度舍身施佛，……后竟为侯景所逼，饿死台城，国亦寻灭。""事佛求福，乃更得祸。由此观之，佛不足事，亦可知矣。"

（二）"伤风败俗，传笑四方。""陛下令群僧迎佛骨于凤翔，御楼以观升入大内"，"皆云天子大圣，犹一心敬信，百姓何人，岂合更惜身命？焚顶烧指，百十为群，解衣散钱，自朝至暮，转相仿效，惟恐后时，老少奔波，弃其业次（《新唐书·韩愈传》作"弃其生业"）；"伤风败俗，传笑四方，非细事也。"

（三）"佛本夷狄之人，与中国言语不通，衣服殊制，口不言先王之法言，身不服先王之法服，不知君臣之义，父子之情"；"况其身死已久，枯朽之骨，凶秽之余，岂宜令入宫禁？""乞以此骨，付之有司，投诸水火，永绝根本，断天下之疑，绝后（《新唐书·韩愈传》作"前"，《资治通鉴》同）代之惑！"②

---

① 《资治通鉴》卷二四〇《唐纪》宪宗元和十四年正月记事。
② 《昌黎先生集》卷三九《论佛骨表》。

韩愈对佛教的批判，与此相同，都是从国计民生、政治方面进行的。

（四）对鬼神的否定。鬼神问题是中国思想史上的老问题。战国秦汉时期即曾不断讨论，王充的《论衡》有《订鬼》进行专文讨论。佛教传入后，又重新带来了这个问题。佛教讲神不灭、灵魂不死，轮回报应，当然要大谈鬼神。韩愈的《原鬼》就是针对佛家这一说法而提出的。韩愈指出，鬼是否存在？鬼，无声、无形、亦无气，因而根本是无的。为什么人们认为有鬼呢？鬼是人们自己造成的："民有忤于天，有违于民，有爽于物，逆于伦而感于气，于是乎鬼有形于形，有凭于声以应之，而下殃祸焉，皆民之为之也。"① 这是韩愈从思想认识领域对佛教鬼神论的一个批判，应当说，在问题的论证上与汉代王充相通，在实质上则是范缜《神灭论》的继续。

韩愈对儒学的捍卫和复兴起着巨大的作用。《新唐书·韩愈传赞》上说："自晋讫隋，老佛显行，圣道不断如带"；"诸儒倚天下正议，助为怪神"；"愈独喟然引圣，争四海之惑，虽蒙讪笑，跲而复奋"，"愈排二家"，"拨衰反正"；"自愈没，其言大行，学者仰之如泰山、北斗云"。② 宋代道学家不仅把韩愈列于儒家正统，捧到祖师爷的地位，而且他的《原道》、《原性》对理学的形成有着直接的影响。

三、柳宗元、刘禹锡在"统合儒释"、复兴儒学中的作用

"同官尽才俊，偏善柳与刘。"③ 韩愈诗中的柳与刘，即柳宗元和刘

---

① 《昌黎先生集》卷一一《原鬼》。
② 《新唐书》卷一七六。
③ 《昌黎先生集》卷一《赴江陵途中寄三学士诗》，四部丛刊本。

禹锡。柳、刘共同参加永贞革新,失败后同被贬至边远荒州。他们在思想认识领域中基本上是相同的,在复兴儒学以及对佛教的态度上也是一致的。韩愈与柳、刘不是一个政治派系,在对"天"、对佛教的认识上有差别和分歧,但在文学变革和复兴儒学这个重大问题上则是一致的。柳、刘在复兴儒学等思想领域中同样起了重要作用,因而是不可低估的。

先从文学变革说起。

魏晋南北朝以来,学术思想领域祖尚玄虚,玄理、佛理交织在一起;而散文主四六,诗歌尚华丽,走上唯美主义道路。就文学而言,不能不讲词藻,诗歌更不能不讲求声韵。但如果把词藻、声韵等形式作为文学诗歌所追求的唯一目的,文学诗歌必然走上内容贫乏、思想空虚的泥途而失去自己的生命力。虽然唐太宗囿于时代所写文字依然是骈体形式,被后人讥笑,但他已经提出"文体浮华,无益劝诫"① 的问题。陈子昂以自己的写作实践纠正华而不实的文风,他的友人卢藏用称之为:"文章道丧五百年,得陈君焉,由是大中之词纸贵天下。"② 《新唐书》列传作者宋祁也指出"子昂始变雅正"③,改变文风逐渐成为时代的要求。

韩愈柳宗元以复兴儒学自任,因而把古文改革运动亦即改革文风同复兴儒学结合起来,这个结合对两者的促进都是有利的。"文"与"道"的关系,韩愈论述甚多,今择以下几条:

> [韩]愈少驽怯,……无以树立,遂发愤笃专于文学。学不得其术,凡所辛苦而仅有之者,皆符于空言而不适实用,又重以自废。④

---

① 《贞观政要》卷七。
② 赵儋:《陈子昂墓碑》,载《陈伯玉集·附录》,四部丛刊本。
③ 《新唐书》卷一〇七《陈子昂传》。
④ 《昌黎先生集》卷一五《答窦秀才书》。

第三章 唐中叶文化思想领域中的变化（下）：
以韩李柳刘为代表的儒生士大夫对复兴儒学所做出的努力

夫所谓文者，必有诸其中。是故君子慎其实。实之美恶，其发也不掩，本深而末茂，形大而声宏，行峻而言厉，心醇而气和。①

愈之志在古道，又甚好其言辞。观足下之书，及十四篇之诗，亦云有志于是矣！而其所问则名，所慕则科（指中科举），故愈疑于其所对焉。②

读书以为学，缀言以为文，非以夸多而斗靡也，盖学所以为道，文所以为理耳：苟行事得其宜，出言适其要，虽不吾面，吾将信其富于文学也。③

虽然，愈之为古文，岂独取其句读不类于今者邪？思古人而不得见，学古道则欲兼通其辞。通其辞者，本志乎古道者也。④

以上几段文字，韩愈从正反两个方面论述"文"与"道"的关系。为文学而文，或为取得声名、求中科举而为文，都不免"符于空言而不适实用"。因此，称得上文章的，"必有诸其中"，即有实在的内容。而就内容来说也有好有坏，对文字的内容一定要谨慎从事。文字不是"夸多"、"斗靡"，而是"为道"、"为理"，即讲道理。韩愈从正反两方面出发，得出"文以明道"或"载道"的结论，亦即文服膺于道。而这个道亦即孔夫子的仁义之道。为此，韩愈誓以精卫填海的那种精神，"岂计休无日，惟应尽此生"⑤，以实现其"明道"、"载道"的目的。

在文与道的关系上，柳宗元与韩愈是一致的。柳宗元从自己的生活实践中，认识到"古今号文章为难"⑥。那么，文章难在什么地方呢？

---

① 《昌黎先生集》卷一五《答尉迟生书》。
② 《昌黎先生集》卷一六《答陈生书》。
③ 《昌黎先生集》卷二〇《答陈秀才彤序》。
④ 《昌黎先生集》卷二二《题欧阳生哀辞后》。
⑤ 《昌黎先生集》卷九《学诸进士作精卫衔石填海》。
⑥ 《唐柳先生集》卷三一《与友人论文书》。

柳宗元从自己的经验中体会到：

> 始吾幼且少为文章以辞为工，及长乃知，文者以明道，是固不苟为炳炳烺烺，务采色、夸声音而以为能也。①

柳宗元曾经严厉地批评了只顾文采而不尊重事实的危害：

> 夫为一书，务富文采，不顾事实，而益之以诬怪，张之以阔诞，以炳然诱后生，而终之以僻，是犹用文锦覆陷阱也。②

柳宗元认为，"凡人好辞工书者，皆病癖也"，应当"学道"以"砭针攻熨"。③ 在"文"、"道"关系基础上，把"道"放在主导的地位，从儒经中汲取"道"的根源，所以柳宗元说：

> 本之《书》以求其质，本之《诗》以求其恒，本之《礼》以求其宜，本之《春秋》以求其断，本之《易》以求其动。④

既然写文章"所以羽翼夫道也"，就不能掉之以轻心，而必是"言理道者"，必须是"由大中而出"：

> 近世之言理道者众矣，率由大中而出者咸无焉。其言本儒术则迂回茫洋而不知其适。其或切于事，则苛峭刻核不能从容，率泥乎大道。甚者好怪而妄言，推天引神以为灵奇，恍惚若化，而终不可遂。故道不明于天下，而学者之至少也。

"由大中而出"的道，当然是孔夫子之道，而柳宗元具体指出的则是中庸之道。因此，在这段文字之后，接着又说：

> 吾自得友君子，而后知中庸之门户、阶室，渐染砥砺几乎道真然……⑤

---

① 《唐柳先生集》卷三四《答韦中立论师道书》。
② 《唐柳先生集》卷三一《答吴武陵论非国语书》。
③ 《唐柳先生集》卷三四《报崔黯秀才书》。
④ 《唐柳先生集》卷三四《答韦中立论师道书》。
⑤ 《唐柳先生集》卷三一《与吕道州温论非国语书》。

第三章 唐中叶文化思想领域中的变化（下）：
以韩李柳刘为代表的儒生士大夫对复兴儒学所做出的努力

在《祭吕衡州温文》中，柳宗元又提到：

> 洎乎获友君子，乃知适于《中庸》，削去邪杂，显陈直正，而为道不谬。①

韩愈提出《大学》，也引用过《中庸》上的话，而柳宗元则把沉寂几近千年的《中庸》提到如此高的重要地位，对此后儒学的发展具有重要意义。

在对佛教的问题上，韩愈是不遗余力予以排斥；而柳宗元则与韩愈相反，主张从佛学中吸取有用的东西，以发展儒学。

柳宗元曾称：他"自幼好佛，求其道积三十年。世之言者罕能通其说，于零陵吾独有得焉。"②坚持排佛的韩愈对柳宗元的好佛曾予以批评："儒者韩退之与余善，尝病余嗜浮图言，訾余与浮图游。"为什么柳宗元不同意韩愈的一味排佛？柳宗元在前句下解释说：

> 浮图诚有不可斥者，往往与《易》、《论语》合。诚乐之，其于性情奭然不与孔夫子异道。退之好儒未能过扬子，扬子之书于庄墨申韩皆有取焉。浮图者反不及庄墨申韩之怪僻险贼耶？……吾之所取者，与《易》、《论语》合，虽圣人复生，不可得而斥也。退之所罪者其迹也，曰髡而缁，无夫妇父子，不为耕农蚕桑而活乎人。若是，虽吾亦不乐也。退之忿其外而遗其中，是知石而不知韫玉也。吾之所以嗜浮图之言以此。③

把佛教在社会上形成的种种弊害同佛教思想区分开来，并从佛家思想中寻觅出与儒学思想相通之处加以比较研究，推动学术思想的发展是非常必要的。柳宗元的这个见解和做法，比韩愈要高明得多！

在《送文畅上人游河朔》的序文中，柳宗元叙述了晋宋以来"桑门

---

① 《唐柳先生集》卷四〇《祭吕衡州温文》。
② 《唐柳先生集》卷二五《送巽上人赴中丞叔文台序》。
③ 《唐柳先生集》卷二五《送僧浩初序》。

上首好与贤士大夫游"的情景,如道林、道安、慧远等与谢安、王羲之、谢灵运等的往来。接着提到文畅其人继支道林之后,去五台河朔一带,"将统合儒释,宣涤疑滞"云云。① 近年来学术思想界对此甚为关注,这是理所应当的。但怎样理解"统合儒释,宣涤疑滞"呢?对于那些"学文章不能秀发者,则假浮图之形以为高",以至"纵诞乱杂"一类的招摇撞骗之类,柳宗元则是反对的。② 因此,柳宗元所说的"统合儒释",是沟通儒释两家的思想,前面所引用的浮图"往往与《易》、《论语》合",即是这个意思。柳宗元从其对佛教的认识指出,"金仙氏(指佛教)之道,盖本于孝敬,而后积以众德,归于空无"③。这句话的意思是,佛教同儒家一样,在孝道这个基本点上两者是一致的。他批评"近世之为释者,或不知其道,则去孝以为达,遗情以贵虚";而对于释元暠想方设法埋葬他的先人,则是大加赞赏的,认为释元暠的这一行为,不违背佛家大报恩七篇的旨意,并且"与儒合也"④。沟通儒释之间,"通而同之"⑤ 对儒释都是有利的。柳宗元"统合儒释"的思想,自然是儒佛道三家长期斗争过程中相互渗透、相互影响而产生的。而柳宗元则沿着这个认识路线,即从佛家汲取一些有用的资料,用人们惯用的话语援佛入儒,以复兴儒学。

在对待佛教的态度上,刘禹锡与柳宗元是一致的。他们不仅同僧人来往甚多,而且对佛教有较多的认识,对佛家思想加以吸收。"援佛"一词即是刘禹锡提出来的。⑥ 刘禹锡在"援佛"的问题上有两点值得注意,一是儒佛虽然不同,但可以相辅相成,起着互补的作用:

> 素王立中区之教,懋建大中;慈氏起西方之教,习登正

---

① 《唐柳先生集》卷二五《送文畅上人登五台遂游河朔序》。
② 《唐柳先生集》卷二五《送方及师序》。
③ 《唐柳先生集》卷二五《送濬上人归淮南覲省序》。
④ 《唐柳先生集》卷二五《送元暠师序》。
⑤ 《唐柳先生集》卷二五《送元十八山人南游序》。
⑥ 《刘梦得文集》卷七《赠别君素上人(并引)》,四部丛刊本。

第三章 唐中叶文化思想领域中的变化（下）：
以韩李柳刘为代表的儒生士大夫对复兴儒学所做出的努力

> 觉。至哉，乾坤定位，而圣人之道参行乎其中。亦犹水火异气，成味也同德，轮辕异象，致远也同功。然则儒以中道御群生，罕言性命，故以世衰而浸息；佛而大悲救诸苦，广启因业，故劫浊而益尊。①

在儒学"世衰"、佛教"益尊"的情况下，"援佛"入儒自然更加迫切。其二是，儒佛思想在相互启发下，达到认识上的一致：

> 曩予习礼之《中庸》，至不勉而中，不思而得，憬然知圣人之德学，以至于无学。然而斯言也，犹示行者以室庐之奥尔，求其径术，而布武未易得也。晚读佛书，……如舟沿川，未始念于前而日远矣！夫何勉而思之邪？是余知突（原注：音窔）奥于《中庸》，启键关于内典，会而归之，犹初心也。②

不同思想往往能够产生相互启发的作用，刘禹锡提出这一点，对于做学问的人来说，是非常重要的。

儒生士大夫固然要了解佛教，援佛入儒，以利儒学的发展。实际上，和尚们也早就向儒学靠拢，以期得到儒生们的支持，以利于佛教的发展。前面提到的名僧大德之与世族们共谈玄理即是明证。因此，唐中叶以来和尚们继承此前遗风，继续与儒生士大夫频频往还，从儒学中寻求彼此的共同点。华严宗大师兼通禅宗的宗密，即是其中最著名的一个。从冯友兰先生到许多研究者，一再提出他的《华严原人论》来说明这一问题。宗密在是书序言中说：

> 然孔、老、释迦，皆是至圣，随时应物，设教殊途，内外相资，共利群庶，策勤万行，明因果始终，推究万法，彰生起本末。③

---

① 《刘梦得文集》卷三〇《袁州萍乡县杨岐山故广禅师碑》。
② 《刘梦得文集》卷七《赠别君素上人（并引）》。
③ 宗密：《华严原人论》，频伽精舍本《大藏经》326—57。

经过儒生僧道们的努力,三家相互渗透、相互影响,终于开拓了一条道路,为此后儒学的发展起了重要作用。

四、李翱的《复性书》及其在复兴儒学中的地位

李翱——韩愈的学生和朋友,是儒学的又一个卫道士。韩愈在儒学复兴中虽然起着重要的作用,但他的框框比他的学生毕竟要多一些,负担也多一些,所谓"曾经圣人手,议论安敢到?"① 在孔夫子面前身不由己地矮了半截。倒是他的学生李翱,不仅比韩愈框框较少、负担较小,而且比柳宗元、刘禹锡更为大胆一些,敢于将所谓异端的佛家思想,汲取过来,注入到儒学中,从而使儒家思想步入一个新的领域。

把儒学引进新的领域里,是李翱的《复性书》。李翱复的是什么性?为什么要"复性"?《中庸》劈头的三句话是:"天命之谓性,率性之谓道,修道之谓教"。朱熹把这句话看作是《中庸》一书的大纲。② 李翱所要"复"的"性",就是大纲中"天命之谓性"的性,而这个"性"则是同"天"、"天命"、"道"紧密关联着的。李翱既然要"复"大纲中所说的"性",就必须将与之紧密关联的"天"、"天命"、"道"等范畴予以深层次的探索和阐释。"中庸"是孔夫子提出来的,但孔夫子所提出的"中庸"与子思所谈论的中庸是有明显的差异的。对此问题我在《儒家的中庸之道与佛家的中道义》一文中已作了说明③,亦将收录于本书中。对中庸作深层次的探索,此前在孔夫子、思孟时期仅作为方法论的中庸之道,便极其自然地走向广阔的世界观和方法论的领域,从而

---

① 《昌黎先生集》卷二《荐士》。
② 《朱子语类》卷六二《中庸一·纲领》。
③ 漆侠:《儒家的中庸之道与佛家的中道义》,载《北京大学学报》1999年第3期。参见本编附录。

第三章　唐中叶文化思想领域中的变化（下）：
以韩李柳刘为代表的儒生士大夫对复兴儒学所做出的努力

使《中庸》在儒家哲学中跃上一个新的台阶，地位更加重要了。《中庸》一书在沉寂千年之后，柳宗元、刘禹锡虽然十分关注，但真正把这部书提到儒家经典地位上，应当说是由李翱《复性书》鼎力造成的。

李翱之所以要"复性"，是从他的性说——"性善情恶"说出发的。李翱认为，"人之所以为圣人者，性也；人之所以惑其性者，情也。喜、怒、哀、惧、爱、恶、欲七者，皆情之所为也。情既昏，性斯匿矣"。而且，至关重要的是，性和情又是息息相关的，"无性，则情无所生矣，是情由性而生；情不自情，因性而情；性不自性，由情以明"。圣人同一般的常人一样，也是有"性"有"情"的，"性"同常人也是相同的。但圣人之所以为圣人，是因为他们在"情"的面前，"寂然不动，不往而到，不言而神，不耀而光"，"虽有情也，未尝有情也"。常人虽然"与圣人之性弗差"，但不能像圣人那样，在情欲"交相攻伐"之下，为"情之所昏"，以至一辈子溺于情，"不自睹其性"，忘了根本。① 因此，《复性书》所针对的是一般的常人，只要常人能"复性"，就能够达到圣人的境界。儒生们一向讲究和追求的是"内圣外王"之道，《复性书》率先提出了自身修养的问题，这是迈向圣人的一个重大步骤，同时也是迈向"内圣外王"之道的一个重大步骤。

由于"复性"，李翱便提出《中庸》。他引用了《中庸》上的一段话："唯天下之至诚，为能尽其性；能尽其性，则能尽人性；能尽人之性，则能尽物之性；能尽物之性，则可以赞天地之化育矣！可以赞天地之化育，则可与天地参矣！"在《儒家的中庸之道与佛家的中道义》一文中，我曾经说过，子思将性、天、天命、道等中庸之道的范畴予以系统化，从而弥补了儒家在这一方面的不足，这是子思对儒家哲学的一个贡献。《中庸》经过千年沉寂，李翱第一次提出，它是"复性"的根本，从而使《中庸》在儒家哲学中的地位陡然地提高起来。应当说，这是李翱对儒家哲学的一个重要贡献，而李翱自己则在儒家哲学发展史的丰碑

---

① 李翱：《李文公文集》卷二《复性书》上，四部丛刊本。

上镌刻了他的名字。

李翱不仅提出《中庸》一书是"复性"的经典，而且还提出了"复性"的具体步骤。冯友兰芝生先生在《中国哲学史》（两卷本）中曾对此进行了说明。① 李翱"复性"的步骤：首先是"正思"，而这一步必先做到"无虑无思"。而要做到"无虑无思"，就必须归诸于"静"；第二是，"知本无有思"，要做到"动静皆离"；三是在"动静皆离"之后，即能够"寂然不动"，这样就能够达到《中庸》所说的"至诚"的地步。由"至诚"而"复性"，进而便知"天命"和"道"是什么了。②

李翱对他的《复性书》标置甚高，曾自诩道："以理其心，以传乎其人。"③ 李翱也确实"求仁得仁"，达到了他预期的效果。北宋初年鼓倡儒家中庸之道和佛家中道义类同的释智圆，是否受到李翱的影响，无法断定；但在庆历前后宋学形成的阶段，一些著名的士大夫如欧阳修、范仲淹显然是受到了李翱的影响的。欧阳修在《读李翱文》一文中说："予始读翱《复性书》三篇曰：此《中庸》之义疏耳。"④ 这句话可谓之"一语中的"，是真正了解了《复性书》的。范仲淹认为《中庸》是儒家名教的重要典籍，曾劝告年轻的张载加以研读，以利于他日后的成长和发展：

> ［张载］少孤自立，无所不学。与邠人焦寅游，寅喜谈兵，先生说其言。当康定用兵时，年十八，慨然以功名自许，上书谒范文正公。公一见知其远器，欲成就之，乃责之曰："儒者自有名教，何事于兵！"因劝读《中庸》。⑤

但在宋代士大夫中，对《中庸》做出较为重大贡献的则是司马光。《中庸》成为宋学中的一个热点问题，李翱的开创之功是不可泯灭的。

---

① 参阅冯友兰：《中国哲学史》（下册），中华书局1961年版。
② 李翱：《李文公文集》卷二《复性书》中。
③ 李翱：《李文公文集》卷二《复性书》上。
④ 欧阳修：《欧阳文忠公文集》卷七三（《外集》卷二三）《读李翱文》。
⑤ 吕大临：《横渠先生行状》，载《张载集》第381页，中华书局1978年版。

第三章　唐中叶文化思想领域中的变化（下）：
以韩李柳刘为代表的儒生士大夫对复兴儒学所做出的努力

李翱有关《中庸》的论述，特别是他的有关"复性"的论述，则借佛家心性之说，与儒家《中庸》的天命、性说结合起来，对宋代理学有着极为重要的影响。对此问题，曾有种种评论，朱熹则直接指出其受佛家的影响：

> 浩曰："唐时，莫是李翱最识道理否？"[朱熹]曰："也只是从佛中来。"浩曰："渠有《去佛斋文》，辟佛甚坚。"曰："只是粗迹。至说道理，却类佛。"①

在《中庸集解序》中，朱熹明确地指出："至唐李翱始知，尊信其书，为之论说。然其所谓灭情以复性者，又杂乎佛老而言之，则亦异于曾子、子思、孟子之所传矣。"② 近代学者则一致认为，李翱的《复性书》深受禅宗的影响，并将佛家思想援引到儒家中来。章太炎说：

> 明心见性之儒，首推子思孟子。唐有李习之（翱），作《复性书》，大旨一依《中庸》。习之曾研习禅宗，……今观《复性书》虽依《中庸》立论，其实阴习释家之旨。③

对佛家的态度，李翱不同于韩愈，也不同于柳、刘，而是"阳拒阴习"。傅斯年《性命古训证》、冯友兰《中国哲学史》也都曾指出这一事实。陈寅恪则径直地指出，李翱直接受到梁肃《天台止观统例》的影响。总之，李翱之受到佛家的影响则是确切不疑的。换言之，李翱是把佛家思想注入到儒家学说中的。李翱表面上排佛，暗地里却汲取佛家思想。这种"阳拒阴习"的方式，不仅李翱如此，宋代理学家如二程朱熹，同样是如此，将佛老思想注入到儒家学说中。经过这一注入，儒家从外来事物中摄取了营养，使自己发展起来。有关《中庸》的论述和阐释，就是在儒佛思想斗争、渗透、影响和作用之下开展起来，从而在宋学中放出异彩的。

---

① 《朱子语类》卷一三七。
② 《朱文公文集》卷七五，四部丛刊本。
③ 章太炎：《国学讲演录》之《诸子略说》。

—— 第一编 唐中叶以来经济文化思想领域里的变化 ——

本编诸章结论

唐中叶是我国古代史上发生重大变革的一个时代,经济、学术文化思想领域里都发生了重要的变化。陈寅恪先生在《论韩愈》一文中曾经指出:

> 综括言之,唐代之史可分前后两期,前期结束南北朝相承之旧局面,后期开启赵宋以降之新局面。关于政治、社会经济者如此,关于文化学术者莫不如此。①

本编所论述的经济、学术思想领域中的变革,与陈先生上述论断大体上是一致的。

先从经济领域的变革说起。自唐中叶,继均田制之后各种形式的国有土地制度继续衰落,到宋代土地私有制居于绝对的压倒优势地位,而封建地主土地所有制则在土地私有制中居于主导地位。与土地所有制变化伴同而来的是,魏晋隋唐前期的封建农奴制被封建租佃制所代替,成为宋代居于主导地位的土地关系。此前的社会阶级结构也发生了显著变化,即:(1)均田制衰落后形成了一个自耕农民阶级,他们是自均田制下的农民转化而来;(2)以山东士族为代表的大地主阶级倾圮衰落,新兴庶族地主阶级居于主导地位;(3)随着封建租佃制的发展,前此居于农奴地位的佃客因依附关系削弱,身份上以及在生产上有了前所未有的自由。唐中叶以来经济关系的变革大体上是如此。

魏晋隋唐,佛道两家急遽发展,从社会下层劳动者到上层统治者,无不加以尊奉。"试看今日域中竟是谁家之天下?"两汉以来独领风骚的儒学已降至次要地位,佛老尤其是佛教竟然是喧宾夺主,居于首要地位。摆在儒生士大夫面前的头等大事是:儒学如何摆脱这种岌岌可危的

---

① 陈寅恪:《金明馆丛稿初编》第二册,第296页。

第三章 唐中叶文化思想领域中的变化(下):
以韩李柳刘为代表的儒生士大夫对复兴儒学所做出的努力

局面并进而复兴起来?

要复兴儒学,首先要恢复儒经在社会上传统的崇高地位。但是,两汉经学在经师们家法传承之下,日益走上烦琐的道路,陈陈相因,提不出任何新的东西同佛道颉颃,因而对诠释儒经的章句之学必须变革。经过啖助、赵匡、陆质多年的探索,终于摆脱了传注的束缚,直入经学门槛,从宏观中了解经书旨义。这是经学研究方法上一个可贵的创造性的突破,给后来者开拓了研究经学的新路子。

特别重要的是,要复兴儒学,恢复儒学的统治地位,就必须是亦只能是重建儒学体系,从思想上与佛道抗争,进而将佛道压倒。以韩愈、柳宗元等为代表的儒生士大夫为此做了种种努力。这些努力是:(1)韩愈以捍卫和复兴儒学为己任,在大力排佛、建立儒学道统与佛道相抗争的同时,重新提出儒家仁义之道,文以载道,文以明道,以文字宣传儒家之道,还充分利用传道授业的"师道",把儒家之道世世代代地传下去。(2)柳宗元与韩愈一道努力变革文风,以自己的文章宣扬儒学,还与刘禹锡共同"统合儒释",从佛家思想中汲取营养,以发展儒学。(3)李翱则大胆地将佛家心性之学吸收过来,《复性书》与儒家经典《中庸》结合起来,从而比柳宗元、刘禹锡更进一步地把佛家思想注入到儒学中。(4)韩愈提出《大学》,柳宗元、刘禹锡、李翱提出《中庸》,作为复兴儒学的必读经典。(5)在对待佛老的态度上,韩愈采取排斥,柳、刘从"统合"中汲取,而李翱则综合了韩、柳、刘的两种态度,"阳拒阴习"。唐中叶学术文化思想领域的重要变化大体上是如此。

不论是啖、赵等的探索,还是韩、柳等的努力,在学术文化思想领域中,毕竟是风起萍末,还没有发生显著的影响和作用。但这些变化是非常重要的,如果能够有适合于这些变化的土壤,就必然能够使这些变化,从涓涓细流扩展成为横无际涯的海洋。有没有适合这些变化的土壤? 上述唐朝中叶经济关系的变革,为这些变化创造了前所未有的客观环境:(1)土地关系的变化调动了广大劳动者的生产积极性,垦田大幅度增加,手工业商业也随之发展,到北宋社会财富有了明显地增长,给学术文化思想的高度发展，提供了前所未有的经济基础。(2) 门阀士族衰亡之后，自庶族发展起来的新兴地主阶级，不论是在经济上，还是在政治上，都获得了极其有利的发展机遇，由于社会财富的广泛增长，这个阶级中上层分子，以及部分商人、自耕农民、工匠中的上层分子，也都能够通过科举考试，走上仕途，同时也迈入了学术思想领域，从而充分地发挥他们的才能和智慧。唐中叶学术文化思想领域里的上述变化，在这样一个富有生机的社会经济环境里，就必然能够绽开绚丽的花朵，结出丰硕的果实！被陈寅恪先生誉为"造极乎赵宋之世"的宋学，就是通过唐中叶以来的变革而蓬勃地发展起来的。

第二编

宋学的形成阶段
宋仁宗庆历（1041—1048）前后

引 言

宋太祖赵匡胤利用兵变取得政权，但在其统治的十六年间，对兵变进行了纤细无遗的防制，以巩固赵宋统治。自其先兄手中篡夺了皇位的宋太宗赵光义，不遗余力地推行宋太祖所制定的这种政策，不仅剥夺了将帅们的种种权力（包括独立自主的军事指挥权在内），而且更加重要的是采取以文驭武的方针，即使在边防上，武将们也只能屈居副职、听从文官的指挥。宋太祖、太宗的这些做法，使全部军队牢牢地控制在专制主义统治者手中，在颇大程度上改变了此前拥兵自重、武装割据的分裂局面，给宋带来了"百年无事"的和平景象。形成于宋初的这个政治局面，与前编叙述过的经过唐中叶以来变革而形成的经济领域的新局面相配合，一表一里，为宋代学术文化思想的高度发展创造了一个比较好的环境。这是一方面。

宋太祖、太宗虽然有效地解决了藩镇割据的问题，但另一方面，却严重地削弱了宋的军事力量。在对契丹辽国的战争中，宋太宗两次北征失败之后，完全陷于被动挨打的局面，因而到宋真宗时期不得不与辽国订立屈辱的澶渊之盟。宋的君臣们，宋真宗赵恒—王钦若上层统治集团，不仅不从这种屈辱中寻求教训、奋发图治，恰恰相反，却玩弄"天书"这幕丑剧，十余年间，东封西祀，崇建宫观，耗尽了社会财富。宋太宗时朝廷上已经形成了政治上的保守气氛，到这时候又充满了腐败景象。宋真宗的后继者章宪明肃刘后—吕夷简集团继续沿着保守、腐败的斜坡下滑,十几年当中,"冗兵"、"冗官"和"冗费"的积弊已成为痼疾。当元昊建国称帝时,宋倾全国之力进行防御,但在宝元康定(1038—1040)的几年间,屡吃败仗,成千上万的宋军悉被歼灭。与此同时,为抗击西夏,宋政府扩大剥削,"下至果菜皆加税"①,使本来既已非常紧张的阶级矛盾白热化,爆发了一百八十人的农民起义。在以范仲淹为首的士大夫实施庆历新政的前夕,宋的积贫积弱局面充分地暴露出来。所谓积贫,一是国家财政困窘,入不敷出;二是广大劳动人民经年挣扎在饥饿线上,以至鬻妻卖儿。而一小批大官僚、大地主、大商人、高利贷者却大发横财,几乎占有"天下田畴"之半。② 所谓积弱,在"夷狄骄盛、寇盗横炽"③的情况下,宋对外既无力遏制辽夏的掠夺,对内"一年多如一年,一火强如一火"④的小股起义,打乱了宋的地方统治秩序。宋朝统治面临了内外交困、岌岌可危的局势!

范仲淹主持的庆历新政就是在这种局势下,并且是为改变这种局势而诞生的。而宋学,也恰好是庆历新政前后形成的。宋学与庆历新政,这两者是息息相关的。庆历新政的参加者与宋学建立者大都出身于中下层士大夫,宋学建立者有的直接投入到庆历新政中,有的则在思想上、政治上同庆历新政参加者是一致的。因此宋学的形成具有极其浓郁的时代气息,从而表现出它所独具的一种特色。这是本编应当探索和说明的重要问题。在宋学形成的三四十年间,亦即在宋仁宗天圣(1023—1031)的三四十年间,一个是儒佛道三家思想更进一步的渗透、沟通,以释智圆、晁迥为代表,在宋学形成前的篇幅中予以叙述;一个是文风变革的问题,则在宋学形成中与学风变革一道说明。

---

① 欧阳修:《欧阳文忠公文集》卷三二《王尧臣墓志铭》。
② 《宋会要辑稿·食货》卷一之二○。
③ 范仲淹:《范文正公政府奏议》卷上《答手诏条陈十事》。
④ 欧阳修:《欧阳文忠公文集》卷一○○《再论置兵御贼札子》。

第四章
宋学形成前儒释道三家思想的渗透、沟通及其向纵深处发展(上)：释智圆对儒学思想的认识

一、释智圆其人

两宋统治期间，中国古代学术思想发展到一个新的巅峰，并产生了一个重要的变化。这个巅峰和变化就是，宋代的义理之学取代了汉代的章句之学。半个多世纪以来的研究表明，宋学是在儒家思想同佛道两家思想既互相排斥、冲突和斗争，又互相作用、影响和渗透之下的一个产物。有关这方面的研究，虽然取得了极大的成就，但是尚待解决的问题依然不少。正如陈寅恪先生所说，宋学的产生和形成"犹有未发之覆"：

> 北宋之智圆提倡中庸，甚至以僧徒而号称中庸子，并自为传以述其义（孤山《闲居编》）。其年代犹在司马君实作《中庸广义》之前，似亦于宋代新儒家为先觉。……然举此一例，已足见新儒家产生之问题，犹有未发之覆在也。①

---

① 陈寅恪：《冯友兰著〈中国哲学史〉（下册）审查报告》；后收入《金明馆丛稿二编》，上海古籍出版社1980年1月版。

本文打算对此"未发之覆"加以探索，藉以了解儒佛两家思想是怎样经过长期矛盾斗争而后通过释智圆其人而互相渗透的；释智圆是从佛家思想到儒家思想演变的中间环节。

为此，就有必要对释智圆作一简略的说明。

释智圆（976—1022），生活于宋太宗、真宗期间。杭州钱塘人，俗家姓徐。根据他的自传，智圆"始言则知孝悌父母"，"年八岁，遂登具于钱唐龙兴寺今大中祥符寺"为僧；"十五微知骚雅，好为唐律诗，二十一年将从师受周孔书，宗其道、学为文、以训世。"不幸他的老师发病，不得不教训智圆：

> 汝，浮图子，发既祝矣，形且毁矣，而不习释氏，志慕儒学，忘本背义，又岂称周孔之旨乎？汝姑学释，后学儒为副，汝其图之！①

从此，智圆便全心全意地投入佛教经典的学习。

其时，源清法师在奉先寺传授智者大师的天台三观之法，智圆投到源清大师门下，终于成为大师的入室弟子。智者（即智顗）大师是隋唐之际天台宗的创始者，该派尊奉印度龙树为远祖，从佛家"一体圆融"本义出发畅谈三体圆融之说，亦即所谓的假、空、中道三观之说。而假、空、中道这三者，实质上是"三而一、一而三"② 的，从而成为天台宗独辟蹊径而阐明的教理，在隋唐佛教宗派中独树一帜。智圆在奉先寺学习了三年，源清大师逝世后才离开。此后，智圆"离群索居，衣或殚，粮或罄"，又"因之以疾病"，但为振兴日趋式微的天台宗而继续探索，成为北宋一代弘扬天台三观的一个杰出代表人物。《佛祖统记》、《历代佛祖通载》均为之立传，《佛祖统记》传后的一段评论说：

> 孤山（指智圆，驻锡于孤山玛瑙院）以高世之才，弥天之

---

① 释智圆：《闲居编》卷一九《中庸子传》中，《续藏经》本。
② 本师汤用彤锡予先生《隋唐佛教史稿》第142页，载《汤用彤全集》第二卷，河北人民出版社2000年9月版。

第四章　宋学形成前儒释道三家思想的渗透、沟通及其向纵深处发展（上）：释智圆对儒学思想的认识

笔，著十疏以通经，述诸钞以解疏，其于翼赞教门，厥功茂矣！①

智圆虽以弘扬佛法为其主要事业，但如上所说，由于他早年对儒家经典寄有深厚的兴致，因而"于讲佛经外，好读周、孔、杨（当作扬，即扬雄）、孟书，往往学为古文，以宗其道，又爱吟五七言诗，以乐其性情……"②。范仲淹的同年进士和朋友吴遵路任官杭州时，同智圆有着较为密切的往还，在为《闲居编》所作的序言中，一则称智圆"德贯幽显，学该内外"，再则称智圆"旁涉老庄，兼通儒墨"，是一位淹通内外和诸子百家的博学名宿。正是由于智圆的博览群籍，从多家学说的比较中，得出了儒释两家"言异而理贯"、"共为表里"的认识和结论：

> 或曰：中庸之义，其出于儒家者流，子浮图子也，安剽窃而称之耶？对曰：夫儒、释者，言异而理贯也；莫不化民，俾迁善远恶也。儒者，饰身之教，故谓之外典也。释者，修心之教，故谓之内典也。惟身与心，则内外别矣。蚩蚩生民，岂越于身心哉！非吾二教，何以化之乎，嘻，儒乎，释乎，其共为表里乎？③

智圆在得出儒释两家"言异而理贯"的同时，还强调儒释两家不要排斥，而要合作，"共为表里"，以适应社会的需要。特别值得注意的是，智圆一方面强调儒释之间的"同"，即"言异而理贯"，另一方面，也是其根本方面，则强调儒释两家之"异"，即："儒者饰身之教"，讲究修身之道，而"释者修心之教"，从本心下工夫。认识这一点极为重要，后面还要提到。

儒释两家思想是否绝对排斥而无任何相通之处？认为绝对排斥而无相通之处的，释家中有，儒家当中也有。如两宋理学家骨子里吸收佛家

---

① 释志磐：《佛祖统记》卷一〇《释智圆传》评论，频伽精舍本《大藏经》。
② 《闲居编》自序。
③ 《闲居编》卷一九《中庸子传》上。

思想，表面上则以排佛为能事。但认为儒释思想有相通之处的，亦不乏人，释家中的智圆自然是一个，儒家中的王安石即是一个。从熙宁五年（1072）宋神宗、王安石君臣的对话中，即可得到说明：

> （王）安石曰："……臣观佛书，乃与经合，盖理如此，则虽相去远，其合犹符节也。"上（神宗）曰："佛，西域人，言语即异，道理何缘异？"安石曰："臣愚以为，苟合于理，虽鬼神异趣，要无以易！"①

在前面引文中，智圆不仅强调儒释两家合作，称："好儒以恶释"，或"贵释以贱儒"，都不是"中庸"之道。而且他更进一步地明确地提出来，儒家"中庸"之道亦即佛家的"中道义"："中庸者，龙树所谓中道义也"②，从而把儒佛两家思想绾连起来，使二者得到沟通。下面将着重地考察一下这个问题。

二、《中庸》及其在宋代儒经中的地位

为了考察由释智圆绾连起来的儒家中庸和佛家中道义这一问题，即：两者之间是否存在联系，这种联系是偶然的联系还是必然的联系，是非本质的、表面的联系还是本质的、内在的联系，这就需要对儒家的《中庸》和佛教的《中论》分别进行剖析，然后予以综合说明。

为此，先看看《中庸》一书的主要内容是些什么。

《中庸》一书据说是由孔子的孙子孔伋子思著作的，并将此书传给了孟子。荀子在《非十二子》中，把子思、孟轲列为一组，加以责难评判。《中庸》一书是思孟学派儒家思想的重要著作，是不成问题的。它

---

① 《长编》卷二三三熙宁五年五月甲午记事。
② 《闲居编》卷一九《中庸子传》上。

第四章　宋学形成前儒释道三家思想的渗透、沟通及其向纵深处发展（上）：释智圆对儒学思想的认识

的主要内容是：

（一）《中庸》劈头的几句话："天命之谓性，率性之谓道，修道之谓教。道也者，不可须臾离也。可离，非道也"。① 就提出了天命、性和道几个重要范畴，而这几个范畴是孔子一向回避而"罕言"的。然而这几个范畴是先秦任何一个学派无法回避的，孔子不讲这些问题，不等于这些问题之不存在，无论怎样说，不能不是儒家的一个欠缺。现在由子思提了出来，它也就必然能够吸引儒生们向更高的抽象思维领域探索，从而使儒学走向一个更高的阶段。当然，向这一阶段发展，也必须有相应的历史条件。而这样的条件到宋代则是具备了的，从而引发儒生们的高度重视。朱熹说这几句话是《中庸》一书的大纲，足可以说明宋代儒生们对子思提出的这几个范畴的重视了。

（二）中庸是作为方法论提出来的，从个人修养到治国安邦、稳定社会秩序，都离不开这个普遍性的广泛使用的方法。《中庸》继承孔夫子"君子中庸、小人反中庸"这一命题并进行发挥，认为中庸之道具有极大的作用，按照这个方法处理一切事物，即可达到"致中和"的地步。所谓："喜怒哀乐之未发，谓之中，发而皆中节，谓之和。中也者，天下之大本也；和也者，天下之达道也。"所谓"中和"，便是经常地维持统一、一致、平衡的局面，社会就能够繁荣、天下就能够太平了："致中和，天地位焉，万物育焉。"

（三）那么，中庸之道的最根本、最重要的方法是什么？孔子曾说："舜其大知也"，"执其两端用其中于民，其斯以为舜乎"？所"执"的"两端"又是什么？孔子解释道："道（中庸之道）之不行也，我知之矣，知者过之，愚者不及也。道之不明也，我知之也，贤者过之，不肖者不及也。"② 中庸之道之所以不行，一方面是由于"知（智）者"、"贤者"搞"过"了头，而另一面是由于"愚者""不肖者"的"不及"，

---

① 据朱熹：《中庸章句大全》，四库全书珍本初集。
② 《中庸》，四库影印本197—202。

即没有做到。"过"与"不及"也就是实行中庸之道而必须抓住的"两端",亦即要实行中庸之道,既要反对"愚者"、"不肖者"的"不及",也要反对所谓"智者"、"贤者"的"过"头!

(四)人们往往把儒家中庸之道视之为"和稀泥"、折中主义,这是人们的误解。折中主义是东取一片、西取一片而混合在一起的杂碎汤,要害在于缺乏原则性。中庸之道则不是,在反对"过犹不及"这一基本原则下处理一切事物和问题。例如射箭,射中箭靶,特别是射中靶心,谓之中的。箭没有射到靶子,或者越过了靶子,连靶子的边都没有沾上,何论中的?中的、中举(考中科举),等等之类,都在说明完成或做好某件事情。这也就是《中庸》上所说的,喜怒哀乐发而中节,即达到"中和"地步!好像记得,本师冯友兰芝生先生将中庸之道解释为把事情做得恰到好处。① 这个解释是符合中庸的原意的。

(五)如果进一步从哲学的角度对中庸之道加以理解,所谓"执其两端用其中于民","允执其中"②,以及"从容中道"云云,其涵义是,抓住"过"和"不及",避免这两方面的干扰、破坏,使事物经常处于"中"的状态,亦即使这一事物经常地保持它的质的稳定性③,亦即处于不偏不倚的平衡状态中。而这种状态,也就是《中庸》上所说的"致中和"的状态,社会的繁荣、天下太平便在这种状态中表现出来。不言而喻,思孟学派的这一哲学范畴,对历史上关心自己统治命运的当权派来说,当然是满怀兴致,欣然接受的。

(六)《中庸》是治国安天下的"达道",上面已说过;从小处看,又是儒生们自己实现内圣外王之道的必由之路。《中庸》极其强调:"故君子尊德性而道问学","致广大而尽精微,极高明而道中庸"。从这一基本点说,中庸之道同样是不可须臾离之的。

---

① 冯友兰:《新事训》,上海书店1996年民国丛书本。
② 《论语》卷十《尧曰》,四部丛刊本。
③ 刘永佶:《中国官文化的奠基者和批评家》第120—124页,山东人民出版社1994年版。

第四章　宋学形成前儒释道三家思想的渗透、沟通及其向纵深处发展（上）：释智圆对儒学思想的认识

然而，长期以来，《中庸》却处于沉寂无闻的状态中。两汉儒生不是忙着同阴阳家结合（这种状态也是思孟学派的继续），就是钻进经书里过着梳理爬通的生活，对《中庸》自然是无暇问津。自魏晋到隋唐，佛道两家占领了几乎所有的思想阵地，仅有梁武帝《中庸讲疏》等两三部薄薄的注疏①，而且还没有保存下来。到唐中叶以后，才打破了近千年的沉寂，韩愈、李翱为振兴儒学而把儒家思想推进到一个新的阶段。

韩愈、李翱对儒学的振兴，学术界评论甚多，不多赘述。李翱的一个重大业绩是，在《复性书》中在强调《中庸》为孔夫子嫡传的同时，并且在《中庸》思想诱发之下，将性和情分开，以解释性善性恶的问题，使儒生对这一重大问题进行了新的探索。②从此，《中庸》成为宋代士大夫日益关注的重要典籍，而欧阳修又最早着鞭，他曾一针见血地评论李翱的《复性书》，是"《中庸》之义疏"③。范仲淹对《中庸》的重视，也许还早于欧阳修，他在宋仁宗康定年间（1040）在西陲边防时，曾教导张载去读《中庸》，使这个年轻的学者终于走上理学家的道路：

> 当康定用兵时，[张载]年十八，慨然以功名自许……[范仲淹]乃责之曰：儒者自有名教，何事于兵！因劝读《中庸》。④

在范仲淹、欧阳修这两位宋学奠基者的倡导之下，《中庸》的内在价值受到儒生士大夫们的广泛重视。两宋三百年间，论述《中庸》的专著和论文不下百种，它与《论语》、《孟子》和《大学》成为五经以外，弘扬儒学的新的四部重要典籍。特别由于《中庸》讲性、讲命、讲道，成为宋学中的一支——理学学者们追求"内圣外王之道"的圣经。四库馆臣们在石墪《中庸辑略》一书的提要中指出："迨有宋诸儒，研求性道，

---

① 《隋书》卷三二《经籍志一》著录，可参看。
② 李翱：《李文公文集》卷二《复性书》上篇、中篇。
③ 欧阳修：《欧阳文忠公文集》卷七三（《外集》卷二三）《读李翱文》。
④ 吕大临：《横渠先生行状》，载《张载集》，中华书局点校本1978年8月版。

始定为传心之要，而论说亦遂日详。"① 集理学之大成的朱熹，则认为《中庸》是《四书》中最为难懂的一部，因此他对如何学习《中庸》这部书讲了不少的话，试看他在下面讲过的一段话：

> 读书之序，须是且著力去看《大学》，又著力去看《论语》，又著力去看《孟子》，看得三书了，这《中庸》半截都了，不用问人，只略略恁看过。不可掉了易底，却先去攻那难底。《中庸》多说无形影，论下学处少，说上达处多，若且理会文义则可矣！②

《中庸》这部书，既然对振兴和弘扬儒学是如此重要，那么，宋代首先发现这部书的内在价值，自己又"砥砺言行，以庶乎中庸"③ 的释智圆被陈寅恪先生誉为宋代新儒家之先觉，也就可以理解了。当然，智圆的贡献还不止于此，他把儒家的《中庸》和佛家的《中论》绾连起来，从而沟通了儒佛两家思想，尤为重要。下面对龙树的《中论》作一番考察。

三、释智圆所理解的儒家中庸与佛家中道义的关系

龙树，或译作龙胜、龙猛，除著有《中论》外，还著有《大智度论》和《十二门论》等，是印度大乘佛教的杰出代表人物，在印度和中国佛教史上享有很高的声誉。《中论》是由鸠摩罗什大师译成汉文的，在《中华大藏经》中还收有波罗蜜多译的《般若灯论释》，系清辨对《中论》的注释。这两个读本，《中论》则较为流行。鸠摩罗什精研佛教

---

① 《中庸辑略》提要，四库影印本198—555。
② 《四库珍本》第六集《四书大全》第十册《读中庸法》。
③ 《闲居编》卷一九《中庸子传》上，《续藏经》本。

第四章 宋学形成前儒释道三家思想的渗透、沟通及其向纵深处发展（上）：释智圆对儒学思想的认识

大乘论，他的弟子当中的秀异之士，"未有不研大乘论者"，昙影之注《中论》即是一例①。僧叡为《中论》作序，序文中说："天竺诸国敢预学者之流，无不玩味斯论，以为喉衿。"② 足见《中论》在佛教经典中据有的地位。

从龙树到鸠摩罗什所讲包括《中论》在内的诸论，主要在阐明大乘论的"般若真空观"。本师汤用彤锡予先生对这一学说曾作过扼要而精辟的论述，他指出："三论之学，扫一切相，断言语道。而扫相离言者，非言万有之为顽空绝虚（绝对空虚），乃言真体之不可以言象得也。（故般若无所得）"；"诸法不生不灭，而人乃计常计断，诸法非有非无，而有无之论纷起"；"由上所言，物无彼此，'无定相'"③。上述这些见解，对了解"般若真空观"以及《中论》是极为重要的。

《中论》五百偈可以说是大乘论的方法论，龙树以真谛亦即第一义谛批驳俗谛（或世俗谛）来阐述"般若真空观"。佛家讲空、讲寂、讲定慧，总不免给人以一种死气沉沉的感觉。但，佛家的论辩，从形式到语言，则非常生动活泼，破与立紧密地结合起来，在宣扬佛法的同时，还推动了佛家因明学的发展。《中论》就是这样，在《观破因缘品第一》中就开门见山地提出"中"亦即"中道"来：

> 不生亦不灭，不常亦不断，不一亦不异，不来亦不出，能说是因缘，善灭诸戏论，我稽首礼佛，诸说中第一。④

这些范畴和命题是针对俗谛有关生灭、常断，等等而提出的。当然属于有无范畴中的"有色无色、有形无形、有漏无漏、有为无为"诸相，也包括在俗谛之中。从佛教大乘论的观点来看，所有人类世界中的万事万物，包括上述俗谛中提出的生灭、常断诸相在内，亦即所有具体的东

---

① 汤用彤：《汉魏两晋南北朝佛教史》第236页，载《汤用彤全集》第一卷。
② 僧叡：《中论》序，载龙树《中论》卷首，《中华大藏经》28—835。
③ 汤用彤：《汉魏两晋南北朝佛教史》第240页，载《汤用彤全集》第一卷。
④ 龙树著，鸠摩罗什译：《中论》卷一，《中华大藏经》28—835。

西,"人于法性,一切皆空"①,这也就是前引锡予先生所指出的:"言真体之不可以言象得也。"大乘论虽然讲空,但绝不是说"万有之为顽空绝虚",亦即"绝对空虚"。如果充满了"万有物"的现实世界真的"绝对空虚","无人亦无处",那么,佛家又向谁来宣传它的教义——"佛亦无所说"。②为了打破这一僵局,解决这一矛盾,"但为引导众生,故以假名说离有无二边,故名为中道"③。

《中论》在上述这一点上反对俗谛,是唯心论的,绵薄无力的。除此以外,《中论》则是以其真谛中所具有的辩证法,反对俗谛中的形而上学。一般俗谛对事物的认识,诸如生灭、有无、常断,等等,生即是生,灭即是灭。生与灭都是绝对孤立的、排斥的,互不关联。对这种绝对化,片面性,只知其一,不知其二的一点论,包括《中论》在内的佛教大乘则认为是属于"边见"之类,而予以反对。在反对世俗谛生灭、常断等范畴命题时,除不生不灭、不常不断这一形式外,还有其他形式:

……何有边无边?亦边亦无边,非有非无边。……何有常无常?亦常亦无常,非常非无常。④

这几种形式,把生灭、有无等对立的范畴,不仅给以密切的联系,而且对立范畴的互相包涵和转化也清楚地展示出来了。

的确,《中论》极其强调对立双方的互相联系和互相依赖。《中论》是以其真谛即第一义谛批评俗谛(世俗谛)的,但《中论》认为没有世俗谛也就没有第一义谛,第一义谛是离不开世俗谛的:

若不依俗谛,不得第一义;不得第一义,则不得涅槃。

第一义皆因言说,言说是世俗。是故若不依世俗,第一义

---

① 《中论》卷一,《中华大藏经》28—838。
② 《中论》卷四,《中华大藏经》28—898。
③ 《中论》卷四,《中华大藏经》28—894。
④ 《中论》卷四,《中华大藏经》28—898。

第四章 宋学形成前儒释道三家思想的渗透、沟通及其向纵深处发展（上）：释智圆对儒学思想的认识

则不可说。若不得第一义，云何得至涅槃？①

而且《中论》从事物的变化中去观察事物，如在解释"生灭不住无自性"，生物在变化中"无有定性"时说：

> 如婴儿时色，非匍匐时色；匍匐时色，非行时色；行时色，非童子时色；童子时色，非壮年时色；壮年时色，非老年时色。②

一个人从生到灭，经过这些变化，因此抓住生或灭，看不见这些变化，自然是不对的；只看变化而不见生或灭也是不对的，同时拿一生中的某个阶段的变化，代替一生或其他阶段的变化也是不对的。因此，在这段文字的末尾，作出"为一为异，二俱有过"的结论。不论怎样说，佛家论说虽归之空、寂，但它则是从事物的变动中观察事物的，从而反对形而上学的一些说法。佛教大乘论的上述论述，在某些方面，同先秦名家、古希腊哲学中芝诺的某些定律，诸如"物方生方死，日方中方睨"，"飞鸟之影未尝动也"，"镞矢之疾即有不行不止之时"，有类似或相通之处，都是从各自认识中达到辩证法的认识的，自然这些认识依然处于素朴阶段中。

龙树《中论》在反对世俗谛的极端化、绝对化中，巧妙地建立了自己的中道义，这就是前文引用过的"故以假名说离有无二边，故名为中道"，亦即中道义或中论。译《中论》的鸠摩罗什在《注维摩经》卷二中指出："有无非中。"③ 他的弟子昙影称："不累于有，不滞于无，即中道也。"天台宗创始人智者大师所讲的"三谛圆融"也是这个意思，"不著于空，不执于假，即曰中道"④。释智圆继承了当代大师们的传统，左右开弓地反对世俗们的极端化、绝对化，坚持中道义：

---

① 《中论》卷四，《中华大藏经》28—893。
② 《中论》卷二，《中华大藏经》28—861。
③ 转引自汤用彤：《汉魏两晋南北朝佛教史》第239页，载《汤用彤全集》第一卷。
④ 转引自汤用彤：《隋唐佛教史稿》第142页，载《汤用彤全集》第二卷。

> 夫诸法云云，一心所变，心无状也，法岂有哉？亡之弥存，性本具也；存之弥亡，体非有也。非亡非存，中义著也。

他对"荡空"和"胶有"这两个极端化进行了批判，称："荡空"，"迷因果，混善恶，弃戒律，背礼义"；"胶有"则"拘缚于近教，杀丧于远理"，并用孔夫子"过犹不及"的话，指明"荡空"为"过"，而"胶有"则为"不及"，"唯中道为良"①。在《盂兰盆经疏摭华钞序》中，智圆同样地借用孔夫子的话，说明中庸之道："夫记钞之失，其有二焉：或失于烦，或失于略。烦则渎于义，略则壅于文，既渎且壅，则后学之曹无所措手足矣！去斯二者，得乎中庸为难能也。"② 这样，智圆就以中庸之道和《中论》沟通了儒佛两家思想。

《中庸》和《中论》，尽管由于儒佛两家在语言逻辑的表述上有不小的差别，但二者分别作为儒佛两家的方法论则是相同的，特别是在反对极端化、绝对化、坚持中道这个重大问题上，两者又是相同的。因此，智圆通过《中庸》和《中论》把儒佛两家绾连沟通起来，而这种绾连和沟通是自然的、顺理成章的，无任何牵强附会之处。但从根本上看，儒家中庸和佛家中道义又是不同的。儒家讲入世，客观事物是实在的，中庸之道讲质的稳定性，是真实事物质的稳定性。佛家讲出世，讲空，一切事物都是虚幻的、空的，客观事物是变动不居的，"无自性"，因而否定真实事物的存在，也就否定了真实事物质的稳定性。从这一根本上看，儒家中庸与佛家中道是大异旨趣的。但不论怎样说，二者既有相通之处，儒佛两家通过智圆这一中间环节而得到绾连和沟通，智圆的这一重要作用是值得赞扬的。陈寅恪先生称智圆为宋代新儒家之先觉，也恰是从这一基本点提出的。

---

① 《闲居编》卷一九《中庸子传》上。
② 《闲居编》卷五《盂兰盆经疏摭华钞序》。

四、释智圆的儒家道统观和文艺观

释智圆的儒家道统观和文艺观，亦极具特色，与宋学有着密切的关系，同样值得在这里叙述。

出自佛教道统这一决定性的影响，智圆对儒家道统是极感兴致的。他在《叙传神》、《对友人问》等文中，都曾提到这一问题：

> 仲尼既没，千百年间，能嗣仲尼之道者，唯孟轲、荀卿、扬子云、王仲淹（隋王通）、韩退之、柳子厚而已，可谓写其貌、传其神者矣！①

当然，智圆所提出的这个儒家道统不能不受到韩愈的影响，但他所开列的儒家代表人物，同韩愈开列的，特别是同二程到朱熹等理学家们所开列的代表人物，则有明显的不同，值得注意。

智圆提出的儒家代表人物中有争议的是荀卿。智圆前后的儒生对荀卿都有非议，宋儒的非议似乎更多。非议的一个重要理由是荀卿有李斯这样的学生。智圆认为，孔子死后，"异端丛起，正道焚如"，幸而有荀卿孟轲，"著书以明乎圣道，周游以说其时君"，"志在黜霸而跻王"，"驱浇而归淳"，"世谓大儒者必以荀孟配而称之"；李斯是属于孔子所说的无法通过教育而有所改变的"下愚"之类的人物，不能因荀卿有李斯这样的学生而否定荀卿，正像不能因周公有管叔、蔡叔这样的弟弟而否定周公一样，因有李斯这类学生而否定荀卿"亦已甚矣"！②

扬雄也是一个有争议的人物，主要原因是他与新莽的关系而被加以否定。智圆则不然，他指出，"《法言》之为书也，广大悉备，二帝三王姬公孔子之道尽在此矣！""孟轲以来，力扶圣道者，未有如子云者

---

① 此据《闲居编》卷二七《叙传神》；卷一六《对友人问》。
② 《闲居编》卷二五《辨荀卿子》。

也"。①

宋儒是不会把柳宗元列在儒家道统中的，一个很重要的原因是柳宗元与佛教僧徒往还密切。智圆是否因此将柳宗元列在儒家道统中，不得而知；但，他把排佛甚力的韩愈列于儒家道统中。显而易见，智圆之列入儒家道统中的人物，不在于排佛或佞佛，而在于对儒学的真正贡献。他有一篇《师韩议》的文字，甚为有趣。在这篇文字中，他劝解僧徒们，不要师法韩愈的排佛，而要师法韩愈排佛在于昌大儒学这一实质所在，去昌大佛教："夫韩愈，冠儒冠，服儒服，口诵六籍之文，心味五常之道，乃仲尼之徒也，由是摈黜释老百家之说，以尊其教，固其宜矣。释子果能师韩也，则盖演经律以为文，饰戒慧以为行，广慈悲以为政，使能仁之道巍巍乎有功，则可谓之师韩矣。"②

把智圆所提出的儒家道统同此前韩愈提出的和此后宋代理学家二程朱熹们提出的儒家道统加以比较，就会看出：智圆大体上是从孔子以来儒家发展的脉络上，寻求儒家在各个时期中具有代表性的人物，因而所提出的儒家道统则较为客观，也较为宽广和准确。韩愈提出的特别是宋代理学家如二程朱熹提出的道统，从他们那种狭隘的认识出发，以性理作为儒学发展的标准，连他们自己也高自标置，列于儒家道统中祖师爷的地位，以致把北宋初年以来规模拓展得宽厚的宋学，引导到死胡同里！对理学家们所提出的儒学道统，俟有机会，再加叙述。

释智圆对孔孟之道，是念兹在兹的："为文宗孔孟，开谈黜庄老"③；"心将周孔师，日远杨（扬）墨游"④。他对儒学，也具有一种宗教性质的虔诚，从作诗为文，到言语行动，以儒学作为这一切的准绳。在为他自己所写的《病夫传》中，智圆写道："或议一事、著一文，必

---

① 《闲居编》卷一二《广皮日休〈法言〉后序》。
② 《闲居编》卷二八《师韩议》。
③ 《闲居编》卷三九《墓秋书斋述怀寄守能师》。
④ 《闲居编》卷三九《赠赵璞》。

第四章　宋学形成前儒释道三家思想的渗透、沟通及其向纵深处发展（上）：释智圆对儒学思想的认识

宗于道，本于仁，惩乎恶，劝乎善。"① 由此也就形成了他的文艺观。《送庶几序》一文，则集中地体现了智圆的文艺观，其主要内容是：

（一）所谓"古文"，首先是"宗古道而立言，言必明乎古道也"；这个古道就是"圣师仲尼所行之道"，"仁义五常谓之古道也"。

（二）因此，一个真正有志于文艺的，"必也研几乎五常之道"，"既得之于心矣，然后吐之为文章，敷之为教化"，以"救时之弊，明政之失"；即使"与世龃龉，言不见用"，也使后人看了自己的文字，"有以知帝王之道可贵，霸战之道可贱，仁义敦、礼乐作，俾淳风之不坠而名扬于青史"；"为文之志也，古文之作，诚尽此矣"！

（三）对古文来说，不是"涩其文字，难其句读"，而是宣扬"古道"。老、庄、扬、墨的著作，并不是"声律耦对"之作，但不能称之为"古文"，因为它们"弃仁义、废礼乐"，与孔夫子"古道"不同。现在的一些"声耦之文"，"未见有根仁柢义、模贤范圣之作"，"连简累牍"，不是描绘"月露风云之状"，就是"蹈时附势之谈"，"适足以伤败风俗"，无益于"教化"。因此，写文章要"固其志，守其道"，不能"随俗之好恶"而改变这个方向。②

（四）在《钱唐闻聪师诗集序》一文中，智圆表达了他对诗歌的看法。他认为：作诗，要"善善恶恶"，对好的要歌颂，对坏的要讽刺，以达到"厚人伦、移风俗"这一"《诗》教"的根本目的。而当前的诗歌，"变其声，耦其字"，"皆写山容水态，述游仙洞房"，"浸以成风，竞相夸饰"，而无"一言涉于教化、一句落于谲谏"，"逮于今亦已极矣"！一谈到"教化"、"谲谏"，这些人便"伟呼族噪，攘臂眦睚"，认为这是对他们的讽讥，"非诗之谓矣"；智圆认为当前所谓的诗，"盈简累牍，皆华而无根"，悖离《诗》教，因而是要从根本上加以改变的。③

---

① 《闲居编》卷三四《病夫传》。
② 《闲居编》卷二九《送庶几序》。
③ 《闲居编》卷二九《钱唐闻聪师诗序》。

上述释智圆《送庶几序》、《钱唐闻聪师诗集序》诗文,可以毫不夸张地说,是继韩愈"文以载道"论述之后的重要文论。文章强调,不论作诗还是写文章,必须以仁义礼智信等孔夫子之道为本,劝善刺恶,有补于世道,把政治内容放在首位,是非常明白的。这些文章不是无的放矢,而是针对五代以来,"文道驳杂,儒术陵替"的社会现状,直到宋太宗、真宗时候还一直流行着的四六骈体和只追求声律形式美的西崑体,提出尖锐而又形象的批评,从而把儒学振兴和文坛改革紧密地结合起来。释智圆的这一实践,也就把他自己推进到宋初古文运动中。虽然在这个还不够成熟的古文运动中,由于倡导者柳开、穆修本身文学素养不足,没有发挥较大的作用。能够在文坛产生更大的影响的王禹偁,则因在政治上不断遭到打击,也没有发挥更大的作用,但毕竟为欧阳修、尹洙、苏舜钦等后继者开辟了一条道路。释智圆不仅力图把儒佛两家绾连起来,而且为儒学的振兴,投身到当时文坛改革之中,对宋学的形成起了重要作用,这是必须充分肯定的。

五、"志在求同声":儒佛的渗透,并非儒佛合流

释智圆在《讲堂书事》一诗中写道:

> 早玩台衡宗,佛理既研精。晚读周孔书,人伦由著明。达本与饰躬,志在求同声。击蒙虽云劳,来学苦无成。扬雄玄尚白,仲尼道不行。青山梦中归,华发年来生。唯当照真空,万事从营营。①

这首诗是智圆一生的自叙,即:早学内典,晚习周孔,虽然对"仲尼道不行"而予以叹惋,但最后还是"唯当照真空",皈依于佛家的真空!

---

① 《闲居编》卷四〇《讲堂书事》。

第四章　宋学形成前儒释道三家思想的渗透、沟通及其向纵深处发展（上）：释智圆对儒学思想的认识

中间"达本与饰躬，志在求同声"两句很重要，"达本"指佛教，"饰躬"指儒家。智圆之所以学习儒佛两家，在于"求同声"，以取两家的合作，并非两家"合二而一"！

"达本"和"饰躬"是智圆用来代表佛儒两家，而且是两家最根本的区别。这就是前面提到的，"释者，修心之教"（"修心"才能够"达本"）；"儒者，饰身之教"。①"达本"（即修心）与"饰身"既是释儒两家的根本区别，也是释儒两家优劣高下之所在。这一点，智圆在《四十二章经序》中说得极为清楚。该文指出，自后汉佛教传入，"与仲尼（指儒家）、伯阳（指道家）之为训三焉"，即在思想界形成了鼎立而三的局面。儒、道两家虽然"治天下、安国家，不可一日而无之"，但是这两家"谈性命""则未极于唯心"，"言报应""则未臻乎三世"，同佛家就大不一样的了：

> ……若夫释氏之为训也，指虚空世界也，悉我自心焉，非止言其太极生两仪、玄牝为天地根而已矣；考善恶报应也，悉我自业焉，非止言其上帝无常，天网恢恢而已矣。有以见儒道乎，虽广大悉备，至于济神明、研至理者，略指其趣耳；大畅其妙者，则存乎释氏之训与？其为域外之教也又已明矣！域内则治乎身矣，谓之外教也，域外则治于心矣，谓之内教也。昔阮孝绪正以内外之名为不诬矣！是故代人谓三教混同焉，或几乎失矣；或谓三教硕异焉，亦未为得也，何哉？复性有浅深，言事有远迩，则不得不异也，至乎迁善而远罪，胜残而去杀，则不得不同也……②

释智圆从他自己的认识能力出发，将儒佛道三家的同异，以及"志在求同声"的道理所在，说得非常清楚，而他自己则旗帜鲜明地、坚定地站在佛教的立场上，认为佛教的"修心之教"远高于儒道两家的"饰身之

---

① 《闲居编》卷一九《中庸子传》上。
② 《闲居编》卷一《四十二章经序》。

教"。

　　释智圆是那么热衷于将佛家中论同儒家中庸联结起来进行考察，却又那么反对儒释道"三教混同"。这种态度对于研究思想史，特别是对于近年所谓"儒释道三教合流（或合流趋势）"等论谈，不能算是无所教益的吧！两种或两种以上的思想，在其接触过程中，彼此之间发生相互影响、相互渗透或相互作用，这是正常的现象。但它们之间是否能够合流呢？合流有两种不同情况：一种情况是乙种思想融于甲种思想，失去了乙的原有特征，这种合流是乙综合于甲，或甲吃掉乙；再一种情况是，多种思想融合在一起，产生新的升华，形成更高级的思想形态。合流，泾渭分明，是暂时的现象，注入大河中，就不再分明了。《中论》上有句话说得好："异色异味，入于大海，则一色一味。"① 所谓"三教合流（或合流趋势）"云云，不过是一种幻觉而已，社会现实中是不存在的。

　　释智圆从天台宗巨擘这一实际地位认识到，儒释两家的根本在于身、心，亦正是从这一认识进而认识到《中庸》一书可弥补儒家在这一方面的重大缺陷，从而将其与佛家中道义缔连起来，由此说明中庸的重要。宋代士大夫自范仲淹、欧阳修之后，司马光、韩维，以及二程、张载，等等，把《中庸》视为治此方寸之地的纲领和方法，使之成为重要经典。释智圆与宋学的形成，以及同宋儒这一内在联系，则值得重视和研究。

---

① 《中论》卷三，《中华大藏经》28—878。

第五章
宋学形成前儒释道三家思想的渗透、沟通及其向纵深处发展（下）：晁迥对佛道思想的认识

宋学是在儒家思想同佛道两家思想长期既相斗争又相渗透的情况下产生的。在前面一章中，我曾以北宋初年的释智圆为例，说明佛家思想之向儒家思想渗透，并由此论述了释智圆对宋学的形成所起的重要作用。无独有偶，作为儒生士大夫之一的晁迥，与释智圆生活在同一时代，而年寿远较智圆为长，著述则稍后于智圆，则是从儒家思想向佛家思想渗透的，对宋学的形成也同释智圆一样产生了非常重要的作用。而且，从目前认识能力所及，他对宋学中的一支——理学的形成，产生了尤为显著的作用。因此，对晁迥之从儒家思想向佛家思想渗透及其产生的作用，予以叙述，是十分必要的。

一、晁氏一族是两宋二百年间著名的世家望族，堪与吕氏、二韩氏（韩亿一族、韩琦一族）和宋氏诸族相比美，而在学术上则较吕、韩氏诸族更胜一筹。晁氏大约有两支，一为晁迥、晁宗悫支系，一为晁迪、晁宗简支系，都世代做官。晁家从清丰迁至汴京祥符，后又迁至济州巨野，大约在北宋灭亡之前又渡江南迁，从而在江南又保持了他们的门第。

———• 第二编 宋学的形成阶段 •———

晁氏一族是从晁迥时兴发起来的。晁迥任官至工部尚书、太子少保致仕；曾受学于著名文学家王禹偁，"以文章典赡擅名"①，在学术上则取得了非常可观的成就。可是，这个非常有成就的人物，一直默默无闻，即使像《宋元学案》这样一部优秀的学术史，对晁迥亦无片言只字提及。本师邓恭三广铭先生在《王安石在北宋儒家学派中的地位》一文中，则根据晁迥的学术成就，提出晁迥"确实是熔冶了儒释道三家学说于一炉的一个人"，"吸收和汲引释道两家心性义理之学于儒家学说之中"，对宋学的结构产生了重要的影响和作用，从而称晁迥是"这一学术取向的初期"的代表人物。② 本章所要探索的，不过是对先生的这一结论作些注释而已。

二、晁迥的著作甚多，《宋史》卷三〇五本传上载有：《翰林集》三十卷、《道院集》十五卷、《法藏碎金录》十卷、《耆（晁志作耄）智余书》、《随困纪述》、《昭德新编》各三卷。但保留下来的仅有《法藏碎金录》（十卷）和《道院集要》（三卷）和《昭德新编》（三卷）三种，而《道院集要》则是由王古根据《道院集》删削而成的。这两部书，由晁迥的五世孙晁公武收录于《郡斋读书志》别集类中。没有想到晁公武对这两部书的收录，却引起《四库》馆臣们的不满，在《法藏碎金录》的提要中说：晁公武把这两部书"列之别集门中，殊为不类"！其所以"不类"，馆臣们的高见是自程氏兄弟儒生们辨别儒经和释典之后，"[晁]公武既不敢削其祖之书，不著于录，又不肯列之释氏，诒论者口实，进退维谷，故姑以附载回护"。因此，《四库》馆臣们便根据陈振孙《直斋书录解题》的分类办法，将晁迥的这两部书列之于释家类。

事实上，把《道院集要》和《法藏碎金录》列之于释家类，也不无可商榷之处。这两部书，主要是晁迥通过对儒佛道三家思想的比较、度量，指出佛道两家特别是佛家思想的长处是些什么，并在这一认识和理

---

① 《四库全书·法藏碎金录》提要，四库影印本1052—425。
② 《邓广铭学术论著自选集》第270—271页，首都师范大学出版社1994年版。

第五章　宋学形成前儒释道三家思想的渗透、沟通及其向纵深处发展（下）：晁迥对佛道思想的认识

解的基础上，寻绎出吸取佛道思想的一个门径，使儒家思想更加丰赡、更加光彩，作者的立场并没有脱离儒家思想的轨范，亦即没有离经叛道。虽则如此，无论是陈振孙的《直斋书录解题》，还是《四库》馆臣们所作的提要，对于本章所要探索的问题，即晁迥之从儒家思想向佛家思想渗透，倒是顺理成章，提供了方便。编辑《道院集要》的王古，对晁迥评价甚高，称其谈论"名理之妙，虽白乐天不迨也"①。下面，将具体地考察晁迥是如何把佛家思想渗透在名理之中，致使白乐天都不如的。

三、晁迥的《法藏碎金录》和《道院集要》，给人们以一个极其突出的印象是，对儒道释三家思想进行认真的剖析，并以精粹洗练的语言，对于三家思想作了明确的区别。如：

> 儒教之法，以正身为深切，勿求其名，而名自得矣。道教之法，以养身为深切，勿求其功，而功自成矣。佛教之法，以复性为深切，勿求其证，而证自知矣。②

> 儒教本于名与情，佛教本于理与性。儒教大意修己成美善之德，不许伐其德。佛教大意清心得微妙之相，不许住于相。③

> 东方之教（指儒家），以言行为本，言顾行，行顾言，处世之第一义。西方之教以理性为本，理合性，性合理，出世之第一义。④

> 士所著文，千章万句，皆以立理为本。佛所说法，千章万句，皆以明心为本。⑤

> 佛书立法本乎性，儒书立法本乎情，道书立法该涉二书，

---

① 晁公武：《郡斋读书后志》卷二《晁文元〈道院集录〉》条，四库影印本 674—427。
② 《法藏碎金录》卷一，四库影印本 1052—430。
③ 《法藏碎金录》卷一，四库影印本 1052—430。
④ 《法藏碎金录》卷一，四库影印本 1052—428。
⑤ 《法藏碎金录》卷四，四库影印本 1052—489。

> 该涉佛书不尽复性之理，该涉儒书不取饰情之容。①

概括晁迥上面的论述，他认为三家的基本思想是，儒家"本于名与情"，"以言行为本"，故"以正身为深切"；释家"本于理与性"，以"清心得微妙之相"，故"以复性"、"明心为本"；道家则"以养身为本"，与释家虽有相近之处，但"不尽复性之理"，与儒家亦有相近之处，但"不取饰情之容"。特别需要指出的是，晁迥对儒佛两家的区分，同与他同时代但比他早死二十多年的释智圆的见解极为一致。释智圆曾说，"儒家为饰身之教"，而释家"为修心之教"，同上述晁迥所论，几乎是相同的。

晁迥对儒释道三家思想的概括是否准确呢？可以说，是准确的。

儒家从孔夫子开始，让他的学生们做君子儒、不做小人儒；让人们总是从自身修养做起，所谓"克己复礼"、"己欲立而立人，己欲达而达人"，等等，在修身上下工夫。尔后，孟子讲达则兼善天下，穷则独善其身；荀子讲始为儒生、终为圣人，也都是从自身做起。儒生们千百年来所尊奉和向往的"内圣外王"之道，亦同样是"尊德性而道问学"、从自身做起。晁迥称儒家"以正身为深切"，可谓一语破的，抓住了这一问题的要害。

晁迥称释家"为修心之教"，这一概括也是非常准确的。佛家讲空、讲寂、讲静。佛家内典从长篇巨制如《大般若波罗蜜多经》，到不过一卷之长的《般若波罗蜜多心经》，所论述和宣扬的无非是这个最根本的道理。在佛家看来，现实世界中的一切，诸如色、相、生、老、病、死、苦恼、贪瞋之类，都是于瞬息之间即流逝的，亦即归诸空寂。佛家着力阐述的是，"色不异空，空不异色；色即是空，空即是色"②，等等，即现象世界与佛家所讲虚空之间的关系，以便使人们有所觉悟，从

---

① 《法藏碎金录》卷四，四库影印本 1052—494。
② 玄奘译：《般若波罗蜜多心经》，《中华大藏经》8—385。

第五章 宋学形成前儒释道三家思想的渗透、沟通及其向纵深处发展（下）：晁迥对佛道思想的认识

现实世界的桎梏之中摆脱出来，进入"一切法空"① 的无任何烦恼、欲念的境界中。

那么，所谓的芸芸众生又怎么能够从现实世界的桎梏中解脱出来呢？佛家指出，"一切诸众生，不得大解脱，皆由贪欲故，堕落于生死"②；"爱憎生于心，谄曲存诸念，是故多迷闷，不能入觉城"③。因此，人们要想从现实世界的桎梏中解脱出来，就只能是断绝自心、念当中产生的爱憎、贪欲。这样，修心便自然而然地提到佛家修行的课程上了：

> 乃至老死，亦无老死，……故心无挂碍，无挂碍故无有恐怖，远离颠倒梦想，究竟涅槃。④ 若能了此心，然后求圆觉。⑤
>
> 悟净圆觉，以净觉心，知觉心性，及与根尘，皆因幻化……
>
> 悟净圆觉，以净觉心，取静为行，由澄诸念觉识……⑥

从引述的材料看，晁迥把佛家概括为"修心之教"，也是一语破的、非常准确的。

晁迥不但准确地区分了儒佛两家思想，而且还从他自己的理解和认识出发，指出"穷理尽性"的极致则在于心。他说：

> 穷理尽性，易义具系。予尝因此四字，别有所陈。夫剖析至理，有浅深次第，浅者及于名，深者及于身，深之又深者及于心。心由性生，必若穷其理之尽处，极于性而后已，故曰穷理尽性。⑦

晁迥的这段文字说得非常明白，在"剖析至理"的"浅深次第"上，只

---

① 玄奘译：《大般若波罗蜜多经》，《中华大藏经》1—41。
② 唐罽宾沙门佛陀多罗译：《大方广觉修多罗了义经》，《中华大藏经》22—455。
③ 《大方广圆觉修多罗了义经》，《中华大藏经》22—461。
④ 《般若波罗蜜多心经》，《中华大藏经》8—385。
⑤ 《大方广圆觉修多罗了义经》，《中华大藏经》22—455。
⑥ 《大方广圆觉修多罗了义经》，《中华大藏经》22—457。
⑦ 《法藏碎金录》卷一，四库影印本1052—429、430。

有佛家才能够做到"深之又深"而"及于心"的。这既是对儒道释三家的评论,又是对释家修心之教的赞扬和肯定。正是由于晁迥对释家这样的赞扬和肯定,所以他对《般若心经》和《圆觉了义经》是极为重视的:"予今指陈佛书之简要者有二经焉,《般若心经》、《圆觉了义经》是也"①;"《般若心经》者,心是枢要之义,亦如文之枢要者名文心"②。晁迥的这两句话也反映了,《般若心经》和《圆觉了义经》对晁迥所产生的深刻的影响,以及这两部书在佛经中的地位,特别是晁迥强调的《般若心经》的重要性——"心是枢要之义",由此阐明了佛家"修心之教"的根本点。这是晁迥对佛家思想认识上的一个重要总结。

四、在对儒释道三家的比较研究中,晁迥认识到了三家思想的差别和各自的长处。但,更为重要的是,晁迥在此基础上又阐明了三家思想的彼此相通,"阙一不可",只要认真学习,即可收到彼此互补之效:

> 孔氏之教,以忠恕为宗;老氏之教,以道德为宗;释氏之教,以觉利为宗。举其宏纲,尽在此矣。内外同济,阙一不可。③

> 儒家之言率性,道家之言养神,禅家之言修心,其理一也,何烦诤论?④

> 孔氏之教,在乎名器,如释氏之相宗也。老氏之教,在乎虚无,如释氏之空宗也。唯释氏之教,本乎理性,而兼该二教之事,方为臻极。然而孔老二教,……而不到穷尽理性之说。⑤

儒释道三家思想之相互补充、相互依赖,晁迥上述的话说得非常明白,毋须多加解释。值得注意的是,以晁迥为代表的儒生士大夫对佛家态

---

① 《法藏碎金录》卷三,四库影印本 1052—469。
② 《法藏碎金录》卷四,四库影印本 1052—489。
③ 《法藏碎金录》卷九,四库影印本 1052—579。
④ 《法藏碎金录》卷八,四库影印本 1052—552。
⑤ 《法藏碎金录》卷九,四库影印本 1052—579。

第五章 宋学形成前儒释道三家思想的渗透、沟通及其
向纵深处发展（下）：晁迥对佛道思想的认识

度，表现了极大的转变。

自佛教传入中国，到宋已有一千多年的历史。在这漫长的过程中，由于佛教的急遽发展，特别是由于寺院经济的恶性膨胀，与封建统治阶级发生了尖锐的冲突，从而导致了佛家所说的"三武一宗"之祸，佛教受到沉重的打击和抑制。儒佛两家，在思想上，大体上从属于这种政治斗争，同样显得相当尖锐。一些先进的并持有敌对态度的儒生士大夫义愤填膺地指出，社会大量财富被佛教浪费掉，"粟罄于游惰，货殚于泥木"，应严厉地打击"浮屠害政，桑门蠹俗"①。这是儒佛思想斗争的一个主要方面。但另一个方面则是，儒佛思想之间的相互渗透、相互影响和相互作用。从佛家方面说，魏晋南北朝时期佛教的名僧大德利用老庄思想以解释佛家思想，形成为佛家的格义时期，从而表现为佛家思想的玄学化，最终到隋唐时期导致了佛学的中国化。从儒家方面看，南北朝隋唐以来，一些儒生士大夫，曾经不同程度地受到佛家思想的影响，使儒家思想佛学化。晁迥就是在周世宗灭佛后率先受到佛家思想影响的代表人物。如果说，释智圆是宋代佛教僧徒沟通佛儒思想的第一人，那就应当说，晁迥则是宋代士大夫沟通儒佛思想的第一人。这种沟通，对后来宋学的形成，特别是对宋学中的一支——道学或理学的形成，起着重要的影响和作用。

五、从文献上认识和理解一种学说和一种思想自然是重要的，但要真正认识和理解一种学说和一种思想，或者说真正把握一种学说和一种思想，单靠文献则是不够的，而必须靠自己的实践和体验。晁迥之所以对佛道思想有其深湛的、独到的理解和认识，就在于他是从自己的生活实践中体验来的。他曾经说："予以晚节，胜进弥坚。"这就是说，晁迥从晚年退出官场、息影林下之时，对释道的信仰是更加坚定的。冯友兰先生曾经说过，汉魏以下的中国士大夫，大体上仕宦时大讲孔孟之道，退居时则笃信佛道。晁迥也是这类的士大夫。他认为，释道两家思想是

---
① 《梁书》卷四八《范缜传》。

殊途同归的；对庄子淡泊名利、傲然与天地同游的心胸称赞不已："历观庄子微言，兼采楞伽妙法，吉祥止止，但务于心斋，正智如如，自符于成相"①；"予初观老庄之书，其心豁然，包太虚而不碍；次观释梵之书，其心吻然，贯微尘而深入"。晁迥在道释思想的沉浸下，"安贫佚老"②，从名利中解脱出来，"逍遥于庄子无何有之乡"，"游戏于如来大寂灭之海"③，这说明了道释思想对晁迥的影响程度之深。

晁迥虽然把释道两家并列，但真正使他倾倒和向往的还是佛家思想。在《法藏碎金录》中，他一再强调学习佛家修心的必要性：

> 心者身之本也，心不生不灭，则身不生不灭，定矣！故荷泽法门有语云，虽备修万行，唯以无念为宗。无念，即无生之法也。千经万论，但广敷扬法之根源，止在无念。念增缘起，乃入轮回。④

能否将佛家的修心止念学到手？晁迥认为是完全能够的："众生之心，本有空寂安乐之体，臻其极者，此名涅槃，本有灵明照了之用，臻其极者，此名菩提。"既然是众生之心原来就有这种本能，也就毋须乎"假外求"。只要能够"启迪怀柔，须有颖悟之人，师资授受"，使"灵明照了之用"充分发挥出来，就能够将修心止念学到手。⑤ 为说明这个问题，晁迥还以前代学习佛家思想而有所成就的白居易的诗句为例，"白氏诗云：'自从苦学空门法，消尽平生种种心。'予因此语晓悟学空之理，乃是无碍法门"。⑥ 归纳晁迥上面的论述，包括他的生活履践和文献上的探索，晁迥从"修心"两字入手，确实获得了佛学的三昧。

佛家认为，人们之所以不能修成佛道，在于不能断绝爱憎贪瞋种种

---

① 《法藏碎金录》卷一，四库影印本 1052—435。
② 《法藏碎金录》卷一，四库影印本 1052—438。
③ 《法藏碎金录》卷九，四库影印本 1052—582。
④ 《法藏碎金录》卷二，四库影印本 1052—459。
⑤ 《法藏碎金录》卷一，四库影印本 1052—430。
⑥ 《法藏碎金录》卷三，四库影印本 1052—464。

第五章 宋学形成前儒释道三家思想的渗透、沟通及其向纵深处发展（下）：晁迥对佛道思想的认识

欲念："若能断爱憎，及与贪瞋痴，不因差别性，皆得成佛道。"① 其实，修成佛道，并不困难，所缴纳的学费，比那些达官贵人在建设中一再失误（不包括贪污）而付出的，用他们自己所说的"学费"，要廉价得多的多。那些剥削者、压迫者、草菅人命的刽子手们，"放下屠刀，立地成佛"！但是，怎样去掉佛家所说的"一念之差"？怎样从人们的心中断绝爱憎贪瞋痴念呢？或者说，经过什么步骤、采取什么手段，铲除这类贪心恶念？晁迥回答道："予自问曰：晚年学道，日课何如哉？自对曰：动则观书以广智，求出世阶差；静则息念以存诚，恐涉境而流宕。如此而已，余无所能。"② 读书广智，息念存诚，就是晁迥这一类的封建士大夫修心理性和身体力行的两个学习佛道的主要方法。晁迥在《道院集要》中一再强调坚持这个主要方法，他说：

> 余思修行之法，两熟居先。智断之理熟，则事事皆空，岂能留碍？力制之功熟，则念念不起，自然安闲。智断即观也，力制则止也。③

在《法藏碎金录》中又说：

> 义学禅学，理须兼备，非义学何以开其智？非禅学何以成其行？④

佛家中的义学是探讨佛经义理的，禅学则是讲求实践履行的，同样是佛家坚持修行佛道的两种方法。不过，在中国古代佛教各宗派、各地区，对这两种方法的使用是有所差别的。即：有的侧重义学，有的则侧重禅学。汤锡予用彤先生《汉魏两晋南北朝佛教史》曾经指出，南朝偏重义理之学，北朝则侧重实践的禅学。⑤ 虽然有这种差别，但这两种方法是

---

① 《大方广胜圆觉修多罗了义经》，《中华大藏经》22—456。
② 《法藏碎金录》卷一，四库影印本 1052—431。
③ 《道院集要》卷一，四库影印本 1052—618。
④ 《法藏碎金录》卷六，四库影印本 1052—530。
⑤ 《汤用彤全集》第一卷。

佛家修行不可或缺的。即使在隋唐以来禅宗日益盛行，义理之学依然是宣扬佛法的重要手段和方法。

在对佛学的探索中，晁迥极其强调静坐或宴坐的功能和作用，认为是学得佛家思想、进入空寂世界的最根本的途径和方法。《圆觉经》上说："悟静圆觉，以净觉心，取静为行，由澄诸念。"① 晁迥特别重视这类教条并力行之：

>《维摩经》云：安处道畅。《圆觉经》云：宴坐静室。予重兹语句，而恬然惬心！②

> 身居一室，安之则具足，逍遥身也。心住一境，安之则具足，禅定心也。身心俱安，动静相差，宴息法空之坐，优游自得之场。今我能然，云何不乐？③

> 心息相依，息调心静，入三摩地，兹尤简径。念起即觉，觉之即无，入三菩提，此最权舆。④

为什么静坐或宴坐能够产生这样重要的作用？晁迥从两个方面加以解释：一是，"水静则清，清而后明，明则照物，物无遁行。至人观之，得为心印，入理枢要，莫尚于断"。⑤ 二是，"有一说云，禅是思惟检摄之义。予以为此说最当。非思惟何以穷理尽性之智？非检摄何以致澄神定灵之切？二妙相成，可以入道，彼但以回答为事者，不亦谬乎"？⑥ 综合上述两个方面，晁迥的意思是，通过静坐，使自己先冷静下来，然后运用自己的思维能力，"穷理尽性"，以收"澄神定灵"之效，达到佛家所标榜的空寂的境界。晁迥还说过，"夫歆然之欲，撇然之忿，隐然

---

① 《大方广胜圆觉修多罗了义经》，《中华大藏经》22—457。
② 《法藏碎金录》卷六，四库影印本1052—514。
③ 《法藏碎金录》卷八，四库影印本1052—551。
④ 《道院集要》卷二《二法枢要》，四库影印本1052—625。
⑤ 《法藏碎金录》卷十，四库影印本1052—608。
⑥ 《法藏碎金录》卷五，四库影印本1052—501。

第五章　宋学形成前儒释道三家思想的渗透、沟通及其向纵深处发展（下）：晁迥对佛道思想的认识

之忧"，都是"逆道心"、"于道为损"的①，也都应该采取上面的办法加以断绝。总之，用静坐的方法摒除一切杂念，卸掉思想上的各种包袱，以收到佛家修心治性之效。由于晁迥极其重视静坐的作用，所以他对大诗人李白等有关静坐的诗句是赞不绝口的：

> 李白《庐山东林寺夜怀》诗有句云：宴坐寂不动，大千入毫发。潘佑《独坐》诗有句云：凝神入混沌，万法成虚空。予爱二才子吐辞精敏之力等，入道深密之状同，合而书之，聊资己用。②

六、尽管晁迥对佛家思想顶礼膜拜、敬仰有加，但晁迥并没有忘记自己是儒生士大夫中的一个，没有离经叛道，他仍然是站在儒家立场上议论、汲取和吸收释道思想的。对儒佛两家，一个入世，一个出世，晁迥总是予以相提并论的。对儒家孔夫子以来所讲的中庸之道，晁迥是宋代士大夫中最早提出这一问题的，并强调了它的重要性：

> 处世之法，以主善为师，而允执厥中。出世之法，以惟道是从，而不住于相。至理备矣，上智详之。③
>
> 万事贵乎得中。夫日过午则昃，月过盈则亏，物过盛则衰，器过满则溢，必然之理也。④

"处世之法"，"允执厥中"，"万事贵乎得中"，极其明白地阐述了中庸之道的重要性。对《易》、《老子》中物极必反的道理，也讲得十分清楚。惟其如此，晁迥也就强调了学道的态度和方法的要害是什么：

> 夫事君者不可以二心，唯一至忠已矣！至忠则名光而众仰。学道者亦不可二心，唯一至诚而已矣！至诚则神会而

---

① 《道院集要》卷二《顺道心》，四库影印本 1052—629。
② 《法藏碎金录》卷七，四库影印本 1052—533。
③ 《法藏碎金录》卷十，四库影印本 1052—608。
④ 《法藏碎金录》卷二，四库影印本 1052—459。

自知。①

"至诚则神会而自知",这句话是对《中庸》上"至诚则明"一语的发挥。冯友兰先生在给《张岱年文集》所写的序言中指出,"诚"是《中庸》思想的核心。晁迥则紧紧地抓住《中庸》的核心思想——"诚",作为任何一个有志于学道的人,要想学好道,必须具备学习的态度,就像以忠事君、无任何二心那样,为其唯一的态度。晁迥虽然倾倒于释道,诚心诚意地学习释道,但他对于儒学的态度,同样是不二心的。这一点,同释智圆站在释家立场上阐释儒家中庸之道,也是极其相似的。

七、晁迥的《法藏碎金录》和《道院集要》二书,以语录体的形式,记述了他对儒释道三家思想的理解和认识。诚如作者称自己的书为《碎金录》那样,作者对儒释道三家思想缺乏系统的完整的论述,仅是以零金碎玉的方式,论述了三家思想的某些片段和某些方面。虽然如此,由于晁迥对儒道释三家思想进行了认真的探索,获得了深刻的理解和认识,从而对宋学的形成具有重要的意义和作用。概括看来,约有下列数点:

(一)晁迥于周世宗灭佛之后,继承唐代士大夫向释道学习的遗风,给宋代士大夫开创了和树立了向释道百家学习的新学风,从而使宋代士大夫的视野大为开阔,使宋学在其形成伊始即具有与此前大不相同的新风貌。当然,在宋代,也有士大夫继承了反佛老的传统,但不少的宋代士大夫突破了儒学的樊篱,开阔视野,面向释道百家,摄取了丰富的营养资料,推动了宋学的发展,远远超过了汉唐的规模。因此,开创这一学术的新风气,提出儒释道三家相通相补的晁迥,其功劳是不可泯灭的。

(二)晁迥在《法藏碎金录》序中指出:"倦闻世谛,不争戏论,洞见至理,新新无穷,然后抚心驯柔,道所由致。"②认为佛家从治心入

---

① 《法藏碎金录》卷一,四库影印本1052—435。
② 《法藏碎金录·原序》卷九,四库影印本1052—427。

第五章 宋学形成前儒释道三家思想的渗透、沟通及其向纵深处发展（下）：晁迥对佛道思想的认识

手，才能够剖析性理臻于极至。同时，晁迥还总结了佛家治心的方法，指出"义学禅学"要兼而有之，即既要懂得义理，又要履践实行。而"无事静居，清心调息，虽云宴坐，赢得养生"，如能"有此爱树，但令本根深固，则枝叶自然茂盛也"！① 晁迥把静坐提到这样重要的地位。

（三）晁迥强调儒家《中庸》的作用，认为要坚持中庸之道，"事君"和"学道"都不可二心，以忠事君，以诚学道。宋代士大夫第一个明确提出中庸具有重要意义和作用的，就是晁迥。

总之，晁迥以及与他同时代的释智圆，他们作为这个时代的先觉者，对宋学的形成和发展，特别是宋学中的理学的形成和发展，有着极其明显的作用。宋学家们特别是其中的理学家们之重视《中庸》和中庸之道，以及对《中庸》治此方寸之地的意义的认识和做法（诚、敬、静坐等），与晁迥对这些问题的论述，大都是一致的。理学家们之受晁迥的影响，也是极其明显的。晁迥于宋仁宗天圣年间完成了他的《道院集》和《法藏碎金录》，大约此后不久即付梓刊印，在社会上流布。惟其为此，所以在宋哲宗元祐年间王古才能够根据晁迥的十五卷本《道院集》，改编为流传到今天的三卷本《道院集要》，即此一事，即可深刻说明，宋仁宗天圣以后的宋代士大夫之受到晁迥的影响，是无可置疑的。因此，晁迥之成为宋学的先觉，同样是无可置疑的。这样看来，晁迥的思想，是宋学特别是理学形成的一个来源，不能说是毫无道理的吧！对有关晁迥的思想及其影响，还需要做更进一步的探索。《道院集要》上所记"一真无分别"条上说："一气分而为万物，一真分而为万灵，万物化而还一气，万灵复而合一真。"② 这一说法也是渊源于佛家，同理学家们"理一分殊"这一说法是多么相近，由此看来，晁迥的许多思想和说法，大抵是理学家们的某些思想和说法与佛家相连结的中间环节，值得重视和研究。

---

① 《法藏碎金录》卷三，四库影印本 102—469。
② 《道院集要》卷一《一真无分别》，四库影印本 1052—615、616。

[附]

儒家的中庸之道与佛家的中道义
——兼评释智圆有关中庸中道义的论点

北宋初年佛教天台宗杰出人物释智圆（976—1022），积极鼓倡儒佛两家合作，认为儒释两家"言异而理贯"，儒家中庸之道即佛家"龙树所谓中道义"。① 我两三年前执教于新加坡国立大学时曾写有《释智圆与宋学》一文，对儒家中庸之道与佛家中道义，以及释智圆的学术思想作了简略的叙述。但对此问题总觉得意犹未尽，所以继续写此文，分别论述儒家中庸之道与佛家中道义，最后兼论释智圆的有关论点。

一、儒家中庸之道

（一）中庸之道，随着社会的需要和它自身的发展，在儒家哲学思想中的地位日益重要。如果要想全面了解中庸之道在儒家哲学思想地位的这个变化，就必须从中庸之道发展的阶段性进行探索。大致说来，中庸之道发展的阶段性可以分为：（1）由孔夫子率先提出的中庸之道的初期阶段；（2）子思的《中庸》把中庸之道推进到系统化的阶段；（3）经过将近千年的沉寂，到唐中叶古代经济文化发生巨大变动，由韩愈、李翱特别是李翱吸收了佛家思想，把中庸之道提到"复性"的境界，于是中庸之道不仅具有方法论的意义，而且进入到世界观的领域。宋学就是以此为契机，开创了新时代和新风气的。

为与佛家中道义比较，本文所论仅限于《中庸》及其以前的儒家中庸之道。至于唐中叶以后的情况，打算在《中庸之道与司马光哲学》一

---

① 释智圆：《孤山闲居编》卷一九《中庸子传上》，续藏经本。

第五章　宋学形成前儒释道三家思想的渗透、沟通及其向纵深处发展（下）：晁迥对佛道思想的认识

文中再加叙述。①

（二）中庸之道是由孔夫子最早提出来的。《论语》所载虽然不多，却是中庸之道最基本的内容。如《论语·雍也》章所载："中庸之为德也，其至矣乎！民鲜能久矣。"这句话把中庸之道的重要意义说得非常明白，达到至高无上、无以复加的地步。而在《论语·先进》章中说："子贡问：'师与商也孰贤？'子曰：'师也过，商也不及。'曰：'然则师愈欤？'子曰：'过犹不及。'""过犹不及"，这是中庸之道的基本原则，应当予以足够的注意。

（三）《中庸》一书据说是由孔夫子的孙子子思撰成。书中所载孔夫子对中庸的论述有许多处，如果分类加以举述，有以下几点：

（1）属于至高无上一类论述的如："中庸其至矣乎？民鲜能久矣！"②

（2）属于有关基本原则、方法的有：孔子曾说，"舜其大知也"，"执其两端用其中于民，其斯以为舜乎？"③

（3）舜所执的两端是什么，前面已经提到，孔夫子曾加以解释道："道（指中庸之道）之不行也，我知之矣，知者过之，愚者不及也。道之不明也，我知之矣，贤者过之，不肖者不及也。"④ 按照孔夫子的说法，中庸之道之所以"不行"、"不明"，一方面由于"知（智）者"、"贤者"搞"过"了头，而另一方面则由于"愚者"、"不肖者"的"不及"亦即没有做到。因此，"过"与"不及"是实行中庸之道必须抓住的"两端"。这就是说，要实行中庸之道，既要反对"愚者"、"不肖者"的"不及"，又要反对"智者"、"贤者"的"过"头做法。所说"允执其中"、"从容中道"云云，就是这个意思。

对孔夫子提出的中庸之道，人们认为是"和稀泥"、折中主义。这可能是一种误解。折中主义，一般地说，是东取一片、西取一片，并把

---

① 参见本书第十二章。
② 《中庸》，四库影印本 197—201。
③ 《中庸》，四库影印本 197—202。
④ 《中庸》，四库影印本 197—202。

它们凑合在一起而成为杂碎汤；它的要害是，缺乏原则性。孔夫子的中庸之道则与此不同，用这种方法处理各种问题，必须遵守"过犹不及"这个原则，这一点是中庸之道与折中主义相区别的根本点。

孔夫子的思想是极其驳杂的。其所以如此是由他所处的历史时代，即从奴隶制向封建制过渡时代造成的。在孔夫子思想中，既有先进的，也有落后的；既有唯物主义的，也有唯心主义的；既有辩证法的，也有形而上学的。这些思想虽然统一在孔夫子思想中，但它们并不是均衡存在的，而是以某种思想作为主导的。孔夫子的许多言行，都具有辩证法因素。如："子在川上曰：逝者如斯夫，不舍昼夜。"这句话说明事物是处于永恒的发展变化中的，具有辩证法的因素。孔夫子提出的中庸之道也同样具有辩证法的因素。做成任何事物，亦即达到成其为这一事物的"度"（亦即质）；"不及"则达不到成其为这一事物的"度"，不能做成这一事物；"过"则超过了成其为这一事物的"度"，同样不是这一事物。孔夫子反对"过犹不及"，中庸之道的辩证法因素即寓存于此！当然，对中庸之道寓有辩证法因素的肯定也应适可而止，"过"与"不及"都是不恰当的。

（4）"君子中庸，小人反中庸。君子之中庸也，君子而时中；小人之中庸，小人而无忌惮也。"① 孔夫子的这句话至关重要。从前面引用的孔夫子的话来看，他认为只有像舜这一类的圣人才能做到中庸之道，一般的"智者"、"贤者"也是无能为力的，因而中庸之道仅仅是少数人、个别人的事业，与绝大多数的人是无缘的。在这一段话中，孔夫子毫不掩饰地吐出了他的真实思想。君子、小人，在孔夫子的那个时代里，虽然不能说没有任何道德上的意义，但从根本上看，则具有统治与被统治的意义。君子属于奴隶主贵族、自由民诸等级，而小人则指的是小生产者、奴隶等社会下层，因而具有社会阶级而且是对立阶级的意义。从这一基本点考察，所谓"君子中庸，小人反中庸"，就非常清楚

---

① 《中庸》，四库影印本197—201。

第五章 宋学形成前儒释道三家思想的渗透、沟通及其向纵深处发展（下）：晁迥对佛道思想的认识

地反映了统治者诸等级与被统治者诸等级之间，对待中庸之道是截然不同，甚至是截然对立的，中庸之道是统治者诸等级的一个统治武器。孔夫子是十分坦率的，而且坦率到可爱的程度。他从不讳言自己"三月无君则皇皇如也"，自己心甘情愿地为统治阶级效劳；他从不隐瞒他所提出的中庸之道同样是为统治阶级效劳，较诸那些自相标置而又把孔夫子的儒家思想改造制作为超时空、超阶级的所谓新儒家要高明得多、实在得多！难道不是吗？

（四）孔夫子虽然提出了中庸之道，但毕竟是零散的，缺乏系统性和完整性。到了他的孙子子思才弥补了这一缺陷。性、天命、天道，孔夫子谈论得不多。尽管如此，但性、天命、天道作为哲学上的范畴或命题，并不因孔夫子的"罕言"而不存在。恰恰相反，孔夫子以后的一些重要学派，无不一一涉及，并由此而表达其学派的见解。稍后于孔夫子的墨子学派这样做了，道家、名家也都有自己的论述。相形之下，孔夫子以后的儒家在这些重大问题的表述上是落后了。也许正是由于现实生活中这一刺激，才推动了子思完成了《中庸》一书的写作，从而表达了思孟学派对这些问题的看法。

（1）《四库全书》纂辑者对宋人石𡒊《中庸辑略》一书所作提要说："《中庸》为《礼记》中的第三十一篇，孔颖达《疏》引郑元（当作立，清避康熙讳）《目条》云，此于别条属通论。《汉书·艺文志》有《中庸传》二篇，颜师古注曰：今《礼记》有《中庸》一篇，亦非本《礼经》，盖子思之作。是书本以阐天人之奥，汉儒以无所附丽，编之《礼记》，实于《礼记》无所属，故刘向谓之通论，师古以为非《礼经》也。"引用这一段话，旨在说明《中庸》自问世之后，在两汉经生中并不占有重要地位，因而前面说它寂寞了千余载，到唐宋以后才身价倍增，为宋儒所重。

（2）《中庸》"本以阐天人之奥"，它劈头就说："天命之谓性，率性之谓道，修道之谓教。道也者，不可须臾离也。可离，非道也。"[①] 把

---

① 《中庸》，四库影印本197—200。

性、天命、天道的问题统统提了出来，从而弥补孔夫子"罕言"的缺失，使儒家门徒通过这些范畴和命题向更高级的抽象思想领域进行探索；而这些探索对人们在认识上的提高，以及对人们同客观世界之间的关系，都是非常必要的。应当说，《中庸》是思孟学派对儒家哲学的继承和发展做出的重要贡献。

（3）中庸是作为方法论提出来的。从个人修养，到治国安邦，以至稳定社会秩序，都离不开中庸这一具有普遍意义的方法。《中庸》对孔夫子"君子中庸，小人反中庸"的论述作了更进一步的发挥。它认为，中庸具有至高无上的功能和作用，按照这个方法处理一切事物一切问题，即可达到"致中和"的地步。《中庸》上说："喜怒哀乐之未发谓之中，发而皆中节，谓之和。中也者，天下之大本也；和也者，天下之达道也。"中与和，大本与达道，结合起来，便经常地永恒地维持统一、一致、均衡的局面，社会就能够繁荣，天下就能够太平。所谓"致中和，天下位焉，万物育焉"，就是这个意思。

（4）作为中庸的最基本方法，如前面提到的，即是孔夫子所说的，"执其两端用其中于民"，"允执其中"，以反对"过犹不及"。《中庸》一书的问世，从小处看，它为儒生们提供了一个基本方法，以实行儒家所标榜的内圣外王之道这一最高理想，即所谓"故君子尊德性而道问学"，"致广大而尽精微，极高明而道中庸"。从这一基本点看，中庸之道既是儒生们实现其最高理想的必由之路，因而也就是不可须臾离之的。至于从大处来看，即从治国安邦来看，前面说过的《中庸》曾经把"致中和"安置在一个特殊的绝对的地位上，而所有的事物只要"执中"，即可永恒地保持质的稳定性而不发生任何变动，天下太平就在这种永恒的平衡亦即均衡中表现出来，因而自然也是不可须臾离之的。不言而喻，思孟学派所阐述的中庸之道，对所有历史上关心自己统治命运的当权者来说，自然是兴致满怀，欣然接受的。这样看来，思孟学派对中庸之道的阐释，又是极其重要的政治哲学。

（5）对中庸之道似应作更深层次的考察。事物都是可以转化的，唯

第五章　宋学形成前儒释道三家思想的渗透、沟通及其
向纵深处发展（下）：晁迥对佛道思想的认识

物论可以转化为唯心论，辩证法也可以转化为形而上学。当然，这种转化要在一定条件下才能发生。子思的《中庸》虽然系统地阐述了孔夫子所提出的中庸之道，使儒家哲学在这一方面获得了发展，但在这个发展中，也可看到孔夫子的中庸之道原本所具有的朴素辩证法思想转化为形而上学。这是因为，没有任何一个事物停顿不变，即使是太阳，一位古希腊哲学家也曾指出，"天天在变"。事物在发展过程中，只能达到相对的平衡，亦即相对的质的稳定性。子思所讲的中庸之道，强调所谓的"致中和"，认为只要"致中和"就万事大吉，天下太平就永恒地保持下来。孔夫子的中庸，反对"过犹不及"，是反对两个极端，从而具有辩证法因素。子思的"致中和"，就放弃了此前中庸之道所反对的两个极端，亦即放弃了原来固有的辩证法，从而陷入了形而上学。

再说，以天下之大，事物之广，问题之多，又怎么能够以中庸之道来解决所有问题呢？譬如两军对战，在战场上都想方设法消灭对方，"不及"固然消灭不了对方、取得战争胜利，而又有什么"过"还是不"过"？除了杀降之外，又有谁来批评战争胜利者的"过"头与否呢？"致中和"，保持质的永恒稳定，享受永恒的太平，不过是以子思为首的儒生们在形而上学的摇篮中的一个幻想。但，毕竟也是事实，即从孔夫子到子思，儒家的中庸之道从朴素的辩证法转化为形而上学，平（均）衡论成为中国哲学史上只开花不结果的一个实例，而具有它的特殊性。这一点则是值得研究和注意的。

二、佛家的中道义

（一）文章开头即曾指出，儒家的中庸之道与佛家的中道义的一致，是由释智圆提出的。这里不妨对佛家的中道义即《中论》予以叙述。《中论》是由龙树菩萨创造的。龙树，或译作龙胜、龙猛，除《中论》

外，还著有《大智度论》和《十二门论》等重要经典，是印度大乘佛教的杰出代表人物，在印度和中国佛教史上享有很高的声誉。《中论》是由鸠摩罗什大师译成汉文的，但在《中华大藏经》中还收有波罗蜜多译的《般若灯论释》，系清辨对《中论》所作的注释。这两个读本，《中论》则较为流行。鸠摩罗什精研佛教大乘论，他的弟子当中的秀异之士，"未有不研大乘论"的，昙影之注《中论》即是一例。① 僧叡为《中论》作序，序文说："天竺诸国敢预学者之流，无不玩味斯论，以为喉衿。"② 足见《中论》在佛教经典中所据有的地位。

从龙树到鸠摩罗什所讲包括《中论》在内的诸论，主要在阐明"般若真空观"。汤用彤锡予师对这一学说曾作过扼要而精辟的论述，他指出："三论之学，扫一切相，断言语道。而扫相离言者，非言万有之为顽空绝虚（原注：绝对空虚），乃言真体不可以言象得也（原注：故般若无所得）"；"诸法不生不灭，而人乃计常计断，诸法非有非无，而有无之论纷起"；"由上所言，物无彼此，'无定相'"。③ 上述这些见解，对了解"般若真空观"以及《中论》，都是极为重要的。

（二）《中论》五百偈可以说是大乘论的方法论，龙树以真谛亦即第一义谛批驳俗谛（或世俗谛）来阐述"般若真空观"。佛家讲空、讲寂、讲定慧，总不免给人以一种死气沉沉的感觉。但，佛家的论辩，从形式到语言，则非常生动活泼，破与立紧密地结合起来，在宣扬佛法的同时，还推动了佛家因明学的发展。《中论》就是这样，在《观破因缘品第一》就开门见山地提出了"中"亦即"中道"来：

不生亦不灭，不常亦不断，不一亦不异，不来亦不出，能说是因缘，善灭诸戏论，我稽首礼佛，诸说中第一。④

---

① 汤用彤：《汉魏两晋南北朝佛教史》第244页，载《汤用彤全集》第一卷。
② 僧叡：《中论》序，《中华大藏经》28—835。
③ 汤用彤：《汉魏两晋南北朝佛教史》第240页，载《汤用彤全集》第一卷。
④ 《中论》卷一，《中华大藏经》28—835。

第五章 宋学形成前儒释道三家思想的渗透、沟通及其向纵深处发展（下）：晁迥对佛道思想的认识

这些范畴和命题是针对俗谛有关生灭、常断等而提出的。当然属于有无范畴中的"有色无色、有形无形、有漏无漏、有为无为"诸相，也包括在俗谛当中。从佛教大乘论的观点来看，所有人类世界中的万事万物，包括上述俗谛中提出的生灭、常断诸相在内，亦即所有的具体的东西，"入于法性，一切皆空"①，这也就是前引锡予师所说的，"言真体之不可以言象得也"。大乘论虽然讲空，但绝不是说，"万有之为顽空绝虚"，亦即"绝对空虚"。如果充满了"万有"的现实世界真的"绝对空虚"，"无人亦无处"，那么，佛家又向谁来宣传它的教义？——"佛亦无所说"②。为了打破这一僵局，解决这一矛盾，"但为引导众生，故以假名说离有无二边，故名为中道"③。

（三）《中论》在事物的存在与否即有无等问题上反对俗谛，是唯心论的，绵薄无力的。因为没有任何办法——即使腾口利舌，可以把存在的东西称之为不存在。但《中论》则是以真谛中所具有的辩证法反对俗谛的形而上学，则是有声有色的。一般俗谛对事物的认识，诸如生与灭、有与无、常与断，等等，生即是生，灭即是灭，生与灭都是绝对孤立的、排斥的、互不关联的。对这种绝对化、片面性，只知其一、不知其二的一点论，包括《中论》在内的佛教大乘则认为是属于"边见"之类，而予以反对。在反对世俗谛的生灭、常断等范畴命题时，除不生不灭、不常不断这一形式外，还有其他形式。如：

……何有边无边？亦边亦无边，非有非无边。……何有常无常？亦常亦无常，非常非无常。④

这几种形式，把生灭、有无等对立的范畴，不仅给以密切的联系，而且对立范畴的互相包蕴和转化也清楚地展示出来。的确，《中论》极其强

---

① 《中论》卷一，《中华大藏经》28—838。
② 《中论》卷四，《中华大藏经》28—898。
③ 《中论》卷四，《中华大藏经》28—894。
④ 《中论》卷四，《中华大藏经》28—898。

调对立双方的互相联系和相互依赖。《中论》是以其真谛即第一义谛批评俗谛（世俗谛）的，但《中论》则认为，没有世俗谛也就没有第一义谛，第一义谛是离不开世俗谛的：

> 若不依俗谛，不得第一义；不得第一义，则不得涅槃。
>
> 第一义皆因言说，言说是世俗。是故若不依世俗，第一义则不可说。若不得第一义，云何得至涅槃？①

值得提出的是，《中论》从事物自身的发展变化中去观察事物，如在解释"生灭不住无自性"，事物在变化中"无有定性"时说：

> 如婴儿时色，非匍匐色；匍匐时色，非行时色；行时色，非童子时色；童子时色，非壮年时色；壮年时色，非老年时色。②

一个人从生到灭，经过许多阶段和许多变化，因此只抓住生或灭，看不见这些变化，这自然是不对的；但只看变化而不见生或灭，也是不对的；同时只拿来一生中某个阶段的变化，代替一生或其他阶段的变化，依然是不对的。因此，在这段文字的末尾，作出"为一为异，二俱有过"的结论。不论怎样说，佛家论说虽归之于空、寂，但它则是从事物的变动不居中观察事物的，由此来反对形而上学的一些论调。佛教大乘论的上述论述，在某些方面，同先秦名家，古希腊哲学中芝诺的某些定律，诸如"物方生方死，日方中方睨"，"飞鸟之影未尝动也"，"镞矢之疾而有不行不止之时"，有类似或相能之处，都是从各自认识中达到辩证法的认识方法的。自然，这些认识方法依然处于素朴的阶段中。但即使如此，也已是难能可贵的。

（四）龙树《中论》在反对世俗谛的极端化、绝对化中，巧妙地建立了自己的中道义，这就是前文引用过的"故以假名说离有无二

---

① 《中论》卷四，《中华大藏经》28—893。
② 《中论》卷二，《中华大藏经》28—861。

第五章 宋学形成前儒释道三家思想的渗透、沟通及其向纵深处发展（下）：晁迥对佛道思想的认识

边，故名为中道"。亦即中道义或中论。译《中论》的鸠摩罗什在《维摩经注》卷二中指出："有无非中。"① 他的弟子昙影称："不累于有，不滞于无，即中道也。"天台宗创始人智者大师所讲的"三体圆融"，也是这个意思："不著于空，不执于假，即曰中道。"② 释智圆继承了前此大师们的传统，左右开弓地反对世俗谛的极端化、绝对化，坚持中道义：

> 夫诸法云云，一心所变，心无状也，法岂有哉？亡之弥存，性本具也；存之弥亡，体非有也。非亡非存，中义著也。③

他对"荡空"和"胶有"这两个极端进行了批判，称："荡空"则"迷因果，混善恶；弃戒律，背礼义"；"胶有"则"拘缚于近教，杀丧于远理"；并用孔夫子"过犹不及"的话，指明"荡空"为"过"，"胶有"为"不及"，"唯中道为良"。在《盂兰盆经疏摭华钞序》中，智圆同样借用孔夫子的话，来说明中庸之道：

> 夫记钞之失，其有二焉：或失于烦，或失于略。烦则渎于义，略则壅于文。既渎且壅，则后学之曹无所措手足矣。去斯二者，得乎中庸为难能也。④

释智圆将儒家中庸之道与佛家的中道义作了比较，并通过这两者沟通儒佛两家思想，认为是"言异而理贯"。释智圆之所以沟通儒佛两家思想，是因为他站在佛教立场，"求同声"，认为儒家为"饰身之教"，佛家为"修心之教"，二者可以合作，"共为表里"，对现实社会产生所谓的"教化"作用。这一点释智圆在他的自传中说得非常清楚。这里不再赘述。

---

① 转引自汤用彤：《汉魏两晋南北朝佛教史》第239页，载《汤用彤全集》第一卷。
② 汤用彤：《隋唐佛教史稿》第142页，载《汤用彤全集》第二卷。
③ 释智圆：《闲居编》卷一九《中庸子传》。
④ 释智圆：《闲居编》卷五。

三、论释智圆有关《中庸》《中论》的论议

生活在北宋初年的释智圆，力图将儒佛二家思想沟通，由此进一步合作，向社会灌输二者的教义。这在宋代学术思想发展史上具有相应的作用，不多论述。至于释智圆以儒家的中庸之道与佛家的中道义沟通两家思想，则是值得一谈的。

（一）《中庸》和《中论》尽管由于儒佛两家在语言逻辑的表述上有不小的差别，但分别作为两家的方法论则是相同的。特别值得重视的是，孔夫子的中庸之道，反对"过犹不及"，反对极端化、绝对化，具有辩证法思想；而佛家的中道义，以之反对有无两边的"边见"，以中为胜，同样是反对极端化、绝对化，二者则是相同的。从这一基本点来说，既然儒佛两家所坚持的中道是方法论中的重大原则问题，那么释智圆通过《中庸》和《中论》将儒佛两家思想沟通起来，绾联起来，是非常自然、顺理成章的，而不是牵强附会的。释智圆在学术思想史上做出了自己的贡献，是值得肯定的。

如果更进一步的考察，就会看出儒家的中庸之道和佛家的中道义在根本上又是不同的。儒家讲入世，肯定现实世界和一切事物的存在，也因此承认事物的质的稳定性。而佛家讲出世，讲空、寂，虽然不是"顽空绝虚"，但现实世界和一切事物都是虚幻地存在的，而且在变动不居中，是"无自性"的，因此一切事物既然不是真实的存在，一切事物的质的稳定性，即使短暂的相对的稳定性也是不存在的。儒佛两家既然存在这一根本性的差异，中庸之道与中道义也就存在根本性的不同。由于这一根本性的不同，由于儒家强调中庸之道是统治者的哲学，强调统治的永恒性，所以中庸之道从孔夫子时代所具有辩证法因素向均衡论转化，把事物的存在和质的稳定性极端化、绝对化，陷入形而上学。而佛家则从否定事物的"无自性"开始，便离开了辩证法，滑向诡辩论，从这一方面向形而上学转化。两家沿着不同方向，自辩证法转化为形而上

学这一点，倒是有异曲同工之妙。

顺便在这里一提，从20世纪40年代起，就有人论述儒家中庸之道具有辩证法思想，打倒"四人帮"之后，这种论调更加炽热起来。如果说，把这种辩证法思想限定在孔夫子提出中庸之道的时代，那么"过犹不及"确实具有这种思想。但是不分时代，认为儒家中庸之道亘古至今都具有辩证法思想，那就必然"失之毫厘，谬以千里"，从正确向谬误转化了。

第六章
北宋初年文风学风的巨大变革
欧阳修在宋学形成阶段中的先锋作用

一、北宋初文风的巨大变革

> 文自咸通后,流离不复雅。因仍历五代,秉笔多艳冶。高公在紫薇,滥觞诱学者。自此遂彬彬,不荡亦不野。①

这首诗是王禹偁的《五哀诗》之一,用来纪念高锡对宋初文风的变革。这首诗还告诉人们,自从韩愈、柳宗元大力倡导古文运动,文风虽有所变革,但是到唐懿宗咸通(860—874)以后,文风又滑向了此前祖尚四六、专务华靡的老路,"秉笔多艳冶"即是指此而言。文风变革之所以如此艰难,传统习惯势力固然是一个重要的因素,隋唐科举以诗赋抡才,对华而不实的文风不能不起着推波助澜的作用,更何况皇帝制诰照例使用骈体,以至于汇集而成的文风只凭少数几个人是难以遏止的。只有经过几代人的不懈努力,社会上越来越知道这种文体的无益,文风的变革才能够有所成功。

北宋首先向晚唐五代"薄弱"的文风提出挑战的是柳开,所谓"皇

---

① 王禹偁:《小畜集》卷四《五哀诗》第二首《故尚书虞部员外郎贬莱州司马渤海高公(锡)》,四库影印本1086—27。

第六章 北宋初年文风学风的巨大变革
欧阳修在宋学形成阶段中的先锋作用

朝柳仲塗起而麾之"者是也。① 柳开在其启蒙教师指引下，率先开始了对韩愈文的研读，而在那个时候，"天下无言古者"②。但是，对宋初文风的变革起着重要作用的则是王禹偁而不是柳开。已故的陈植锷同志在《试论王禹偁与宋初诗风》、《宋初诗风续论》等文中，对此问题作了确切明白的说明，兹不多论。③

王禹偁（983—1001）济州巨野人，出身于社会下层。王禹偁之所以成为宋初杰出的文学家，一个极其重要的因素是他的诗文是在其高明的文论指导下形成的。在《送孙何序》中，王禹偁批评了当时委靡不振的文风，认为应从根本上进行变革：

> 咸通以来，斯文不兢；革弊复古，宜其有闻。国家秉五代之末，接千岁之统，创业守文，垂三十载。圣人之化成矣，君子之儒兴矣。然而勤服古道，钻仰经旨，造次颠沛，不违仁义，拳拳然以立言为己任，盖亦鲜矣！④

王禹偁之所以反对当时的时文，就在于这种文体的空洞无物，所以他提出了"以立言为己任"这一远大目标，同时要求：不论碰到任何情况，不能违背儒家的仁义之道！在《送谭尧叟序》中，王禹偁一再强调了这个问题：

> 古君子为学也，不在乎禄位，而在乎道义而已。用之，则从政而惠民；舍之，则修身而重教。死而后已，弗知其他。科试以来，此道其替，先文学而后政事故也。然而文学本乎六经者，其为政也，必仁且义，议理之有体也。文学杂乎百氏者，其为政也，非贪即察，涉道之未深也。是以取士众而得人鲜

---

① 范仲淹：《范文正公集》卷六《尹师鲁〈河南集〉序》，四部丛刊本。
② 柳开：《河东集》卷二《东郊野夫传》，四库影印本1085—245。
③ 载《中国社会科学》1982年第2期、1983年第1期。
④ 《小畜集》卷一九《送孙何序》，四库影印本1086—186。

矣，官谤多而政声寝矣！①

王禹偁强调"为学""在乎道义"，他所说的学而优则仕之后，即在于实践儒家的道义。"用之，则从政而惠民；舍之，则修身而重教"，王禹偁以极其明快的语言阐释了儒生士大夫们"达则兼善天下，穷则独善其身"的抱负，而且还要垂教于后世，使后继者接踵前进，更富有积极意义。这样，王禹偁把文章与道义、为学与从政融合在实践中，是宋代士大夫中第一个提出儒生们的共同愿望和目标的人。

王禹偁继续发挥了韩愈、柳宗元"文以明道"的主张，进一步指出"夫文，传道而明心也"，由此说明文字的重要作用。既然文字承担传道明心的重大任务，那么文字的写作，"又欲乎句之难道邪？又欲乎义之难晓邪"？一定不是这样的。所以，王禹偁提出文字写作的一个标准，即："句易道，义易晓"，以明白通畅作为基本原则。怎么才能够达到这个基本标准？王禹偁远以六经、近以韩愈文字为例，认为二者都是"句易道，义易晓"的，因此文字写作要以六经、韩文作为典范。②

王禹偁把文、道和政治实践三者结合起来，成为其论文、论世的一个基本准则。对王禹偁本人来说，他既是这样说的，也是这样做的，言行一致。王禹偁所做的，即如前面所说，文、道结合，并运用于自己的政治实践。王禹偁四十八岁的一生，三次遭到贬逐以至于死，都是由于申论国事而激起当权者的忿懑造成的。贯穿北宋一代的"冗兵"、"冗官"和"冗费"，这个具有根本性的重大问题，当其萌发于宋真宗即位之初，即被王禹偁洞察并向朝廷提了出来。由此可见，王禹偁的政治敏锐性为一般人难以企及。王禹偁的诗文，独步于宋初文坛，寇莱公称其"文章冠天下"③。王禹偁的散文达到很高的水平，有的篇章较诸欧阳修，也有过之而无不及：

---

① 《小畜集》卷一九《送谭尧叟序》，四库影印本1086—188。
② 《小畜集》卷一八《答张扶书》两篇，引文分别在1086—175、176。
③ 司马光：《涑水记闻》卷二；《宋史》卷二九三《王禹偁传》。

第六章　北宋初年文风学风的巨大变革
欧阳修在宋学形成阶段中的先锋作用

> 荆公谓:"王元之《竹楼记》胜欧阳（修）《醉翁记》。"鲁直（黄庭坚）亦以为然，曰:"荆公论文，常先体制而后辞之工拙。"①

王安石提出的文字体制，指的是文字的全局，亦即所谓的规模、框架或结构。评论文字的优劣，首先应当从体制上亦即全局上着眼，这是确切无疑的。从体制上看，《竹楼记》似有一日之长。

王禹偁虽然致力于文风的变革，但对当时的影响还不算大。叶适曾对此有所评论，他指出王禹偁:"文简雅古淡，由上三朝未有及之者，而不甚为学者所称，盖无师友议之故也。"② 叶适的这个看法似乎还很不够。宋太宗、真宗时期，政治上不仅极其保守，而且日趋腐败，它所需要的是那些言不及义、粉饰太平的文章，而王禹偁的"多涉规讽"③、针砭时弊、直斥统治者的鸿文高识，又怎么能够见容于这样一个时代呢？

王禹偁身后二十年，杨亿"以辞章擅天下，为时所宗"④，影响最大。杨亿和刘筠受李商隐诗风的影响，诗章中既寓存讽喻，在表现形式上又重视词藻的雕饰，使王禹偁一代诗风为之一变。杨亿、刘筠等的酬唱，收集在《西崑酬唱集》中，号"西崑体"。杨亿、刘筠在诗歌方面虽有所贡献，但西崑体的仿效者则流于形式，仅仅是为宋真宗初年保守、腐败政治唱赞歌，影响极坏。因此，要批评西崑体，不能不触及杨亿这个西崑体的始作俑者，这也是在所难免的。范仲淹论述从杨亿到欧阳修这一期间文风变革的情况道:

> 洎杨大年（即杨亿）以应用之才，独步当世，学者刻词镂意，有希髣髴，未暇及古也。其间甚者专事藻饰，破碎大雅，

---

① 王若虚:《滹南遗老集》卷三六《文辨》，四库影印本1190—456。
② 叶适:《习学记言序目》卷四九《皇朝文鉴三》。
③ 《宋史》卷二九三《王禹偁传》。
④ 《宋史》卷三〇五《杨亿传论》。

> 反谓古道不适于用，废而弗学者久之。洛阳尹师鲁，少有高
> 识，不逐时辈，从穆伯长（指穆修）游，力为古文。而师鲁深
> 于《春秋》，故其文谨严，辞约而理精，章奏疏议，大见风采，
> 士林方耸慕焉。遽得欧阳永叔，从而大振之，由是天下之文一
> 变，而其深有功于道欤？①

范仲淹的这段文字对杨大年不能说无任何微词，但文字的批评火力则集中到杨大年的追随者身上，认为文风不振应当由这些人负主要责任。而反对西崑体，力图变革文风的则有穆修、尹洙和欧阳修等人。据欧阳修《苏氏文集序》，苏舜钦与其兄苏舜元也是有志于古文的，而且苏舜钦的年龄虽然小于欧阳修，但习作古文则早于欧阳修。② 此外，石介、苏洵也大约在这个期间习作古文。③ 总之，在宋仁宗天圣（1023—1032）前后一批才华之士纷纷投身于文风变革的古文运动中，在散文、诗歌等许多方面都做出了富有自己特色的贡献，成为文风变革的中坚力量。而欧阳修则是中坚的中坚，起着中流砥柱的巨大作用。

欧阳修习作古文虽晚于尹洙、苏舜钦兄弟，但后来居上，成为北宋一代首屈一指的大散文家。欧阳修幼年生活在汉东（襄州），家境贫寒，从邻居李家藏书的一个破筐中找到了六卷的韩愈文，尽管这几卷韩文"脱落颠倒无次序"，却为年幼的欧阳修奠定了学习古文的根基。由于当时场屋崇尚杨亿、刘筠辈的骈文，"号为时文"，欧阳修同其他举子一样，不得不认真诵习，以争一日之长。中举之后，欧阳修于天圣九年（1031）至西京留守钱惟演幕府中任推官，碰到尹洙、梅圣俞等才俊之士，方才开始了他的诗文生活。欧阳修等"相与作为古文"④，得到了尹洙的启发和帮助，并终于超过了尹洙和其他名士大夫，成为杰出的散

---

① 《范文正公集》卷六《尹师鲁〈河南集〉序》，四部丛刊本。
② 《欧阳文忠公文集》卷四一《苏氏文集序》。
③ 邵博：《邵氏闻见后录》卷一五，中华书局点校本。
④ 《欧阳文忠公文集》卷七三（外集卷二三）《记旧本韩文后》。

第六章　北宋初年文风学风的巨大变革
欧阳修在宋学形成阶段中的先锋作用

文家。

　　同王禹偁一样，欧阳修的散文之所以写得好，同他的文论是密不可分的。欧阳修论尹洙的文字是"简而有法"①。这个评论大抵可以作为衡量古文的一个标准。文字要"简"，但还要"有法"。这个"有法"也具有普遍意义，当然，它因人因事的不同而表现为多种多样的形式。记述一个人的生平事迹，如果要想使之流传久远，"则须纪大而略小"，要据其"大节与人之所难者"。②欧阳修这些话的意思是，对人、对事要抓住它的关键、要害、重点所在而加以论述。如要记述一个人物的言行事迹，则一定要抓住他的大节，并且这些大节是别人难以做得到的。除抓大节、要害之外，欧阳修还很注重修辞，他说：

　　　　言以载事，而文以饰言，事信言文乃能表见于后世。《诗》、《书》、《易》、《春秋》皆善载事而尤文者，故其传尤远。③

欧阳修就是按照他的文论要求来写作的。他把写成的文字，"贴之墙壁，坐卧观之，改正尽善，方出以示人"。④同时，他还非常重视别人的意见。据说，他的《岘山亭记》中的一句原作："元凯铭功于一石，一置兹山，一投汉水"，年轻而又才气纵横的章惇向欧阳修指出，这句话过于突兀、不好上口，不如改作："元凯铭功于一石，一置兹山之上，一投汉水之渊"，得到了欧阳修的首肯，并加以改正。一首好诗要呕心沥血，一篇好文章又何尝不是如此？欧阳修在文章写作上是耗尽力气的。

　　为了变革文风，欧阳修不仅自己努力写作，而且还大力奖勉、提掖后进。曾巩、王安石、苏洵、苏轼、苏辙等，都受到欧阳修的鼓励和赞

---

① 《欧阳文忠公文集》卷二八《尹师鲁墓志铭》。
② 《欧阳文忠公文集》卷六九（外集卷一九）《与杜诉论祁公墓志》两书。已故的刘子健教授《欧阳修的治学与从政》（台湾新文丰出版公司1984年10月补正再版）一书多所发明，本文参用甚多，仅此注明。
③ 《欧阳文忠公文集》卷六七（外集卷一七）《代人上王枢密求先集序书》。
④ 何薳：《春渚纪闻》卷七《作文不惮屡改》，中华书局点校本。

誉，苏轼、苏辙兄弟则是通过欧阳修主考科举时中举的。欧阳修以及曾巩等五人，加上唐代的韩愈、柳宗元谓之唐宋八大家，宋则占其六。由此说明了，正是通过文风的巨大变革，才涌现出有重大成就的人才。

宋仁宗嘉祐二年（1057），欧阳修知贡举。借着这个极其有利的时机，欧阳修对一些"相习为奇僻，钩章棘句"①，文风不正的考生们大肆挞伐，"以怪僻在高第者，黜之几尽"，"务求平澹典要"②。落第的考生，"群聚诋斥之"③，"怨怒骂讥"④，"至街司逻吏不能止"⑤。变革文风是一个群众性的活动，如果场屋中的考生们也改变自己的文风，它的影响就带有某种程度的广泛性，对文风的变革是极其有利的。欧阳修在知贡举中虽然碰到不愉快的事情，然而场屋中的文风则通过这个不大不小的政治风波收到了良好的效果："文格遂变而复正者，公之力也。"⑥ 从柳开、王禹偁到尹洙、欧阳修，经过几代人、几十年的不懈努力，文风的变革以胜利告一段落。欧阳修在文风变革中的中流砥柱作用是非常明显。但文风变革不单纯是文体的变革，从骈体改为散体，更重要的在于内容的变革。即变革文风必然要同宣扬儒家之道这一实质性问题关联起来，而宣扬儒道就必然同经学探索关联起来。于是文风的变革便同学风的变革关联、结合起来了。

二、在经学的探索中欧阳修的大胆怀疑精神

欧阳修同所有的儒生士大夫一样，都是"修仁义以为业，诵六经以

---

① 《长编》卷一八五嘉祐二年春正月癸未纪事。
② 吴充：《欧阳修行状》，载《欧阳文忠公文集》附录卷一，四部丛刊本。
③ 《长编》卷一八五嘉祐二年春正月癸未纪事。
④ 吴充：《欧阳修行状》，载《欧阳文忠公文集》附录卷一。
⑤ 《长编》卷一八五嘉祐二年春正月癸未纪事。
⑥ 吴充：《欧阳修行状》，载《欧阳文忠公文集》附录卷一。

第六章　北宋初年文风学风的巨大变革
欧阳修在宋学形成阶段中的先锋作用

为言"① 的。但欧阳修真正用自己的头脑诵习六经，则是在天圣九年（1031）任职西京幕府时开始的。也正是在这一年他摆脱时文的羁绊而学习作古文。在时代的推动之下，青年的欧阳修把文风和学风的变革统一在此后十多年的实践中。

宋初依然因袭唐代科举制度，考生们必须遵照官修《五经正义》等传统的传注回答试卷，不许有任何违背的地方。宋真宗景德二年（1005）一位考生考卷上因"与注疏异"而下第，当时参知政事王旦对此事作出了结论性评论道："舍注疏而立异论，辄不可许，恐士子从今放荡无所准的。"② 传统的传注，从两汉经师们的解经到孔颖达《五经正义》，如前章论述过的，率多陈陈相因、支离破碎，早已无法适应时代的需要，至唐中叶还受到一些有识之士的批评，所具有的统治地位也开始动摇。欧阳修就是在这个时刻用自己的头脑诵习、探索六经，积十多年的努力，获得了自己的看法。

"六经皆载圣人之道"③，欧阳修自然极其重视六经。根据他自己的认识能力和理解，欧阳修认为六经是：

> 《诗》可以见夫子之心，《书》可以知夫子之断，《礼》可以明夫子之法，《乐》可以达夫子之德，《易》可以察夫子之性，《春秋》可以存夫子之志。④

从对六经多年的探索中，欧阳修认为六经的论述都是极其"简要"的。⑤ 尤其是《易》和《春秋》两部书，是所谓的"夫子之文"，"其言愈简，其义愈深"⑥。六经虽然言简意深，但由于出自于圣人，"在人情

---

① 《欧阳文忠公文集》卷四四《归田录序》。
② 《长编》卷五九景德二年三月甲寅纪事。
③ 《欧阳文忠公文集》卷四二《送王陶序》。
④ 《欧阳文忠公文集》卷五九（外集卷九）《代曾参答弟子书》。
⑤ 《欧阳文忠公文集》卷一三〇《试笔·六经简要说》。
⑥ 《欧阳文忠公文集》卷七八（外集卷二八）《〈易〉童子问》卷三。

不远"①，并不难于理解。传者，传也，是用来转述传解经旨的。经过欧阳修的探索，经固然有不索解的，传却给人们增添了更多的麻烦，如欧阳修所指出的：

> 经不待传而通者十七、八，因传而惑者十五、六。②

为什么会造成传不能解经这个重大问题？欧阳修认为是自孔子殁世之后，由一些传注的儒生们造成的：

> 昔者，孔子当衰周之际，患众说纷纭以惑乱当世，于是退而修六经，以为后世法。及孔子既殁，去圣稍远，而众说复兴，与六经相乱，自汉以来，莫或辨正③。

为什么儒生们把一些与经相矛盾的说法混杂到传疏之中？欧阳修长于《春秋》，他以三传（即公羊、谷梁和左氏传）为例，指出三传作者务新好奇，把一些谬误的说法混杂进来，以至经传相矛盾而不得其解：

> 孔子之于经，三子之于传，有所不同，则学者宁舍经而从传，不经孔子而信三子，甚哉，其惑也！……其舍经而从传者何哉？经简而直，传新而奇，简直无悦耳之言，而新奇多可喜之论，是以学者乐闻而易惑也。④

欧阳修在《春秋论》、《春秋或问》、《辨左氏》诸文中一再提出三传好新奇的问题。他还以司马迁《史记》作为好新奇的一个例证加以批评。是的，司马迁在记述某些人物和事件时，往往罗列各种说法，似乎是有些务新奇。但司马迁之所以如此，则在于提出不同说法以供比较，他对各种说法则有自己的见解。在对古史材料取舍方面，司马迁提出了一个选择的基本原则，即"考信于六艺"，以六经的记载为准则。欧阳修虽然

---

① 《欧阳文忠公文集》卷六九（外集卷一九）《答宋咸书》。
② 《欧阳文忠公文集》卷一八《春秋或问》。
③ 《欧阳文忠公文集》卷一八《泰誓论》。
④ 《欧阳文忠公文集》卷一八《春秋论》。

第六章 北宋初年文风学风的巨大变革
欧阳修在宋学形成阶段中的先锋作用

批评司马迁好新奇,但他在解决经传记载歧异这一矛盾时,完全以六经为指归,所使用的辨证材料的方法,与司马迁"考信于六经"的方法是完全一致的。欧阳修在这一问题上,显然是受了司马迁的影响。

儒生们之务好新奇,给六经带来了不少的麻烦。严重的是,不少荒诞怪妄的谬论也都混杂进来。欧阳修曾举出,"如河图洛书尤怪妄之甚者",也一道混杂进来。因此,欧阳修极其感慨地说:

> 夫学者知守经以笃信,而不知伪说之乱经也。①

这一书序,是欧阳修于嘉祐六年(1061)写成的。较其他论学的文章稍晚,但非常重要。序文中提出的河图洛书一事,须作说明。按河图洛书,载之于《易》。《论语》上所记"凤鸟不至,河不出图,吾已矣夫"②,是孔夫子亲口说的,与河图洛书之义完全相同。肯定地说,欧阳修是知道的。但欧阳修之所以不把这种"怪妄尤甚"的谬说归诸孔夫子,主要是为孔夫子讳,这一点无须对欧阳修多加指责。要紧的是,不论归诸于谁,欧阳修对这种谬说一直采取坚定的批判态度,后面再作说明。

欧阳修不仅对传疏提出许多疑义和责难,对经同样地提出了疑义和责难。在《易童子问》卷三,欧阳修明确地指出,《系辞》、《文言》、《说卦》,等等,都不是孔夫子所作:

> 童子问曰:《系辞》非圣人之作乎?曰:何独《系辞》焉,《文言》、《说卦》而下,皆非圣人之作。而众说淆乱,亦非一人之言也。昔之学《易》者,杂取以资其讲说,而说非一家,是以或同或异,或是或非。其择而不精,至使害经而惑世也。然有附托圣经,其传已久,莫得究其所从来,而核其真伪,故虽有明智之士,或贪其杂博之辩,溺其富丽之辞,或以为辨疑

---

① 《欧阳文忠公文集》卷四三《廖氏文集序》。
② 《论语·子罕》。

是正，君子所慎，是以未始措意于其间。若余者，可谓不量力矣！邈然远出诸儒之后，而学无师授之传，其勇于敢为而决于不疑者，以圣人之经尚在，可以质也。[①]

按照儒家的传统观点，六经出自于孔夫子，具有绝对的神圣地位和权威，是不能够轻易冒犯、亵渎的。即使像韩愈这样的儒生士大夫，对六经也不敢说个不字，所谓"曾经圣人手，议论安敢到"，即表现了这种情况。欧阳修却不怕犯天下之大不韪，在"勇于敢为而决于不疑"的大胆怀疑精神支持之下，向《易》提出从来没有过的挑战，认为《系辞》、《文言》、《说卦》统统不是孔夫子的著作，而是学《易》者们将这些东西混杂到《易》经中，成为鱼目混珠的赝制！从学术思想发展史或经学思想发展史看，对六经提出怀疑的不过是有数的几个人，东汉王充应当是其中的一个，而欧阳修也是其中的一个，并且是宋代疑经的第一人。欧阳修对《易》经提出的挑战，不仅是惊世骇俗，给抱残守缺、学术上的守旧势力以当头棒喝，而且在这种学风感染之下，学术上的自由探索日益扩展起来，对学术的发展是极其有利的。总之，欧阳修对经学大胆怀疑，成为开风气之先的一代学者，对宋学建立起了重要作用。

难能可贵的是，欧阳修以无比的执著、自信，再加上某种程度的自负，坚持他所提出来的对《易》经等的许多责难是正确的，而且必定能够得到世人的公认：

> 自孔子殁……六经于是中绝。汉兴，盖久而后出，其散乱磨灭，既失其传，然后诸儒因得措其异说于其间。为河图洛书怪妄之尤甚者。余尝哀夫学者知守经以笃信，而不知伪说之乱经也。屡为说以黜之！而学者溺其久习之传，反骇然非余以一人之见决千岁不可考之是非，欲夺众人之所信徒自

[①] 《欧阳文忠公文集》卷七八《易童子问》卷第三。

第六章 北宋初年文风学风的巨大变革
欧阳修在宋学形成阶段中的先锋作用

> 守,而世莫之从也。余以谓自孔子没至今二千岁之间有一欧阳修者为是说矣,又二千岁焉知无一人焉与修同其说也,又二千岁将复有一人焉,然则同者至于三,则后之人不待千岁而有也。同予说者既众,则众之所溺者,可胜而夺也。……是则余之有待于后者远矣,非汲汲有求于今世也。①

> 文王无孔子,《易》其沦于卜筮乎?《易》无王弼,其沦于异端之说乎?因孔子而求文王之用心,因弼而求孔子之意,因予言而求弼之得失,可也!②

欧阳修在《易童子问》、《易或问》(两篇,一载文集卷一八,一载文集卷六〇)、《传易图序》、《辨左氏》等文章中,从材料考辨入手,反复论证了河图洛书为怪妄之说,非孔子之言,而是后儒窜入《易》传或其他传疏中。欧阳修的抨击不只是针对河图洛书,主要是包括河图洛书在内的谶纬之类的迷信思想。在《书春秋繁露后》一文中,一方面肯定董仲舒"其论深极春秋之旨"③,但对这个制造天人感应谬论、玩弄受命把戏的董仲舒"惑于改正朔而云王者大一元者"则进行了批判,同样是站在唯物主义认识论立场上反对谶纬。嘉祐年间,欧阳修将其学术上的这个见解写成奏札,要求删去《九经正义》中的谶纬谬论:

> 士之所本,在乎六经。……至唐太宗时,始诏名儒,撰定九经之疏,号为《正义》,凡数百篇。自尔以来,著为定论。凡不本正义者,谓之异端,则学者之宗师,百世之取信也。然其所载既博,所释不精,多引谶纬之书,以相杂乱,怪奇诡僻,所谓非圣人之书,异乎正义之名也。臣欲乞特诏名儒学官,悉取九经之疏,删去谶纬之文,使学者不为怪异之言惑

---

① 《欧阳文忠公文集》卷四三《廖氏文集序》。
② 《欧阳文忠公文集》卷一八《易或问》第三首。
③ 《欧阳文忠公文集》卷七三(外集卷二三)《书春秋繁露后》。

乱，然后经义纯一，无所驳杂……①

欧阳修的这个意见虽然未能实现，但他的这种无神论思想，上承东汉王充"疾虚妄"的求实精神，下启王安石全面反对图谶纬候、天变灾异等的唯物主义认识方法，在学术思想发展史上永葆青春。

欧阳修既然认为传多新奇可怪之论，经又混杂了儒生们的许多谬说，那么，对儒家的根本所在的六经究竟应当采取什么态度而加以探索、学习呢？"自少无师传，而学出己见"②的欧阳修从自己的学习经验和认识能力出发，认为是：

> 凡今治经者，莫不患圣人之意不明而为诸儒之说汩之也。今于经外又自为说，则是患沙浑水而投土益之也；不若沙土尽去，则水清而明矣。③

> 夫世无师矣，学者当师经，师经必先求其意。意得则心定，心定则道纯，道纯则充于中者实。中充实则发为文者辉光，施于世者果致（原注：疑），三代两汉之学不过此也。④

> 夫语以圣人之中道而过，推之天下之至理而不通，则思之至者，可以自得之。⑤

> 大儒君子之于学也，理达而已矣！⑥

> 《易》者，文王之作也。其书则六经也，其文则圣人之言也，其事则天地万物、君臣父子、夫妇人伦之大端也。大衍，筮占之一法耳，非文王之事也。然则不足学乎？曰：得其大者，可以兼其小，未有学其小而能至其大者也。知此，然后知

---

① 《欧阳文忠公文集》卷一一二（奏议卷一六）《论删去〈九经正义〉中谶纬札子》。
② 《欧阳文忠公文集》卷六七（外集卷一七）《回丁判官书》。
③ 《欧阳文忠公文集》卷六八（外集卷一八）《答徐无党第一书》。
④ 《欧阳文忠公文集》卷六八（外集卷一八）《答祖择之书》。
⑤ 《欧阳文忠公文集》卷七八《易童子问》卷第三。
⑥ 《欧阳文忠公文集》卷一八《易或问三首》，引文在第一首。

第六章　北宋初年文风学风的巨大变革
欧阳修在宋学形成阶段中的先锋作用

学《易》矣。①

……圣言简且直，慎勿迂其求。经通道自明，下笔如戈矛。②

……圣门开大道，夷路肆腾嬉。便可剿众说，旁通塞多歧。正途趋简易，慎勿事崎岖。著述须待老，积勤宜少时。苟思垂后世，大禹尚胼胝。③

综合上述几段文字，大体可以看出，欧阳修探索经学的方法是：

（一）传之乱经，正像沙土浑水一样，只有去尽沙土，水才能清明。只有摆脱传疏的困扰直接探索经，才能明白经意。

（二）直接去探索、研究经文，即欧阳修所谓的"师经"。而所谓的"师经"，发挥自己认识上的主动性，对经的本身有所认识、有所了解。不旁骛、不他求，以"我"为主，"可以自得之"。

（三）对经学的探索，首先从根本上、从大的方面理解，即是从经的宏旨大义去了解；欧阳修提出治学，"得其大者，可以兼其小，未有学其小而能至其大者"，这是治学的通则，应当予以加倍注意；对治经来说，先得其大者，以《易》经为例，《大衍》仅是占筮的一个方法，不关乎全局，不是文王首先注意的事情；懂得大小之间的轻重关系，也就懂得怎样去研究经学。因而经的宏旨大义是根本所在，章句则是末节。

（四）懂得经的大旨，亦就是懂得经的义理。所谓"大儒君子之于学也，理达而已矣"，这个"理"字即是经旨经义之所在；所谓宋代义理之学，指的是宋人研治经学宏旨大义之所在，与宋代理学家所讲天理，意思是不同的。认识这一点非常重要，只有这样理解，才懂得宋代义理之学与汉代章句之学分歧之所在。

---

① 《欧阳文忠公文集》卷一八《易或问三首》，引文在第一首。
② 《欧阳文忠公文集》卷一《送黎生下第还蜀》。
③ 《欧阳文忠公文集》卷四《获麟赠姚辟先辈》。

（五）欧阳修一直认为，六经最近人情，因而研治起来并不感到多大的困难，所以他告诫人们，要从简直平易中去理解六经。刘子健先生《欧阳修的治学与从政》一书引用了欧阳修《送黎生下第还蜀》一诗，说明了这一问题；欧阳修的《获麟赠姚辟先辈》一诗也同样说明了这一问题。做学问，往往是以难为易，当然无法做成学问；但是也有的学问，不是从平易处下手，而是以易为难、故作艰深，也同样做不成学问。欧阳修这两首诗指出，要从简直平易处理解六经，而不要迂回、崎岖以求，对治经、治学都有所裨益。

《神宗实录·欧阳修传》称："［欧阳修］于经求治其大旨，不为章句，不求异于诸儒。"① "治其大旨，不为章句"，概括欧阳修治经的路子，大体上如此。"治其大旨，不为章句"，固然是欧阳修治经的路子，但它不仅仅是欧阳修个人治经的路子，而是与欧阳修同时代的朋友和同道——宋学奠基者胡瑗、孙复、石介，所谓的宋初三先生治经的共同的路子。如：

（一）胡瑗即是如此，蔡襄称其"为文章皆傅经义，必以理胜"。②他的《洪范口义》，"驳正注疏，自抒心得"，"以经注经，特为精确"。③

（二）孙复以治《春秋》名世，他的《春秋尊王发微》，"不取传注"，"其言简而义详"④；"不惑传注，不为曲说，真切简易"⑤。

（三）石介对经学的阐发也同样是"不惑"或者"不取"经传的，也同样是"直抒己意"的。

总之，从欧阳修到宋初三先生，在宋学形成的阶段，他们治经的路子是相同的，即摆脱传注的束缚，直至经学的堂奥，根据自己的认识能力，来阐发经学的宏旨大义，这就是人们所说的宋的义理之学。这种研

---

① 《欧阳文忠公文集》附录卷三。
② 蔡襄：《端明集》卷三七《太常博士致仕胡君墓志》，四库影印本1090—654。
③ 《四库全书·洪范口义》提要，四库影印本54—452。
④ 晁公武：《郡斋读书志》卷一下，四库影印本674—175。
⑤ 陈振孙：《直斋书录解题》卷三《春秋尊王发微》解题，四库影印本674—564。

第六章 北宋初年文风学风的巨大变革
欧阳修在宋学形成阶段中的先锋作用

治经学的方法、路子,如前编已经说明的,唐代啖助、赵匡和陆质就用来探索《春秋》。在宋学的形成阶段,欧阳修、胡瑗等三先生则将啖助等研治《春秋》的特殊方法,变成为研治六经的普遍方法。而且,这个方法经过宋初学者的实际应用,对经学的探索起了重大推动作用,于是成为普遍的方法,为更多的学者所接受和使用。这样一来,对比之下,宋代义理之学同汉代章句之学形成两种不同的探索经学的方法,就日益明朗化了。宋代以义理之学代替汉代章句之学,在宋学形成时期既已非常明显了。

三、欧阳修在《诗》学上的破和立

欧阳修以其锐敏、犀利的观察,对经传的怪妄谬说予以抨击,充分地表现了他的高识。与此同时,欧阳修对《诗》经毛、郑二家的注疏也提出责难。在《诗解统序》中,欧阳修指出:

> 毛、郑二学,其说炽辞辩,固已广博,然不合于经者,亦不为少:或失于疏略,或失于谬妄。盖诗载关雎,上兼商世,下及武成平桓之间,君臣得失,风俗善恶之事,阔广遂邈,有不失者鲜矣!是亦可疑也。予欲志郑学之妄、益毛氏疏略而不至者,合之于经,故先明其统要十篇,庶不为之芜泥云尔。①

毛、郑,自两汉章句之学以来,从来没有人敢道个不字,汉代考据学家尊重两汉经学,称毛公为毛爷爷而不敢喊一声毛亨的名字。欧阳修在这个问题上,可谓前无古人、后无来者,毫不客气地给予批评。即此一点而论,亦可谓之傲视千古者也。《四库提要》称欧阳修的《诗本义》一书:

---

① 《欧阳文忠公文集》卷六〇(外集卷一〇)《诗解统序》。

> 自唐以来，说诗者莫敢议毛、郑，虽老师宿儒亦谨守小序。至宋而新义日增，旧说几废，推原所始，实发于修。①

欧阳修《诗本义》所产生的影响是巨大的。

欧阳修作为诗人，对《诗》的理解和领会自然有其独到之处。就所处时代来说，欧阳修不像毛、郑那样受到谶纬迷信的侵蚀，而且如上所说，他又是那样坚决地反对图谶谬说。因此，欧阳修对毛、郑两家解诗中这方面谬误便能够洞察得清清楚楚。与此同时，欧阳修还采用比较研究方法，较量毛、郑两家之短长，然后断以己意。这样，欧阳修既能破二家谬误，又能综合众说而立其长，在《诗》学方面表现破与立这两者的统一，充分体现了欧阳修所取得的成就。下面就从《诗本义》中，选出几个有代表性的例证，来说明这个问题。

（一）反对毛、郑二家以图谶之说注释《诗》经。《文王》、《生民》二诗是这类诗说的例证。

在《文王》一诗中，郑玄笺释此诗云："受天命而王天下，制立周邦。"毛传也有类同的语言。欧阳修读这首诗后发出"众口铄金，积毁销骨"的感慨，他写道：

> 而毛、郑于诗谓文王天命之以为王，又谓文王听虞芮之讼而天下归者四十余国。说者因以为受命之年乃改元而称王。由是以来司马迁《史记》及诸谶纬符命怪妄之说不胜其多，本欲誉文王而尊之，其实积毁之。②

欧阳修在提出毛、郑以谶纬符命注释《文王》诗之后，接着提出《文王》一诗作者写此诗的本义是：

> 诗人之意以谓：周自上世以来，积功累仁，至于文王，攻伐诸国，威德并著，周国自此盛大，至武王因之，遂代纣灭

---

① 《四库全书诗义》提要，四库影印本70—181。
② 欧阳修：《诗本义》卷十《文王》，四库影印本70—251。

第六章 北宋初年文风学风的巨大变革
欧阳修在宋学形成阶段中的先锋作用

商,而有天下。然以盛德为天所相而兴周者,自文王始也。其义如此而已,故序(指《文王》一诗的序,每诗都有,是谓小序)但言受命作周不言受命称王也。①

欧阳修从其对《文王》一诗的理解批评了毛、郑二家对此诗所涂抹的谶纬谬说,是可取的。

在《生民》一诗中,欧阳修也首先批评了一些怪妄谬说,他指出:"妄儒不知所守而无所择,惟所传则信而从焉。而曲学之士好奇,得怪事则喜附而为说。前世以此为六经患者非一也。"借着后稷出生一事,欧阳修认为,"后稷之生,说者不胜其怪矣,不可以遍,攻其一二之尤者,则众说可从而息也"。毛传认为生后稷的姜嫄是帝喾高辛氏之配,而郑笺则以为姜嫄"非帝喾之配,乃高辛氏后世子孙之妃尔"。抓住毛郑两家的矛盾,欧阳修说:"凡怪妄之说,使诸家合辞并力,以相固结,若析以至理,犹可攻而破之,况二家自相乖戾如此也。"②抓住这个矛盾缺口,欧阳修以破竹之势,对姜嫄履大人之迹而生后稷(周弃)等许多怪说,进行了扫涤,从而使人们呼吸到了清新的气息。

(二)菲薄毛、郑两家,择善而从。

欧阳修在对《诗》的探索中,看到毛、郑二家的传笺对诗的注释都不准确,因而不能不放弃这些说法,另加选择,《击鼓》一诗就是这样做的。欧阳修对《击鼓》诗的评论说:

> 《击鼓》五章,自爰居而下三章,王肃以为卫人从军者与其室家诀别之辞,而毛诗无说,郑氏以为军中士伍相约誓之言。今以义考之,当时王肃之说为是,则郑于此诗,一篇之失大半矣!③

---

① 欧阳修:《诗本义》卷十《文王》,四库影印本70—251。
② 欧阳修:《诗本义》卷一〇《生民》,四库影印本70—258;是诗载《毛诗注疏》卷二四,四库影印本69—748、763。
③ 欧阳修:《诗本义》卷二《击鼓》,四库影印本70—194。

按《击鼓》一诗，载于《毛诗注疏》卷二，从《爰居》以后诸章看，确实如王肃这位经学家所说，是从军者与其妻子告别时的谈话，如所谓："死生契阔，与子成说。执子之手，与子偕老"；"于嗟阔兮，不我活兮；于嗟洵兮，不我信兮"！在兵役的压迫下，夫妇别离的凄惨情景。《诗》中有关这一类的诗，如《东山》等，都是很动人的。欧阳修以王肃说代替郑说是正确的。

（三）是毛非郑。

欧阳修对《诗》的探索，有的诗则认为毛传是正确的，而郑笺是错误的，因而是毛非郑。《氓》这首诗，欧阳修对郑玄提出了不少的批评。他指出：

> 论曰：《氓》据序，是卫国淫奔之女，色衰，而为其男子所弃，因而自悔之辞也。今考其诗，一篇终始，皆是女责其男之语。凡言子、言尔者，皆女谓其男也。郑于尔卜、尔筮，独以谓告此妇人曰：我卜，汝宜为室家。且上下文初无男子之语，忽以此一句为男告女，岂成文理？①

统览该诗全文，欧阳修称全诗是被遗弃了的女子对着男子诉说，是完全正确的。至于郑玄"以为国之贤者判此妇人见诱，故于嗟而戒之"云云，所引用的诗句都是"女之自语"，不能以此立据，称郑玄所谓"贤者之辞"是"臆说"，这一批评也是对的。至于"桑之未落，其叶沃若"，"桑之落矣，其黄而陨"，通过桑的茂盛和凋落，比喻女子爱情的盛衰，也是极为明显的。而郑玄却说："桑之未落，谓其仲秋也。"于是"国之贤者判此妇人见诱，故于嗟而戒之"云云，以及"鸠以非食食葚，犹女子嫁不以礼"云云，仲秋之时哪有桑葚可食，真是驴唇不对马嘴，欧阳修认为这些都是郑玄的失误，也是很正确的。

---

① 欧阳修：《诗本义》卷三《氓》，四库影印本 70—201。

第六章　北宋初年文风学风的巨大变革
欧阳修在宋学形成阶段中的先锋作用

（四）甲郑乙毛。

欧阳修再一类的探索，则是肯定郑玄的笺释而否定毛公的传解。《青蝇》一诗是这类的一个例证。

《青蝇》这首小诗，是讽刺时政的。青蝇飞出的嘤嘤嗡嗡之声，诗人用来比喻这种声音混淆人们的视听，以至变黑为白、变白为黑，因而应当把这种"交乱四国"的乱声摒诸樊篱之外，犹之乎"郑声淫、远郑声"的意思。然而这首小诗的笺释却很麻烦。郑玄笺作：

> 蝇之为虫，污白使黑，污黑使白，喻佞人变乱善恶也。言止于藩，欲外之，令远物也。①

欧阳修对此诗的评论道：

> 青蝇之污黑白，不独郑氏之说，前世儒者亦多见于文字。然蝇之为物，古今理无不同，不知昔人何为有此说也。今之青蝇，所污甚微，以黑点白，犹或有之，然其微细，不能变物之色。诗人恶谗言变乱善恶，其为害大，必不引以为喻。至于变黑为白，则未尝有之。乃知毛义不如郑说也。②

最后，欧阳修论这首诗的本义中指出："青蝇之为物甚微，至其积聚而多也，营营然往来飞声可以乱人之听，故诗人引喻谗言渐渍之多，能致辞惑尔！其曰止于樊者，欲其远之，当限之于藩篱之外，郑说是也。"③

（五）在对毛、郑二家的批评中，欧阳修不止一次地论述了他对经学的全局性的观点。如：

（1）在《相鼠》诗中，欧阳修指出："经义固常简直明白，而未尝不为说者迂回汩乱而失之弥远也。"④ 诗之本义"直刺卫之群臣无礼仪耳"，因而诗意称"人不如鼠"，而毛、郑不从全诗意旨所在领会是诗，

---

① 《毛诗注疏》卷二一《青蝇》，四库影印本69—633。
② 欧阳修：《诗本义》卷九《青蝇》，四库影印本70—245。
③ 欧阳修：《诗本义》卷九《青蝇》，四库影印本70—245。
④ 欧阳修：《诗本义》卷三《相鼠》，四库影印本70—200。

而是"以鼠比人",甚至诗中所没有之涵义,毛郑比附之,以至误失不只一处。

(2) 在《出车》一诗中,欧阳修指出:"诗文虽简易,然能曲尽人事。而古今人情一也,求诗义者以人情求之,则不远矣。然学者常至于迂远,遂失其本义。"① 毛、郑却称"《出车》于牧以就马"之类,离题愈远,离《出车》之本义也就远了。

(3) 在对《何人斯》一诗评论中,欧阳修指出:"古诗之体,意深则言缓,理胜则文简。然求其义者,务推其意理。及其得也,必因其言据其文以为说,舍此则臆说矣。"② 这些话的意思是,通过言简意深的全诗,推求诗的义理;及其对义理有所得,则根据诗文而加以阐释,而离开根据则成为臆说。欧阳修统观全诗而对郑说进行了中肯的评论。

(4)《斯干》诗,欧阳修评论说:"毛于《斯干》训诂而已,然与他诗多不同。郑笺不详。诗之首卒,随文为解,至有一章之内,每句别为一说,是以文意散离,前后错乱,而失诗之旨归矣。又复差其章句,章句之学,儒家小之,然若乖其本旨,害于大义,则不可以不正也。"③ 这是欧阳修对章句之学最明确的表示,值得注意。

综合《诗本义》对毛、郑二家的评论来看,欧阳修对《诗》学的贡献是巨大的。在对二家评论中,欧阳修坦率、明确地指出"章句之学,儒家小之",因而对《诗》学中的毛、郑两家权威学者作了毫不容情的批判。同时还申明了对《诗》学要"推其意理",阐发《诗》的义旨。可以说,宋人以义理之学批评章句之学,是欧阳修率先提出来的。从欧阳修《诗本义》对毛、郑两家权威学者的评论来看,虽不能说百发百中,也确实做到了十拿九稳。为什么毛、郑两家权威被欧阳修批得如此一塌糊涂?主要在双方治学方法的差异。毛、郑以章句之学阐释《诗》

---

① 欧阳修:《诗本义》卷六《出车》,四库影印本 70—222。
② 欧阳修:《诗本义》卷八《何人斯》,四库影印本 70—237。
③ 欧阳修:《诗本义》卷七《斯干》,四库影印本 70—226。

第六章 北宋初年文风学风的巨大变革
欧阳修在宋学形成阶段中的先锋作用

学,没有贯通该诗的全篇义旨所在,而是在个别章句上加以注释,上下文不照应,以至注释之间前后矛盾。欧阳修贯通全诗,理顺诗的宏旨义理之所在,而后抓住章句的注释,然后以自己之所得,高屋建瓴地俯视毛、郑二家痼疾症结,以至势如破竹,无往不胜,痛快淋漓地揭示、批判了二家的失误。前面引用欧阳修治学的路子是,"得其大者,可以兼其小;未有学其小而能至其大者也"。从治学的路子、方法来看,毛、郑二家与欧阳修之间的优劣高下是不难判定的。欧阳修以其勇锐果决,向毛、郑二家权威学者提出挑战,终于以义理之学战胜了章句之学,为宋学建立创建了不朽业绩。

就欧阳修《诗本义》所应用的方法,从前面的叙述中,大致可以概括为如下几点:(1)以比较研究方法作为最基本的方法,从自己所理解的《诗》本义出发,与毛、郑两家传注比较,然后得出结论,这个结论是:毛、郑两家皆误,另立新说;毛是郑非,或毛非郑是,则择善而从。这个方法也是欧阳修研治《春秋》诸经经常使用的方法。(2)《诗》、史互相勘证的方法是《诗本义》所使用的再一重要方法。欧阳修非常重视每篇诗所产生的时代背景、社会条件,根据这些情况探索诗的本义。这样,也就使欧阳修考察《诗小序》所叙述的每篇诗产生的时代情况与该诗篇实际情况是否符合,从而使《诗》、史互证的方法凸现出来。近代陈寅恪先生诗史互证的方法给史学以重要影响,从这一方法的来源看,似是欧阳修开其滥觞。(3)任何一种研究方法,必须立足于客观实际的亦即唯物主义的物质基础上,才能够发挥它的作用。欧阳修之所以重视以简要概括的语言说明诗章时代的《诗小序》,道理也即在于此。《诗小序》如果论述的时代确凿可信,诗章的比较研究及其大义便能够顺理成章地探索明白。因此为弄清《诗小序》是否可信,欧阳修以《春秋》诸经加以检验,这就形成了历史的考据方法。这也是《诗本义》所使用的重要方法。(4)自晚明陈第《诗经古音考》开创了以音韵方法探索《诗经》、《楚辞》,音韵学成为清代乾嘉学派考据学的最为重要的方法。欧阳修限于时代,还不能够多方面利用这一手段,但就他的其他研究方法而论,较诸清人的方法则毫无逊色,有的则是清人未能达到的。总之,欧阳修对《诗》学的贡献是巨大的,他的研究方法不仅直接有助于他对《五代史记》的纂写,对后人也有着重要的启迪作用。

欧阳修虽然批评了毛、郑二家的谬误,但要想舍弃两家之说,"特立一家之学",则是不容易的,亦是不可能的:

> 昔者,圣人已没,六经之道几熄于战国,而焚弃于秦。自汉以来,收拾亡逸,发明遗义,而正其讹谬,得以粗备,传于今者,岂一人之力哉!
>
> 后之学者,因迹前世之所传,而较其得失,或有之矣。若使徒抱焚余残脱之经,伥伥于去圣千百年后,不见先儒中间之说,而欲特立一家之学者,果有能哉?吾未之信也。
>
> 然则先儒之论,苟非详其终始而抵牾质于圣人,而悖理害经之甚,有不得已而后改易者,何必徒为异论以相訾也!
>
> 毛郑于诗,其学亦已博矣。予尝依其笺传,考之于经,而证以序谱,惜其不合者颇多。盖诗述商周自生民玄鸟,上陈稷契,下迄陈灵公,千五百岁之间,旁及列国君臣世次……然则孰能无失于其间哉?予疑毛郑之失既多,然不敢轻为改易者,意其为说不止于笺传,而恨已不得尽见二家之书,未能遍通其旨。夫不尽见其书,而欲折其是非,犹不尽人之辞而欲断其讼之曲直,其能果于自决乎?其能使之必服乎?①

这段文字充分地表现了欧阳修的治学精神和魄力。欧阳修对毛、郑的批评,并不是一棍子打死,全盘否定,而是"黜其杂乱之说,所以尊经"②。欧阳修认为毛、郑是博学之士,对《诗》学很有贡献,但由于传笺的跨度达一千五六百年,牵涉范围又广,因而注释中的错误也是在所难免的。同时,欧阳修还指明,只有穷尽毛、郑两家的著作,才能对

---

① 《欧阳文忠公文集》卷四一《诗谱补亡后序》。
② 《欧阳文忠公文集》卷一八《易或问》第二首。

其在传笺之外的说法有所明白，否则论断其是非也是不可能的。这又表现了欧阳修治学谨严审慎的态度。

最后欧阳修在这篇题名为《诗谱补亡后序》中还说道，"世言郑氏诗谱最详，求之久矣，不可得，虽崇文总目秘书所藏亦无之"。庆历四年（1044）欧阳修出使河东在绛州偶然遇到，"其文有注而不见名氏，然首尾残缺"，"其国谱旁行，尤易为讹舛，悉皆颠倒错乱，不可复考"。经过欧阳修悉力补苴，"凡补其谱十有五，补其文字二百七，增损涂乙改正者三（原注一作八，按四库本即作八）百八十三，而郑氏之谱复完"。用这一补正来表示"以见予于郑氏之学尽心焉"，而不是"好为异论"而同毛、郑唱反调。① 这同样体现了欧阳修治学的态度，为的是追求真理，而不是争个人高低！

欧阳修对郑玄诗谱的补苴，是对《诗》学的再一贡献。诗谱从其纵向看，是按诗的先后时代排列的，即按殷周各代排列；从横向看，是将诸诗分别排于列国。这种排列，既可看出诗歌所反映的历史时代情况，又可看出所反映的各国情况，从而说明各诗与时代的政治、经济关系，很值得重视。

四、欧阳修的道路

自从孔夫子提出"学而优则仕"之后，是儒家信徒也好，不是儒家信徒也好，都主要地是通过读书而后做官。自两汉重经学，隋唐科举考试虽以诗赋抡才，但诸经也是场屋中的重要内容，所谓读书做官，实际上则是读经做官。因而经学与士大夫之间的关系是至为密切的。尽管如此，士大夫在其自身发展过程中，有着这样和那样的差别，道路并不是

---

① 《欧阳文忠公文集》卷四一《诗谱补亡后序》。

一模一样的。欧阳修作为北宋前期的著名士大夫之一,他的道路既有其独特性,又具有代表性,值得在此一提。

最足以表现欧阳修道路的,是如下的两段文字。其一是《与张秀才第二书》中所说:

> 君子之于学也,务为道,为道必求知古。知古明道,而后履之以身,施之于事,而又见于文章而发之,以信后世。其道,周公、孔子、孟轲之徒常履而行之者是也,其文章,则六经所载至今而取信者是也。其道易知而可法,其言易明而可行。①

前面引用过的《答祖择之书》,也说明了这一问题:

> 夫世无师矣,学者当师经,师经必先求其意。意得则心定,心定则道纯,道纯则充于中者实。中充实则发为文者辉光,施于世者果致,三代两汉之学不过此也。②

欧阳修这两封信的内容是:儒生士大夫要"知古明道",这个道即是周公孔夫子之道,亦即儒家之道。但如何明道,"学者当师经",即从六经中学习儒家之道。既"知古明道",又通过经学习了孔夫子之道,是否就万事大吉、就此为止?不是!关键在于:明道而后,"履之以身,施之于事","发为文者辉光,施于世者果致",亦即所谓实践。欧阳修的道路,特别是庆历以前的四十多年中就是他的最为光辉的实践道路。

从欧阳修的社会实践看,他四十多年的前半生确实经历了最为光辉的历程:

(一)在北宋前期古文运动中,亦即在文风的变革中,他亲自履践,起了中流砥柱的作用。

---

① 《欧阳文忠公文集》卷六六(外集卷一六)《与张秀才第二书》。
② 《欧阳文忠公文集》卷六八(外集卷一八)《答祖择之书》。

第六章 北宋初年文风学风的巨大变革
欧阳修在宋学形成阶段中的先锋作用

（二）在对经学的探索中，以大胆怀疑精神反对诸如河图洛书之类的怪妄谬说，并以谨严审慎的治学态度纠正了毛、郑二家的传笺谬注，以其义理之学取代了汉代的章句之学，对宋学的建立起了重要作用。

（三）尤为重要的是，在通经致用思想指导下，欧阳修把变革社会的政治实践放在第一位，多年来同以吕夷简为代表的守旧派官僚进行了不懈的斗争。以其光芒四射的政论为武器，终于赢得了庆历新政这场政治变革。庆历新政虽然昙花一现，但欧阳修却把文风、学风和政风的变革统一起来。欧阳修以及以范仲淹为代表的庆历新政的影响是巨大的，他们为后来的爱国者指出一条道路。这就是，只有通过变革才能改变百年来的积弊；舍此，则是没有出路可言的。

欧阳修的道路，实际上也就是庆历新政代表人物如范仲淹、韩琦、富弼、尹洙、三先生、李觏等人的共同的道路。所不同者，欧阳修以其深厚的文学艺术上的成就，一直影响着北宋文坛，直到嘉祐年间，并未稍泯。

欧阳修的道路大致如此，至于他的为人处世，有种种不同议论。仁智所见不同，不足多谈。朱熹一段文字，却值得注意。他说：

> 问："东坡与韩公（韩愈）如何？"曰："平正不及韩公。东坡说得高妙处，只是说佛，其他处又皆粗。"又问："欧公如何？"曰："浅。"久之，又曰："大概皆以文人自立。平时读书，只把做考究古今治乱兴衰底事，要做文章，都不曾向身上做工夫，平日只是以吟诗饮酒戏谑度日。"①

这是朱熹以道学家身份来评论欧阳修、苏轼的。就欧、苏成就及其影响看，确实是以文学艺术而立身。朱熹称欧、苏为文士者，以其"以文人自立"，只会做文章，"都不曾向身上做工夫"，即不像朱熹道学家们那样，做内心的反省工夫。朱熹以这条杠杠划分了道学家与非道学家的

---

① 《朱子语类》卷一三〇《本朝四·自熙宁至靖康用人》。

区分。如果从社会实践来看,道学家的内心反省毕竟同社会实践有距离,若就此点而言之,社会实践又是区分一些先进的宋学家与道学家的界线。在今后几章中,这一问题要频频出现,并要予以详细地探索。

第七章
宋学的奠基者：宋初三先生
在经学上的贡献

胡瑗、孙复和石介，世谓之宋初三先生，对宋学的奠基起了重大作用。《宋元学案》最先列举了三先生的学说，并以《安定学案》为之首，用来表彰他们在宋代学术思想史上所具有的崇高地位。为了叙述上的方便，本章先从孙复谈起。

一、孙复与师道的建立《春秋尊王发微》
对专制主义的歌颂

孙复（993—1057），字明复，原晋州平阳人，落户于京东路兖州仙源县。孙复与胡瑗、石介读书于泰山，生活至为艰苦。魏泰《东轩笔录》曾记载了孙复年轻时穷困落魄的情景：

> 范文正公（指范仲淹）在睢阳掌学，有孙秀才者索游，上谒文正，赠钱一千。明年，孙生复道睢阳谒文正，又赠十千。因问何为汲汲于道路？孙秀才戚然色动，曰："老母无以养，若日得百钱则甘旨足矣！"文正曰："吾观子辞气，非乞客也。

二年仆仆，所得几何？而废学多矣！吾今补子为学职，月可得三千以供养，子能安于为学乎？"孙生再拜大喜。于是，授以《春秋》，而孙生笃学，不舍昼夜，行复修谨，文正甚爱之。明年，文正去睢阳，孙亦辞归。后十年，闻泰山下有孙明复先生以《春秋》教授学者，道德高迈，朝廷召至太学，乃昔日索游孙秀才也。文正叹曰："贫之为累亦大矣！倘因循索米至老，则虽人有如孙明复者，犹将汩没而不见也。"①

这个故事真实地记录了年轻的孙复如何在艰难困苦中得到范仲淹的帮助，从而在经学上做出了重大贡献。在整个宋学形成发展中，具有孙复这类遭遇的还大有人在，这些下层士大夫的业绩是不可磨灭的。

前文曾指出，韩愈提出建立师道问题，这是"传道授业"、光大儒学的重大问题。这个问题亦受到宋学建立者们的重视，他们以不同方式来阐释这个问题的重要性。欧阳修在《答祖择之书》中即畅谈了师道的重大意义：

> 三代之衰，学校废，至两汉，师道尚存，故其学者各守其经以自用。……后世师法渐坏，而今世无师，则学者不尊严，故自轻其道。轻之，则不能至；不至，则不能笃信；信不笃，则不知所守；守不固，则有所畏，而物可移。是故学者惟俯仰徇时，以希禄利为急，至于忘本趋末，流而不返。夫以不信不固之心，守不至之学，虽欲果于自用，莫知其所以用之之道，又况有利禄之诱、刑祸之惧以迁之哉！此足下所谓志古知道之士世所鲜而未有合者，由此也。②

欧阳修贴切地说明了师道与儒学二者之间的关系，认为由于没有师道或师道不立，儒学难以树立起来。至于欧阳修所说，许多人读孔夫子的

---

① 魏泰：《东轩笔录》卷一四，四库影印本1037—498。
② 欧阳修：《欧阳文忠公文集》卷六八（外集卷一八）《答祖择之书》。

书，不过是为了做官，并不坚持古道；坚持古道之士之所以难得，在于人们经不住"利禄之诱、刑祸之惧"！这些话说得是很深刻的。如果把欧阳修的"古道"换作"原则"，古往今来坚持不住"原则"的，也确是由于经不住"利禄之诱、刑祸之惧"，这颇值得人们去认真思考。

孙复和石介对师道问题的看法与态度则以自身的实践来表现。孙复，学者称之为泰山先生。石介是京东一带素有声望的学者，对孙复执弟子礼。这件事情本身就具有相应的影响，借着孔道辅（孔夫子的后代，又是当时有名望的官员）谒见孙复的机会，"［石］介执杖屦侍左右，先生坐则立，升降拜则扶之。及其往谢也，亦然。鲁人既素高此两人，由是始识师弟子之礼。"①

胡瑗加强师道的做法，则是通过在湖学和太学教授生徒时，严师弟子之礼而树立了师道尊严。大体上，宋学的奠基者们如欧阳修、三先生，在师道树立这个重大问题上，是从理论和实践两个方面予以解决的。就实践看，胡瑗将湖学中的做法，扩大及于太学，从师生日常相处中（包括教学和日常生活）形成尊师重道，则显得更加顺理成章，亦更加富有成果。师道经韩愈的提倡，到宋学建立者才树立起来；到二程建立理学之后，师道得到了更进一步的发展。

孙复在经学上的重要贡献，是他的《春秋尊王发微》（十二卷）。是书在孙复去世后由他的弟子祖无择"就其家将其书十五篇录之"，而后献于朝廷"藏于秘府"。《春秋》据说是孔夫子"因鲁史记"而编纂成功的，所谓"笔则笔，削则削，游、夏不敢赞一辞"。孔夫子为什么要纂修《春秋》？《论语》上有如下两段对话，一是子路问孔夫子，"卫君待子而为政，子将奚先"？孔夫子回答说："必也正名乎！"再一次是鲁景公问政，孔夫子回答了八个字："君君、臣臣、父父、子子。"综合这两段问话，孔夫子为政所要提出的"正名"，即在"正"君臣父子之"名"，这既是春秋二百四十年社会政治现实生活的一个反映，又是孔夫

---

① 欧阳修：《欧阳文忠公文集》卷二七《孙明复先生墓志铭》。

子纂修《春秋》的意旨之所在，即要通过正名以维护周天子的尊严和奴隶等级制度下的统治秩序。"《春秋》以道名分"，庄子的这句话，对《春秋》概括得十分准确。孙复的《春秋尊王发微》一书，便是在"道名分"的基础上进行阐发的，从对周王的尊崇以表示作者著书立说的意旨之所在。

孙复的《春秋尊王发微》是如何通过正名，达到维护周王的尊严和等级制统治秩序的呢？

（一）根据孔夫子《论语》上的"天下有道，则礼乐征伐自天子出；天下无道，则礼乐征伐自诸侯出"等言语，孙复指出："礼乐征伐者，天下国家之大经也"，只能由周天子主宰其事，"非诸侯可得专也。"① 为什么要这样做？这是由于：礼是维护等级秩序的硬性规定，具有不成文法的性质，除"礼不下庶人"，即被统治者不受礼的约束而是以严刑峻法予以控制外，所有各等级都必须严格遵守。作为周天子，为维持天子的尊严，也必须遵守。例如周天子的丧事，必须死后七个月方能下葬，否则便是失礼，并因此而受到谴责。鲁宣公三年正月周匡王下葬，孙复记其事道："天子七月而葬，匡王崩，至此四月，非礼可知也。"② 此后周简王五个月下葬也同样被孙复记上一笔。③ 至于诸侯大夫等贵族们违背礼法的事情更是不胜枚举。值得一提的是，鲁僖公三十一年郊祭一事曾受到孙复的评议：

> 郊者，祭天之名也。天子祭天地，无所不通，诸侯祭其境内山川。鲁，诸侯也，以诸侯而用天子之祭，僭孰甚焉！④

对于鲁文公"四不视朔"的典礼，孙复则以讥笑的口吻说：

> 天子班朔，诸侯藏于祖庙，每月朝庙，北面受而行之。文

---

① 孙复：《春秋尊王发微》卷一，四库影印本147—6。
② 《春秋尊王发微》卷七，四库影印本147—71。
③ 《春秋尊王发微》卷九，四库影印本147—87。
④ 《春秋尊王发微》卷五，四库影印本147—58。

第七章 宋学的奠基者：宋初三先生在经学上的贡献

> 公不肖，怠弃国政，天子班朔而四不视之，此文公之不臣也甚矣！故自是视朔之礼遂废。子贡欲去告朔之饩羊是也。①

周天子"班朔"，诸侯大夫当奉正朔，鲁文公"四不视朔"亦即不奉正朔的一种表现，所以孙复称其"不臣也甚矣"！视朔之礼既废，告朔之饩羊之去也就势所必然了。

（二）"乐"，在殷周，"礼乐"并称，与"礼"同样具有维护社会等级制度的意义，因而必须遵守而不能有所逾越。《论语》上载有鲁隐公曾经僭用天子才能够使用的"八佾"之舞，孔夫子曾愤怒地说："是可忍也，孰不可忍也。"但孔夫子终于无法摆脱儒生们懦弱的劣根性，不敢斥责鲁隐公，因而借六羽之献以揭露鲁隐公的僭妄。孙复对此评论说：

> 初，始也。羽，舞者所执大雉之羽也。其言初献六羽者，鲁僭用天子礼乐，舞则八佾，孔子不敢斥也，故因此减用六羽，以见其僭天子之恶。②

孙复径直地、毫不含糊地称孔子对八佾"不敢斥"，表现出他在学术上"不佞于圣人"的风格，值得尊敬。

（三）春秋时期是王纲解纽、诸侯专擅的时期，孙复《春秋尊王发微》揭露并批判了这种专擅的行为。如制军，诸侯之国军队的多少，都有定制，而鲁国襄公十一年作三军，孙复评论道：

> 作三军，乱圣王之制也。古者，天子六军，大国三军，次国二军，小国一军。鲁次国，以次国而作三军，乱圣王之制，何也？③

鲁国作三军，主要问题在于没有周王的命令。因此，鲁昭公五年"舍中

---

① 《春秋尊王发微》卷六，四库影印本147—68。
② 《春秋尊王发微》卷一，四库影印本147—9。
③ 《春秋尊王发微》卷九，四库影印本147—91。

军","皆非天子命也",也受到孙复的批评。①

（四）土地，自西周以来，所谓"溥天之下，莫非王土"，所有土地都属于周王，诸侯大夫不能任意转换。借"郑伯以璧假许田"一事，孙复评论道：

> 许田者，许男（指五等爵中之男爵）之田也。天子所封，不可假也。郑与许接壤，故郑伯以璧假其田。二国擅假天子之田，自恣若此，然犹愈乎用兵而取也。故曰：郑伯以璧假许田。②

（五）《春秋》认为，只有周王才握有生杀予夺的大权，诸侯大夫是不能专杀的。因此，遇到这类专杀事件，孙复在予以揭露的同时还加以批判。他在庄公二十二年"陈人杀其公子御寇"条下评论道：

> 陈人杀其公子御寇者，讥专杀也。是故二百四十二年无天王杀大夫文，书诸侯杀大夫者四十七也，何哉？古者诸侯之大夫皆命于天子，诸侯不得专命也。大夫有罪则请于天子，诸侯不得专杀也。大夫犹不得专杀，况世子母弟乎？③

至于臣下的专杀，尤为孙复所痛绝。在王札子专杀召伯毛伯事下，孙复对周定王也予以抨击：

> 生杀之柄，天子所持也。是故《春秋》非天子不得专杀。王札子，人臣也。王札子人臣，杀召伯毛伯于朝，定王不能禁，专孰甚焉！故曰王札子杀召伯毛伯，以诛其恶。④

（六）春秋时期最大的特点是，征伐不自天子出，而是自诸侯出，从而形成大国兼并小国、强国兼并弱国的兼并战争，自西周以来的百多

---

① 《春秋尊王发微》卷十，四库影印本147—103。
② 《春秋尊王发微》卷二，四库影印本147—14。
③ 《春秋尊王发微》卷三，四库影印本147—35。
④ 《春秋尊王发微》卷七，四库影印本147—75。

———• 第七章　宋学的奠基者：宋初三先生在经学上的贡献 •———

个国家到战国初年成为十多个国家。对这种兼并战争，孙复自然是不遗余力地予以诛伐。这类例证甚多，不必举述。值得注意的是，孔夫子作《春秋》是要严夷夏之防的，但在诸夏衰微的情况下，凡是能够驱除夷狄侵扰、稳定中国的征伐活动则都有条件地予以肯定。孙复继续发挥了孔夫子的这一思想，他对齐桓公、晋文公的行动便是以这种态度评述的。如对齐桓公灭遂一事论述道：

> 威公（即齐桓公）贪土地之广，恃甲兵之众，驱逐逼胁，以强制诸侯，……有弗狗者，小则侵之、伐之，甚则执之、灭之，其实假尊周之名以自封殖尔，故此年灭遂。①

在"北救邢"纪事下评论道：

> 威（齐桓公）自灭遂，二十年用师征伐，皆称人者，以其攘夷狄、救中国之功未著微之也。②

在"诸侯盟于葵丘"纪事下，孙复又评论道：

> 威公（桓公）图伯，内帅诸侯，外攘夷狄，讨逆诛乱，以救中国，经营驰骤，出入上下三十年，劳亦至矣。然自服强楚，其心乃盈，不能朝于京师，翼戴天子，兴衰振治，以复文武之业。……孟子称五伯，威公为盛，……五伯者，三王之罪人也；今之诸侯，五伯之罪人也；今之大夫，诸侯之罪人也。此葵丘之盟，威公之恶从可见矣。③

对晋文公扼制荆楚的作用，孙复也一再加以说明，并且认为："威（齐桓公）、文既死，诸夏不振，丧乱日甚，幅裂横溃，制在荆蛮故也。自是天下之政，中国之事，皆荆蛮迭制之。"④ 即桓、文死后诸夏政局面

---

① 《春秋尊王发微》卷三，四库影印本 147—32。
② 《春秋尊王发微》卷五，四库影印本 147—43。
③ 《春秋尊王发微》卷五，四库影印本 147—48。
④ 《春秋尊王发微》卷十，四库影印本 147—102。

临荆楚宰制,这些话对桓、文的肯定是非常明显的。虽则如此,但儒家毕竟是主张王道而非霸道的,所以自孟子以来便区分了王道和霸道,认为齐桓、晋文等五伯是三王的罪人。王霸之分,这是儒家政治哲学中的一个重大问题,而且又把这个问题同义利结合起来,形成为王霸义利之辨的争论。孙复《春秋尊王发微》在王霸问题上,是牢固地站在孟子以来的儒家立场上的,明白了这一点,也就由此可以认识到,孙复等人积极建立起来的宋学,从某种意义上说,是在新的历史条件下古代儒学的一个振兴。

(七)春秋时期的历史表明,周平王东迁后,王室衰微,公室(即诸侯国)强大;公室衰微,大夫专政,以至于陪臣执国命。孙复在批判诸侯专擅的同时,对大夫的专擅也同样予以揭露和批判。从大夫们强固自己的食邑而兴修城池,如鲁季氏"城费",以及大夫们的"城杞",揭露鲁季氏扩大自己的力量,指明"政在大夫"①。至于大夫弑君一类(如齐崔杼弑其君),是孙复一再批判的重要靶子。对大夫专政,孙复曾作了如下的总结性的说明:

> 隐、威之际,天子失道,诸侯擅权;宣、成之间,诸侯僭命,大夫专国。至宋之会,则又甚矣,何哉?自宋之会,诸侯日微。天下之政,中国之事,皆大夫专持之也。②

《春秋》虽然被尊之为经,但就书的性质说,毕竟是史。孙复对《春秋》的阐发,主要是从义理上加以论述。但这一类的总结性的说明,将《春秋》时期政治权力的递擅刻画出来了。这一点也是需加注意的。

(八)在极度混乱的春秋时期,劳动人民生活的痛苦是不言而喻的。孙复对统治者过度剥削采取了批判态度。如对鲁庄公三十一年"筑台于薛"一事的评论:"庄比年兴作,今又一岁而三筑台,妨农害民,莫甚乎

---

① "城费"、"城杞"分别载于《春秋尊王发微》卷九,四库影印本147—89、99。
② 《春秋尊王发微》卷九,四库影印本147—97。

此!"① 对鲁文公十六年八月"毁泉台"的评论是:"毁泉台,恶劳民也。筑之劳,毁之劳;既筑之,又毁之,可谓劳矣。"② 孙复不仅反对劳役,而且对诸如"初税亩"、"用田赋"等加重劳动者的田赋也是反对的:

> 古者什一而税于民,初税亩非正也。此宣公奢泰,国用不足,又取私田以敛其一,始什二而税也。故哀公问于有若曰:"年饥,国用不足,如之何?"有若对曰:"盍彻乎"?曰:"二,吾犹不足,如之何其彻也!"哀公言"二吾犹不足",则鲁自宣公以来,什二而税也可知矣!③

> 田者,井田也,赋者,财赋也。宣公奢泰,始什二而税,至于哀公,则又甚焉。哀公不道,既什二而税其田,又什二而敛其财,故曰用田赋,言用田以为财赋之率也。④

孙复虽然是阐发经旨,但从所论述的春秋时劳役赋税之情况看,他对劳动者身受压榨之重亦显然是同情的,不仅单纯地为阐发经旨而阐发经旨。

孙复《春秋尊王发微》受到时人的高度重视。晁公武《郡斋读书志》曾引用欧阳修所作孙复墓志上一段话,评论是书道:"明复治春秋,不取传注,其言简而义详,著诸大夫功罪,以考时之盛衰,而推见治乱之迹,故得经之意为多。"著名的经学家常秩,却曾讥讽是书"犹商鞅之法,弃灰于道者有刑,步过六尺者有诛"。认为孙复论事论人有过为苛刻的地方,南宋初的胡安国认为常秩的这一批评是对的。⑤ 孙复的偏激确是存在的。但不论怎样说,孙复虽如四库馆臣所说是"阴主公、谷",亦即受了公羊高、谷梁赤的某些影响,却"不取传注",或者如欧阳修在孙复

---

① 《春秋尊王发微》卷三,四库影印本147—40。
② 《春秋尊王发微》卷六,四库影印本147—68。
③ 《春秋尊王发微》卷七,四库影印本147—75。
④ 《春秋尊王发微》卷一二,四库影印本147—123。
⑤ 晁公武:《郡斋读书志》卷一下,四库影印本674—175。

《墓志》上所说，"不惑传注，不为曲说"①，以自己非常清楚明白的语言，阐述《春秋》旨意，与胡瑗等共同开创了探索经学的新路子！

值得探讨的是，孙复《春秋尊王发微》一书的社会倾向性是什么，孙复写这部书的潜在思想背景又是什么，孔夫子虽一再强调，"天下有道，礼乐征伐自天子出"，极力歌颂和维护周天子的高大形象，但就历史的实际来看，孔夫子所描绘的周天子不过是一个理想和期望而已。自周公东征之后，东方广大地区，由齐、鲁等诸侯国进行统治，而周王的权力仅仅行使于王畿之内。所以，孙复《春秋尊王发微》所论述的周王，从礼乐刑政赏罚到建立武装力量、进行征伐等大事，和孔夫子理想和期望一样，是西周以来的社会历史实际中所没有的。孔夫子这一理想和期望，是对春秋以来混乱的政治局面这一现实生活的否定。可是，对《春秋尊王发微》的作者孙复来说，情况就大不相同了。孙复所论述的礼乐刑政赏罚等所有权力，周天子并没有具备，但是在孙复所生长的时代里，专制主义统治的最高点皇帝则是具备了的，而且这些权力是在同此前封建割据的斗争中逐步建立起来的，并终于结束了封建割据的混乱局面。这样，宋代专制主义统治权力便不由自主地通过孙复的思维，再现于《春秋尊王发微》所论述的周天子形象中，孙复《春秋尊王发微》旨在阐发《春秋》经，但他却为现实的宋专制主义唱了一曲赞歌！是有意的还是无意的，让那些喜欢探讨动机的人们去探讨吧！

二、石介的反骈文、排佛老与宗经重道及其对社会现实生活的重视和投入

石介（1005—1045），字守道，兖州奉符人。与欧阳修同中天圣二

---

① 欧阳修：《欧阳文忠公文集》卷二七《孙明复先生墓志铭》。

年（1024）进士，历任郓州、南京推官，并代文石丙至嘉州军事判官。因守父母丧，耕于徂徕山下，"有故田三百亩"①。就土地占有而言，石介达到中等地主以上占地水平。这样的人户靠地租收入生活，肯定地说是不够的，石介称"赖大人与介两人禄，四十口仅得饱食"②，这个说法是可信的。此后，庆历年间石介任国子监直讲，与孙复、胡瑗一道在太学任教，太学声望大增，负笈而来的学生甚多，"太学由此益盛"③。

石介在《与士建中秀才书》中指出：

> 方今正道缺坏，圣经臲卼，淫文繁声，放于天下；佛老妖怪诞妄之教，杨墨汗漫不经之言，肆行于天地间。④

这段文字提出"淫文繁声"和"佛老妖怪"两个问题，亦即骈文和佛老两个问题。石介终生以恢复儒学自任，把骈文和佛老作为靶子而一再予以批判。

同欧阳修一样，石介以炽烈的战斗的姿态对骈文施行打击。在《怪说》这篇著名的文章中，他对倡导西崑体的杨亿称之为"怪"而大事挞伐：

> 奚其为怪也？昔杨翰林（即杨亿）欲以文章为宗于天下，忧天下未尽信己之道，于是盲天下人目，聋天下人耳。使天下目盲，不见周公、孔子、孟轲、扬雄、文中子、吏部之道……今杨亿穷研极态，缀风月，弄花草，淫巧侈丽，浮华篡组，刓镂圣人之经，破碎圣人之言，离析圣人之意，蠹伤圣人之

---

① 石介：《徂徕集》卷一四《上王状元书》，四库影印本1090—283。
② 石介：《徂徕集》卷一七《上徐州扈谏议》。中说："介家四十口，曾、高以来，耕田为业，田薄牛弱，常居贫窭"，另在《上王状元书》中说有五十口，就人均土地而言，不过六七亩，相当于一个自耕农占地水平。如果不自己耕作，而靠出租土地生活，地租收入是养活不了这些人口的，石介说靠他和他父亲的俸禄，"四十口仅得饱食"是可信的。
③ 《宋史》卷四三二《石介传》。
④ 石介：《徂徕集》卷一四《与士建中秀才书》，四库影印本1090—279、280。

道……其为怪大矣!①

石介不止一次地抨击骈体时文,在《上赵先生书》等文中指出:

> 今之为文,其主者不过句读研巧,对偶的当而已。极美者不过事实繁多,声律调谐而已。雕镂篆刻伤其本,浮华缘饰丧其真,于教化仁义礼乐刑政则缺然无仿佛者。②

> 自翰林杨公倡淫辞哇声,变天下正声,四十年眩迷盲惑,天下瞢瞢晦晦,不闻有雅声。尝谓流俗益弊,斯文遂丧,恐恐焉大惧圣人之道绝于地。③

> 今天下为佛老,其徒嚣嚣乎声附合应,仆独挺然自持吾圣人之道;今天下为杨亿,其众哓哓乎一倡百和,仆独确然自守圣人之经。凡世之佛老杨亿云者,仆不惟不为,且常力摈斥之。天下为而独不为,天下不为而独为,兹是仆有异乎众者。④

石介之所以反对以杨亿为代表的骈体时文,是因为这种文体仅仅用力于对仗声偶、追求形式的美,内容上则空洞无物,因而这种文体当然有损于孔孟儒学的发展。在选择杨亿为目标、对时文猛烈攻击时,石介是非常坚决的,而且敢于冲锋陷阵,在这一点似可与欧阳修比美。石介对杨亿的评议虽然有些偏激,但选择杨亿作靶子并没有错误,主要方向是对的。

石介既然反对骈体时文,那么,在他的心目中,究竟具有什么样的内容和形式才算得上好文章呢?石介在《与张秀才书》中曾说:"日行之有道焉,月行之有次焉,星行之有躔焉,其水汗漫中夏,其泛也,其广也,其出必有源焉,其归必有海焉。"⑤文中强调作文章必像日月星

---

① 石介:《徂徕集》卷五《怪说》中,四库影印本1090—216。
② 石介:《徂徕集》卷一二《上赵先生书》,四库影印本1090—262。
③ 石介:《徂徕集》卷一五《与君贶学士书》,四库影印本1090—291。
④ 石介:《徂徕集》卷一五《答欧阳永叔书》,四库影印本1090—289。
⑤ 石介:《徂徕集》卷一六《与张秀才书》,四库影印本1090—297。

第七章　宋学的奠基者：宋初三先生在经学上的贡献

辰运行一样有规则、有章法，并指出文章既要渊源有自，又要有一定目的。这些毫无疑问是对的。文章的章法、渊源等同样关涉到文章的内容和形式，而石介在《上赵先生书》中，以《唐文粹》和《昌黎集》为样板，进一步明确地回答了这个问题：

> 观其（指《唐文粹》及《昌黎集》）述作，炳然有三代两汉遗风，殊不类今之文。曰诗赋者、曰碑颂者、曰铭赞者，或序记或书箴，必本于教化仁义，根于礼乐刑政而后为之。辞大者，驱引帝王之道，施于国家，及于人民，以佐神灵，以浸虫鱼。次者正百度、叙百官、和阴阳、平四时，以舒畅元化，缉安四方。①

在给龚鼎臣的信中，石介也回答了"为文之旨"：

> 夫与天地生者，性也；与性生者，诚也；与诚生者，识也。性厚则诚明矣，诚明则识粹矣，识粹则其文典以正矣，然则文本诸识矣！②

按，石介所提出的文章，指的是在内容上必须以教化仁义为本，而这样的文章便是与骈体时文相对立的古文、散文，这是韩愈文以载道、文以明道的继续和发挥，同前章所叙述的王禹偁、欧阳修的文论是一致的，不再多论。值得注意的是，石介提出"文本于识"，则是很有见地的。石介所谓的"识"来自诚明，来自性厚，与人的本性相联系，这种"识"虽然是先验主义的，但他把论证文章的好坏与人的本性善恶相联系则是别开生面的，后来理学家们如二程、朱熹论证问题的方法就多有类似之处，这一点是值得注意和研究的。

反对骈文，提倡古文，石介对古文运动的倡导者韩愈是非常尊重的。而且他还按照韩愈的构想，将文、武、周公、孔、孟、董仲舒、扬

---

① 石介：《徂徕集》卷一二《上赵先生书》，四库影印本1090—262。
② 石介：《徂徕集》卷一八《送龚鼎臣序》，四库影印本1090—312。

雄、王通（隋人）和韩愈作为继承王道的代表人而加以歌赞。有关这个问题的材料甚多，无须多加引证。需要一提的是，对宋初力主古文的柳开，石介一再提到，并且给以很高的评价。他在《送刘先之序》中说：

> 馆陶，魏邑也。圣朝大儒柳仲塗（即柳开）实魏人。自唐吏部下三百年，得孔子之道而粹者，惟仲塗。居魏东郊，著数万言，皆尧舜三王治人之道，未大用而死。……先之至馆陶，取仲塗之书，……讲释指明其义，使知仲塗之道。仲塗之道，孔子之道也。①

前章说过，柳开是宋代倡导古文的先驱，但他在古文方面的贡献却远不如王禹偁。石介对柳开的评价显然是偏高的。反过来看，他对杨亿的批判则过于严厉，以至全盘否定。薄杨亿而厚柳开，这是石介在宋初古文运动中矫枉过正的一个具体表现。石介虽然对杨亿、柳开的评价有过头之处，但石介在宋初古文运动中所做出的贡献却是不能抹杀的：

> 天圣以来，穆伯长（即穆修）、尹师鲁（尹洙）、苏子美（苏舜钦）、欧阳永叔始唱为古文，以变西崑体，学者翕然从之。其有杨（亿）刘（筠）体者……石介守道深疾之，以为孔门之大害，作《怪说》二篇，上篇排佛老，下篇排杨亿。于是新进后学不敢为杨刘体，亦不敢谈佛老。②

不仅是排杨亿，更重要的是排佛老，石介《怪说》第一篇就提出这个问题。石介反佛老亦极为坚决，据说欧阳修之反佛老还是受了石介的影响。③ 欧阳修与石介之排佛老却有差别。欧阳修首先从社会经济方面反对佛老（同时代的李觏也是如此）。他在《原弊》中指出，"今坐华

---

① 石介：《徂徕集》卷一八《送刘先之序》，四库影印本 1090—314、315。
② 《五朝名臣言行录》卷十之四引《吕氏家塾记》，四部丛刊本。
③ 据叶梦得《避暑录话》卷上称，石介"始唱为辟佛老之说，行之天下。文忠初未有是意，而守道力论其然，遂相与协力"。可见欧阳修是受石介影响而排佛老的。见四库影印本 863—670。

屋、享美食而无事者曰浮图之民","一僧常食五农之食。"① 在《本论》中，欧阳修指出"佛法为中国患千余岁"，要想解决这个比较棘手麻烦的问题，倒不一定要"火其书而庐其居"②，而是要行三代之政，实行井田，同时，"饰礼乐、兴礼义，以教道之"③，"使民乐而趣焉"④，用这种办法，从生活上、精神上摆脱佛教的羁绊。

石介排佛老，则有他自己的独特之处。石介从宋朝中国本位文化——儒家文化出发，考察和阐明了它与佛教的对立。综合石介《怪说》中儒佛之间的对立，有以下几点：

（一）中国，圣人之所常治，四民之所常居，衣冠之所常聚，"而髡发左衽、不士不农不工不商为夷者半中国"，这是夷夏之间的对立；

（二）中国，道德之所治，礼乐之所施，五常之所被，"而汗漫不经之教行焉，妖诞幻惑之说满焉"，二者存在文化思想上的对立；

（三）从天子诸侯大夫到庶人，行孝道，祭祀自己的祖先，而佛家"忘而祖，废而祭，去事远裔之鬼"，"法施于民则祀之，以死勤事则祀之，以劳定国则祀之"，能御大灾大患者则祀之。总之，中国祭祀的是"有功烈于民"的人物，"非此族也，不在祀典"，现在"老观佛寺遍满天下"，岂非可怪！

（四）佛老兴盛以来，"灭君臣之道，绝父子之亲；弃道德，悖礼乐，裂五常；迁四民之常居，毁中国之衣冠，去祖宗而祀远裔"，这种对立给中国带来严重危害，使中国传统的政治和文化都陷入了困境。也许石介这种意见有些过分，但佛家思想同儒家思想的这种对立则是非常明白的。

石介排佛老也好，排杨亿也好，目的只有一个，即是宗经道，恢复

---

① 欧阳修：《欧阳文忠公文集》卷五九《原弊》。
② 欧阳修：《欧阳文忠公文集》卷一七《本论》下。
③ 欧阳修：《欧阳文忠公文集》卷五九《本论》上。注：《本论》上为欧阳修晚年所删，后被附在《外集》卷九。
④ 欧阳修：《欧阳文忠公文集》卷一七《本论》下。

儒家思想在此前居于一尊的优越地位。"尧舜禹汤文王武王周公之道，万世常行不可易之道也。佛老以妖妄怪诞之教坏乱之，杨亿以淫巧浮伪之言破碎之。吾以攻乎坏乱破碎我圣人之道者，吾非攻佛老与杨亿也。吾学圣人之道，有攻我圣人之道者，吾不可不反攻彼也。"① 石介以捍卫孔夫子儒道自居，这一点与韩愈是相同的。

石介以《易》、《春秋》教授生徒，因而对六经颇为宗尚，特别重视《春秋》："六经皆出孔子之笔，然《诗》、《书》止于删，《礼》、《乐》止于定，《易》止于述，《春秋》特见圣人之作。……其辞危，其旨远，其义微，虽七十子莫能知也。"② 值得注意的是，除《春秋》一书外，石介还提出了《周礼》一书：

《周礼》、《春秋》万世之大典乎？周公孔子制作至矣……《周礼》明王制，《春秋》明王道，可谓尽矣！执二大典以兴尧舜三代之治，如运诸掌，后人无行之者，悲夫！③

与石介同时提出《周礼》的还有欧阳修、李觏两人。据刘子健先生的论述，欧阳修对《周礼》时代出处还有疑义，自然也是重视《周礼》的。④ 李觏则直接根据《周礼》论证可以兴太平之治，放在后面再谈。石介将《周礼》和《春秋》并列为两大典，作为复兴尧舜三代之治亦即儒家理想治道的王制和王道，是继隋王通之后对《周礼》更进一步的发挥。王安石之重视《周礼》，并将其训释，不仅立于学官，而且将之作为科举考试中经书的一种，与石介、李觏和欧阳修等重视《周礼》是分不开的，也可以说是受到石介等人的影响。

石介推尊《春秋》、《周礼》，旨在复兴周公孔子之道亦即儒家之道。对周孔之道、儒家之道，石介是怎样认识和理解的？在《辨私》一文

---

① 石介：《徂徕集》卷五《怪说》下，四库影印本1090—217。
② 石介：《徂徕集》卷一四《与张洞进士书》，四库影印本1090—280。
③ 石介：《徂徕集》卷七《二大典》，四库影印本1090—225、226。
④ 刘子健：《欧阳修的治学与从政》第32页，台湾新文丰出版社1984年版。

第七章 宋学的奠基者：宋初三先生在经学上的贡献

中，石介指明：

> 儒者好称说孔子之道，非大言也，非私于其师之道也。孔子之道，治人之道也。一日无之，天下必乱。如粟米不可一日少，少则人饥；如布帛不可一日乏，乏则人冻死。孔子之道，君臣也，父子也，夫妇也，朋友也，长幼也。天下不可一日无君臣，不可一日无父子，不可一日无夫妇，不可一日无朋友，不可一日无长幼。万世可以常行，一日不可废者，孔子之道也。①

> 圣人之道非他，人道也。人道非他，君臣也，父子也，夫妇也。②

石介用如此通畅明白的语言，称周孔之道为人道，将三纲作为儒家之道的核心或者说根本阐述出来，是不多见的，这对后来理学家对这一问题的论述不无影响。这一点也值得注意。

石介与孙复、胡瑗等继韩愈、柳宗元之后，为复兴儒学而奔走呼号。石介在奔走呼号的同时，并不是只空口讲说儒家的仁义道德，而是对现实社会政治给以密切的注意。石介在《原乱》、《复古制》等许多论文中，探讨治乱兴衰的问题。他以为，"周秦而下，乱世纷纷"的根本原因在于"乱古之制"。例如古代井田制下，"田有定分，赋有常出，而民无争"。等到"井田之制废，而经界不正，井地不均，谷禄不平矣"，"乱是以作"！③ 显而易见，石介主张行井田制以解决宋代经界不正的土地问题。石介还写了不少史论的文章，有的评论一个朝代，有的评论个别人物，也有的如《兵制》一类有关典制的文章。这些文章虽然论述的是历史，但它正是通过对历史的评论来评论现实生活。欧阳修在石介墓志中对这些文章曾给予了非常确当的评论，称石介：

---

① 石介：《徂徕集》卷八《辨私》，四库影印本1090—232。
② 石介：《徂徕集》卷九《明隐》，四库影印本1090—237。
③ 石介：《徂徕集》卷五《原乱》，四库影印本1090—218。

第二编 宋学的形成阶段

> 遇事发愤，作为文章，极陈古今治乱成败，以指切当世贤愚善恶，是之非之，无所讳忌，世俗颇骇其言。由是谤议喧然，而小人尤嫉恶之，相与出力，必挤之死。①

石介讲经、讲史，为的是为社会现实服务。这一点是宋学形成阶段中所有创建者所具有的共同特征，也是他们最为可贵之处。

庆历三年（1043）四月，范仲淹与韩琦自西北边防调回京师任枢密副使，七月范仲淹又改任参知政事，从此开始了政治上的改革，这便是历史上著名的庆历新政。石介同广大的士大夫对这次旨在改变国家贫弱局面的改革表示支持，并为之欢欣鼓舞。在兴奋之余，石介写下了《庆历圣德颂》这一著名诗篇。其中有几句是：

> 忠邪辨别，举擢俊良，扫除妖魅。众贤之进，如茅斯拔；大奸之去，如距斯脱。②

就这首诗本身而言，算不上好诗。但诗中对范仲淹、韩琦、富弼等贤才被选拔入政府力唱赞歌，对夏竦一类不才的官员予以贬斥，因而此诗广泛地流传开来。也正是由于这首诗，石介遭到保守派官僚的忿疾。庆历四年（1044）六月范仲淹离开政府，改革派失势，石介也无法在太学中工作下去，便要求外调为濮州通判，于庆历五年（1045）八月病故。即使如此，反对派依然不肯罢手。被石介斥为大奸的夏竦，指使他的婢女摹仿石介笔迹，诬告"石介实不死，北走胡（契丹）矣！"③并要求兖州地方政府斲棺验尸，以证明石介是一个里通外国的奸细。这一恶毒的建议并未实施，而即使实施亦只能证明夏竦们的诬告是不折不扣的！

石介作为一个经学家、思想家给宋学增添了光辉。他在《辨惑》一文中斩钉截铁地声称：

---

① 欧阳修：《欧阳文忠公文集》卷三四《徂徕石先生墓志铭》。
② 石介：《徂徕集》卷一《庆历圣德颂》，四库影印本 1090—188。
③ 《五朝名臣言行录》卷十之四，四部丛刊本。

> 吾谓天地间必然无者有三：无神仙，无黄金术，无佛。然此三者，举世人皆惑之，以为必有，故甘心乐死而求之。然吾以为必无者，吾有以知之。大凡穷天下而奉之者一人也。莫崇于一人，莫贵于一人，无求不得其欲，无取不得其志。天地间苟所有者，惟不索焉，索之莫不获也。秦始皇之求为仙，汉武帝之求为黄金，萧武帝之求为佛，勤已至矣！而秦始皇远游死，萧武帝饿死，汉武帝铸黄金不成。推是而言，吾知必无神仙也，必无佛也，必无黄金术也。①

石介提出的这三个问题，并不新鲜。但是这些唯物主义认识论上的问题，几时提出来，都使人感到像呼吸了新鲜空气，沁人心脾。而其朴素的推理方法，更使人倍感亲切。

三、胡瑗在经学和教育上的杰出贡献

（一）胡瑗的简要经历

胡瑗（993—1059），字翼之，泰州海陵人，学者尊之为安定先生。年轻时与孙复、石介"同读书泰山，攻苦食淡，终夜不寝"，"得家问，见上有平安二字，即投之涧中，不复展读"。②

景祐元年（1034）六月，范仲淹自睦州移知苏州。③翌年奏请建立苏州州学，胡瑗被请为苏州州学教授。《宋史》胡瑗本传称，"以经术教

---

① 石介：《徂徕集》卷八《辨惑》，四库影印本 1090—235、236。
② 《五朝名臣言行录》卷十之二据曾孙涤所记，四部丛刊本。
③ 《范文正公年谱》称范仲淹"于景祐元年六月壬申徙（徒）苏州"；《长编》卷一一五，景祐元年八月丁酉"范仲淹知睦州，不半岁，徙苏州"，无确切月日。

授吴中"①，便是指任职苏州州学而言。

景祐三年，范仲淹奏荐胡瑗明音律，胡瑗以白衣同阮逸一道召对于崇政殿，"校定旧钟律"②，被任命为秘书省校书郎，算是有了一官半职。

宝元二年（1039），范仲淹同年好友滕宗谅知湖州，奏建湖州州学，并请胡瑗主持湖州州学。胡瑗曾一度去西北前线抗击西夏，但大部分时间用于主管湖学，使之成为全国最有名的学校：

> 四方之士，云集受业。③

> 其在湖州之学，弟子去来常数百人，各以其经转相传授，其教学之法最备。行之数年，东南之士莫不以仁义礼乐为学。④

康定元年（1040）八月，范仲淹在边事紧急的情况下出任陕西经略安抚副使，辟胡瑗为丹州军事推官。范仲淹一直尊重胡瑗，胡瑗任苏州州学时，范仲淹的儿子范纯祐、范纯仁即拜之为师，胡瑗成为帅府中的幕僚后，范纯祐一直在其左右，受到很多益处，包括有关军事方面的措划。蔡襄在胡瑗的墓志铭上说：

> 君虽老于训导，在丹州实与帅府事。建议：更陈法，治兵器，开废地，为营田，募土人为兵，给钱使自市劲马，渐以代东兵（即自汴京调来的禁军）之不任战者。虽军校蕃酋、亭障厮役以事见，辄饮之酒，访彼边利害，以资帅府。府多武人，初谓君徒能知古书耳，既观君之所为，不以异己，又翕然称之。⑤

胡瑗从丹州军事推官换密州观察推官，守父丧后以保宁军节度推官

---

① 《宋史》卷四三二《胡瑗传》。
② 《长编》卷一一八景祐三年二月丙辰。
③ 谈钥：《嘉泰吴兴志》卷一一《学校》。
④ 欧阳修：《欧阳文忠公文集》卷二五《胡先生墓表》。
⑤ 蔡襄：《端明集》卷三七《太常博士致仕胡君墓志》，四库影印本1090—655。

第七章 宋学的奠基者：宋初三先生在经学上的贡献

重去主管湖学。

庆历三年（1043）七月，范仲淹任参知政事，开始了著名的政治改革。在范仲淹所上的十项改革中有精贡举、兴学校的事目，以便改革现有的科举制度，培养选拔真正的人才。朝廷上的贤士大夫们支持范仲淹的这项改革，一致认为，"取士当求其实，用人当尽其才"。因此也就一致主张："莫若使士皆土著而教之于学校，然后州县察其履行，则学者修饬矣。故为设立学舍，保明举送之法。"① 于是在庆历四年诏全国各地兴建学校，在汴京的太学也进行扩建。由于湖学教学方法最为完备，太学也按照湖学进行了改革。湖学教学法在这一年为之推广。与此同时，范仲淹还举荐胡瑗、李觏充任学官，在举荐胡瑗时说：

> 前密州观察推官胡瑗，志穷坟典，力行礼义，见在湖州郡学教授，聚徒百余人。不惟讲论经旨，著撰词业，而常教以孝悌，习以礼法，人人向善，闾里叹伏。此实助陛下之声教，为一代美事。伏望圣慈，特加恩奖，升之太学，可为师法。②

皇祐二年（1050）十一月，以太子中舍致仕的胡瑗被召"赴大乐所，同定钟磬制度"，"言者以为镈钟，特磬大小与古制度未合，诏令改作，而太常言瑗素晓音律，故召之。"③ 此事之后，皇祐三年二月任命胡瑗为大理评事、兼太常寺主簿，胡瑗坚辞不就。

皇祐四年，以殿中丞致仕的胡瑗，起复为光禄寺丞、国子监直讲，"同议大乐"④。从此，胡瑗便任职于太学。翌年，胡瑗迁大理寺丞。⑤ 嘉祐元年（1056）十二月，胡瑗以太子中允、天章阁侍讲"管勾太学"⑥。自皇祐四年胡瑗任国子监直讲，太学有了前所未有的发展：

---

① 《长编》卷一四七庆历四年三月甲戌纪事。
② 范仲淹：《范文正公政府奏议》卷下《奏为荐胡瑗李觏充学官》，四部丛刊本。
③ 《长编》卷一六九皇祐二年十一月乙酉纪事。
④ 《长编》卷一七三皇祐四年冬十月甲戌纪事。
⑤ 《长编》卷一七五景祐五年九月庚寅纪事；欧阳修《墓表》亦载之。
⑥ 《长编》卷一八四嘉祐元年十二月乙卯纪事。

> 后十余年，先生始来居太学。学者自远而至，太学不能容，取旁官署以为学舍。礼部贡举岁所得士，先生弟子十常居四五。其高第者，知名当时，或取甲科，居显仕；其余散在四方，随其人贤愚，皆循循雅饬，其言谈举止，遇之不问可知为先生弟子；其学者相语称先生，不问可知为胡公也。①

嘉祐四年（1059），胡瑗"病不能朝"，以太学博士致仕②，"东归之日，太学之诸生与朝廷贤士大夫送之东门，执弟子礼，路人嗟叹以为荣"③。同年六月逝世于杭州，享年六十七岁。

胡瑗的一生主要是在湖州太学度过的，对教育事业做出了重要的贡献。

（二）《周易口义》与《洪范口义》

《周易口义》和《洪范口义》是流传下来的胡瑗论述经学的代表作。所谓口义，是学生对教师在课堂上讲课的记录。《周易口义》是胡瑗的学生倪天隐记录的。这两部口义，《四库全书》都已著录。

宋人对《周易口义》评价甚高。蔡襄在胡瑗墓志上称瑗"为文章皆傅经义，必以理胜"。程颐曾在太学跟随胡瑗受业，还受到胡瑗的奖拔，对胡瑗的《易》说甚为推崇，以为研读《周易》先要研读王辅嗣（弼）、王介甫（安石）和胡瑗三家《易》，因为这三家"文义皆坦明"④。从《周易口义发题》来看：

> 大易之作，专取变易之义。盖变易之道，天人之理也。以天道言之，则阴阳变易而成万物，寒暑变易而成四时，日月变易而成昼夜。以人事言之，则得失变易而成吉凶，情伪变易而

---

① 欧阳修：《欧阳文忠公文集》卷二五《胡先生墓表》。
② 《长编》卷一八九嘉祐四年正月甲辰纪事。
③ 欧阳修：《欧阳文忠公文集》卷二五《胡先生墓表》。
④ 陈振孙：《直斋书录解题》卷一《周易口义》条，四库影印本674—534。

第七章 宋学的奠基者：宋初三先生在经学上的贡献

成利害，君子小人变易而成治乱。故天之变易，则归乎生成而自为常道。若人事变易，则固在上位者裁制之如何耳。何则？在位之人苟知其君子小人相易而为治乱，则当常进用君子而摈斥小人，则天下常治而无乱矣。知其情伪相易而成利害，当纯用情实而黜去诈伪，则所为常利而无害矣。知其得失相易而成吉凶，当就事之得而去事之失，则其行事常吉而无凶矣。是皆人事变易，不可不慎也。故大易之作，专取变易之义。①

这个《发题》是胡瑗在总体上对《周易》的把握。应当说，胡瑗对《周易》的把握是贴近《周易》本意的，无怪乎宋人对他的这部书评价甚高。而且，从胡瑗对《周易》的论述来看，重点放在人事的各种变易上，从道理上或理论上，从历史实际以及从宋代现实中，来阐释这些变易。因而这部《口义》可以说具有浓重政治哲学意义的政治教科书，这一点值得重视和研究。

下面看看胡瑗是怎样论述人事各方面变化的，由此来了解这部教科书的特征。

（一）《周易口义》的最基本的思想是通过对《周易》的诠释表达儒家纲常伦理思想和制度。

（1）从认识论路线考察，胡瑗对"道"的解释，以及对雷电等的看法是属于唯物主义范畴的。如胡瑗下面的这些话：

> 天地之道，生成之理，自然而然也。②
>
> 道者，自然而生也。此言乾坤之道也。③
>
> 道者，自然之谓也。以数言之，则谓之一；以体言之，则谓之无；以开物通务言之，则谓之通；以微妙不测言之，则谓之神；以应机变化［言之？］，则谓之易；总五常言之，则谓之

---

① 《周易口义》，四库影印本 8—171。
② 《周易口义·系辞上》，四库影印本 8—452。
③ 《周易口义·系辞上》，四库影印本 8—453。

道也。①

除"五常""谓之道"别有解释外，其余的一些解释都说得很好。而他对雷电的解释是：

> 雷电者，皆阴阳二气相击而成也。②
>
> 雷者，阴阳二气相激搏，则其声为雷。③

胡瑗对雷电的解释极其精彩，在他那个时代对自然科学方面的认识达到这种程度，同董仲舒们天人感应谬说相比，确实表现出了巨大的进步。

（2）胡瑗所谓"道"是自然而然地生成的，同《周易》所讲的"道"是一致的。《周易》之所以把"道"看作自然之道，其目的在于阐发《系辞》上提出的"天尊地卑，乾坤定矣"，"卑高以陈，贵贱位矣"这两个根本原则。既然"天尊地卑"是"自然之道"，人事间的一切也都是从这一自然之道衍生出来的，于是贫富贵贱等级名分等所有一切都是自然而然的。这是《周易》的核心问题，而这一核心问题也就是孔夫子以来儒家所倡导的伦理纲常问题。作为儒学复兴者的胡瑗当然要用尽全力以阐发这个根本问题。所以胡瑗阐释道：

> 夫易之所始，始于天地。天地之判，混元廓开，而万物之情皆生于其间。既万物之情皆生于其间，是故圣人仰以观于天文，俯以察于地理，于是画为八卦，以类万物之情，以尽天地之道、人事之理……首言天地尊卑者，盖万事之理，万品之类，皆自乾坤为始。故先言天地尊卑也。④
>
> ……夫天地卑高既定，则人事万物之情皆在其中。故六十四卦、三百八十四爻皆有贵贱高卑之位。是以君臣父子夫妇长幼皆有其分位矣！若卑不处卑，高不处高，上下错乱，则贵贱

---

① 《周易口义·系辞上》，四库影印本 8—466。
② 《周易口义》卷九，四库影印本 8—408。
③ 《周易口义·系辞上》，四库影印本 8—452。
④ 《周易口义·系辞上》，四库影印本 8—450。

尊卑君臣父子夫妇长幼不得其序。夫如是，无高卑之分位矣！故此贵贱之分皆自高卑之位既陈，然后从而定矣！①

(3)《周易》卦爻中频频提到尊卑贵贱的问题，胡瑗的"口义"也一再阐述这个问题。如在《节卦》中说：

> 然谓之节者，……使父子有礼，上下有等，男女有别，尊卑有序，长幼有伦，夫妇有制，内外有分，皆有所节……贤不肖各有所处，士农工商各守其业，富贵贫贱各当其分。如此之类，举而言之，是修身齐家治国正天下，皆有所节。②

那么，用什么方法才能使"节"得到成功？胡瑗提出中庸之道是"节"的最好的方法：

> 圣人缘人之情，酌中以为通制。……又言九五居中履正，所为节制，得其中，又得其正。得其中则无过与不及之事，得其正则不入于私邪，是中正所为之道，可以通行万世，使天下得尽所以为节制之义也。③

在《恒卦》、《家人卦》中，胡瑗一再阐述这个根本问题，指出："夫尊卑贵贱、内外上下，不失其本分，则可以为常久之道。"④ 总之，胡瑗对儒家伦理纲常的阐释是不遗余力的。

(二)《周易》讲"变"，既然是"变"，可能从坏变好，也可能从好变坏。如果先"变"坏，将又怎么办？《周易》的《遁卦》即是变坏的卦象，它从事物的反面来教育人们，指出："遁之时义大矣哉！"胡瑗在阐释《遁卦》时说：

> 遁者，退也。言天时人事盛久必衰，进久必退，存久必

---

① 《周易口义·系辞上》，四库影印本 8—451。
② 《周易口义》卷一〇，四库影印本 8—428。
③ 《周易口义》卷一〇，四库影印本 8—429。
④ 《周易口义》卷六，四库影印本 8—320。

> 亡，自然之理也。此卦所以名遁者，……是小人道长、君子道消之时也。故君子当此之时，则晦迹潜光，怀仁卷义，以道自容，不使小人得窥其所为。①

战争双方，攻守进退是非常明显的事实。《周易·遁卦》用以表示万事万物都有盛衰、进退、存亡之类的事实。胡瑗的阐释原本是很好的，可是一接触孔夫子当年"皇皇如丧家之犬"的狼狈相时，便有所顾忌而不敢爽朗地讲述下去了！幸而《周易》讲到"遁之时义大矣哉"时，胡先生在这句话下面发挥道：

> 遁之道，不可遁而遁，则道不可行；可遁而不遁，则必罹小人之害。是必随时适变、可遁而遁可也，惟明智之人为能居之，其时义至大！故先圣重叹美之！②

一部《周易》，经常通过卦象以正反两个方面、两个结果，给人们以教育。《遁卦》是退的一方面，亦即从困难、不利、衰败这个反面告诫人们采取相应对策，达到避害趋利的目的。《周易》之寓存了朴素辩证法的观点，是非常明显的，胡瑗的阐释也反映了这一点，值得重视。

（三）《周易口义》既然是一部具有浓重政治哲学意义的教科书，就必然对统治者和被统治者之间的关系有所论述，这个被统治者就是所谓的民。在《剥卦》中，胡瑗坚持儒家的民本思想，指出：

> 盖国以民为本，本既不立，则国何由而治哉？
> 夫民者，君所赖为本也。在《书》曰：民惟邦本，本固邦宁。③

但是，如胡瑗所指明的，"今小人在上，肆其奸恶，夺民之财，困民之

---

① 《周易口义》卷六，四库影印本 8—322。
② 《周易口义》卷六，四库影印本 8—323。
③ 《周易口义》卷五，四库影印本 8—286、287。

力，使之舍安而就危，去存而即亡"，"怨气交而上下不通，是其本已弱矣"。① 本弱，这个统治也就处于凶险之中了。

在《涣卦》中，胡瑗又一次强调了民众的重要作用。胡瑗解释，"涣，散也，离也"；"然涣者，是人心睽离，上下违散之谓也"。为什么"人心睽离，上下违散"？原因在于"道有所雍塞，志有所不通"。在这种时刻，"有才者或无位，有位者或无才，或位崇而德薄，或志大而位小"，小人当道，"其德不能安天下之众，其才不能释天下之难"，以至"众心乖离，人自为群"。②

而要改变这种涣散的局面，就要选拔有才德的君子当权，去掉缺德无才的小人，而且在赋税征收上要合乎中道：

> 且如赋税之设，非欲聚敛其财货，厚取于民以自足已。盖有郊庙之祀，宾客之供，兵储之备，此为国者不可废也，是以不得已而取之。取之，必有中道。故中者，天下之通制。取之过甚，则在下者财匮而不能给；取之薄，则在上者用度不足。是以量时之丰约，酌民之厚薄，使天下之人乐从而易于输纳，可谓得节之道也。③

在《损卦》中，胡瑗明确地提出来：

> 大凡居上者，不可常损下以益己。④

在《益卦》中，胡瑗又明确地指出：

> 凡物之理，盛极必衰，损久必益。益者，损上以益下，损君以益民，明圣人之志，在于民也。然损下益上，则谓之损者，盖既损民之财，又损君之德也。损上益下，则谓之益者，

---

① 《周易口义》卷五，四库影印本8—287。
② 《周易口义》卷一〇，四库影印本8—424、426。
③ 《周易口义》卷一〇，四库影印本8—428。
④ 《周易口义》卷七，四库影印本8—354。

盖既益民之财，而又益君之德也。①

胡瑗所提出的"损下益上"和"损上益下"，作为政治哲学来看，反映了他在这方面独特的识见。据说胡瑗在迩英殿为宋仁宗讲解《周易》，"专以损上益下、损下益上为说"②，用这一思想教育宋仁宗。这一点深刻地说明了胡瑗对经学的探索，在于服务、应用于社会实际，这是非常可贵的。

（四）《周易》文字过于简练，文义由于卦象的问题又颇晦涩难懂。沿着汉儒章句之学的路子注释的《周易》，肯定地说，是难以读得明白的。胡瑗摆脱了章句之学的路子，特别是由于课堂上讲述，较诸写成文字，更能够自由一些，因此，他的这部讲课记录就很富有自己的特色。胡瑗大量地引用了《论语》、《孟子》、《中庸》中的孔孟之道，使《周易》进一步儒学化，这是《周易口义》的一个基本点。但为了阐明《周易》中一些较为抽象的道理，胡瑗也援引了其他学派如老子的说法。《复卦》中"复其见天地之心"一句，胡瑗指出天地虽然生育万物，"但任其自然而已"，并不是有意识的活动，对万物并不具有仁爱之心，因而胡瑗又引用了老子"天地不仁，以万物为刍狗"一句，说明这个道理。③ 其次，胡瑗在课堂讲授中还引用了历史事实来阐释一些卦例。如在《大畜卦》，胡瑗引用"汉武不冠，不见汲黯"的故事，以阐释对真正的治国安邦的贤才能臣应"畏敬"尊重。④ 在《益卦》中汉武帝派汲黯去河内考察大灾情况，而汲黯却置此不顾，开仓赈济当地广大饥民，胡瑗以此作为"损上益下"卦例的说明。⑤ 在《夬卦》中，胡瑗批评了唐太宗高丽、百济之征"长征远讨，荼苦生灵"，以说明即使在盛大时

---

① 《周易口义》卷七，四库影印本 8—354。
② 《宋元学案》卷一《安定学案》。
③ 《周易口义》卷五，四库影印本 8—290。
④ 《周易口义》卷五，四库影印本 8—297。
⑤ 《周易口义》卷七，四库影印本 8—357。

君主也不能任意而为。① 此外还有许多例证。难能可贵的是，胡瑗不仅引征历史事实说明卦例，而且还引当代的事例予以说明。王得臣记云：

> 安定胡翼之，皇祐、至和间国子监直讲，朝廷命主太学。时千余士，日讲《易》。余执经在诸生列，先生每引当世之事明之。至《小畜》，以谓畜止也，以刚止君也。已乃言及中令赵公相艺祖日，上令择一谏臣，中令具名以闻。上却之，弗用。异日，又问中令，复上前札子，亦却之。如此者三，仍碎其奏，掷于地。中令辄怀归。他日，复问中令，仍补所碎札子呈于上。上乃大悟，卒用其人。②

查四库本《周易口义》卷三无这条记载，这大约是记录者对当代事未加记录。肯定地说，胡瑗在课堂讲授时以这类生动的故事阐述经义，从而为注释古代经典开创了新的路子。

（五）胡瑗的《周易口义》，宋人评价甚高，程颐的《易说》就受到其直接的影响。薛季宣在给朱熹的一封信中说："教以安定之传，盖不出乎章句诵说，校之近岁高明自得之学，其效远不相逮，要终而论，真确实语也。"③ "真确实语"这四个字，是对胡瑗《口义》的确切评价，它以朴实真切的语言论述《周易》，无任何哗众取宠之处。

（六）《洪范口义》是胡瑗讲课记录《胡氏口义》中的一种。《洪范》是《书经》中的一篇，主要讲天人之间的关系，但对《洪范》的注释，则因人而异，即：或以唯物主义自然观予以解释，如胡瑗以后的王安石《洪范传》；或以阴阳灾异、象数之学等神秘主义观点加以论说。胡瑗的解释并不及王安石，但倾向于前者的为多。四库馆臣在提要中给以很高的评价："瑗生于北宋盛时，学问最为笃实，故其说惟发明天人合一之

---

① 《周易口义》卷七，四库影印本8—359。
② 王得臣：《麈史》卷一，四库影印本862—606。
③ 薛季宣：《浪语集》卷二三《又与朱编修书》，四库影印本1159—366。

旨，不务新奇"，"驳正注疏，自抒心得"，"以经注经，特为精确。"① 同样是一部务实的著作。

（七）与《周易口义》相同，胡瑗也以孔孟之道来阐释《洪范》。对六极中"恶"和"弱"的训释，即是一例：

> 恶与弱，皆不好德者也。好德者，由乎中道也。恶与弱皆过乎中道与不及中道也。恶者，嚚而无所不至；弱者，懦怯而终无所立也。此二者，人行之穷极，故入在六极之内。②

在"建用皇极"目下，胡瑗的解释是：

> 皇，大，极中也。圣人之治天下，建立万事，当用大中之道。所谓道者，何哉？即无偏、无党、无反、无侧；无有作好，遵王之道；无有作恶，遵王之路是也。③

从唐代韩愈、柳宗元积极复兴儒学以来，即不断看到所谓的皇极大中之道的论述，司马光还专门为此作了说明。其实所谓皇极之道亦即是中庸之道。胡瑗上述一段文义也已极其清楚。中庸之道也就是由孔夫子提出、子思阐发的中庸之道。《中庸》这部书在儒经中地位日益重要起来，宋学建立者们对中庸之道同样是非常重视的。在这里特为标出。

（八）胡瑗虽然以孔孟之道诠释《周易》等经典，但对儒家以外诸家之说，并不排斥，前引老子的话即是一例。在《洪范口义》中可看到他对八政的训释又采用了管子的说法：

> 夫圣人之治天下，未有不以足食为本。故凿井耕田，劝农而厚业，使民无游手，而人皆种作于田亩。所谓仓廪实然后语荣辱之分，衣食足然后议廉耻之事。④

---

① 《洪范口义》提要，四库影印本 54—452。
② 胡瑗：《洪范口义》卷下，四库影印本 54—482。
③ 胡瑗：《洪范口义》卷上，四库影印本 54—455。
④ 胡瑗：《洪范口义》卷上，四库影印本 54—463。

在本书《总论》中，我曾经提到整个宋学形成发展过程中，不断地吸收各派学术以充实宋学，这就是所谓的"援佛入儒"、"援道入儒"或"援法入儒"等等。前编提到晁迥通过对佛道的探索而提出对儒佛道三家的看法，这是宋代儒生士大夫最早地向佛道探索的先驱者。胡瑗继续和发展了这一学风，而且向更广阔的领域探索，值得在此重提。

在胡瑗《周易口义》、《洪范口义》这两部具有浓重的政治哲学意义的教科书中，还可清晰地看到胡瑗的政治观。胡瑗不止一次地强调，君子小人，"方以类聚，物以群分"，是一种自然之理。他们之间的进退消长，决定国家盛衰。小人得势，损下益上，民不聊生，国势以弱。君子得势，仁义之道实行，损上益下，赋税制中，国泰民安。胡瑗的这个政治观，实际上是庆历新政前后三四十年以范仲淹为代表的改革派与保守派长期斗争在政治思想领域里的一个反映或倒影，值得认真探索。

（三）胡瑗在教育上的杰出贡献

胡瑗、孙复和石介在经学上做出重要贡献的同时，在教育上也都做出了重要的贡献。欧阳修曾经指出："师道废久矣！自景祐、明道以来，学者有师，惟先生暨泰山孙明复、石守道三人。"[①] 师道的建立是三先生为复兴儒学在教育上所做出的重大贡献，而胡瑗的贡献则尤为突出。

"尊师重道"。师，必须要尊。但只有既有广渊知识又知道如何传道授业的师才能够受到尊重。胡瑗就是这样一位受到尊重的老师：

> 胡安定先生，……其初人未甚信服，乃使其徒之已仕者及早有世誉者盛之侨、顾子敦临、吴元长孜辈分治职事，又[令]孙莘老觉说《孟子》，中都士人稍稍从之。一日升堂讲易，音韵高朗，意指明白，众方大服。[五经异伦，弟子记之，

---

① 欧阳修：《欧阳文忠公文集》卷二五《胡先生墓表》。

第二编 宋学的形成阶段

目为胡氏口义]①

如前所说,《周易口义》既涵盖广博的知识,而又文义坦明易懂,加上胡瑗有其高明讲课艺术,善于把无数的历史事实特别是当代政治上的镜头融化在课堂讲授中,进而益之"音韵高朗,意指明白",极其自然地抓住了听课人的心理,众皆大服,以至远在淮南的学士大夫,折服于胡夫子面前!

作为一名教师,对学生要严加要求,所谓"严师出高徒"。但所要严加要求于学生者,教师必身先之,率先做到,成为学生的榜样。而只有这样的榜样真正可以说是力量无穷的。胡瑗恰恰又是学生们的榜样:

> [瑗]尤患隋唐已来仕进尚文词而遗经业,苟趋禄利。及为苏湖二州教授,严条约,以身先之,虽大暑,必公服终日以见诸生,设师弟子之礼。解经至有要义,恳恳为诸生言其所以治己而后治乎人者。②

胡瑗一面严格要求,更重要的一面是谆谆善诱,下面的一则故事充分说明了这一点:

> 顷年,客有话胡翼之为国子先生日,番禺有大商曰某氏者,遣其子来就学。其子儇荡其所赍千金,仍病甚瘠,客于逆旅,若将救死焉。偶其父至京师,闵而不责,携其子谒胡先生,告其故,曰:"是宜先警其心,而后道之者也。"乃取一帙书曰:"汝读是可以先知养生之术,知养生然后可以进学矣!"其子视其书,乃《黄帝素问》也。读未竟,惴惴然惧性命之遄,甚悔痛,自克责,冀可自新。胡已知其悔悟,召而诲之曰:"知爱身则可修身,自今以始,其洗心向道,取古圣贤之书次第而读之,既通其义,然后为文,则汝可以成名。圣人不

---

① 吕希哲:《吕氏杂记》卷上,四库影印本 863—211;[ ]中文字取自《宋元学案》卷一。
② 蔡襄:《端明集》卷三七《太常博士致仕胡君墓表》,四库影印本 1090—654。

第七章　宋学的奠基者：宋初三先生在经学上的贡献

贵无过，而贵改过。无怀昔悔，第勉事业。"其人亦颖锐善学，学之三年，登上第而归。①

在太学，孙复严整可畏，被称为"夏日之阳"；胡瑗温和可亲，被称为"冬日之阳"。在和煦的"冬日之阳"的培育下，胡瑗的弟子也都有"醇厚和易之气"：

> 胡先生瑗判国子监，其教育诸生皆有法。先生每语诸生，食饱未可据案，或久坐皆于气血有伤，当习射投壶游息焉。是亦食不语、寝不言之遗意也。程伊川曰："凡从安定先生学者，其醇厚和易之气望之可知也。"②

胡瑗教学中一个重要的特色是循序渐进，由浅而深，自精微而致广大，对此，薛季宣的认识至为深刻：

> 尝谓翼之先生所以教人，得于古之洒扫应对进退。知其说者，徐种车（即徐积）尔！……成人成己，众人未足以知之。且君子道无精粗、无小大，是故致广大者必尽精微，极高明者必道中庸。③

我国古代自西周学童入学，从作六甲、识字始，即注意对学童们的道德规范的培育，而这种教育即从洒扫应对进退开始的。孔夫子继承并发展了古代教育的这个传统，把德育和智育结合起来，而以德育为基础。《大学》、《中庸》所论述和强调的个人身心修养、为学次第，就是由此通向"内圣外王"之路。所谓"一室不治，何以天下国家为"？胡瑗深刻地领会了儒家教育的这一实质，所以在对番禺商人之子进行教育之后，诲其"知爱身则可修身"，由修身进而学习儒家经典。徐积入太学，头稍偏，胡瑗猛喝"头宜正"！徐积吃了一惊，不仅"头宜正"，而且更

---

① 李廌：《师友谈记》，四库影印本 863—185。
② 《五朝名臣言行录》卷十之二引《闻见录》，四部丛刊本。
③ 薛季宣：《浪语集》卷二三《又与朱编修书》，四库影印本 1159—366。

重要的是"心宜正",由此走上正心诚意"内心反省"的修养之路。薛季宣称"知其说者,徐仲车尔",即是指此而言的。内心反省工夫,是二程理学家们再三强调的头等修养方法。以《颜子所好何学论》一文而深受胡瑗赏识并予以奖拔的程颐,当是在太学中受到胡瑗的启发教育,从而将这种方法移植到理学中。前面"总论"中已提出这一点,因这一问题甚为重要,故再重复一次。

胡瑗在苏湖二学的长期实践,在教育史上做出了前所未有的创造性贡献:

> 安定先生自庆历中教学于苏湖间二十余年,束修弟子前后以数千计。是时,方尚辞赋,独湖学以经义及时务。学中故有经义斋、治事斋。经义斋者,择疏通有器局者居之。治事斋者,人各治一事,又兼一事,如边防、水利之类。故天下谓湖学多秀彦,其出而筮仕,往往取高第。及为政,多适于世用,若老于吏事者,由讲习有素也。①

> 胡翼之瑗初为直讲,有旨专掌一学之政。胡文学行义,一代高之。既专学政,遂推诚教育,身率多士。天下之士不远万里来就师之。方是时,游太学者,端为道艺、称弟子者,中心悦而诚服之也。胡亦甄别人物,择其过人远甚、人畏服者,奖之、激之,以励其志。又各因其所好类聚而别居之,故好尚经术者、好谈兵战者、好文艺者、好尚节义者,皆以所类群居,相与讲习。胡亦时召之,使论其所学,为定其理。或自出一义,使人人以对,为可否之;时取当时政事,俾之折衷,故人皆乐从而有成。今朝廷旧臣往往胡之徒也。②

> 臣〔刘彝〕闻圣人之道有体有用有文:君臣父子仁义礼乐历世不可变者,其体也;诗书史传子集垂法后世者,文也;举

---

① 《五朝名臣言行录》卷十之二引《吕氏家塾记》,四部丛刊本。
② 李焘:《师友谈记》,四库影印本 863—185。

第七章　宋学的奠基者：宋初三先生在经学上的贡献

而措之天下，能润泽其民，归于皇极者，其用也。国家累朝取士，不以体用为本，而尚其声律浮华之词，是以风俗偷薄。臣师瑷当宝元、明道（当作明道、宝元）之间，尤病其失，遂明体用之学，以授诸生。……今学者明夫圣人体用以为政教之本，皆臣师之功也。①

综合上面的记载，可以得到以下几点认识：

（一）儒经自汉以来一直被封建统治阶级视为经国安邦的大典，儒生士大夫从中吸取经世致用的知识，因而自其童年便成为诵习讽读的基本教材。胡瑗继承了此前重视儒经的传统，设"经义斋"，选拔一些"疏通有器局者"，专门探索这个"明夫圣人体用以为政教之本"，把既涵蕴"君臣父子礼乐刑政"的"儒家之道"，又涵蕴了如何致用的儒经的探索放在首位，由此使儒生士大夫通过这一探索走上他们一向想望的"内圣外王"之道。

（二）如果说"经义斋"是对儒经理论的探索，那就应当说"治事斋"是对具体的专门问题的研究。胡瑗将水利、边防、兵战、文艺分别设立，供人们学习，使他们获得足够的专门知识，以适应社会的需要。把封建理论（经学）和专门知识相结合，这是胡瑗教育实践的又一个重要特色。

（三）胡瑗不仅把"治事斋"分成水利、边防等科，值得重视的是，他还将"尚经术者、好谈兵战者、好文艺者"，"类聚而别居之"，即学习共同专业知识的学生聚集在一起，以便共同研究、探索。这种分别科目的方法，实际上是近代教育分系分科的先河，对学术的发展有着极其重要的作用，对社会的需要亦是极相适应的。

（四）分科教学是面对社会实际的，胡瑗的教学方法同样是与现实紧密结合的。这些方法是：学者之间"相与讲习"，自由讨论；胡瑗不

---

① 《五朝名臣言行录》卷十之二据李腐书，四部丛刊本。

时地将他们召集在一起,"论其所学,为定其理",将讨论中的是非得失确定下来;尤为重要的是,将现实中的"政事",让学生探讨,提供自己的主张"俾之折中",这就给学生们以寻觅如何解决现实问题的路子和方法。由于学生们经常在这样的环境里学习、探讨,所以日后"为政,多适于世用,若老于吏事者"。教学不脱离现实,也就能够更好地服务于现实,这也是顺理成章的。

(五)胡瑗的教育实践深刻地说明了他的崇实、务实、面向实际,他所教育出来的学生,蔡襄评论得好:"信其师说,敦尚行实。"[1] 胡瑗在教育上做出了突出贡献,中国教育史上应有足够的篇章来记述他的业绩。

---

[1] 蔡襄:《端明集》卷三七《太常博士致仕胡君墓表》,四库影印本1090—654。

第八章
李觏：一个面向社会实际、与时代息息相关的杰出思想家

一、李觏的生平和著述

李觏（1009—1059）字泰伯，江南西路建昌军南城人。李觏的青年时期，家庭经济生活相当艰困。李觏在为他母亲所作的墓志中曾记载此事：

> ……既而生觏，十四年而先君没。是时家破贫甚，屏居山中，去城百里，水田裁二三亩，其余高陆，故常不食者。夫人（李觏的母亲）刚正有计算，募僮客烧薙耕耨，与同其利。昼阅农事，夜治女功。斥卖所作，以佐财用。蚕月盖未尝寝，勤苦竭尽，以免冻馁。而觏也得出游求师友，不为家事罔其心，用卒业，为成人。不然，蕞尔小子，为佣保，为负贩，供养犹不足，何暇孳孳学问间邪？①

李觏是从劳动者阶层中挣扎出来的一个思想家，不仅具有他自己的一些特点，而且在一些基本点上同范仲淹、欧阳修和三先生有相同之处，从

---

① 李觏：《直讲李先生文集》卷三一《先夫人墓志》。

而在宋学形成过程中形成一个合力,产生了重大的推动作用。

李觏举进士、制科都不中,"亲老,以教授自资,学者常数百人"①,成为誉满东南的著名学者。李觏经常把他自己的著作寄给一些公卿士大夫,这是当时下层士大夫寻求出路的一种方式。不过,从现有资料看,李觏与之往还的士大夫名流,大都是庆历新政时期的改革派。其中庆历新政的领袖人物范仲淹与李觏的往还甚为密切,因之李觏和胡瑗等人被视为范仲淹的门下士。范仲淹曾著有《严先生祠堂记》一篇名作,范、李之间由于这篇文章而有一段佳话:

> 公(指范仲淹)守桐庐郡,始于钓台建严先生祠,自为记,以示南丰(当作城)李泰伯。泰伯读之三叹,起而言曰:"某妄意辄改易一字。"公矍然扣之。曰:"云山江水之语,于义甚大,于词甚博,而'德'字承之,乃似碌碌,拟换作'风'字如何?"公凝坐颔首,殆欲下拜。(按:祠堂记原作"先生之德,山高水长",经李觏指正,乃改作"先生之风,山高水长")②

"德"、"风"虽仅易一字,文字风格之高低不难判明,从这里可以看出李觏的文学素养及其识见。但李觏毕竟不是以文学名家,而是通过对儒经的探索并以此为据,提出对社会实际进行变革,从而成为了杰出的思想家。

宋仁宗皇祐元年(1049),范仲淹将李觏《礼论》、《明堂定制图序》等二十四篇著作奏上,并予以举荐,称李觏自制科失利之后"遂退而隐,竭力养亲,不复于禄;乡曲俊异,从而归之";"善讲论六经,辩博明达,释然见圣人之旨,著述立言,有孟轲扬雄之风","经术文章,实能兼富"③。翌年,借朝廷讲论明堂大典之机,范仲淹再次

---

① 《宋史》卷四三二《李觏传》。
② 《范仲淹言行拾遗事录》卷一,载《范文正公集》,四部丛刊本。
③ 范仲淹:《范文正公集》卷一九《荐李觏并录讲〈礼论〉等状》。

第八章 李觏：一个面向社会实际、与时代息息相关的杰出思想家

荐举李觏："研精经训，会同大义，按而视之，可以兴制"；现朝廷"行此盛礼"，李觏的《明堂图义》定能有助于"讨论"。① 朝廷上讲求明堂的官员士大夫也都一致认为李觏确系"非常之儒"。这样，李觏才得到了将仕郎试太学助教的职位。宋仁宗嘉祐二年（1057），"国子监奏：乞差太学助教李觏充太学说书，旨令赴太学供职"。② 按，这时主持国子监的是胡瑗，李觏、胡瑗早就相识，《直讲李先生文集》中尚保留了他写给胡瑗的一封信。《范文正公文集》中亦载有胡瑗对李觏《明堂图义》的赞扬和仰慕，因而国子监这次奏举肯定是由胡瑗提出的。根据这次奏举，嘉祐四年（1059）胡瑗因病要求去职，李觏被命为权同管勾国子监太学。李觏请假回家安葬祖母，是年八月病故，享年五十一岁。

李觏作为思想家的一生，是非常清苦的。在其长期从事学术活动的过程中，李觏本人不仅被"东南士人，推以为冠"③，而且"南方士流，皆宗师之"④，是卓立于士大夫群中、深受人们尊敬的人物；而贯穿于李觏全部学术思想的鲜明特色，即是李觏在《上孙寺丞书》中所说的"以康国济民为意"，而这种康国济民之意则与李觏所处的时代息息相关！下面不妨根据《直讲李先生年谱》所载著作，作一简略的叙述：

（一）《礼论》、《易论》是李觏在宋仁宗明道元年（1032）到景祐三年（1036）写成的，为李觏二十四岁至二十八岁间的作品。儒经（诗、书、礼、易、春秋）是士大夫们科举考试的敲门砖，在读完《小学绀珠》之类的识字课本以后即从事儒经的学习，因而宋代士大夫无一不受到儒经的熏陶和教育。但对于宋代每个士大夫来说，儒经不过是形成自己思想或世界观的资料，在感受上往往有着种种差异或者说因人而异，

---

① 《长编》卷一六九皇祐二年八月乙丑纪事；《直讲李先生年谱》（载《直讲李先生文集》卷首）同此。
② 《直讲李先生年谱》，载《直讲李先生文集》卷首。
③ 《直讲李先生外集》卷一《札子》。
④ 《直讲李先生外集·告词》。

各有特点。李觏的《礼论》和《易论》与其他士大夫迥然不同。在《礼论》中，他从名物制度的这一基本角度出发，把"礼"看作仁义等八政中的统帅①，而且和《易论》一样，着眼于现实的统治，而不空谈理论、儒家教条。对此，将在下面叙述。

（二）李觏的《富国》、《强兵》和《安民》诸策完成于宋仁宗宝元二年（1039）。宝元、康定（1038—1041）三、四年来，宋西线吃紧，在元昊攻势下损兵折将，宋初百年来积贫积弱等积弊暴露无遗。在内外交困、走投无路的局面下，李觏《富国》、《强兵》、《安民》诸策就是为解决这一困境而提出的。不论是从什么角度来看，李觏的爱国热忱与时代息息相关。

（三）庆历三年（1043）八月，范仲淹领导下的"庆历新政"如火如荼地开展起来，试图扭转宋专制统治的危局。② 而在这一年，李觏把《庆历民言》、《周礼致太平论》等著作寄给在汴京的改革派。非常明显，李觏是立足于社会下层来支持这次变革的。尤其值得注意的是，他以《周礼致太平论》为题，无非是希望改革派从制度上对整个国家进行全盘变革。李觏的要求和愿望虽然未能实现，但这种要求和愿望是社会下层的共同心声，值得珍视。

（四）在贯穿李觏一生的写作过程中，从宋仁宗天圣九年（1031）的《潜书》、景祐三年（1036）的《平土书》、宝元二年（1039）的《富国策》，到庆历三年（1043）的《庆历民言》、《周礼致太平论》，李觏念兹在兹的是给宋代社会的改造设计一个蓝图、方案。这个蓝图、方案，是李觏毕生的心愿，尤其应当着意论述。

单是从上述李觏的著述来论，称李觏是一个面向社会实际，与时代息息相关的思想家，是符合李觏的实际而无任何夸张之处的。

---

① 《直讲李先生文集》卷二《礼论》第二。
② 范仲淹：《范文正公政府奏议》卷上《答手诏条陈十事》，四部丛刊本。

二、李觏的《礼论》和《易论》及其对
有关重大理论问题的探索

(一)《礼论》

这是李觏对《礼》的阐释。他指出，礼、乐、刑、政和仁、义、礼、智、信是儒家范畴中的所谓"八政"；在这"八政"中，"礼"高于一切、统率一切：

> 夫礼，人道之准，世教之主也。圣人之所以治天下国家，修身正心，无他，一于礼而已矣。①

为什么礼能够高于一切，并"一于礼"？李觏认为，所谓"八政"都属于礼的范畴，"饮食衣服、宫室器皿、夫妇父子长幼、君臣上下、师友宾客、死葬祭祀"，所有这些事物是所谓的"礼之本"。这句话的含义是，有了君臣上下、父子长幼，才有了区分君臣上下、父子长幼的"礼"，所以君臣父子等是礼之本；而八政就是建立在君臣父子之上的。这是其一。

"八政"之所以"一于礼"，按照李觏的分析：乐、政、刑，"礼之支也"，而仁、义、智、信则是"礼之别名"。为什么要这样说呢？这是由于仅仅依靠"礼"还不能解决所有的问题，必须是亦只能是以乐、刑、政作为"礼"的辅助才行：

> 节其和者，谓之乐；行其意者，谓之政；威其不从者，谓之刑。②

从李觏对乐、政、刑的解释，就可以懂得这三者之作为"三支"对礼所

---

① 《直讲李先生文集》卷二《礼论》第一。
② 《直讲李先生文集》卷二《礼论》第二。

产生的辅助作用，所以李觏指出：

> 三支者，譬诸手足焉，同生于人而辅于人者也。手足不具，头腹岂可动哉？手足具而人身举，三支立而礼本行。①

被李觏视作"礼之别名"的仁、义、智、信，又是怎样"一于礼"的呢？

李觏认为：(1)"温厚而广爱"谓之"仁"，诸如"老者有归，病者有养"以及"征伐有节，诛杀有度"之类，都属于"温厚而广爱"，亦即都符合于"仁之道也"；(2)"决断而从宜"谓之"义"，诸如"君主政令，必生杀，不得不从"、为臣子的"守职事，死干戈，不得少变"之类，余如"男女有别，不得相乱"、"长幼有序，不得相陵"之类，以及"设选举，则贤者不遗"、"正刑法，则有罪者必诛"等等，都从属于"决断从宜"的范围；(3)"疏达而能谋者也，智之道也"；"固守而不变者也，信之道也"。② 这两者再加上上面第一、第二条，无一不属于"礼"所应当解决的问题，也就是属于"礼"的范围，因而称之为"礼之别名"。

李觏以三支、别名之说统一于"礼"，把"礼"置之于八政之首，这一见解能否成立？答复是肯定的。自孔夫子提出"仁"说，学者们议论纷纷，认为"仁"是孔夫子学说的核心。这个说法虽然不错，但把"仁"与作为维护等级秩序的"礼"加以比较，"仁"只能居于次要的地位。"仁者，人也"，终其极至，只有"克己复礼"才能称得上"仁"。孔夫子以后，孟子以仁义之说，强调孔夫子"仁"说的一面；而荀子则强调孔夫子所说的"礼"的一面。李觏抓住"礼"作为维护等级秩序这一基本点而加以发挥，从学术渊源上显然是继承了荀子的见解，是站得住的。余靖读过李觏的《礼论》，曾经作出如下的评论：

> 所示《礼论》七篇，推进礼经，准的世教，派仁义，赞刑

---

① 《直讲李先生文集》卷二《礼论》第一。
② 《直讲李先生文集》卷二《礼论》第三。

政,岂止独步江表,校声名于后俊哉!先生之有功于礼经也如此!①

李觏的《礼论》有其独到的见解。

(二)《易论》

李觏对《周易》的理解和发挥,也显然与一般人不同。他是从统治者的立场和角度(或者说政治的角度)来探索《周易》的:

> 包犧画八卦,而重之文王、周公、孔子系之辞,辅嗣之贤,从而为之注。炳如秋阳,垣如大逵。君得之以为君,臣得之以为臣。万事之理,犹辐之于轮,靡不在其中矣。②

李觏《易论》开宗明义就举出《周易》中的圣人之教即在于"君得之以为君,臣得之以为臣"的道理所在,所以《易论》第二即指出"为君之道,任官其急也"。③《易论》第三论述了为臣之道。④ 继君、臣之后,《易论》第四指出:

> 凡所以治其身如何?曰:性不能自贤,必有习也;事不能自知,必有见也。习之是而见之广,君子所以有成也。⑤

今按:李觏不赞成孟子的性善说,而赞成扬雄、韩愈的善恶混、性三品说。李觏在《礼论》第四中指出,只有圣人才能使仁义智信"根诸性者也",亦只有圣人"卒其仁义智信之性,会而为礼,礼成而后仁义智信可见矣"。这些论述显然属于先验主义的认识论范畴,不必多论。但对圣人以外的贤人来说,称"贤人者,知乎仁、义、智、信之美而学礼以

---

① 此据《直讲李先生年谱》明道元年条。按余靖给李觏的信,今本余靖《武溪集》已失载,特此注明。
② 《直讲李先生文集》卷三《易论》第一。
③ 《直讲李先生文集》卷三《易论》第二。
④ 《直讲李先生文集》卷三《易论》第三。
⑤ 《直讲李先生文集》卷三《易论》第四。

求之者也。礼得而后仁、义、智、信亦可见矣"①，仍然是强调从学习中得来。至于上面引述的李觏的治身之道，人们的贤愚及其才能与否决定于"习"、决定于"见"，"习之是而见之广"才能够有所成就，强调了实践（习与见）的根本作用，便又回到了唯物主义认识论的范畴。李觏所谈论的治身之道与理学家们所讲的治身之道，二者的根本区别即在实践与否。

由于李觏的《易论》是从统治利害、人事休咎着眼的，因而他对《周易》中卦情提出了一些辩证法思想的认识和理解。如：

（1）利与害的关系：人们往往只知道取利，而忽视避害，所以李觏指出："进取之时易见，退避之时难知。盖利者，人之所欲，欲则存诸心，存诸心则计之熟矣！害者，人之所恶，恶则幸其无之，而不知为谋矣。"② 对害、对恶"幸其无之"，一厢情愿，陷于主观主义，恶事、害事就不可避免地发生出来。

（2）常与反常："常者，道之纪也。道不以权，弗能济也。是故，权者，反常者也。事变矣，势异矣，而一本于常，犹胶柱而鼓瑟也。"③

（3）安不忘危的忧患意识：李觏在《易论》第一三篇末尾对安不忘危的意识作了论述。他说："作《易》者既有忧患矣，读《易》者岂无忧患乎？苟安而不忘危，存而不忘亡，治而不忘乱，以忧患之心，思忧患之故，通其变，使民不倦，神而化之，使民宜之，则自天祐之吉，无不利矣。"④ 这些话既是良好的政治箴言，又涵蕴了深刻的辩证法思想，值得重视。

（4）李觏的"统而论之"的思想方法，尤为值得注意。在《易论》第一一篇中说：

---

① 《直讲李先生文集》卷二《礼论》第四。
② 《直讲李先生文集》卷三《易论》第六。
③ 《直讲李先生文集》卷三《易论》第八。
④ 《直讲李先生文集》卷三《易论》第一三。

> 时虽异矣，事虽殊矣，然事以时变者，其迹也；统而论者，其心也。迹或万殊，而心或一揆也。①

事物变化虽多种多样、"迹或万殊"，但以心"统而论"，即以思维（心思）加以统帅、把握。而所谓统帅（或统而论之），亦即是以抽象思维概括之、把握之，"迹或万殊，而心或一揆"，即是这个意思。举例说，禹治洪水、稷播百谷、契敷五教、皋陶明五刑，他们的事迹虽然不同，但"其所以为心一也"，即都是做了好事。因之，"统而论之，谓之有功可也"，即用"有功"两个字来概括他们的不同事迹。这样的理解，是否符合李觏的原意，本篇篇末的一句话可作证明：

> 天下何思何虑，天下同归而殊途，一致而百虑。天下何思何虑，谓少则得，多则惑也。然则统而论之，不亦可乎？

"统而论之"，归结到"一致百虑"，归结到"少则得，多则惑"，这个"一"和"少"就是"统而论之"，就是抽象思维的概括。李觏的思想方法已经进入抽象思维领域中了！

（三）李觏的义利观

李觏在《富国策》中劈头就一语破的地指出："儒者之论，鲜不贵义而贱利。"② 儒家正统派的义利观，总是把义和利对立起来，要义不要利。从孔夫子起，即将义和利截然分开，称："君子喻以义，小人喻以利。"③ 孟子走得更远，把义和利比作熊掌和鱼，认为二者绝对对立，不可兼得。他曾奔走各国，兜售其"何必言利"的主张。西汉董仲舒把义利之辨推向绝境，进一步制造了"正其谊而不谋其利，明其道而不计其功"④ 这一动人视听的谬论。事实上，儒家正统派的义利观是极其虚

---

① 《直讲李先生文集》卷三《易论》第一一。
② 《直讲李先生文集》卷一六《富国策》第一。
③ 《论语·里仁》。
④ 《汉书》卷五六《董仲舒传》。

伪的，他们在口头上反对抽象意义的"利"，而在实际活动中对任何一点真实的"利"亦不会放过。孔夫子曾经亲口说过，"自行束脩以上，吾未尝无诲焉"①，"诲"的前提就是一束干肉！长期以来，对儒家正统派义利观的虚伪性，从来无人敢于揭露、批判，而李觏则毫不含糊地以其新的犀利的见解对这一说法提出挑战！

在《原文》中，李觏提出"利"和"欲"是否可以作为问题提出讨论？他以极其郑重的态度、明白确切的语言，回答了这个问题：

> 利可言乎？曰：人，非利不生，曷为不可言！欲可言乎？曰：欲者，人之情，曷为不可言！言而不以礼，是贪与淫，罪矣。不贪不淫，而曰不可言，无乃贼人之生，反人之情？世俗之不喜儒以此。孟子谓何必言利，激也。焉有仁义而不利者乎？②

李觏从人类物质生活需要这个基本点提出"利"和"欲"的问题，无疑是正确的。李觏虽然出身于社会底层，但毕竟是封建士大夫，所以他提出的"利"和"欲"，在根本上无法越出封建地主阶级的常轨。前面指出，李觏之所以把八政中的"礼"视作高于一切、统帅一切的事物，就在于"礼"是作为最基本的制度来维护等级秩序的，从而成为衡量一切事物的准则。因此，李觏所谈论的"利"和"欲"，只能纳诸在"礼"的框架、规范之内，而不能有所逾越。尽管李觏有着他自己的局限性，但李觏对"利"、"欲"的论述依然是极其精彩的，他径直地抨击了孟子"何必言利"的传统说法，不是把"义"和"利"对立起来，而是将其结合起来加以考察，从而突破了儒家正统派的局限，提出了新见解和新认识。在《富国策》第一中，李觏更加理直气壮地提出，国家要讲求财利，富国是国家的首要任务：

---

① 《论语·述而》。
② 《直讲李先生文集》卷二九《原文》。

> 愚窃观儒者之论，鲜不贵义而贱利，其言非道德教化则不出诸口矣。然《洪范》八政，一曰食，二曰货……是则治国之实，必本于财用……礼以是举，政以是成，爱以是立，威以是行。舍是而克为治者，未之有也。是故贤圣之君，经济之士，必先富其国焉。①

李觏认为，只有把讲财利、富国摆在首位，礼、政、爱、威建立在"财用"这个物质基础上，才能有所成功。不言而喻，李觏的这一思想观点导源于管子"仓廪实而知礼节，衣食足而知荣辱"② 这一论点。在此基础上，李觏进一步指出，如果"民不富，仓廪不实，衣食不足，而欲教之以礼节，使之趋荣而避辱"，能否办得到呢？李觏回答说："学者皆知其难也。"李觏反问道："使天下皆贫，则为之君者，利不利乎？"这不仅是利不利的问题，而是统治者存亡与否的根本问题。

李觏把"义"和"利"结合起来考察，指出"食不足，心不常，虽有礼义不可得而教也"。同时，李觏还提出"焉有仁义而不利者乎"这个好命题。但李觏对义利之间的关系，终没有能够说得更清楚些。到苏洵、王安石以及南宋的陈亮、叶适，才对这个问题作出了深刻的解答。

（四）李觏的王霸论

与义利之辨紧密相关的问题是王霸之辨，这个问题也是由儒家正统派提出并坚持的。儒家从孔夫子就患有复古症，他们把上古三代之政美化为王道，作为后世谨守而不敢有所逾越的成宪。孔夫子推崇三代，特别是推崇西周，认为是超过夏、殷，"郁郁乎文哉"的一个朝代。他对周公最为崇拜，以"久矣，吾不复梦见周公"③ 哀叹他的衰老。但他刘春秋以来的时君霸主如齐桓、晋文等，还是给予适当地肯定。对齐桓公

---

① 《直讲李先生文集》卷一六《富国策》第一。
② 《管子·牧民第一》。
③ 《论语·述而》。

"九合诸侯，一匡天下"，支持摇摇欲坠的周室，抗击戎狄还是赞赏有加的。对辅佐齐桓公的管仲，则夸奖说："微管仲，吾其被发左衽矣！"又是到了孟夫子那里，把王霸论推到绝对化的境地，认为王政（或王道）好得无以复加，霸政（或霸道）坏得无以复加，甚至睁着眼说瞎话，称"仲尼之徒无道桓文事者"。在奔走列国，兜售他的义利观的同时，还叫卖他的王霸论！

李觏早年的《礼论》，对孟子的性善说就不大欣赏，到他晚年所作的《常语》，对孟子的王霸论公然加以批判。《常语》（上卷）第一条就揭破了孟子的瞎说：

> 或曰：仲尼之徒无道桓文事者。吾子何为？曰：衣裳之会十有一，《春秋》也，非仲尼修乎？《木瓜》，《卫风》也，非仲尼删乎？正而不谲，鲁《论语》也，非仲尼言乎？仲尼亟言之，其徒虽不道，无歉也。呜呼！霸者岂易与哉？使齐桓能有终，管仲能不侈，文王太公何恧焉！《诗》曰："采葑采菲，无以下体。"盖圣人之意也。①

李觏以《春秋》、《诗》、《论语》所载有关孔子对齐桓、晋文的论述事实，驳斥孟子"仲尼之徒无道桓文事者"这句话的不实，非常有力。最后，李觏表达了他对霸政的看法，称"霸者岂易与哉"！

李觏对孟子的王霸论提出挑战，那么，他是如何看待这个问题的？"或问自汉迄唐，孰王孰霸？"李觏回答说：汉唐"天子也，安得霸哉？"李觏认为，"自王以上天子号也"，天子、皇帝，都是王，实行的都是王政；"霸，诸侯号也。霸之为言，伯也，所以长诸侯也。岂天子之所得为哉？"王、霸的区别，在于天子和诸侯地位的不同。根据这种区别，李觏指出：

> 所谓王道，则有之矣，安天下也。所谓霸道，则有之矣，

---

① 《直讲李先生文集》卷三二《常语》上。

第八章 李觏：一个面向社会实际、与时代息息相关的杰出思想家

尊京师也。①

在这一区分的基础上，李觏指出，王道之中有好的，也有不好的；霸道之中也有好与不好之别。他以"粹"和"驳"来分辨这种好与不好。根据这一原则，他以历史为证：周的先世创业至为艰难，从"后稷、公刘，以至于太王、王季、文王"，但在商朝末年，不过诸侯而已。"武王不得天下，则文王之为西伯，霸之盛者而已矣。"由此而论，西伯和桓、文霸业相较，"西伯霸而粹，桓、文霸而驳者也"。由此而论，三代与汉唐的王道相比较，"三代王而粹，汉唐王而驳者也"。三代、汉唐都属于王道范围，只不过其王道有高低之分而已。

李觏王霸论的最后一个问题是，儒生们对三代之政都十分憧憬，往往提出"复古"的问题，对此，李觏采取否定态度：

> 世俗之说者，必曰复古。古，未易复也。商鞅之除井田，非道也，而民从之，各自便也。王莽之更王田，近古也，而民怨之，夺其有也。孔子曰：愚而好自用，贱而好自专。生乎今之世，反古之道如此者，灾及其身者也。②

李觏认为复古是不可能的，文字说得非常明白。值得注意的是，复古之所以不可能，李觏提出了"民"的问题，极具识见。商鞅除井田，虽非古道，但由于民"各自便也"，因而得以成功；王莽更王田，近古道，可是由于"夺民之有"，因而失败。根据这一无可辩驳的历史事实，"生乎今之世"而要"反古之道"，如此者即是开倒车，必然要灾难及身，这是毫无疑问的。

王霸义利之辨是宋儒特别是理学产生之后的一个热门话题。李觏则第一个提出了这一问题。如上所说，李觏对义和利的关系说得还不够，有待后人继续发挥。而在王霸之辨的问题上，陈亮、朱熹反复论难，但

---

① 《直讲李先生文集》卷三四《常语》下。
② 《直讲李先生文集》卷三四《常语》下。

都没有达到李觏认识的高度。关键在于儒家自孔夫子以来对古代王政（王道）过于粉饰、美化，以致使之成为只能讴歌、顶礼膜拜的偶像。李觏虽然也受到它的限制，但李觏是社会现实主义者，不迷信古代，所以才能提出上述反对复古的高论来。

三、论李觏的社会思想：一个空想的社会改革蓝图

李觏在宋仁宗景祐三年（1036）到庆历三年（1042）的六七年间，针对时弊，写出《平土书》、《富国》、《强兵》、《安民》诸策及《潜书》、《庆历民言》、《周礼致太平论》等重要著作，为宋代政治经济的许多方面的变革，制订出一幅堪称完备的蓝图。这是李觏社会思想的精华所在，值得认真探索。李觏在《平土书》序言中提出：

> 生民之道食为大，有国者未始不闻此论也，顾罕知其本焉。不知其本而求其末，虽尽智力弗可为已。是故土地本也，耕获末也，无地而责之耕，犹徒手而使战也。法制不立，土田不均，富者日长，贫者日削，虽有耒耜，谷不可得而食也。食不足，心不常，虽有礼义，民不可得而教也。尧舜复起，末（莫）如之何矣！①

土地，这是包括宋代在内的中国古代使用最为广泛因而也是最为重要的生活资料，抓住这个根本问题也就抓住了宋代社会的根本问题。所谓"土地本也，耕获末也"，土地的有无占第一位，有了土地才能谈到耕获，李觏用这句话强调土地的重要性，所以李觏说没有土地就像驱使没有武器的人去打仗一样。这是第一点。土地这个根本性的问题，对民众来说，"民以食为天"，也就是李觏开头提出来的"生民之

---

① 《直讲李先生文集》卷一九《平土书》。

第八章 李觏:一个面向社会实际、与时代息息相关的杰出思想家

道食为大"。对国家来说,同样是重要的:"民之大命谷米也,国之所宝租税也。"① 国家财政来源就是租税,而没有租税,所谓礼乐刑政等国家各项措施都谈不上。土地与国计民生具有如此密切关系,可是,一方面"地力不尽,田不垦辟"②,而另一方面"法制不立,土田不均,富者日长,贫者日削,虽有耒耜,谷不可得而食"③,"自阡陌之制行,兼并之祸起,贫者欲耕而或无地,富者有地而或乏人。野夫有作惰游,况邑居乎?沃壤犹为芜秽,况瘠土乎?饥馑所以不支,贡赋所以日削。"④ 这样,李觏在土地这个基本问题上又提出了如何发展土地生产能力和解决"土田不均"这一根本性的土地关系问题。这是第二点。

那么,如何解决"土田不均"这一社会现实中的根本性问题呢?李觏强调指出"平土之法"是自古以来的"王政"之始,成周时代的井田制是解决土地问题的一个基本方案,即使不能实行井田,也要像西汉师丹提出的那样,对土地兼并给予适当的限制:

> 井地立则田均,田均则耕者得食,食足则蚕者得衣。不耕不蚕,不饥寒者希矣。⑤

> 若余夫、致仕者、仕者、贾人、庶人在官者、畜牧者之家皆受田,则是人无不耕,无不耕则力岂有遗哉?……孟子曰"仁政必自经界始",师丹言"宜略为限",不可不察也。⑥

宋人提出恢复井田制的,前于李觏有陈靖,后于李觏有王安石、张载、程颢、程颐等。四十多年以前,我在《王安石变法》中指出,宋人之所以频频提出井田制,反映了当时土地兼并的严重,宋代士大夫试图解决

---

① 《直讲李先生文集》卷一六《富国策》第二。
② 《直讲李先生文集》卷一六《富国策》第二。
③ 《直讲李先生文集》卷一九《平土书》。
④ 《直讲李先生文集》卷六《周礼治太平论·国用》第四。
⑤ 《直讲李先生文集》卷二〇《潜书》。
⑥ 《直讲李先生文集》卷六《周礼治太平论·国用》第四。

这个问题①。但井田制度已经是一去不复返了,任何一个地主阶级当权派都无法恢复这种土地制度。因此王安石当权之后,便放弃了"愿见井地平"②的幻想,采取切实可行的政策,抑制兼并势力、缓和社会矛盾,以发展社会生产。李觏提出井田制方案,力图抑制兼并、和缓社会矛盾,亦是灼然可见的。在没有任何其他方案提出之前,李觏这个方案还是值得肯定的。

李觏之所以提出井田制方案,是因为他认为实行这种土地制度能够获得最大的经济效益。他认为,在现有的土地占有关系下,"贫民无立锥之地,而富者田连阡陌","富人虽有丁强,而乘坚驱良,食有粱肉,其势不能以力耕也"③,"富者有地而或乏人"④。这些富人不劳而食,或者土地众多却缺乏劳动人手;而贫苦的农民"食不自足,或地非己有"⑤。因此,"山林薮泽原隰之地"虽然不少,却无法垦辟出来,只有实行井田制。即使不能实行井田而实行限田,达到"均无贫"的目标,才能够"人无遗力,地无遗利,一手一足无不耕,一步一亩无不稼,谷出多而民用富,民用富而邦财丰"⑥。以井田制推动生产的发展,对国计民生都极为有利。

那么,怎样才能实行井田制或限田制呢?李觏认为,要"抑末",同时也要解决农民疾苦;而解决农民疾苦,与"抑末"或者说与抑制豪强兼并有着密切关系。李觏出身社会下层,因而对农民的疾苦有较深的感受。他指出,农民在受兼并势力吞噬的同时,国家赋役之重也是重要因素。李觏的诗文中一再反映了这个问题。如:"产业家家坏,诛求岁

---

① 漆侠:《王安石变法》第二章第一节,上海人民出版社 1959 年 3 月第一版,1979 年 1 月再版,河北人民出版社 2001 年 9 月增订版。
② 李壁:《王荆文公诗李壁注》卷一七《发廪》,上海古籍出版社点校本。
③ 《直讲李先生文集》卷一六《富国策》第二。
④ 《直讲李先生文集》卷六《周礼治太平论·国用》第四。
⑤ 《直讲李先生文集》卷一六《富国策》第二。
⑥ 《直讲李先生文集》卷六《周礼治太平论·国用》第四。

第八章 李觏：一个面向社会实际、与时代息息相关的杰出思想家

岁新……朱户仍奢侈，柴门转窭贫"①；"下户半曾差作役，朽株多已祀为神"②。借着为躲避重役、出嫁老祖母的事，李觏控诉道："子岂不欲养，母其不怀居？系役及下户，财尽无所输"③，宋赋役剥削多么残酷！这是一方面。

另一方面，在宋代商品经济发展的情况下，农民与市场有着这样或那样的联系，不能不受到这样或那样的牵涉。李觏以其独到的、敏锐的观察力提出了"谷贱则伤农，贵亦伤农；贱则利末，贵亦利末"的新见解、新认识，从而突破了此前"谷甚贱则伤农，贵则伤末"的传统见解和认识。为什么谷的贵贱都"伤农"而"利末"呢？李觏指出，"农不常粜，有时而籴"，"以一岁之中论之，大抵敛时多贱而种时多贵"。农夫们虽然"爱其谷甚于生"，但"小则具服器，大则营昏葬，公有赋役之令，私有称贷之责。故一谷始熟，腰镰未解而日输于市焉。粜者既多，其价不得不贱。贱则贾人乘势而罔之，轻其币而大其量，不然则不售矣，故曰：敛时多贱，贱则伤农而利末也"。另一方面，农夫们"仓廪既不盈，窦窖既不实，多或数月，少或旬时，而用度竭矣。土将生而或无种也，未将执而或无食也。于是乎日取于市焉。籴者既多，其价不得不贵，贵则贾人乘势而闭之。重其币而小其量，不然则不予矣。故曰：种时多贵，贵亦伤农而利末也"。李觏根据他敏锐的观察，指出商贾对农民兼并的严重性："农之粜也，或阖顷而收，连车而出，不能以足用。及其籴也，或倍称贱卖，毁室伐树，不能以足食。而坐贾常规人之余，幸人之不足，所为甚逸，而所得甚饶。此农所以困穷而末所以兼恣也。"④李觏的这个论断，揭示了在商品经济发达的条件下，小农小工等劳动生产者之受到市场经济波动的影响和危害，以及受到商人买贱卖贵的双重剥削，是与实际符合的，因而也是极其深刻的。

---

① 《直讲李先生文集》卷三六《村行》。
② 《直讲李先生文集》卷三六《往山舍道中作》。
③ 《直讲李先生文集》卷三五《哀老妇》。
④ 《直讲李先生文集》卷一六《富国策》第六。

── 第二编 宋学的形成阶段 ──

明白了李觏对商贾亦即"末"的态度，也就知道，要想实行井田或限田而必须先行"抑末"的道理。抑末，不仅包括商贾，也包括一些从农业生产上游离出来到城镇中的游民。李觏说，要想行井田，则"莫若先行抑末之术，以殴游民"；"游民既归矣，然后限人占田，各有顷亩，不得过制"；"游民既归，而兼并不行，则土价必贱；土价贱，则田易可得；田易可得，而无逐末之路、冗食之幸，则一心于农；一心于农，则地力可尽矣。"① 进一步考察，李觏所要抑的"末"，有以下两类人：一是由于土地兼并，从土地上被排挤出来，到城镇中经营的小商小贩或做小工的劳动者，以及一些游民，把这部分人重新驱回到土地上，以解决农业劳动人手的问题；另一部分就是商贾和高利贷者，亦即所谓兼并者。在提到这一小批被抑制的对象时，李觏极其愤慨地说："买贱卖贵，乘人之急，必劫倍蓰之利者，大贾蓄家之幸也。为民父母，奈何不计本末，罔农夫以附商贾？"② 从这些言论来看，传统的重农抑末思想对李觏仍然具有重大的影响。

李觏所要"抑"、"殴"的对象不只是商贾游民，佛道亦是"抑"、"殴"的对象之一。宋学形成阶段，从欧阳修到孙复、石介无不排佛老，而李觏排佛老怕是其中最为激烈的一个。李觏所"殴"的游民，除了"逐末"，还有所谓的"冗食"，而释老即属于"冗食"一类。"今也释老用事，率吾民而事之，为缁焉，为黄焉，籍而未度者，民之为役者，无虑几百万。广占良田利宅，媆衣饱食，坐谈空虚，以诳曜愚俗，此不在四民之列者也。"③ 不在四民之列的缁贯，唯一的办法是殴而去之。李觏指出，"缁贯存，则其害有十；缁贯去，则其利有十。"这十害主要是："不耕不蚕"；"坐逃繇役"；布施斋饭"民财以殚，国用以耗"；"不易之田，树艺之圃，大山泽薮，跨据略尽"；"［寺观］营缮之功，岁月

---

① 《直讲李先生文集》卷一六《富国策》第二。
② 《直讲李先生文集》卷七《周礼致太平论·国用第九》。
③ 《直讲李先生文集》卷一六《富国策》第四。

第八章 李觏：一个面向社会实际、与时代息息相关的杰出思想家

弗已，驱我贫民，夺我农时"，等等。殴缁贯，十害变为十利，既增加了社会生产，也增加了国家赋税，"民人乐业，国家富强"，而成为"万世之策"①。

李觏所要抑的是"末"，所要殴的是"缁贯"、"游民"，但是对地主阶级诸等级，即使所谓的"豪右"即大地主阶级，李觏不主张采取"殴"的政策，而是采取利用的政策：

> 古之治民，唯欲富庶；今之治民，特恶豪右。夫富豪者，智力或有以出众，财用亦足以使人，将济艰难，岂无其效？今之浮客，佃人之田、居人之地者，盖多于主户矣。若许富人置为部曲，私自训练，凡几度试胜兵至若干人，或擒盗至若干火者，授以某官，仍寝进纳之令，以一其志。凡人既得以兵自防，又得以官自进，苟有余财，岂谁不勉？岁年之后，千夫长、百夫长不难得矣。《周礼》乡为一军，未闻反叛；秦人功赏相长，何患豪强？大有为者，宜无猜忌。②

对于这些"豪右"，李觏一方面"殴游民"、"去缁贯"，使一些游民回到农业生产上去，从而那些地多的"豪右"获得众多的劳动力："其不能者（指没有能力垦辟土地的农民），又依富家为浮客，则富家之役使者众，役使者众则耕者多，耕者多则地力可尽矣。"③使农业生产得到发展。与此同时，借着豪右在地方上的声势，给以组织部曲的权力以稳定地主统治秩序。

如上所指，李觏虽然强调了"重农抑末"，但他认为这样做还不够，还必须加强封建国家对市场的管理和控制，从而重弹了过去的论调。李觏从过去历史上实践经验出发，认为战国秦汉以来的均输平准法是解决这一问题的有效措施，因而要求把开阖敛散之权从商贾手中夺归政府。

---

① 《直讲李先生文集》卷一六《富国策》第五。
② 《直讲李先生文集》卷二八《寄上孙安抚书》。
③ 《直讲李先生文集》卷一六《富国策》第二。

他指出，商人具有囤积居奇、"买贱卖贵"的本性，他们最能够"乘人之急"而"必劫倍蓰之利"。对此，封建国家既不应该坐视不顾，更不应该附和商贾去欺罔农民，因而要像汉武帝那样，"置平准于京师，都受天下委输，大农诸官尽笼天下之货物，如此富商大贾亡所牟大利，则反本，而万物不得腾跃。"① 这是一点。李觏还指出，国家要把理财放到重要位置上："人之有财而不自治，治之者君"，"君不理，则权在商贾；商贾操市井之权，断民物之命。缓急人之所时有也，虽贱不得不卖，裁其价太半可矣；虽贵不得不买，倍其本什佰可矣。如此蚩蚩之氓，何以能育？是故，不售之货则敛之，不时而买则与之，物楬而书，使知其价，而况赊物以备礼，贷本以治生，皆所以纾贫窭而钳并兼，养民之政，不亦善乎！"② 李觏的这些言论，是从有利于国计民生的角度提出的，要求政府加强对商业和市场的管理和控制，而不是像秦汉那样，在法律上把商贾视为一个轻贱的社会阶层。

李觏虽然主张国家加强对商业、市场的管理和控制，但不主张扩大国家的专利制度。对茶盐的生产和销售，李觏认为国家不应当垄断，而应当实行通商法。他批评了当时政府实施的茶盐法。称："茶盐之禁，本非便人，经费所出，盖不获已"；茶，"君子小人靡不嗜也，富贵贫贱靡不用也"，"今日之宜，亦莫如一切通商，官勿卖买，听其自为"，国家仅"籍茶山之租，科商人之税"③ 而已。盐，也要通商，而不要官卖。为什么李觏主张茶盐通商，而不赞成茶盐征榷呢？其一是，一州之内，官府卖盐的"坐肆占卖者郡才数十"，而一郡数万户人家，"仰数十户之盐，一铢一两不可与官为市"，不便于民。尤其是，李觏从市场竞争角度观察，"公盐贵而汙，私盐贱而洁，山泽之甿，城邑之豪兢食之"，这是其二。正由于都食私盐，因而第三，"窃贩者亦交驰焉"，"利之所诱，

---

① 《直讲李先生文集》卷七《周礼致太平论·国用》第九。
② 《直讲李先生文集》卷八《周礼致太平论·国用》第一一。
③ 《直讲李先生文集》卷一六《富国策》第一〇。

虽曰刑人，号痛之声动乎天地，弗能禁也"①；"江岭之交，最多盐贼，起而为大害者，往往有之矣"②。所以，李觏主张："今日之宜，莫如通商，商通则公利不减而盐无滞也。"③ 李觏茶盐通商的主张，只有茶法通商在宋仁宗嘉祐年间（1056—1063）得到施行，盐法征榷则日益加甚。李觏盐法主张虽未实行，但征榷中的症结如李觏所指出的那样，一直没有解决。这样来看，李觏主张虽未实现，但它同历史发展趋势则是一致的。

四、简短结论

李觏一生虽然为衣食奔走，但他从来"以康国济民"作为他的著书立说的目的。作为一个社会下层士大夫，他只能够用笔和墨来表达他对社会、对国家改造的意见，以期待这些意见的实现。他自己虽然无法施展他的经国济世的才能，但当着庆历四年（1044）范仲淹登台改革之际，李觏为此寄奉一封内容异常深刻的信件，其中有：

> 窃闻明公归自塞垣，参预朝政，无似之人，辱知最厚，延颈下风，忧喜交战。喜者何谓？冀明公立天下之功。忧者何谓？恐明公失天下之名。夫以明哲之性，树刚中之德，裁量古今，愍测衰敝。昔者言之，而不得行之，诚无可奈何。今在行之之位矣！盖当筑邦家之基，天不足为高，地不足为牢，此所谓冀明公立天下之功也。然塞孟津者，非捧土可足；治膏肓者，非苦口不宜。遗阙之原，岂是渺小？若曰患更张之难，以因循为便，扬汤止沸，日甚一日，则士林称颂，不复得如司谏

---

① 《直讲李先生文集》卷一六《富国策》第九。
② 《直讲李先生文集》卷二六《寄上孙安抚书》。
③ 《直讲李先生文集》卷一六《富国策》第九。

待制时矣！此所谓恐明公失天下之名也。①

李觏以真挚的情谊鼓励、推动范仲淹进行变法改革。同时信中还非常扼要地提出他的社会变革的意见，还附录了他的《庆历民言》，也深刻表明了他对变革的迫切愿望。而这个愿望不是点滴的、局部的变革，而是以《周礼》所载模式进行全盘的有关制度上的变革。怀着"康国济民"壮志的李觏，对自己的国家具有强烈的责任感，无时无刻不在盼望国家从困境摆脱出来，走上富强的道路。

---

① 《直讲李先生文集》卷二七《寄上范参政书》。

第九章
以范仲淹为领导的庆历新政与宋学的形成

一、范仲淹与庆历新政

范仲淹（989—1052）字希文，世家苏州吴县。范仲淹两岁丧父，随母改嫁至京东长山朱家，名朱说。年轻的范仲淹在饥寒中学习，"之南都（应天府），入学舍，扫一室，昼夜讲诵，其起居饮食，人所不堪，而公自刻益苦"。①"断齑画粥"就是范仲淹这个时候的生活缩影。② 经过七八年的苦读，他考中大中祥符八年（1015）进士，任广德军司理参军，"归迎其母以养"，并改名为范仲淹。

与三先生、欧阳修、李觏等人一样，范仲淹亦深受儒经的影响："大通六经之旨，为文章论说必本于仁义"③，"公为学，好明经术。每道圣贤事业，辄跂耸勉慕，皆欲行之于己。自始仕，慨然有康济之志。凡所设施，必本于仁义，而将之以刚决，未尝为人屈挠。"④

在对六经的探索中，范仲淹最擅长于《易》经。《宋史》本传上称：

---

① 欧阳修：《欧阳文忠公文集》卷二〇《范仲淹神道碑》。
② 彭乘：《墨客挥犀》卷三，四库影印本 1037—683。
③ 欧阳修：《欧阳文忠公文集》卷二〇《范仲淹神道碑》。
④ 富弼：《范仲淹墓志铭》，载《范文正公集·褒贤集》，四部丛刊本。

"仲淹泛通六经,长于《易》,学者从质问,为执经讲解,亡所倦。"①范仲淹虽不以经学名家,但在他的文集中还保留了《易义》,确实说明他"长于《易》"。从《易义》讲述的形式看,范仲淹与胡瑗等三先生相同,也是"不惑传注"、直接讲述经旨大义的。有意思的是,在《易义》的不大篇幅中,范仲淹对易义的阐述与胡瑗的说法却颇多相同。如他对"损"卦的解释是:

> 然则下者,上之本,本固则邦宁。今务于取下,乃伤其本矣,危之道也。损之有时,民犹说也;损之无时,泽将竭焉。故曰:川竭必山崩。此之象也无他,下涸而上枯也。百姓不足,君孰与足,其斯之谓欤?

对"益"卦的解释是:

> 然则益上曰损,损上曰益者何也?夫益上则损下,损下则伤其本也,是故谓之损。损上则益下,益下则固其本也,是故谓之益。本斯固矣,干斯茂矣,源斯深矣,流斯长矣!下之益上,则利有竭焉;上之益下,则因其利而利之,何竭之有焉?……明益之道,何往而不利哉!②

范仲淹所讲的损、益二卦,同前章胡瑗《周易口义》所讲的损、益二卦相比,几乎可以说是完全一致的。他们两个所讲的损上益下和损下益上亦都是站在社会下层立场上,反对在上的统治集团的过度剥削。

要紧的是,范仲淹不是把儒经当做空口白话的教条,而是作为指导自己从事社会实践的指针和准绳。天圣三年(1025)范仲淹以大理寺丞的身份进《奏上时务书》,提出改革时弊的意见。时弊之首便是文弊,范仲淹指出:"国之文章,应于风化;风化厚薄,见乎文章",把文风提到社会风化这一原则之上。"故圣人之理天下也,文弊则救之以质,质

---

① 《宋史》卷三一四《范仲淹传》。
② 范仲淹:《范文正公集》卷五《易义》,四部丛刊本。

第九章 以范仲淹为领导的庆历新政与宋学的形成

弊则救之以文。质弊而不救,则晦而不彰;文弊而不救,则华而将落。前代之季,不能自救,以至于大乱。"他批评当代文风,"不追三代之高,而尚六朝之细",要求朝廷,"敦谕词臣,兴复古道,更延博雅之士,布于台阁,以救斯文之薄"。至为明显,范仲淹所批评的文弊不是别的,而是流行于当代、号称时文的西崑体。他对这种文体的批评比尹洙、欧阳修、石介他们至少要早十年。应当说,范仲淹是较早地投入古文运动中的一个。

范仲淹提出的第二个问题是修武备。他指出:"文武之道,相济而行,不可斯须而去焉。"他以唐明皇为例,"太平日久,人不知战,国不虑危",以至"大寇犯关,势如瓦解",推其原因,"此失武之备也"。范仲淹引用《易》经中的教导,"经曰:'祸兮福所倚,福兮祸所伏。'又曰:'防之于未萌,治之于未乱'",要防患于未然。他指出,自澶渊之盟以后,"今天下休兵余二十载,昔之战者,今已老矣;今之少者,未知战事,人不知战,国不虑危","轻长世之策,苟一时之安",要求恢复武举、加强武备。范仲淹提出这个问题的时候,西夏李德明、元昊父子,正在加紧向河西走廊推进的步伐,声势日涨,而宋则处于日趋委靡不振的状态之中。范仲淹修武备的主张,正是针对这一形势而提出的,意义非常重大①。

除"救文弊,复武举"之外,范仲淹还提出了"重三馆之选,赏直谏之臣,及革赏延之弊"②等一系列属于官僚制度方面的问题。

天圣五年(1027),范仲淹上书当时的宰执大臣们,提出对国是的一些看法。他指出当前的整个形势是:"今朝廷久无忧矣,天下久太平矣,兵久弗用矣,士曾未教矣,中外方奢侈矣,百姓反困穷矣",如果到了"国用无度,民力已竭"的地步,"一旦乱阶复作,使天下为血为肉数百年",宰执大臣们"负天下之过",亦即所承担的罪责就重大了。

---

① 范仲淹:《范文正公集》卷七《奏上时务书》。
② 此据《范文正公年谱》,载《范文正公集》。

为此，要"防微杜渐"，如《奏上时务书》所说，要防患于未然，范仲淹提出以下几个方面：

（一）"举县令、择郡长，以救民之弊。"范仲淹指出，现今的县令郡守"多非清识之士"，"衰老者，为子孙之计，则志在苞苴，动皆徇己；少壮者，耻州县之职，则政多苟且，举必近名。故一邑之间，簿书不精，吏胥不畏，徭役不均，刑罚不中，民利不作，民害不去"，"四方县政如此者，十有七八焉"。要解决地方吏治的问题，从幕职判司簿尉中精选一批才干之人，去掉县令中"昏迈常常之流"。照这样去做，"三五年中天下县政可澄清矣"！

（二）"复游散，去冗僭，以阜时之财。""古者四民，秦汉之下，兵及缁黄共六民矣。"而在六民当中，"浮其业者，不可胜纪，此天下之大蠹也"。六民之中"浮其业者"指的是："士有不稽古而禄，农有不竭力而饥，工多奇器以败度，商多奇货以乱禁，兵多冗而不急，缁黄荡而不制。"而这些人亦皆"衣食于农"，"如之何物不贵乎？如之何农不困乎？"范仲淹提出的"浮其业"的六民中，缁黄即所谓的佛道，前面提到的欧阳修、石介等人亦都主张加以排抑，以有助于社会的生产；而冗兵的提出，则是最为值得重视的问题。范仲淹指出，"今诸军老弱之兵，讵堪征伐？"主张："诏诸军年五十已上，有资产愿还乡里者，一可听之，稍省军储，复从人欲"，"无所归者，自依旧典"，"此去冗之一也"。总之，消除各类冗僭，大力发展府畿生产，减少江淮馈运，这是"去冗之大也"。

（三）"慎选举之方，则政无虚授，敦教育之道，则代不乏人。"这是对现有贡举制选士明经诸科的改进。范仲淹主张进士科应以策论摆在首位，诗赋放在第二位，"先策论以观其大要，次诗赋以观其全才；以大要定其去留，以全才升其等级"，改变此前以诗赋抡才的弊端。只变革贡举还不行，"复当深思治本，渐隆古道"，即从学校中培养人才。"先于都督之郡，复其学校之制，约周官之法，兴阙里之俗，辟文学掾以专其事，敦之以诗书礼乐，辨之以文行忠信"，这样做就可培育优秀

第九章 以范仲淹为领导的庆历新政与宋学的形成

人才了!

此外,范仲淹还强调了兴武备、保直臣、斥佞人,并希望他的这篇上书能被宰执大臣们"采其一二"①。

范仲淹的《上执政书》奏上之后,"宰相王曾见而伟之"②。实际上,这篇文章以及上面提到的《奏上时务书》是范仲淹继王禹偁之后,系统论述宋代当时局势及其症结所在的重要文章。王禹偁提出了冗官的问题,而范仲淹则进而提出冗兵的问题,冗官、冗兵问题的提出,冗费的问题便自然而然地凸现出来了。于是北宋初年来形成的"三冗"经王禹偁、范仲淹而全部提出,范仲淹这两篇文章的意义即在于此。有意思的是,不仅如此,这两篇文章中还都曾引用《周易》上的"穷则变,变则通,通则久"这句话,提出了社会变革的问题,为庆历变革在认识上奠定了基础,因此其意义尤为重大。称范仲淹"长于《易》",不仅指他对《易》的理解深入,而且包括他在此基础上,以《易》的变革思想为指导,积极从事于社会变革,这更加可贵。

与此同时,范仲淹在行动上还力图使自己的上述言论能够付诸实现。这样一来,就不可避免地同某些权势集团发生摩擦和碰撞,从而产生这样或那样的后果。总的算起来,范仲淹进入朝廷后,曾三次受到贬逐。天圣七年(1029)冬,范仲淹反对宋仁宗率百官以及臣下为章献刘太后上寿,并劝刘太后还政于宋仁宗,激起刘太后的不满,被贬为河中府通判,这是第一次。明道二年(1033)冬,范仲淹与孔道辅等台谏官为反对吕夷简废郭后,自右司谏被贬为知睦州,这是第二次。这两次都是因范仲淹站在正统专制主义皇权立场上,为维护皇帝尊严而被贬,当然在士大夫群激起极大的反应,博得极好的声誉。

影响最大的是范仲淹第三次贬官。景祐二年(1035)冬,范仲淹自知苏州任上调回汴京,以吏部员外郎、天章阁待制、权知开封府。当时

---

① 范仲淹:《范文正公集》卷八《上执政书》。
② 此据《范文正公年谱》,载《范文正公集》。

━━━━●　第二编　宋学的形成阶段　●━━━━

的宰相吕夷简，是自宋真宗一代保守气氛笼罩下的官场中升起来的一个官僚，他既懂得如何揣摩和秉承章献刘太后和宋仁宗的旨意，以揽权固位，又善于结帮拉派，"进者往往出其门"，沽权弄势。要改变现有因循守旧的局面，只有撞击吕夷简集团，这是不可避免的。范仲淹一面"言事无所避"，在朝会时提出百官图，对官员们的升迁次第作出评论道："如此为序也，如此为不次，如此则公，如此则私，不可不察也。"接着又上《帝王好尚论》等文，讥指时政，并把吕夷简比作汉朝败坏了刘家王朝的张禹。吕夷简大怒，诉"［范］仲淹越职言事，荐引朋党，离间君臣"①，范仲淹再次贬逐为知饶州。余靖、尹洙和欧阳修则以朋党罪也都被贬逐出汴京。

　　范仲淹虽一再遭到贬逐，但他在士大夫当中的声望却一再提高。释文莹《续湘山野录》上说，范仲淹每遭一次贬逐，即每"光"一次，而第三次贬逐则"尤光"，以至他同时被逐的同道者，名声远被契丹。正当吕夷简对范仲淹横施贬抑、国事日趋委靡之际，西夏元昊囊括了河西走廊，兵锋转向陕西沿边，宋西线损兵折将，承受了极大的压力。吕夷简这个"最是个无能底人"②，不得不起用范仲淹、韩琦等以抗击西夏的凶锋。范仲淹的同道如尹洙、滕宗谅、张亢等纷纷调到西线，连胡瑗也被范仲淹举荐为丹州军事推官，成为范仲淹幕府中的人物。在范仲淹等的积极努力下，终于遏止住了元昊的猛扑，西线稍为安定下来。范仲淹的声望随着抗击西夏的作用而陡然增长，士大夫们希望范仲淹登台执政，以扭转当前"内外交困"的危局。

　　这样，范仲淹便成为士大夫群中众望所归的领袖人物。在政治上是如此，在学术上也是如此。范仲淹来自于贫困的下层士大夫，因此他最能够了解这个阶层，对他们亦抱有最为真挚的同情。有关范仲淹这方面

---

①　《长编》卷一一八景祐三年五月丙戌纪事。
②　《朱子语类》卷一二九《本朝三·自国初至熙宁人物》。朱熹对吕夷简评论道："某尝说，吕夷简最是个无能底人。今人却说他有相业，会处置事，不知何者为相业？何者善处置？……弄得天下之事日入于昏乱。及一旦不奈元昊何，遂尽挨与范文正公。"

第九章 以范仲淹为领导的庆历新政与宋学的形成

的事情很多,仅从本编范仲淹对胡瑗、孙复和李觏的关切和举荐,即可见其一斑,不多举述。但与这方面紧密联系的还有另一方面,即王安石曾经批评过的,范仲淹"好广名誉,结游士,以为党助"①,利用这种行为而结成一个集团。但不论怎样来看,范仲淹是北宋初年以来一个罕见的杰出之才。朱熹对宋初如李沆、王旦等所谓的名相都有所批评,而对范仲淹则是一再赞扬:

> 范文正杰出之才。
> 祖宗以来,名相如李文靖(即李沆)、王文正(即王旦)诸公,只恁地善,亦不得。至范文正时便大厉名节,振作士气,故振作士大夫之功为多。②

《宋史》本传对范仲淹评论道:

> 仲淹泛通六经,长于《易》,学者多从质问,为执经讲解,亡所倦。尝推其奉以食四方游士,诸子至易衣而出,仲淹晏如也。每感激论天下事,奋不顾身,一时士大夫矫厉尚风节,自仲淹倡之。③

范仲淹所倡导的"大厉名节"或"尚风节",以及"振作士气"的具体内容是什么呢?如人们所看到的,自从宋太宗真宗以来,政治上形成了因循守旧的极端保守主义,反对任何变革兴作,即使如朱熹所评论的那些名相,亦无不如此。在这种情况下,一般士大夫只知道啖饭穿衣做官而已,对国家对社会何尝有丝毫的责任心?即使有个别的贤士大夫如王禹偁,不仅无从奋其力以改变这种局面,而且反倒不容于这种腐败的局面,以至于积弊丛生,积贫积弱,成为难以诊治的痼疾。范仲淹自做秀才时便以天下为己任,"先天下之忧而忧,后天下之乐而乐",以坚毅不

---

① 《长编》卷二七五熙宁九年五月癸酉纪事。
② 《朱子语类》卷一二九《本朝三·自国初至熙宁人物》。
③ 《宋史》卷三一四《范仲淹传》。

拔的意志纠集一些同道，对文风、学风和政风（这三者的实质是士风）进行不懈的变革。他的言论和行动，特别是他的奋不顾身，终于使不少的士大夫，尤其是下层士大夫，从此前委靡不振士风的桎梏中解脱出来，与范仲淹一道变革，从而使士大夫真正懂得自己在社会上处于一个怎样的地位，以及对国家究竟具有什么样的责任。范仲淹"振作士气"的巨大作用是不可磨灭的！

二、庆历新政与宋学的形成

庆历新政是在"夷狄骄盛、寇盗横炽"，国内外矛盾激化形势下出现的。如前所说，宝元、康定（1038—1040）以来，元昊以攻势侵掠陕西沿边，宋廷集结了二三十万大军，起用了范仲淹、韩琦等第一流人才，才招架住了元昊的进攻。西北边防招致了赋税的激增，"下至果菜皆加税"①。而这些赋税大都转嫁给劳动者，从而激起各地农民的暴动："西鄙用兵以来，骚动天下，物力穷困，人心怨嗟"；"自四、五年来，贼入州城打劫者，约三四十州"；"白昼公行，擅开府库，其势日盛"②。"今盗贼一年多如一年，一火强如一火"③，"自此以往，只忧转炽，若不早为提备，事未可知"④。日益尖锐、剧烈的农民反抗斗争，深刻地反映了宋地方统治力量的虚弱，也极大地震撼了宋封建统治阶级。因此在范仲淹等遏止住了元昊的攻势，西线粗安之后，庆历三年（1043）宋仁宗将范仲淹、韩琦调回汴京，任命为枢密副使，之后又任范仲淹为参知政事，自此开始了著名的庆历新政。

---

① 欧阳修：《欧阳文忠公文集》卷三二《王尧臣墓志铭》。
② 《长编》卷一四三庆历三年九月丁丑载富弼奏言。
③ 欧阳修：《欧阳文忠公文集》卷一〇〇《再论置兵御贼札子》。
④ 《长编》卷一四三庆历三年九月丁丑载富弼奏言。

第九章 以范仲淹为领导的庆历新政与宋学的形成

庆历三年（1043）九月，范仲淹奏上《答手诏条陈十事》。这个纲领性的文献集中反映了士大夫改革意见的同时，表达了改革所遵循的指导思想。首先，范仲淹指出，"历代之政，久皆有弊，弊而不救，祸乱必生。"这个思想在他此前的上书中即曾经表达过。救弊就必须要"变"，即进行变革；只要遵照《易》经上所说"穷则变，变则通，通则久"的教导进行变革，就能够长治久安。这是"长于《易》"的范仲淹第三次引用《易》经上的这句话，作为变革的指导思想，而这一次引用，则见诸于实践，同以前有了区别。接着，范仲淹提出这次变革，是对宋初以来纲纪制度方面的总的改革："我国家革五代之乱，富有四海，垂八十年，纲纪制度，日削月侵"，"不可不更张以救之"。更张的重点便在于官僚制度、官僚机构，范仲淹把对它的变革作为一项根本性的任务而提出来："欲正其末，必端其本，欲清其流，必澄其源。"为使改革具体化，范仲淹提出了十个事目，其中明黜陟、抑侥幸、精贡举、择长官和均公田五项，都是针对官僚制度而提出的，从而体现了改革的重点所在。[①]

综合范仲淹《答手诏条陈十事》以及范仲淹一派士大夫对改革的意见，庆历新政所实施的总方针和总政策是：立足于封建专制统治立场上，限制官僚贵势们的政治特权，扩大选官范围和统治基础，强化国家专政机器，发挥镇压、抚绥两种职能，以稳定和巩固宋封建统治。这个总方针、总政策对大官僚贵势集团是不利的，对地主阶级中下层是有利的，范仲淹集团代表了中下层地主阶级的利益。

庆历新政既以澄清吏治为首要的、根本性的任务，就对诸路州县亲民之官特加重视。范仲淹希望"去冗官，用良吏，以抚疲民，使不起为盗"[②]，所以推行新政之时，即"择诸路使者，令按举不法"[③]。有才干

---

① 范仲淹：《范文正公政府奏议》卷上《答手诏条陈十事》，四部丛刊本。
② 欧阳修：《欧阳文忠公文集》卷一〇一《论御贼四事札子》。
③ 《宋史》卷三〇〇《王鼎传》。

的州县官受到奖拔,庸碌不才者则予以撤换。而且在此之后,"天下选人用三员保任方得为县令","自是县令得人,民政稍稍举矣"①,地方吏治算是有了起色。

在庆历新政的变革中,明黜陟、抑侥幸两个事目最为重要,是这次改革中的重点中的重点。在一般士大夫看来,"其守推恩侥幸,三岁一磨勘",是"人主命令",而非"斜封墨敕";"圣节任子",又是人们所"歆羡"的,范仲淹改革派认为这两项政策"最为庸人重害",因此"仲淹先行之","不可谓不猛",因而施行的结果是"斗庸人重害之病,开邪诐逸间之门"②,使改革遭到极大的阻力。参与这次变革的欧阳修曾说:"磨勘任子之法,侥幸之人皆不便,因相与腾口。"③ 由此进一步说明这两个事目激起了保守派的反对,亦深刻说明这两个事目的重要。

所谓的庸人,以及所谓的"侥幸之人",究竟是些什么人呢?

(一)被裁撤的诸路监司州县之官。史称,范仲淹只要看到不称职的诸路监司,即将其一笔勾销。富弼说:"六丈则是一笔,焉知一家哭矣!"范仲淹回答得好:"一家哭何如一路哭邪?"④ 从这条记载,以及《宋史·王鼎传》中的记载可以知道,地方上一批老病无能贪残之辈被革了职、罢了官。

(二)失去"世袭领地"的宦官。"先是京邑群司,有大阉诸官(宦)领之,如皇城群牧者,皆卫士国骏,目指气使,动心如意,或十余岁不代;次当补者,徒羡望不可得。[富]弼与韩琦协议,制以三年为率,不得复有干请;久任者悉奏更之。"经过这一改革,"阉宦大噪,恶弼如枕干之仇矣!"⑤

(三)恩荫任子之制中受到限制的大官僚贵势阶层。宰相杜衍上奏,

---

① 魏泰:《东轩笔录》卷三,中华书局点校本。
② 叶适:《习学记言》卷四八,四库影印本849—783。
③ 欧阳修:《欧阳文忠公文集》卷二〇《范仲淹神道碑铭》。
④ 《宋名臣言行录》前集卷七,四库影印本449—82、83。
⑤ 田况:《儒林公议》,四库影印本1036—291。

第九章 以范仲淹为领导的庆历新政与宋学的形成

"武臣带军职若四厢都虞候等出领藩郡，不惟遣使额重，而又供给优厚"，"带此职者，皆近戚纨绮"，要求罢掉。宋仁宗亦深以为然，答应下来。但"近姻之要者"，仍然苦苦恳求，此前的"内降"也受到限制。①

上述这些侥幸之人，从不同方面反对改革。丢掉乌纱帽的诸路监司州县之官来自于下，大官僚则来自于朝廷之上，外戚阉宦则来自于宫廷内外。而章得象、夏竦、贾昌朝、王拱辰、张方平、钱明逸等反对变革的官僚们，则是这批庸人、侥幸之人的代言人。他们环隙伺机地寻找缺口以攻击变法派。钱明逸奏劾范仲淹"更张纲纪，纷扰国经。凡所推荐，多挟朋党。乞早罢免，使奸诈不敢效尤，忠实得以自立"。② 以宋仁宗最为敏感的朋党攻击范仲淹，使其不安于位，离开汴京，经制西事。接着，反对派又奏劾尹洙、滕宗谅有关公使钱的问题，尹、滕受到过分的处置。最后在范仲淹离开政府后的几个月，即庆历四年（1044）十一月，借苏舜钦卖进奏院故纸"开席会宾客"、王益柔《傲歌》"醉卧北极遣帝扶，周公孔子驱为奴"为由，大做文章。反对派倾巢而出，把这批年轻有为的才俊之士，极尽罗织周纳之能事，必欲置之死地而后快。结果是：苏舜钦"除名勒停"，王益柔、江休复、宋敏求等贬到地方。王拱辰甚至恬不知耻地说："吾一举网尽矣！"③ 未到一年的庆历新政随着改革派主将范仲淹的离开政府而夭折了。

有关庆历新政的一些问题，我在《范仲淹集团与庆历新政》一文作了初步说明，兹不多赘。④ 这里打算着重说明，庆历新政与宋学形成之间存在什么关系。

范仲淹条陈的十事中的精贡举一项，专门论述如何培养和选拔人才

---

① 释文莹：《湘山野录·续录》，中华书局1984年版。
② 《宋史》卷三一七《钱明逸传》。
③ 《长编》卷一五三庆历四年十一月甲子纪事。
④ 漆侠：《范仲淹集团与庆历新政——读欧阳修〈朋党论〉书后》，《历史研究》1992年第3期。

的问题。范仲淹对现行的科举考试制度给以严厉的批评，认为"专以辞赋取进士，以墨义取诸科"的做法，结果是"士皆舍大方而趋小道"，"求有才有识者十无一二"①。范仲淹一向认为，"庠序者，俊乂所由出"，要"用此道以长养人材"②，要通过学校"教以经济之业，取以经济之才"③。在范仲淹积极主张下，庆历四年（1044）"诏天下建郡县之学，俾岁贡群士，一由此出"④。是年三月乙亥诏书上说：

> 州若县皆立学，本道使者选属部官为教授，三年而代；选于吏员不足，取于乡里宿学有道业者，三年无私谴，以名闻。士须在学习业三百日，乃听预秋赋；旧尝充赋者，百日而止。
>
> 进士试三场，先策，次论，次诗赋，通考为去取，而罢帖经墨义。⑤

庆历新政虽然失败，科举考试依然以诗赋作为取士的重要标准，但学校是培养、选拔人才的场所这一认识，在有识之士中得到共鸣，后来王安石变法期间这一认识在一定程度上得到了实现。

值得注意的是，在以范仲淹为首的改革派积极倡议之下，庆历四年（1044）以后州县之学的建立形成一个高潮，即使边远州县也建立了学校。诸路州县之学，像胡瑗、孙复、李觏那样的名师，"教人六经，传治国治人之道"⑥者还为数不多，但儒经则随着这一高潮而传布起来。儒学的普及化，已成为一个极其明显的事实。与唐朝韩愈那时候儒学"不断如带"的情况相比，亦显然有了极大的改变。总之，经过宋初，特别是经过范仲淹、三先生、李觏、欧阳修等的积极努力，儒学已经恢复了两汉时期居于主导的统治地位，当然这个时候的儒学则具有自己的

---

① 范仲淹：《范文正公政府奏议》卷上《答手诏条陈十事》。
② 范仲淹：《范文正公集》卷七《邠州建学记》。
③ 范仲淹：《范文正公政府奏议》卷上《答手诏条陈十事》。
④ 范仲淹：《范文正公集》卷七《邠州建学记》。
⑤ 《长编》卷一四七庆历四年三月乙亥诏。
⑥ 范仲淹：《范文正公政府奏议》卷上《答手诏条陈十事》。

第九章　以范仲淹为领导的庆历新政与宋学的形成

独特色彩，从而有别于两汉和先秦的儒学。

宋学大体上形成于庆历新政期间，其上限在天圣初年，下限在皇祐、至和之际，前后约四十年。庆历新政，如上所说，是在"夷狄骄盛、寇盗横炽"、国内外矛盾尖锐化形势下出现的，目的在于扭转这一危局。但是，宋仁宗庆历时期的这一危局，则是肇始于宋太宗、形成于宋真宗一代的积贫积弱局势的继续和延伸。所以，庆历新政虽然是旨在改变当时的危局，实质上也就是要改变宋初以来形成的委靡不振的局面。这是第一点。其次，像庆历新政这样壮阔的政治场面，绝不是一朝一夕即可以形成的，而必须经过相当时间的酝酿才能实现。那么，在它实现以前，究竟采取了什么形式？可以看出，为反对时文而进行的文风变革、为探索经学新路子而进行学风变革与庆历新政即政风变革这三者是息息相关，有着本质的联系。庆历新政以前，以文风和学风变革为形式，从而推演、贯通到政风变革中形成庆历新政这一伟大场面。第三，宋学正是在文风变革、学风变革和政风变革这三个矛盾力量的推演、激荡的情况下形成的。下面着重说明第三点，前两点便可以迎刃而解了。

先从反对时文的文风变革说起。

前几章提到欧阳修、三先生等都曾反对时文亦即反对四六骈体文。实际上，范仲淹是宋学建立者们最早提出反对骈文的一个。前引天圣三年（1025）范仲淹《奏上时务书》中，即提到骈文的问题。他立足于文章与社会教化的立场上，指出"国之文章，应于风化，风化厚薄，见乎文章"。认为文章实质所在，关乎国家的盛衰："观虞夏之书，足以明帝王之道，览南朝之文，足以知衰靡之化。"[①] 由此主张变革骈文、实行古文。在《唐异诗序》中，范仲淹仍然坚持这个观点，认为诗歌应承担规谏和劝诫的功能和作用。[②] 石介对时文的反对也至为激烈，他把骈文与佛老并列为两大怪说，认为时文"刓镂圣人之经，破碎圣人之言，离

---

① 范仲淹：《范文正公集》卷七《奏上时务书》。
② 范仲淹：《范文正公集》卷六《唐异诗序》。

析圣人之意，蠹伤圣人之道"，①从继承韩愈文以载道的立场来批判时文。从范仲淹、石介两人对时文的态度可以清楚地看到，他们都已超出反对骈体文文体的范围，而插足于学风政风之中！

学风的变革同样也不单纯地局限于对经学的探索，而是同文风政风的变革密切相联。宋学建立者们对汉儒章句之学采取了鄙夷的态度，而从儒经的大局出发，"然求其义者，务推其意理"②，这还没有越出探索儒经的范围。但宋学建立者们并不满足于对儒经的义理的探索，而是主张"通经致用"，即将理解到的经学学说用在变革社会实际的实践上去。这样一来，宋学建立者们就使经学义理的探索深入到社会政治生活的广泛领域里了。为维护孔夫子之道，宋学建立者们无不反对时文，亦无不排斥佛老，当然排斥佛老还有其经济生活的重要意义。李觏的《平土书》、《周礼致太平论》固然是"通经致用"的良好社会实践，那么，为反对时文而提出对科举考试实行变革、要求以庠序作为培育人才的场所，以及修武备等之类变革要求，伸展到政治领域之中，又何尝不是良好而重要的社会实践？通经致用为宋学建立者们打开了实践之门。

在文风、学风和政风三者互相推演、激荡之下，天圣九年（1031）以来通过尹洙、欧阳修、石介和苏舜钦兄弟等一批才士的努力，文风变革取得了非常可观的成就。而在这一段时间内，三先生、李觏等在经学上的卓越成就也在社会上得到了广泛认可。文风、学风变革的成功，不能不推动政风的变革。当此之时，在保守势力统治的局面下，国事蜩螗、愈益委靡不振。于是，跻身于朝廷之上的范仲淹，一要求刘太后还政于宋仁宗，二反对吕夷简辈废郭后，三直斥吕夷简，与保守派的总后台和代表人物短兵相接，把政风变革推进到日程上。范仲淹之越遭贬逐而越加"光"辉，"光"就"光"在这里。所以，宝元、康定以来宋朝在内外交困、走投无路形势下，震赫一时的庆历新政于焉诞生！

---

① 石介：《徂徕集》卷五《怪说》中，四库影印本 1090—216。
② 欧阳修：《诗本义》卷八《何人斯》，四库影印本 70—237。

第九章　以范仲淹为领导的庆历新政与宋学的形成

在第一编唐中叶以来社会经济变革中，我曾经提到，随着山东士族的没落，一批中下层地主士大夫通过科举考试而跻身于政治舞台、从事各种活动。范仲淹以及宋学建立者们，就是通过科举考试而登上政治舞台的下层士大夫。我在《范仲淹集团与庆历新政》一文中叙述了他们的出身经历、政治上的看法，等等，通过本章论述可以看出，他们又通过文风、学风和政风变革要求中所结成的友谊，而成为一个政治集团。这个集团绝不仅仅代表这个小集团的狭隘利益，而是代表了地主阶级的广泛利益；他们试图通过变革，以维护地主阶级的长治久安。庆历新政虽然昙花一现般地过去了，但它变法图强的爱国精神则砥砺了后来者继续其未竟的事业。特别值得庆幸的是，经过长达数十年的文风、学风和政风相互激荡、推演而建立起来的宋学，则光彩四射、万古长青，成为祖国文化宝库中的一块无价瑰宝。而这一点，则是以范仲淹为首的庆历改革派亦即宋学建立者们所始料未及的。他们所经历的文风、学风和政风相互推演下的前进道路，具有特异的色彩，吸引人们予以深入探索。

三、以范仲淹为代表的士大夫的共同的道路

孔夫子聚徒教书，所收学生虽也有贵族富人子弟，但大多数是出身下层的士人。这些人学成后出路何在？孔夫子只能提出"学而优则仕"，再提不出其他出路来。孔夫子以后的儒家如孟子和荀子，对儒生们的期待和要求甚高，"达则兼善天下，穷则独善其身"；"始为儒生，终为圣人"。这些陈义汇集起来，即是儒生们所要实现的"内圣外王之道"这一最高目标。"内圣"，既要有孔夫子之德；"外王"，又要有三圣五帝之功。如何达到"内圣外王之道"？穷达始终之际的关键还在读书做官这一孔夫子提出的老路子。这是因为，从孔夫子开始就不许儒生"犯上作乱"。参加起义、革命及变革伦理秩序，是绝对不能允许的；只能在现

有的秩序下读书做官,为现行制度服务。儒生固然要如此,非儒生也不能例外。自两汉重经学,隋唐科举考试虽以诗赋抡才,但儒经也是场屋中的重要内容。因此,所谓读书做官,实际上则是读经做官,经学与士大夫之间的关系便因而密切起来。虽则如此,士大夫在其自身发展过程中,有着这样或那样的差别,道路也不尽相同。以范仲淹为首的士大夫,既是庆历新政的改革派,又是宋学的建立者,当然也有各自的特点,但却有其共同的道路,与其他士大夫有所不同。

以范仲淹为代表的士大夫,包括宰相杜衍在内,大多数出身于中下层士大夫,我在《范仲淹集团与庆历新政》一文中已经叙述,今不多赘。而且这些中下层士大夫又大多数通过科举考试进入仕途,他们所受的儒经的教育既相一致,而在感受上也很相同。范仲淹对儒经的学习,前面已经提过,这里仅将他在科举之前读书时的《睢阳学舍书怀》一首录在下面,来看看他的志向:

> 白云无赖帝乡遥,汉苑谁人奏洞箫?多难未应歌凤鸟,薄才犹可赋鹪鹩。瓢思颜子心还乐,琴遇钟君恨即销。但使斯文天未丧,涧松何必怨山苗!①

这首诗表达了一个穷书生求进的迫切心情,境遇穷困但能够心平气和地刻苦学习,而奋发有为的志气则在诗中迸发出来,所谓:"但使斯文天未丧,涧松何必怨山苗!"

下面再以欧阳修为例,看看他读书学习的愿望是些什么。欧阳修在《与张秀才第二书》中说:

> 君子之于学也,务为道,为道必求知古,知古明道而后履之以身,施之于事,而又见于文章而发之,以信后世。其道,周公、孔子、孟轲之徒常履而行之者是也;其文章,则六经所

---

① 范仲淹:《范文正公集》卷三《睢阳学舍书怀》。

第九章 以范仲淹为领导的庆历新政与宋学的形成

载至今而取信者是也。其道易知而可法，其言易明而可行。①

在《答祖择之书》中也说明了这一问题：

> 夫世无师矣，学者当师经，师经必先求其意。意得则心定，心定则道纯，道纯则充于中者实，中充实则发为文者辉光，施于世者果致，三代两汉之学不过此也。②

欧阳修的这两封信提出，儒生士大夫要"知古明道"，这个道即是周公孔夫子之道，亦即儒家之道。如何可以明道？"学者当师经"，即从六经当中学习儒家之道。既"知古明道"，又通过六经学习了孔夫子之道，是否就万事大吉，到此为止？不是！更加重要的是："明道而后"，"履之以身，施之于事"，"发为文者辉光，施于世者果致"，才算成功。这就是说，不仅仅"明道"，而在于"履之以身"，亲身实践，并使实践见诸于实际效用！

另一个献身于宋学的著名思想家李觏，也具有这样的特点。他在《上孙寺丞书》中说：

> 生年二十三，身不被一命之宠，家不藏担石之谷。鸡鸣而起，诵孔子、孟轲群圣人之言，纂成文章，以康国济民为意。余力读孙、吴书，学耕战法，以备朝廷犬马驱指。体寒热，腹饥渴，颠倒而不变。③

李觏虽然过着寒酸的生活，但思想上毫无寒酸之气，一心以儒经为指导，为改变社会现实而提出自己的设计图案。

宋学建立者们与上述范仲淹等一样，都是读孔夫子的书而投身于实践之中的。前述文风的变革、学风的变革，都可以说是社会实践的一个方面。尤为重要的是政治实践，这种实践因置身于朝廷各种政治势力斗

---

① 欧阳修:《欧阳文忠公文集》卷六六（外集卷一六）《与张秀才第二书》。
② 欧阳修:《欧阳文忠公文集》卷六八（外集卷一八）《答祖择之书》。
③ 李觏:《直讲李先生文集》卷二七《上孙寺丞书》。

争的漩涡之中，不能不冒着这样或那样的风险。而宋学建立者们很多都参加到了这一实践当中，其中最值得提出的是范仲淹。前面曾经提到他因政论不同，并且与当权者相左，三次遭到贬逐，但这些贬逐使范仲淹更加坚强，识见更加明敏。宋仁宗宝元元年（1038），范仲淹第三次贬逐后自知饶州调任知润州，为纪念唐代名相李德裕，将其《述梦诗》及元稹、刘禹锡的和诗一并刻石，写出《述梦诗序》一文。范仲淹为"才大名高、见咎于当世"的李卫公鸣不平，称其"遇武宗，独立不惧，经制四方，有相之功，虽奸党营陷，而义不朽"。特别对于刘禹锡、柳宗元等所谓八司马事件，范仲淹感触颇深而论述道：

> 刘（指刘禹锡）与柳宗元、吕温数人，坐王叔文党，贬废不用。览数君子之述，而礼意精密，涉道非浅，如叔文狂甚，义必不交。叔文以艺进东宫，人望素轻，然传称知书，好论理道，为太子所信。顺宗即位，遂见用，引禹锡等决事禁中。及议罢中人兵权，牾俱文珍辈，又绝韦皋私请欲斩刘闢，其意非忠乎？皋衔之。会顺宗病笃，皋揣太子意，请监国，而诛叔文。宪宗纳皋之谋，而行内禅。故当朝左右谓之党人者，岂复见雪？《唐书》芜驳，因其成败而书之，无所裁正。孟子曰：尽信《书》不如无《书》。吾闻夫子褒贬，不以一疵（疵？）而废人之业也。因刻三君子之诗而伤焉，至于柳、吕文章，皆非常之士，亦不幸之甚也！韩退之欲作唐之一经，诛奸谀于既死，发潜德之幽光，岂有意于诸君子乎？故书之。①

永贞内禅实为唐代宫廷内部一幕复杂的斗争，王叔文、八司马等为剥夺宦官俱文珍等的兵权，以及反对其他恶势力而遭到贬逐，遂使刚刚起步的改革为之夭折。范仲淹通过不算多的材料，即可洞察永贞内禅之关键所在，充分说明了其识见之卓越与政治经验之丰富。特别是在范仲淹第

---

① 范仲淹：《范文正公集》卷六《述梦诗序》。

第九章 以范仲淹为领导的庆历新政与宋学的形成

三次被贬逐之后,既读刘禹锡诗触发其对八司马寄有无限同情,又批驳《唐书》不能对此冤案有所裁正以伸张历史的正义,尤足以表现范仲淹之风节!惟其如此,范仲淹不仅能振作士风,使他们知道应当做些什么,而且还率领士大夫通过文风、学风的变革,走上政风的变革——庆历新政。而政风的变革,是实现儒生们"内圣外王之道"理想的唯一道路!

本书第一编唐中叶以来社会变动一章中曾经说过:随着山东士族的衰落,中下层地主士大夫通过科举考试制度进入仕宦之途者日益增多,他们在政治上逐渐形成一个力量,提出了自己的政治要求。以范仲淹为代表的政治集团,就是从唐中叶以来社会经济的变动中涌现出来,并通过科举考试、文风学风的变革,结合而成的一个政治力量。他们以其强烈的爱国主义思想,献身于时代变革,尽管以失败告终,但其影响却是深远的,他们在宋学和文化事业的许多方面,都做出了卓越的贡献,他们的英名将永垂不朽!

—— 第二编 宋学的形成阶段 ——

本编诸章结论

　　本编诸章叙述了宋学形成的情况。综合所述，大体上可以作出以下几个结论：

　　第一个结论是，经过宋仁宗天圣以来几十年的努力，以范仲淹为首的宋学建立者们终于以所谓的义理之学代替了两汉章句之学，形成经学探索过程中的一个新的转折，一个划时代的重大变化。

　　本书第一编中曾经说过，两汉经学在思想领域中居于统治地位达三百年之久，随着它自身的发展，日益走上烦琐哲学的道路，以至进入魏晋南北朝时期，根本无力同新兴起的佛老两家思想对抗，不仅使儒学丧失其主导地位，而且摇摇欲坠，走上"不断如带"的末路。

　　宋学建立者们面临这样严峻的形势，同时从自己对经学的探索中，找到了两汉经师们章句之学失误之所在，在方法论上给以严正地、有力地批判。李觏在其《礼论》第五中尖锐地指出：

　　　　郑氏（指郑玄）之学，其实不能该《礼》之本，但随章句而解之。句东则东，句西则西，百端千绪，莫有统率。①

　　所谓章句之学，原是从一字一句的字义入手，亦即从细微处下工夫，这也是研治学问不可缺少的方法，亦即微观的方法。但是，事物的优点往往又同它的缺点相联系，只见细微，以至散漫无纪、"莫有统率"，就不能不流于细碎。李觏对章句之学的评论虽然不算多，但却击中了章句之学的要害，即其由细碎走上了烦琐哲学的绝路。当然，章句之学的问题还有更为严重的。欧阳修《诗本义》对毛诗《斯干》注释时曾加评论，他指出："诗之首卒（章？），随文为解，至于一章之内，每句别为一说"，至有一章各句之间，解释自相矛盾、驴唇不对马嘴，"是以文义离

---

① 李觏：《直讲李先生文集》卷三《礼论》第五。

散，前后错乱，而失《诗》之旨归矣！"① 毛、郑注释的《诗经》，经过欧阳修的审查批判，"失《诗》之旨归"者不下百余处。从对汉儒章句之学的探索、批判中，宋学建立者们对汉儒治学的方法是鄙夷的、看不起的，所谓："章句之学，儒家小之！"②

汉代章句之学的方法既然不行，宋学建立者们究竟采取什么方法去探索儒经以便弘扬儒家之道呢？欧阳修对这个问题提出的意见，值得重视。他说：

> 《易》者，文王之作也，其书则六经也，其文则圣人之言也，其事则天地万物、君臣父子、夫妇人伦之大端也。大衍，筮占之一法耳，非文王之事也。然则不足学乎？曰：得其大者，可以兼其小，未有学其小而能至其大者也。知此，然后知学《易》矣。③

"得其大者"，未必就能像欧阳修所说的那样，"可以兼其小"。但就治学方法而论，任何一个有学问的人，或者懂得如何做学问的人，一定要像欧阳修所说，首先是"得其大者"！宋学建立者们如三先生、李觏在探索经学的道路上，都达到了欧阳修的这个认识。如果从欧阳修治学方法的渊源来看，唐中叶啖助、赵匡、陆质在对《春秋》的探索中，即已建立和使用了这个方法，宋学建立者们当是受了这个方法的影响。

"得其大者"，不只是欧阳修研治《易》经的路子和方法，而且也是他研究其他经学的路子和方法。欧阳修认为研究古诗，"务推其意理"，又说："大儒君子之于学也，理达而已矣！"④ 这些话的意思都是从研治六经的大的、全局性的方法而言的，亦即从推究经的大义而言的，所谓"治其大者，不为章句"者是也。范仲淹、三先生、李觏等探索经学，

---

① 欧阳修：《诗本义》卷七《斯干》，四库影印本70—226。
② 欧阳修：《诗本义》卷七《斯干》，四库影印本70—226。
③ 欧阳修：《欧阳文忠公文集》卷一八《易或问三首》，引文在第一首。
④ 欧阳修：《欧阳文忠公文集》卷一八《易或问三首》，引文在第一首。

无一不是"不惑传注",无一不是"务以理胜",在论述欧阳修治学方法时已经提到这一点。所谓阐明经的宏旨大义、说明经的义理,所谓宋学是"义理之学",即是从这一基本点而说的。因之,这个"义理之学",其涵义既不同于王安石"道德性命"之理,也不同于理学家们所高谈的理学之理,这是必须弄清楚的。

归纳上述,宋代义理之学之所以取代汉代章句之学,主要在于:宋学探索经学的路子和方法超过了汉学。前面说过,章句之学是采用微观方法,这种方法虽然是治学不可或缺的一种方法,但是如果只把它作为唯一的方法,就必然流于细碎,见木不见林,"明足以察秋毫之末,而不见舆薪"①,陷于烦琐哲学的泥沼而失去学术生命力。汉学的问题就在仅仅使用微观这一种方法。宋代义理之学则与汉学相反,它采用宏观方法,从经的大局出发,贯通章句,把握经的要旨,由此阐发经的义理。这种宏观方法也不能说尽善尽美,有些章句虽是些细枝末节,但由于不能疏通,经旨也无法畅达。清代乾嘉之学之否定宋学、恢复汉学,所提出的理由即在于此。究竟采用什么方法才能避免双方弱点?"致广大而尽精微",把宏观与微观结合起来,当庶乎近之!然而这又谈何容易!但不论怎样评论,采用宏观方法的宋代义理之学,毕竟使泥淖中的两汉经学重新前进,把经学的探索推进到一个新的阶段。

第二个结论是,宋学虽然是一门探索经学的学问,但这门学问并不是自然而然地产生的,而是通过长时期的矛盾斗争才形成的。这个矛盾斗争既然表现为对时文、对汉代章句之学的斗争,又表现为在社会现实生活中的政治斗争,斗争又是非常复杂的。因此,在这种环境中形成的宋学,它本身也就具有时代环境所赋予的特征,或者说它铭刻了时代的烙印。

时代所铭刻的烙印之一是,宋学具有非常强烈的战斗性。在恢复儒学地位、弘扬儒家之道的大旗下,宋学建立者们的批判范围很广,从文

---

① 《孟子》卷一《梁惠王上》。

第九章　以范仲淹为领导的庆历新政与宋学的形成

学（如时文）到经学（汉章句之学），从异端（佛老思想）到儒家毛、郑，从今人（杨亿等骈文作者）到古人（如董仲舒等），举凡有害于孔夫子之道的，无不在批判之列。即使如孔夫子说过的河图洛书，以及以后形成的天命论、谶纬迷信等不经之说，也都放在了审判台前。而且，火药气味甚浓，批判火力甚猛。对旧的一切的批判，为宋学诞生起了催生的作用，破与立总是紧密地联系着的。也正是在这个既是批判又是建立的过程中，宋学建立者们如欧阳修、石介等起了冲锋陷阵的作用。他们对许多问题的诠释鞭辟入里，如胡瑗对雷电的解释、李觏从《周易》中提炼出来的一些辩证法思想，这类具有科学意义的思想火花都是极为珍贵的。很明显，先秦唯物主义自然观的旗帜，重新被宋学建立者擎举起来了！

时代铭刻给宋学的又一烙印是，学习儒家经典的目的在于供实际的应用，即所谓的"通经致用"。他们在此问题上达到共同的认识，并且从不同方面、不同角度体现了这一精神。范仲淹三次引用《周易》中"穷则变，变则通，通则久"的话作为他的变革时势的依据，这三次包括他实行庆历新政的那次在内。李觏的《周礼致太平论》一组文章，把《周礼》作为改革社会制度的范本和样板；李觏在《平土书》中以古代井田制作为解决社会现实中土地兼并的重要方案。这位思想家把学到手的古代经典作为他解决实际问题的手段，而不是把这些经典当作教条来生吞活剥。《周易》是一部古代占卜用的书籍，当然是非常死板枯燥的。胡瑗通过对这部书的消化和吸收，将其制作为一部生动的富有政治哲理的教科书，不但向他的听讲的学生们传授了大量活的知识，而且教导统治者们对待广大人民究竟应当采取什么态度，通过教学为社会现实服务。即使是孙复的《春秋尊王发微》这部专门讲古代史的书，也曲折地对社会现实有所反映和表现，对摆脱了藩镇割据状态的专制主义集权制度加以歌颂。宋学刚刚建立起来，即以"通经致用"从各个层面和多种角度影响、作用于社会实际，应当说，这种优良的学风是值得称道的。

与面向社会实际紧密联系的是讲求实效的学风，这是时代所给予宋学的再一个烙印。这里仅以胡瑗所创立的湖学作为例证说上几句。湖学最大特色是把学校教育分作"经义"和"治事"两个部门,既对经学继续进行理论上的探索,又为社会培养实际需要的各类人才。这继孔夫子六艺教育(即礼、乐、射、御、书、数)之后,使学校教育跃上新的更高级的阶梯,距近现代教育的门槛已经不远。这种分类教育的方法,真正能够培养出社会需要的专门人才,因而是前所未有的新创造。这个创造充满了求实精神,具有讲求实效的积极作用,值得在这里提出,并作为宋学的一个特点而肯定下来。

时代所铭刻于宋学的最后一个烙印是讲求实际的特点。前引欧阳修在《与张秀才第二书》中提到,儒生士大夫读经在于明道,明道之后要"履之以身,施之于事",即亲身履践,这一见解极为重要。前文根据儒生们的最高理想提出,只有"读书做官"是实现"内圣外王之道"的唯一道路。宋学建立者们就其履践来说,就是走的这条道路。他们从自身所处的社会地位出发,积极投入了文风、学风和政风的变革,试图实现他们的理想。就其实践情况而论,对文风、学风的变革是成功的,与汉学相对立的宋学由此建立起来,而且生机勃勃,推动了宋代文化的高度发展。但就政风变革亦即就庆历新政来说,则最终走向失败。虽然如此,庆历新政变革者们则以其磅礴的气概,明确地告诉他的后继者,只有继续实行变革,才能挽救宋朝委靡不振的局势,舍此别无出路!

最后,还要看看新建立起来的宋学是怎样继续发展的,对此后的影响是些什么?

由于宋学是在对文风、学风和政风的变革中形成的,因而它的影响也是多方面的。庆历以后的将近二十年,宋学发展达到了它的鼎盛时期,形成了几个著名的学派。其中王安石为代表的荆公学派,继承了前期宋学的基本特征即通经致用,从经学、社会生活实际中探索治国富强的道路,并通过实践亦即政治变革以实现之,终于形成气势更为磅礴、波澜更为壮阔的熙丰变法,使宋学发展跃上光辉的顶点,此其一。

其二,对宋学鼎盛时期中的理学一支,则有着更加明显的影响。理

第九章 以范仲淹为领导的庆历新政与宋学的形成

学中关派创建者张载之所以走上研治经学的道路,是与范仲淹的影响分不开的。张载的行状上说:

> 当康定用兵时,[张载]年十八,慨然以功名自许,上书谒范文正公。公一见知其远器,欲成就之,乃责之曰:"儒者自有名教,何事于兵!"因劝读《中庸》。①

此后,张载通过研治儒经而创建了关派理学。按《中庸》一书,经李翱、释智圆、晁迥等提倡,日益受到儒生们重视,而自范仲淹倡导之后,《中庸》成为儒生们尊奉的一部重要儒经,以司马光为代表的温公学派对之尤为重视。

理学中洛派创建者之一的程颐,则直接受到胡瑗的影响。程颐嘉祐初年在太学学习,他的《颜子所好何学论》一文(现仍保留在他的文集中),强调圣人是可以学而致之的,因而深得胡瑗的奖拔。程派理学所受到的影响,大体上是三个方面:其一,经过胡瑗三先生的努力,师道又建立起来,尊师重道在太学和州县之学是很普遍的,这一点对理学来说至关重要,成为理学徒众尊奉的一个原则。其二,胡瑗在湖学、太学建立起学生管理的一套方法,严格要求学生们遵守各种礼仪、规范。其三,胡瑗在经学上的见解,特别是他的《易说》,受到程颐的赞许,其中一些解释为程颐所继承,终程颐一生,称胡瑗为"胡先生"而不直呼其名。人们常说三先生是理学的先驱,这种见解似嫌笼统。具体说来,胡瑗对程派理学影响虽然明显,但是否为理学先驱则还可探讨。

还要看到,事物总是变化着的,宋学建立者们也是在变化着的。他们中有的学者对经学继续探索下去,但也有的学者向着另外的方向发展。例如欧阳修虽然在《诗》、《春秋》等经注上做出了重要贡献,但在庆历以后则日益向文学方向发展。朱熹对欧阳修评论说:

> ……又问:"欧公如何?"曰:"浅!"久之,又曰:"大概

---

① 吕大临:《横渠先生行状》,载《张载集》第381页,中华书局1978年版。

皆以文人自立。平时读书，只把做考究古今治乱兴衰底事，要做文章，都不曾向身上做工夫，平日只是以吟诗饮酒戏谑度日。"①

朱熹是以理学家的尺度来评论欧阳修的，无足深论，但欧阳修之向文学发展，成为宋代著名的文学家，则是事实。这也是宋学演变的一个方面吧！

---

① 《朱子语类》卷一三〇《本朝四·自熙宁至靖康用人》。

第三编

宋学的发展阶段

第十章
荆公学派与辩证法哲学

从宋仁宗嘉祐初（1056）到宋神宗元丰末（1085）的三十年间，是宋学的兴盛时期。在总论《宋学的发展和演变》中，我曾指出，在这个兴盛时期，先后形成了四个学派，即以王安石为首的荆公学派，以司马光为首的温公学派，以苏洵、苏轼、苏辙为核心的苏蜀学派，以及以张载、二程（程颢、程颐）为代表的关、洛道学派。在这四个学派中，由于荆公学派在政治上得到变法派的支持，称之为官学，自熙丰以来"独行于世者六十年"①，学术上亦处于压倒的优势地位，影响亦最大。其他学派虽然居于次要地位，对宋学的发展也都做出了自己的贡献，亦都有自己的特色。荆公学派虽属于官学，但这个学派却蕴有浓郁的辩证法思想，并且远远超过了其他学派。因此，本文打算侧重荆公学派的这个特色，看看这个学派（主要是王安石）的辩证法是怎样形成的，以及这个学派是怎样以辩证法思想为武器打通了变法革新的实践道路，又怎样通过变法实践推动了辩证法哲学的发展。以最简要的话来说，荆公学派的辩证法思想的时代气息是什么。

---

① 陈振孙：《直斋书录解题》卷二《书义解题》，四库影印本 674—545。

第三编　宋学的发展阶段

一、"合变时节"与王安石荆公学派对辩证法的探索

南宋陈亮曾经指出："方庆历、嘉祐，世之名士常患法之不变也。"① 为什么庆历、嘉祐年间一些知名的士大夫"常患法之不变"呢？为什么在以范仲淹为首的士大夫在庆历变革失败之后，嘉祐年间士大夫依然要求变法呢？对这些问题，朱熹的回答说：

> 新法（指熙宁新法）之行，诸公实共谋之，虽明道（指程颢）先生不以为不是，盖那时也是合变时节。②

"合变时节"这四个字回答得好。在这个"合变时节"里，究竟要变些什么，也是值得回答的。司马光的一个名叫刘安世的学生，回答这一问题道：

> 先生（指刘安世）与仆（马永卿自称）论变法之初，仆曰："神庙必欲变法，何也？"
>
> 先生曰："盖有说矣。天下之法，未有无弊者。祖宗以来，以忠厚仁慈治天下，至于嘉祐末年，天下之事似乎舒缓，委靡不振，当时士大夫亦自厌之，多有文字论列。"③

对宋仁宗末年"委靡不振"的局势，我在《王安石变法》一书曾予以叙述：在阶级矛盾和民族矛盾交织发展下，宋封建统治遭到极其重大的震撼，岌岌可危，引起士大夫们的惴惴不安。④ 正像王安石在《上仁宗皇帝言事书》中所说："顾内则不能无以社稷为忧，外则不能无惧于夷狄，天下之财力日以困穷，而风俗日以衰坏，四方有志之士谔谔然常

---

① 陈亮：《龙川集》卷一一《铨选资格》。
② 《朱子语类》卷一三〇《本朝四·自熙宁至靖康用人》。
③ 马永卿：《元城语录》卷上，四库影印本 863—363。
④ 漆侠：《王安石变法》第二章第一节，河北人民出版社 2001 年增订版。

282

第十章 荆公学派与辩证法哲学

恐天下之久不安。"① 中国有句老话："多难兴邦。"兴邦虽还是一个未知数，但宋仁宗庆历、嘉祐之世"多难"则是确切无疑的，也正是因为"多难"而才成其为"合变时节"，王安石变法就是这一客观形势的产物。王安石以及荆公学派的辩证法思想，就根植于这个"多难"、"合变时节"的土壤上。

从历史上看，与"多难"伴随而来的又是"多士"。在"合变时节"的嘉祐年间，作为首善之区的汴京，曾汇集了不少的知名之士——用今天时髦的话说，即所谓的"时代精英"。试看下面的记载：

> 先生（指刘安世）曰：金陵（指王安石）在侍从时与老先生（指司马光）极相好。当时《淮南杂说》行乎时，天下推尊之，以比孟子。其时又有老苏，人以比荀子。但后来为执政，与老先生议论不合耳。②

以这一记载为线索，王安石等四个学派创建者在这个"合变时节"都曾到过汴京，并且通过不同途径或方式，表达自己对国是的看法。这是熙宁变法前夜封建士大夫中不同的政治力量的重要活动。变法过程中的斗争就是在这个"合变时节"中孕育了的，值得注意和认真研究。特别是文中所说的"当时《淮南杂说》行乎时，天下推尊之"，并因此尊王安石为孟子云云，对了解王安石执政前的学术思想至关重要，需详加叙述。

除上述《元城语录》记述外，有关王安石执政前学术思想的情况，值得注意的，一是司马光的记载：

> 窃见介甫独负天下大名三十余年，才高而学富，难进而易退，远近之士，识与不识，咸谓介甫不起则已，起则太平可立致，生民咸被其泽矣。

---

① 王安石：《临川先生文集》卷三九《上仁宗皇帝言事书》，四部丛刊本。
② 马永卿：《元城语录》卷上，四库影印本 863—360、361。

> 光昔从介甫游，于诸书无所不观，而特好孟子与老子之言。①

二是陆佃的一段记载：

> ［嘉祐、治平间］淮之南学士大夫宗安定先生（指胡瑗）之学，予独疑焉。及得荆公《淮南杂说》与其《洪范传》，心独谓然，于是愿扫临川先生之门。后余见公，亦骤见称奖。语器言道，朝虚而往，暮实而归，觉平日就师十年，不如从公之一日也。②

三是王安石婿蔡卞所作《王安石传》中一段评论：

> 王氏《杂说》十卷。
>
> 右皇朝王安石介甫撰。蔡京（当作卞）为安石传，其略曰：自先王泽竭，国异家殊，由汉迄唐，源流浸深。宋兴，文物盛矣，然不知道德性命之理。安石奋乎百世之下，追尧舜三代，通乎昼夜阴阳所不能测而入于神。初著《杂说》数万言，世谓其言与孟轲相上下。于是，天下之士始原道德之意，窥性命之端云。③

根据以上材料，需要说明的有以下几个问题：

（一）陆佃、蔡卞以及前面提到的刘安世，都曾经指出《淮南杂说》是王安石名噪当时的著作。(1) 不过这部书成书的年代已不好确定。淮南指淮水以南的地区，王安石两次在淮南任官，一次是在庆历二年（1042）中进士后至扬州任淮南签书判官，五年任满（1042—1046）调任知鄞县事。皇祐三年（1051）王安石自鄞县任上调为舒州通判，直至皇祐五年（1053）。《淮南杂说》是完成于扬州签判任上还是完成于舒州

---

① 司马光：《温国文正司马公文集》卷六〇《与王介甫书·第一书》，四部丛刊本。
② 陆佃：《陶山集》卷一五《傅府君常墓志》，四库影印本 1117—179。
③ 晁公武：《郡斋读书志·后志》（赵希弁编）卷二，四库影印本 674—394。

第十章　荆公学派与辩证法哲学

通判任上？看来完成于通判任上似更稳妥一些。（2）刘安世称"《淮南杂说》行乎时"是在司马光与王安石同为"侍从之臣"（知制诰）的时候，亦即在嘉祐六、七年间（1061—1062）。大约在这个时候《淮南杂说》雕版印行，从而受到世人的称赞。再者，王安石嘉祐八年（1063）八月丁母忧离知制诰去江宁守丧，英宗治平年间讲学，陆佃之成为王安石的学生即在此时。据前引陆佃《傅府君墓志》所载，以前陆佃已经读过《淮南杂说》和《洪范传》，很显然，从文义上看读此二书的时间也是嘉祐六、七年间，这同样反映出二书在此时（或稍前）雕版印行。（3）《淮南杂说》一书已佚散，先师邓广铭恭三先生《王安石在北宋儒家学派中的地位》一文[①]，从杨绘《论王安石之文有异志》奏疏中辑录出有关是书的三条佚文，就其论述来看，与孟子相仿佛，"世谓其言与孟轲相上下"，当系就此类论述而言的。至于如何从《淮南杂说》中"始原道德之意，窥性命之端"云云，已是不可得知，更何况"通乎昼夜阴阳所不能测而入于神"呢？！

（二）如前所引，吸引陆佃"愿扫临川先生之门"的除《淮南杂说》之外，还有《洪范传》，这是约有八九千字的一篇哲学论文，尚保存在文集中，尤值得注意。集中另有《进洪范传》一文，是王安石变法期间将《洪范传》缮写奏于宋神宗的，故称之为"旧著"。陆佃也是在嘉祐六、七年间读到这本书，因而著作时间当在嘉祐六、七年间或更早些时候，但也不可能太早。《洪范传》外，王安石还有《易解》十四卷，是王安石早年的作品，其"自谓少作"[②]可证，也已佚散。还有《老子注》二卷，司马光称王安石"特好孟子与老子之言"。嘉祐三年（1058）王安石自江东提刑任上调至汴京后不久，即与司马光同事、交往，这早于同为侍从之时两三年。王安石的《老子注》当是在嘉祐三年到六年（1058—1061）之间完成雕印的。《老子注》虽有残阙，大体上还保存在

---

① 载《邓广铭学术论著自选集》，首都师范大学出版社1994年版。
② 陈振孙：《直斋书录解题》卷一，四库影印本674—534。

南宋彭耜的《道德真经集注》中，为《道藏》收录。《易解》、《老子注》和《洪范传》相为表里，前两者均早于《洪范传》；而且《洪范传》是首尾贯穿、逻辑细密的大块文章，显然是晚于前两书的。除此之外，《致一论》、《虔州学记》也是在主持变法革新之前写成的论文，《虔州学记》写作于宋英宗治平初年（1064）。这两篇文章与上述著作一样，都是讲有关道德性命之理，充满辩证法思想。

（三）总之，在宋仁宗嘉祐年间这个"合变时节"，各派政治力量都在寻求对策，以应付宋封建统治所面临的"多难"局面。王安石则在这个关键时刻，通过对道德之意、性命之理的探索，找到了辩证法，从而成为变法革新的一个思想武器。

（四）如果放眼熙丰一代的变法，王安石在辩证法思想方面不仅成就最高，而且起着带头的推动作用。变法派的重要人物，如吕惠卿、陆佃等人也都注释老庄，对辩证法的发展也都产生了相应的作用：

> 王介甫注《老子》二卷、王元泽注二卷、吕吉甫注二卷、陆佃注二卷、刘仲平注二卷。
>
> 右皇朝王安石介甫注。介甫平生最喜《老子》，故解释最所致意。如"无名天地之始，有名万物之母"，"常无欲以观其妙，常有欲以观其徼"，皆于"有"、"无"字下断句，与先儒不同，他皆类此。后其子雱、其党吕惠卿、陆佃、刘仲平有《老子注》。①

据《道藏》中所收录南宋彭耜的《道德真经集注》所开列的十九家注释者，除司马光、苏辙外，变法派中的有王安石、王雱、陆佃、刘概、刘泾等五家。这十九家中，陈景元注释较早，其余十七家大都是在王安石注释老子的风气推动下出现的。熙宁时代是历史上著名的变法革新时代，同时也是老庄哲学复活、辩证法流行、发展的时代。因此叶梦

---

① 晁公武：《郡斋读书志》卷三上，四库影印本 674—218、219。

得说："自熙宁以来，学者争言老庄。"① 学术思想领域里的这一新局面，开风气之先的王安石起了重大作用，变法派进一步推动这一学风，同样起了重要作用。

二、王安石辩证法哲学的基本内容

王安石的《洪范传》、《老子注》、《致一论》等著作，集中表现了王安石的辩证法思想。二十多年前我曾写过《王安石的哲学思想》，简略地叙述了王安石哲学的几个方面。② 这篇文章不是对王安石哲学思想的全面、系统的探索，而是叙述它的基本内容。本文将由此叙述王安石是怎样以辩证法思想为武器，叩开了熙宁一代变法革新的大门的。

什么是道德？什么是性命？什么是天命？这一系列的范畴，是先秦以来的各派思想家都必须回答的问题。王安石当然不能例外，在《虔州学记》中说：

> 余闻之也，先王所谓道德者，性命之理而已。其度数在乎俎豆钟鼓管弦之间，而常患乎难知，故为之官师，为之学，以聚天下之士，期命辩说，诵歌弦舞，使之深知其意。③

王安石的这段文字，"其度数在乎俎豆钟鼓管弦之间"，确是"难知"，有必要说上几句。我国古代真正懂得音律的人，往往能够通过音律在时间上的构成（来自钟鼓管弦等各种乐器），及其在空间上的抑扬顿挫、高低长短等的变化（即所谓度数），以知人论世。王安石是以这句话来表达"道德之意，即性命之理"这一命题的意义。尤为重要的

---

① 叶梦得：《避暑录话》卷上，四库影印本 863—642。
② 载《河北大学学报》1978 年第 3 期。后收入《求实集》，天津人民出版社 1982 年 4 月版。
③ 《临川先生文集》卷八二《虔州学记》。

是，王安石在上述《洪范传》等论著中从若干方面淋漓尽致地阐释了这一命题。

在《洪范传》中，王安石在认识上首先坚持唯物主义的自然观。他指出：水、火、木、金、土这五种元素，即传统上所谓的五行，是万事万物的根源：

> 五行，天所以命万物者也。
>
> 五行，一曰水，二曰火，三曰木，四曰金，五曰土。何也五行也者，成变化而行鬼神，往来乎天地之间而不穷者也。①

五行，从其历史发展来看，思孟学派所造作的五行，已经从原来的唯物主义范畴演变为唯心主义。王安石虽然喜好孟子之言，但在著作《洪范传》的时候，则越过了思孟学派的唯心主义，重新回到朴素唯物主义立场上，这一点是非常可贵的。在五行的无穷无尽的变化中，王安石指出，两个相反的事物结成为"耦"：

> 道立于两（指阴阳），成于三，变于五，而天地之数具其为十也，耦之而已。盖五行之为物，其时、其位、其材、其气、其性、其形、其事、其情、其色、其声、其臭、其味，皆可有耦。

两个相反的事物所结成的"耦"，亦即一对矛盾，是广泛的普遍的存在着的：

> 推而散之，无所不通；一柔一刚，一晦一明，故有正有邪，有美有恶，有丑有好，有凶有吉。性命之理，道德之意，皆在是矣！

王安石在《老子注》中，把相反事物结成的矛盾则称作"对"。他指出：

---

① 《临川先生文集》卷六五《洪范传》。

第十章 荆公学派与辩证法哲学

> 有之与无，难之与易，[长之与短]，高之与下，音之与声，前之与后，是皆不免有所"对"。唯能兼忘此六者，则可以入神；可以入神，则无对于天地之间矣。①

两个相反的事物结成的"耦"或"对"，亦即一对矛盾，是处于同一的矛盾体中的，它们之间互相依存、互相依赖，不能相离：

> 盖有无者，若东西之相反而不可以相无也。故非有则无以见无，而非无则无以出有。有无之变，更出迭入，而未离乎道，此则圣人之所谓神者矣。②

文中的"有无之变，更出迭入"，也就是在《洪范传》中所说的：

> 耦之中又有耦焉。而万物之变，遂至于无穷。其相生也，所以相继也；其相克也，所以相治也。

所谓"耦之中又有耦焉"，乃是说：在旧有"耦"或"对"亦即矛盾统一体中，又孕育着新的"耦"或"对"，以致这种矛盾变化是无穷无尽的。根据这种无穷无尽的变化，王安石指出，总结了万事万物无穷无尽变化的就是"道"。"道者，万物莫不由之者也"，是万事万物形成的道理，或者万事万物由来的道路；"命者，万物莫不听之者也"，"命"是万事万物的禀性，这种禀性即来自于"天"。王安石所一再强调的"道德之意，性命之理"，便寓存于万事万物的无穷无尽的变化中。前面引用《郡斋读书志》中所载蔡卞对王安石《淮南杂说》的一段评论，晁公武颇不以为然，以为"通乎昼夜阴阳所不能测而入于神"的那些语言究竟是"何等语"，则难以知晓。上述王安石在《洪范传》、《老子注》中的精彩论述，是否能够使晁公武的这个偏见有所改变？

自先秦以来，对"天"的认识有两种，一是认为"天"是自然的、物质的，不具有任何神秘意义；一是认为"天"是有意志、有人格、能

---

① 彭耜：《道德真经集注》卷一，《道藏》13—113。
② 彭耜：《道德真经集注》卷一，《道藏》13—111。

给人以祸福的,具有神秘的意义。王安石所认识的"天",是前者而不是后者,是继承荀子之"天"而不是孟子之"天":

> 夫天之为物也,可谓无作好,无作恶,无偏无党,无反无侧,会其有极,归其有极矣!

风调雨顺,"阴阳和,则万物尽其性,极其材",固然是"天"的自然运行的表现,而"饥馑疾病之作",也同样是"天"的自然运行的表现,"天"对人世间没有任何的有意识的活动。显而易见,《洪范传》是王安石以唯物主义自然观反对董仲舒以来"天人感应"的谬说的。① 顺便在这里一提,对老子的唯心主义见解,如"道先天地生"云云,王安石同他的儿子王雱、学生陆佃等也给以唯物主义的改造,将放在后面再说。

《洪范传》中还提出了"致一"这个方法论上的问题。孔夫子曾讲"吾道一以贯之",意思是说他所讲的全部道理,以其道理中最核心的东西即"一"去贯穿各个方面。曾参回答说,"忠恕"贯穿全部孔夫子之道。这个回答也是由"一"这个根本点考虑的。刘勰在《文心雕龙·神思》篇中说:"贯一为拯乱之药",与孔夫子的"一以贯之"的意思是相同的。那么,王安石提出的"致一"是什么意思呢?他阐述"致一"的含义是:

> 万物莫不有至理焉。能精其理,则圣人也。精其理之道,在乎致其一而已。致其一则天下万物可以不思而得也。《易》曰:"一致而百虑。"言百虑之归乎一也。苟能致一以精天下之理,则可以入神矣!既入于神,则道之至也。②

王安石提出的所要精的"理"是"万物"的"至理",亦即是最高的"理",亦即"道"。而取得这个"至理"的方法则在于"致一"。因此,"致一"是王安石提出认识事物至理的最根本的方法。这个方法是什么?

---

① 以上凡不注明的引文,都来自于《临川先生文集》卷六五《洪范传》。
② 《临川先生文集》卷六六《致一论》。

第十章 荆公学派与辩证法哲学

王安石提出要像《易经》所说"一致而百虑",即"百虑之归乎一也"。如果要做到这一步,只能是从具体的万事万物的"至理",抽象化概括为"一",这个"一"蕴涵了千千万万的"理",从而成为"至理"。黑格尔在《小逻辑》中提到"一即多"和"多即一"两种形式,"多即一"与王安石提出的以"致一"的根本方法去认识万物之"至理"似乎是类同的。如果这个理解不错的话,那么,经过人们的抽象思维,将万物之理概括为"至理",从而完成了"致一"这个根本方法。做到这一步,也就是王安石说过的:"苟能致一以精天下之理,则可以入神矣!既入于神,则道之至也。"由"致一"而得到的"至理",亦即达到了"道之至也"的境界!

王安石以辩证法思想观察社会历史,同样认为社会是在发展变化的。王安石首先认为,历史是前进的、发展的。他指出:"太古之人不与禽兽朋也几何?"为此才有宫室衣服之制,礼乐刑赏之设。如果认为"太古"一切都好,而要"归之太古,非愚则诬"①。同时,他以世移事异的观点,认为包括"礼"、"义"在内的社会制度,都在不断的变革。他指出,"天下之事其为变岂一乎哉?固有迹同而实异者矣",如今天的"礼"和"义",未必就合乎古代的"礼"和"义"。②而且王安石觉察和认识到,历史的变革是不可遏止的,经常进行的。如"夏之法至商而更之,商之法至周而更之",就是如此。只要这些变革,"皆因世就民而为之节"③,就都是正常的亦都是值得肯定的。变既不可遏止,而古今因变革而发生质的变化,那么,怎么办才好?在《非礼之礼》中,他提出了"权时之变"这一原则。而在《拟上殿札子》则进一步强调,历代的治乱盛衰都表现得非常清楚,各朝代"所遭之变、所遇之势不同,其施设之方亦皆殊,而其为国家之意、本末先后,未尝不同也"④。

---

① 《临川先生文集》卷六九《太古》。
② 《临川先生文集》卷六七《非礼之礼》。
③ 《临川先生文集》卷七十《策问》第八。
④ 《临川先生文集》卷四一《拟上殿札子》。

面对宋王朝内外交困的局势，王安石以其异乎常人的迫切的时代感，通过不同的方式和在不同的场合，大声疾呼变革。在一道《策问》中，他指出："今天下困敝不革，其为日也久矣。"鉴于"天下靡靡然入于乱者"①的紧迫形势，王安石为改变积贫积弱的形势，反对因循守旧，力主变革。他指出，"因循苟且逸豫而无为，可以侥幸一时，而不可以旷日持久"；并以历史上的晋武帝、梁武帝和唐玄宗为例，指出这几个皇帝"只图逸豫"，不知变革，终于覆灭。因此王安石大声疾呼："以古准今，则天下安危治乱尚可以有为。有为之时，莫急于今日。"希望在上的宋仁宗能够有所作为，变更法度②。在《上仁宗皇帝言事书》中，王安石向宋王朝敲响了警钟："汉之张角三十六万（方）同日而起，所在郡国莫能发其谋；唐之黄巢，横行天下，而所至将吏无敢与之抗者。汉唐之所以亡，祸自此始。"③锐意改革的王安石，以其在士大夫群中卓越的声望，终于在熙宁二年（1069）登台执政，开始了震铄古今的变法革新运动。

庆历、嘉祐是历史上的"合变时节"，而"合变时节"急需辩证法哲学；杰出的思想家王安石也就以辩证法思想为武器，叩开了变法革新的大门。

三、辩证法哲学与熙宁新法的实践

熙宁变法不是一帆风顺地进行的，而是在惊涛骇浪中艰难地前进的。变法革新是在政治领域中进行的，但变法革新中牵涉到不同阶级阶层的经济利益。因而变法和反变法的斗争，也就反映了各自所代表的不

---

① 《临川先生文集》卷七十《策问》第三。
② 《临川先生文集》卷三九《上时政疏》。
③ 《临川先生文集》卷三九。

同阶级阶层的经济利益。这一点是人们所熟知的。但变法和反变法的各派力量又因为在政治经济领域中的立足点不同，他们之间的思想也就有了明显的差异。所以，在政治领域里掀起的这场斗争，不仅反映各派经济力量的不同，而且也反映了他们在思想领域里的差异，表现为思想领域里的斗争，以致使得这场斗争光怪陆离，眩人视瞻。本段着重叙述变法过程中思想领域里的斗争，自然，这种斗争是从属于政治斗争的。

王安石于熙宁二年（1069）任参知政事，开始议论变革。是变还是不变？司马光以翰林学士的身份在迩英殿读他所主编的《资治通鉴》，借西汉初年"萧规曹随"的故事，反对变革；吕惠卿以新提拔的崇政殿说书的身份，针对司马光的论述，给予了驳斥。这就是著名的"萧曹画一之辩"，作为拉开熙宁变法的一个序幕：

> ……迩英殿读《资治通鉴》，至曹参代萧何为相国，一遵何故规。[司马]光因言曹参以无事镇抚海内，得持盈守成之道，故孝惠、高后之时，天下晏然，衣食滋殖。上（指宋神宗）曰：使汉常守萧何之法，久而不变可乎？光曰：岂独汉也！夫道者，万世无弊。夏商周之子孙苟能常守禹汤文武之法，何衰乱之有乎？故武王克商曰（当作日），乃反商政……率由旧章。然则祖宗旧法何可废也？
>
> 吕惠卿于迩英殿讲咸有一德，因言法不可不变。先王之法，有一岁一变者，"正月始和，垂于象魏"者是也。有五岁一变者，……有一世一变者，……前日司马光言，汉守萧何之法则治，变之则乱，臣窃以为不然。惠帝除三族罪、妖言令、挟书律，文帝除收帑令，安得谓之不变哉？……夫弊则必变，安得坐视其弊而不变也？……光之措意，盖不徒然，必以国家近日多更张旧政，因此规讽。……①

---

① 《增广司马温公全集》卷一，日本汲古书院1993年影印本。

司马光与吕惠卿以汉初"萧规曹随"作引子,就变与不变的问题,进行辩论。双方提出的理由都以历史为据,如果不带有任何偏见,应当说吕惠卿讲变的事实根据是较为充分的。所谓变,是对旧法制进行变革。惟其如此,主张变的是所谓变法派,主张不变的则是保守派或守旧派。这两派从思想认识上看,存在着分歧。司马光认为"天"是有意志的"天",是永恒不变的,比董仲舒还要董仲舒;在与吕惠卿辩论中,司马光又提出了"夫道者,万世无弊",同他的此前有关的天道观是一致的。而以王安石为首的变法派则具有辩证法思想。前述王安石是如此,吕惠卿也是如此,而王安石的学生陆佃也是如此。在《河图洛书说》一文中,陆佃曾说:"尚变者,天道也。"① 同司马光以及所有的反变法派的天道观相对立。变法派与反变法派或保守派在政治领域的这场斗争,反映到思想领域里,是辩证法与形而上学之间的斗争。随着变法的深入发展,思想领域里的斗争愈益光怪离奇,愈益炫人眼目。

随着均输、青苗、免役、市易诸法的实施,官僚豪绅、大商贾高利贷者利益不断遭到损害,愈益激化了保守派的反对。司马光以翰林学士的身份,在熙宁三年(1070)三月借学士院策试李清臣等的机会,抛出了所谓的"三不足说",向变法派发动猛攻:

> 熙宁三年三月二十八日,时王介甫言于上,以为天命不足畏,祖宗不足法,流俗不足恤。故因策目以此三事质于所试者。范景仁(即范镇)后至,曰:"流俗不足恤一事,我已为策目矣。"遂删之。明日禁中以纸贴其上,别出策目试清臣等。②

关于"三不足说",宋神宗曾亲自面询王安石是否知道,王安石答以"不闻"③,显然是保守派以此三句话造端生事。至于这三句话是王

---

① 陆佃:《陶山集》卷九,按此文亦杂入王安石《临川先生文集》中,系误收。
② 《温国文正司马公文集》卷七二《学士院试李清臣等策目》。
③ 杨仲良:《资治通鉴长编纪事本末》卷五十九《王安石事迹上》。

安石曾经说过的原话,还是保守派根据王安石的言行而给予的概括,则是另一个问题,无足多论。就这三句话来说,"祖宗不足法",变法派所要变的法是宋初以来的法度,保守派抬出祖宗法度不能变以抵制变法派;"流俗不足恤",即所谓的"流俗之言"指的是反变法的言论,这类言论当然包括保守派的各种言论;这两者概括起来还是变与不变的问题。至于"天命不足畏",或者作"天变不足畏",则成为变法反变法斗争的一个焦点,使思想领域里的斗争别开生面。

最先挥舞"天命论"旗帜反对变法的是吕诲。早在熙宁三年(1070)王安石被任命为参知政事时,吕诲在《论王安石疏》中以"今天灾屡见,人情未和"为借口,妄图阻挡对王安石的任命。之后,每次新法发布和实施,保守派则利用各种自然灾害,挥舞"天命论"旗帜进行反对。翰林学士范镇在熙宁三年三月上疏称:

> 乃者天雨土、地生毛,天鸣、地震,皆民劳之象也。伏惟陛下观天地之变,罢青苗之举,归农田水利于州县,追还使者,以安民心,而解中外之疑。①

接着,权监察御史里行程颢上疏,奏称青苗法不便:

> ……矧复天时未顺,地震连年,四方人心,日益摇动,此皆陛下所当仰测天意,俯察人事者也。②

熙宁五年正月,司天监灵台郎亢瑛上疏,奏称"五纬失度,建月久阴,政失民心,强臣专国,行有大变",不仅要求罢免王安石,而且应当"于西北召拜宰相"③,借自然灾害变更政府,去除新法。反变法派以天命论进攻变法达到猖狂程度。

亢瑛因恶毒攻击而刺配英州牢城之后,这年"九月丙寅,少华山前

---

① 杨士奇:《历代名臣奏议》卷二六六,影印四库本440—536。
② 《长编》卷二一〇熙宁三年四月己卯。
③ 《长编》卷二二九熙宁五年正月辛丑并注引林希《野史》。

阜头谷山岭摧陷，其下平地东西五里，南北十里"，"至陷居民六社凡数百户"，于是反变法派借着华山之崩再一次挥舞天命论旗帜，反对变法。其中三朝元老大臣文彦博居然宣称，"市易司不能差官自卖果实，致华州山崩"①。

针对保守派对变法的各种各样的攻击，王安石为首的变法派采取各种办法击退了保守派的进攻。对于保守派有关天命论之类谰言，由于它是属于思想认识方面的问题，王安石就从思想认识来说明这些问题。熙宁八年（1075）十月，宋神宗因彗星出现是自然灾变中"变尤大者"，诏群臣言事，吕公著趁机要求废除新法。王安石以晋武帝时候"彗星出轸"等事实为例，指出：

……盖天道远，先王虽有官占，而所信者人事而已。天文之变无穷，人事之变无已，上下傅会，或远或近，岂无偶合？此其所以不足信也。②

自从董仲舒创造了"天人感应"学说，"君权神授"成为历代皇帝代天行事的炫目的光轮，为历代皇帝谨守而不敢僭越。宋神宗也不能例外。这个政治信念恰恰成为宋神宗思想认识中的一个薄弱环节，被保守派紧紧抓住，从而利用自然灾害攻击变法，以致宋神宗对新法不能不产生某些怀疑。宋神宗思想认识上的这个问题，却苦了王安石。他一方面将旧作《洪范传》呈给宋神宗，以期这本富有唯物论思想的著作，给这个青年皇帝以启蒙教育（王安石《进洪范传》一文可资证明）；而另一方面，王安石遇有机会，则苦口婆心地开导这个年轻皇帝，希望他要像"天"（自然）那样运行，"任理而无情"，去做他应当做的事情：

安石曰："以习惯故安之，以不习惯故不安者，百姓也。陛下为人主，当以理制事，岂宜不习惯，故亦以为不安？"

---

① 《长编》卷二三九熙宁五年十月丁亥记事。
② 《长编》卷二六九熙宁八年十月戊戌记事。

第十章 荆公学派与辩证法哲学

上曰:"民习惯则安之如自然,不习惯则不能无怨。如河决坏民产,民不怨决河,若人坏之则怨矣。"

安石曰:"陛下正当为天之所为。知天之所为,然后能为天之所为。为天之所为者,乐天也,乐天然后能保天下。不知天之所为,则不能为天之所为。不能为天之所为,则当畏天。畏天者不足以保天下,故战战兢兢,如临深渊,如履薄冰者,为诸侯之孝而已。所谓天之所为者,如河决是也。天地之大德曰生,然河决以坏民产而天不恤者,任理而无情故也。故祈寒暑雨,人以为怨,而天不为之变,以为非祈寒暑雨不能成岁功故也。孔子曰:'惟天为大,惟尧则之。'尧使鲧治水,鲧汩陈其五行九载。以陛下忧恤百姓之心,宜其寝食不甘,而尧能待如此之久,此乃能为天之所为,任理而无情故也。"①

王安石让宋神宗也像天之所为那样,"任理而无情",意思是说:祈寒暑雨也好,河决也好,天只是按照自己的规律(即任理)去运转;人君则应当按照治理国家的原则(或规律)去办事。所谓"流言不足恤"、"天变不足畏"云云,都可以从王安石的这个认识中得到解答。从王安石的诗文和《老子注》中,可以看到王安石对董仲舒的"天人感应"的谬论一再提出批评,认为这种谬说既坑害人民,也坑害国家。宋人认为:"〔王〕安石最不信《洪范》灾变之说。"②董仲舒所制作的"君权神授"的光轮在王安石"理性"批判之下破产了。

至于保守派一再以自然灾害攻击变法,从而形成为变法派与保守派围绕董仲舒的"天人感应"谬说的斗争,从思想认识领域来说,这个斗争是有神论和无神论之间的斗争。保守派从大官僚、大地主、大商人、

---

① 《长编》卷二三六熙宁五年闰七月辛酉。《长编纪事本末》卷七一《保甲》亦载此段文字,个别字句稍异,兼漏日期。
② 《长编》卷二七一熙宁八年十二月癸丑记事,原注称引自司马光《记闻》并鲜于侁《传信录》。

高利贷者既得利益出发反对变法，在政治上是堕落的；而他们所挥舞的"天命论"这个破旗，又充分暴露了这些头面人物思想的极端空虚、落后。但由两派形成的无神论、有神论之间的斗争，还要长期地延续下去，这就需要经常地、广泛地宣传包括王安石变法派如《洪范传》等具有时代特点的无神论思想，给人们以启迪和教育，有神论等迷信思想在认识领域也就会日益缩小其影响和危害了。

四、在变法实践的推动下辩证法思想的发展

熙宁一代所掀起的变法高潮，给人们的社会生活以这样和那样的影响。"介甫（王安石）为政，尽变更祖宗旧法"；"使上自朝廷，下及田野，内起京师，外周四海，士、吏、兵、农、工、商、僧、道，无一人得袭故而守常者。"① 正是在变法实践过程中，社会各个层面都不能"袭故而守常"的情况下，辩证法思想随着变法革新而得到发展。

前引叶梦得《避暑录话》，指出了"自熙宁以来，学者争言老庄"的状况，说明熙宁一代辩证法的发展与老庄哲学之间的关系。叶梦得在此句之下，又说，由此产生"虚诞矫妄之弊"。所谓"虚诞矫妄之弊"具体地是些什么，还不大清楚。如果熙宁以来学者们由于吸收老庄佛道思想，与传统儒家思想有些出入，称之为"虚诞矫妄"，这是两种思想相互渗透中的问题。老庄哲学中虽有其虚诞矫妄的一面，但也有其积极的一面。这个积极一面即是老庄哲学中的辩证法。有一则著名的故事是，王安石在给刘敞的一封信上，以谈笑的口吻说："方今万事所以难合而易坏，常以诸贤无意耳！如鄘宗夷甫辈稍稍鹜于世矣，仁圣在上，

---

① 《温国文正司马公文集》卷六〇《与王介甫书·第一书》。

第十章 荆公学派与辩证法哲学

故公家元海未敢跋扈耳！"① "鄙宗夷甫"指的是西晋著名老庄论谈者王衍，"公家元海"指的是汉化的匈奴贵族刘渊，这句话的意思是：只要本宗王衍稍微留心一些世务，你们一族的刘渊就不至于那么猖狂跋扈了。这句话充分表明了，王安石对只接受老庄虚诞矫妄消极面的魏晋空谈家遗弃世务的批判态度。可是对老庄哲学中积极一面的辩证法思想，以王安石为代表的荆公学派则继承了庆历时期宋学形成阶段中务实的学风，用这种富有变革性的思想进行革新。称熙宁一代的变法与辩证法思想有密不可分的关系，甚至说是辩证法思想的一个产物，也并不过分。

前面曾经说过，继王安石之后，变法派的一些人物如吕惠卿、王雱、陆佃等，对老庄都有所注释，对老庄哲学都有深刻的认识。除吕惠卿的有关著作在明焦竑的《老子翼》、《庄子翼》中部分保留，其余诸家都有著作传世。以陆佃为例，他的《老子注》有的注释就很精彩。如对"故有之以为利，无之以为用"句注释道：

> 有无相用，不可以一偏。故无无则不足以用有，无有则不足以见无。以有为利则或至于止，以无为用，则用常至于无穷。②

有与无是对立的统一，互相依存、依赖的，所以"不可以一偏"，"无无则不足以用有，无有则不足以见无"。"有"是具体的东西，"有"之为利即到这一具体的东西完结，"或至于止"；"无"是抽象的东西，如"道"，用这类抽象的东西则"至于无穷"。这个注释既未走失老子原意，又将其中的辩证法思想说得非常明白。陆佃注释精彩处甚多，不多征引。

王安石、王雱父子，尤其是王安石，在辩证法哲学上的贡献尤为重大。除都有专文叙述外，通过变法的实践，王氏父子对辩证法哲学的贡献，有以下几点：

---

① 《临川先生文集》卷七四《与刘原父书》。
② 彭耜：《道德真经集注》卷三，《道藏》13—130。

(一) 对《老子》给予唯物论的改造

《老子》一书对辩证法的阐述在中国古代哲学中具有独特的地位，非其他学派能够比拟。但《老子》认为，"道""先天地而生"，这句话不论怎样解释，也无法掩饰老子辩证法思想的唯心论性质。可是，《老子》这个辩证法的唯心论性质，王安石及其子王雱在《老子注》中给以改造过来，而具有唯物论的性质。

王安石的认识论是具有唯物论性质的。二十多年前我在《王安石的哲学思想》一文中，已对这个问题作了初步说明。王安石正是以这一认识改造了《老子》唯心论的认识论的。在"道冲而用之或不盈"句下，王安石解释道：

> 道有体有用。体者，元气之不动；用者，冲气运行于天地之间。其冲气至虚而一，……盖冲气为元气之所生。①
>
> 一阴一阳之谓道，而阴阳之中有冲气，冲气生于道。道者，天也，万物之所自生，故为天下母。……②
>
> 天与道合而为一。③

综合以上两段文字，王安石所说"道者，天也"的这个"天"，是物质的、自然的，而不是有意志、有人格的上帝。前面已经作了说明。"道有体有用"，"体者，元气之不动"，句中的元气既是道之"体"，也就是"天"，元气当然也是物质的。王安石把"道"和"天"（或自然）结合起来，从而彻底改变了《老子》"先天地而生"的"道"的唯心论性质。这样也就把精神的东西不能脱离物质的东西而单独存在这一思想阐发出来。王雱继承了王安石的这一认识，而且所阐释的内容更加丰富、更加明确。在"渊兮，似万物之宗"句下，王雱解释道："道生万物，而体未尝离物，自物之散殊而观之，则似为之宗耳！"在"生而不

---

① 彭耜：《道德真经集注》卷二，《道藏》13—117。
② 彭耜：《道德真经集注》卷一三，"天下有始"句下注释，《道藏》13—203。
③ 彭耜：《道德真经集注》卷四，"天乃道"句下注释，《道德》13—143。

有"句下注释道:"道生万物,物之与道,常为一体,谁有之者。"在"域中有四大"句下注释道:"道之中体,因物而名,故未离域中。"① 王雱认为:"道之中体,混然而成,其视天地亦物耳。"显然是对《老子》"先天地而生"的"道"的一个驳正。在"无名天地之始,有名万物之母"句下注释道:"受命于无而成形于有,故曰天地之始,万物之母。《易》曰:'有天地然后有万物',此言与《易》之序同据。"② 王雱还曾说过:"名生于实。"③ 所有这些论述,王雱显然是把作为精神观念的"道"与作为具体事物的"物质"结合在一起的。因而这些解释也就摒弃了《老子》有关"道"的唯心论性质,转变为唯物论的认识路线。对《老子》有关"道"的改造,是王安石、王雱父子对道德性命之学和中国古代哲学的一个重要贡献。

(二)王安石敏锐地觉察到,不论是自然界还是人类社会都存在新陈代谢的普遍规律

王安石在天之道"不召而自来"句下注释道:"阴阳代谢,四时往[来],[日月]盈虚,与时偕行,故不召而自来。"④ 这种"不召而自来"的客观发展规律,王安石把它区分为自然界和人类社会两个部分,以"新故相除"来表达他的这个思想:

> 有阴有阳,新故相除者,天也;有处有辨,新故相除者,人也。⑤

自然界的"新故相除"表现为"阴阳代谢";而人类社会中的"新故相除",则是"有处有辨",也就是有因有革,既有继承也有变革,由此强调人为的作用。在指出"天"、"人"各有自己变化规律的同时,王

---

① 以上两注释分别见梁迥:《道德真经集注》卷一,《道藏》13—16、36。
② 梁迥:《道德真经集注》卷一,《道藏》13—4。
③ 梁迥:《道德真经集注》卷一,"非常名"句下注释,《道藏》13—3。
④ 彭耜:《道德真经集注》卷一七,《道藏》13—235。原书有脱文,侯外庐《中国思想通史》有关王安石思想部分,曾根据《道藏撮要》增补,[ ]号中字即是,仅此注明。
⑤ 杨时:《龟山集》卷七《王氏〈字说〉辨》,四库影印本1125—164。

安石还进一步指出,"身有身之道,故以身观身;家有家之道,故以家观家;以至于乡、国、天下。"① 即各个事物都有自己的变化规律。王安石的这些话还不够明确,但在他那个时代对客观事物的认识达到这一步,是极其不易的。

(三)王安石、王雱父子政治思想中所表现的辩证法思想

王安石是以强大的国家政权进行从上到下的变革的,而变法的实践对王安石以及王雱的政治思想也产生了相应的影响。王安石在"天地不仁"句下注释道:"天地之于万物,圣人之于百姓,有爱也,有所不爱也。""当春生夏长如其有仁爱以及之,至秋冬万物凋落,非天地之不爱也。"② 这些话的意思是说,天地对待万物,没有所谓的爱不爱,而是按照它自己的规律运行而已。而这样解释,也就批驳了董仲舒们的"天人感应"谬说。王安石以其唯物主义自然观,如前面说过的,反对了以司马光为首的所有反对派自董仲舒那里贩卖来的"天人感应论"亦即"天命论"谬说,使变法继续推进。同时,在与保守派的斗争中,王安石也充实和丰富了他的政治思想。他认为,天道按照自己的规律运行,不论河决还是狂风暴雨,都是"任理而无情"的,并以这种思想启迪宋神宗,作为皇帝要按照治国之理去做事,而不必畏首畏尾,"流言不足恤"。王安石的这些思想为王雱继承,并作了更进一步的发挥。在"天之道损有余补不足",人之道"损不足以奉有余"句下,王雱注释道:

> 天道任理,故均。
> 人道任情,故不均。③
> 任理而不任情,积柔弱而胜重大。④

"天道任理","人道任情",这就是王雱在王安石认识基础上的一个概

---

① 彭耜:《道德真经集注》卷一三,《道藏》13—207。
② 彭耜:《道德真经集注》卷二,《道藏》13—118。
③ 梁迥:《道德真经集注》卷一〇,《道藏》13—100。
④ 梁迥:《道德真经集注》卷二,《道藏》13—12。

括。这个概括，同样地表现了王雱继王安石之后，在同董仲舒以来"天人感应"谬说的斗争中，达到了某种程度的理性的认识，是难能可贵的。

五、结 论

总结本文的叙述，有以下几点认识：

（一）庆历、嘉祐是"合变时节"，"合变时节"需要辩证法思想的指导；辩证法"不召而自来"。

（二）博学多识的王安石找到辩证法，变法革新的局面得以实现。

（三）在变法反变法这场政治斗争中，思想领域里形成了辩证法（变）与形而上学（不变）之间的斗争，以及无神论和有神论之间的斗争。

（四）通过变法的实践和斗争，辩证法得到发展。

（五）哲学史、思想史的研究，静态研究是必要的，但不是唯一的，似应放在社会生活、政治生活中去探索。这是因为，哲学史或思想史，是思想斗争史、思想更替史，只有放在社会经济生活、政治生活中，从动态中更容易看到这个时代思想的风貌。

第十一章
王雱：一个早慧的
才华四溢的思想家

一、王雱短暂而又光辉的一生

历史上有不少才华四溢的思想家、文学家和艺术家，却像闪电般地一瞬而过，英年早逝。王雱（1044—1076）就是这些人物当中的一个，一生不过33岁。英年早逝已足以令人惋惜不已，而王雱却又遭到肆无忌惮的诬蔑，那就不仅仅是使人惋惜而已！

王雱字元泽，是有宋一代杰出改革家、思想家王安石的次子。王雱在幼儿时，即由于他的聪慧、机智，给人们以深刻的、难以忘怀的印象：

> 王雱字光（当作元）泽，数岁时，客有以一獐一鹿同笼以问雱，何者是獐，何者是鹿？雱实未识，良久对曰："獐边者是鹿，鹿边者是獐。"客大奇之！①

13岁那年，王雱就敢于对国家大事提出自己的看法：

> 元泽年十三，得秦州卒言洮河事，叹曰："此可抚而有也。

---

① 彭乘：《墨客挥犀》卷六，四库影印本 1037—699。

第十一章 王雱：一个早慧的才华四溢的思想家

使夏人得之，则吾敌强而边受患博矣。"①

按吐蕃瓦解之后，青海蕃部依然在洮河一带生息繁育。西夏贵族统治集团囊括河西走廊之后，下一个战略目标即投在青海蕃部。试图扩大统治范围，环包侵蚀秦凤诸路，进一步与宋抗争。宋为扼制西夏贵族集团的扩张，同样看到洮河蕃部是个战略要区。张载年轻时打算"结客"以取洮河，即是有鉴于此。王雱以一个年仅13岁的少年，能够看到这一步，确属不寻常，同时也说明了他的早熟。

宋英宗治平四年（1067），22岁的王雱考中进士，任命为宣州旌德尉，但他没有上任。宋神宗熙宁元年（1068）七月，王安石自知江宁府调任翰林学士，王雱随侍王安石同到汴京。

> 王性之（指王雱）言：熙宁初，有朝士集于相蓝之烧朱院。仪（似当作俄）有一人末至，问之，则王元泽也。时荆公（指王安石）方有召命，众人问：舍人不坚辞否？元泽言：大人亦不敢不来，然未有一居处。众言：居处固不难得。元泽曰：不然，大人之意，乃欲与司马十二丈（指司马光）卜邻，以其修身齐家事事可为子弟法也。某闻此语六十年矣，偶读《居家杂仪》，遂识之。庆元庚申五月四日书。②

今按：王安石与司马光于宋仁宗嘉祐年间（1056—1063）同事达数年之久，嘉祐六、七年又同为知制诰，过从甚密。《元城语录》曾记载其事。王安石调至汴京，愿与司马光"卜邻"，王雱所称之"司马十二丈"即司马光。这条材料同样指明，在熙宁变法之前，王安石与司马光之间的关系是友好的。可是，随着变法改革的进行，昔日的好友转化为不可调和的政敌！

王雱虽然随侍王安石而未任职，但从治平四年（1067）到熙宁三年

---

① 周煇：《清波杂志》卷七，四库影印本 1039—48。
② 陆游：《渭南文集》卷二八《跋居家杂仪》，四部丛刊本。

(1070)的三四年内,除"作策三十余篇,极论天下事"之外,对道家佛家思想亦进行了探索,作《老子训传》、《佛经义解》数万言。①《佛经义解》已散佚。《老子训传》当即《老子注》,据王雱为是书所作的自序,该书成于熙宁三年(1070)七月,现《道藏》中所收录的北宋梁迥《道德真经集注》和南宋彭耜《道德真经集注》均有著录,前者包括王雱在内的总计四家,后者则十八家。梁迥在宋哲宗元符年间(1098—1100)所作《集注》后序称:

> 近世王雱深于道德性命之学,而老氏之书复训厥旨,明微烛隐,自成一家之说。②

《老子注》成书之后即雕版印行,受到人们的赞誉,被认为是真正懂得"道德性命"的著作。

正是由于《老子注》的印行,宋神宗于熙宁四年(1071)八月召见了王雱,使其从前旌德尉而跃为太子中允、崇政殿说书,参与侍从之臣的行列。③王雱的这个机遇,自然是与其父王安石分不开的。从此王雱积极投入了变法革新运动。不无遗憾的是,王雱的文集已经散佚,有关军国大事的议论无从了解,仅有关于论军器制作的奏疏还保存在《续资治通鉴长编》、《文献通考》、《宋史》诸典籍中,其中以《长编》所载较详。王雱在奏疏中指出:在外御契丹、西夏,"内虞剽盗之变",军器制作至关重要。可是,过去对军器制作极不重视,武库中贮存的"大抵敝恶不可复举",制造的武器谈不上"坚完轻利";而诸州制作武器的将作院,"兵匠乏缺",往往"拘市人以备役"。因此,王雱建议:"敛数州之所作而聚以为一处,若今钱监之比",选拔真正懂得武器制作的人才负责其事,招募优秀的工匠到作院中制作,朝廷然后设置总机构以总理全

---

① 晁公武:《郡斋读书志》卷五下《元泽先生文集》条,四库影印本674—347。
② 梁迥:《道德真经集注·后序》,《道藏》13—105。
③ 《长编》卷二二六。

部武器制作。① 在王雱的建议下，宋朝廷设立了军器监，地方设立都作院，加强、改善了军器的制作。对此，我在《王安石变法》一书中，已作了说明。②

自熙宁四年（1071）改革科举考试制，罢诗赋、重经术，培育人才的学校因而重要起来。王安石为顺利推行新法，提出"一道德"的重大问题，试图通过学校使思想认识上对变法革新达到一致。因此，熙宁六年（1073）三月，王安石以宰相之职，提举《诗》、《书》、《周礼》三经义的编纂③，以便通过对经义的训释，完成"一道德"的目的。王雱在王安石身边的几年以来，主要从事老庄佛学的探索，同时转入对《诗》、《书》等经义的研讨。所以至王安石提举三经义之后，王雱全力投入对经义的诠释。因此，熙宁七年（1074）四月，王雱由于同撰修经义提升为右正言、天章阁待制兼侍读的职位。④ 翌年，《诗》、《书》、《周礼》三经义解完成，又加以龙图阁直学士的职名，王雱力辞得允。王雱自熙宁六年即患"足疡下漏"，医治不愈，终于在熙宁九年（1076）六月己酉病逝。⑤

王雱短暂的一生，受其父王安石的影响很深。例如在生活上，他们父子都是不大在意的。蔡絛《铁围山丛谈》曾记有下列故事：

（王安石第一次罢相）当是时，既出，挈其家且登舟，而元泽为从者误破其颒面瓦盆，因复命市之，则亦一瓦盆也。其父子无嗜欲，自奉质素如此。⑥

王安石、王雱父子的生活态度，在宋代士大夫群中是不多见的。王雱一生所追求的是对学术的探索。在他短暂的33年人生中，写出了不

---

① 《长编》卷二四五熙宁六年六月己亥注引。
② 参见漆侠：《王安石变法》第三章第二节。
③ 《长编》卷二四三熙宁六年三月。
④ 《长编》卷二五二熙宁七年四月。
⑤ 《长编》卷二七六熙宁九年六月己酉。
⑥ 蔡絛：《铁围山丛谈》卷三，四库影印本1037—584。

少的学术论著。可考者有：

（1）《元泽先生文集》（36卷），见晁公武《郡斋读书志》卷五下著录。

（2）《老子训传》，晁公武《郡斋读书志》卷五下著录。在《道藏》中收集的北宋梁迥《道德真经集注》和南宋彭耜《道德真经集注》中，王雱的《老子训传》题名为《道德真经注》。

（3）《佛经义解》，晁公武《郡斋读书志》卷五下著录，与《老子训传》同为王雱中进士之后的著作。《老子训传》成书于熙宁三年（1070）七月，则此书当在此之后。

（4）《庄子注》（10卷），晁公武《郡斋读书志》后志卷二著录。是书收录于四库全书，谓之《南华真经新传》。

（5）《书义》（13卷），即《三经新义》中的《书义》，陈振孙《直斋书录解题》卷二著录。

（6）《诗义》，蔡絛记载道："王元泽奉诏修三经义，时王丞相介甫为之提举"，"《诗》、《书》盖出元泽暨诸门弟子手，至若《周礼新义》，实丞相亲为之笔削者。"① 不过，《诗》、《书》的训释王安石也极为注意，曾将其修订部分奏诏国子监刊正。②

（7）《孟子解》（14卷），晁公武《郡斋读书志》后志卷二称："王安石解《孟子》十四卷，……其子雱与其门人许允成皆有注释，崇观间场屋举子宗之。"

（8）《论语孟子解》，陆游《跋王元泽〈论语孟子解〉》说："元泽之殁，诏求遗书。荆公视箧中，得《论语孟子解》，皆细字书于策之四旁，遂以上之。然非成书也。"③

王雱的著作，只有《老子注》和《南华真经新传》较为完整地保留

---

① 蔡絛：《铁围山丛谈》卷四，四库影印本1037—590。
② 陆游：《老学庵笔记》卷一载："先生丞（指陆佃）言：荆公有《诗正义》一部，朝夕不离手，字大半不可辨。世谓荆公忽先儒之论，盖不然也。"
③ 陆游：《渭南文集》卷三一。

第十一章 王雱：一个早慧的才华四溢的思想家

了下来，余都散佚。一生不过 33 岁，就留下这么多的著作，确实表现了他的非凡才华。对于英年早逝的王雱，王安石是极其悲痛的，他熙宁九年第二次罢相即与此事密切相关。在《题宝公塔院祠堂》或《题雱祠堂》的诗中，王安石寄托了他对爱子的哀思：

> 斯文实有寄，天岂偶生才？一日凤鸟去，千秋梁木摧。①

诗中王安石用"凤鸟"、"梁木"的典故以纪念王雱，不时引发当时评论家的评论，认为作为父亲的王安石把儿子王雱的病逝同孔夫子相比，是极为罕见的。但不论怎样评论，王安石用这个典故反映王雱的才华横溢，并不过分。

陆佃，王安石的学生，与王雱年龄不相上下，而且往还密切，也是一位学有所成的才士，他在《祭王元泽待制墓文》中说：

> 公（指王雱）才豪气杰，超群绝类，据依六经，驰骋百氏，金版六韬，坚白同异，老聃瞿昙，外域所记，并包淳蓄，迥无涯涘。形于谈辩，雄健俊伟，每令作人，伏首抑气。②

陆佃的这篇祭文，不仅对王雱的博学多识说得极其详尽，而且把王雱论辩的锋利和气度也淋漓尽致地表现出来。王雱之称为才华四溢的、早慧的哲学家、思想家是当之无愧的。在这里顺便一提的是，先秦的刑名之学，伴随玄学的发展在魏晋时期曾有复兴之势。之后，经历了七八百年的沉寂，王雱又复对"坚白同异"之学发生兴趣。从魏晋到北宋，学术上产生这种现象，即每当老庄之学得到发展的时候，刑名之学也伴随着兴起，这一点是值得注意的。可惜仅仅是昙花一现、再现而已，没有更好的土壤使其成长起来！

仅就保留下来的两部著作而论，后人给予的评价，也是粲然可观的。前引梁迥的《道德真经集注·后序》，称王雱"深于道德性命之

---

① 王安石：《临川先生文集》卷一四。
② 陆佃：《陶山集》卷一三，四库影印本 1117—166。

学",对《老子》的注释能够"明微烛隐","自成一家之言"。几百年之后,明人孙应鳌对王雱的《南华真经新传》曾作了如下的评述:

> 元泽之为人,世多訾点,其解《庄子》,顾翘楚诸家,而雅训若此!此《宋史》称元泽性敏气豪,睥睨一世,要亦不诬。……缘诸家各持己意解《庄子》,是以有合有不合。元泽持《庄子》解《庄子》,是以无不合。①

孙应鳌的许多评论放在后面再说。单是这些话,足以使遭受了五六百年诬蔑的王雱,通过他的《南华真经新传》所放射的异彩,穿透横遮在他头上的层层阴霾而得到人们的肯定。孙应鳌的这些见解,也影响了其他人,包括清代四库馆臣在内。在《南华真经新传》提要中,四库馆臣们不得不说:"顾率其(指王雱)傲然自恣之意,与庄周之滉漾肆论,破规矩而任自然者,反若相近,往往能得其微旨";同时引用王宏的话,称"注《道德》、《南华》者无虑百家,而吕惠卿、王雱所作颇称善,雱之才尤异。"②

综合上述评议,从王安石到陆佃,从宋人梁迥到明人孙应鳌,乃至于四库馆臣,称王雱为才华四溢的、早慧的哲学家、思想家这一结论,是经得住历史检验的。

就是这样一个才华四溢的哲学家、思想家,由于他是王安石之子,由于他积极投身于致国富强的改革中,却遭到了恣意的诬蔑。

首先,讥讽、诬蔑王雱的不是别人,正是被王雱尊为"司马十二丈"的那个司马光。司马光连"父执"这一身份都不要了,撕破了面皮,在其《日记》中一则称王雱"好高论",再则称王安石"常与之议大政",甚至把当时挖苦王雱的话——"小圣人",也笔录下来。③ 司马光同王安石、王雱不在一处,又怎么能够知道王安石同王雱"议大政"

---

① 《南华真经新传》孙应鳌序,四库影印本1056—171。
② 载《南华真经新传》,四库影印本1056—169、170。
③ 司马光:《涑水记闻》附录二,中华书局点校本。

第十一章 王雱：一个早慧的才华四溢的思想家

呢？显然，这类记录，既包含臆测，又出自诋毁对方，因而是不足取的。

对王安石、王雱父子，进行肆无忌惮地攻击和诬蔑的则是邵伯温其人。他在《闻见录》中说：

> 雱者，字元泽，性险恶，凡荆公所为不近人情者皆雱所教。吕惠卿辈奴事之。荆公置条例司，初同程颢伯淳为属。伯淳贤士，一日盛暑，荆公与伯淳对语，雱者囚首跣足，手携妇人冠以出，问荆公曰："所言何事？"荆公曰："以新法数为人沮，与程君议。"雱箕踞以坐，大言曰："枭韩琦、富弼之头于市，则新法行矣。"荆公遽曰："儿误矣。"伯淳正色曰："方与参政论国事，子弟不可预，姑退。"雱不乐去，伯淳自此与荆公不合。祖宗之制，宰相之子无带职者。神宗特命雱为从官，然雱已病不能朝矣。雱死，荆公罢相，哀悼不忘，有"一日凤鸟去，千年梁木摧"之诗，盖以比孔子也。荆公在钟山，尝恍惚见雱荷铁枷杻如重囚，荆公遂施所居半山园宅为寺，以荐其福。①

邵伯温的这些编造是非常可笑的。在他的编造下，王雱成为"囚首跣足"、"携妇人冠"的神经病患者，而从前面王雱著作情况看，王雱这几年正忙于《老子注》、《南华真经新传》的著述，试想这类著作能由一个神经病患者来完成吗？邵伯温曾抬出程颢作为见证人，可惜的是，在二程的著作和行事中，不仅程颢没有提及王雱的神经病，连程颐也没有谈过这类事情，邵伯温所提的见证人也就落空了。宋代言官能够风闻言事，而邵伯温有关王氏父子的记录，则是捕风捉影。可是，邵伯温这类捕风捉影的记录影响却不算小。它的影响所及，一是对私家小说笔记如方勺的《泊宅编》和话本《拗相公》的影响，这类记载极力宣扬王雱在阴曹地府受罪和咒骂王氏父子为猪犬不如的人。再一是对史籍的影响，

---

① 邵伯温：《邵氏闻见录》卷一一，四库影印本 1038—780。

而这个影响尤为严重、尤为恶劣。李焘的《续资治通鉴长编》以及元人纂修的《宋史》，都以邵伯温这段编造为依据，把王雱描述为险恶坏人，使王雱受到了诬蔑。但是，编造的谎言终不能成为事实，才华四溢的王雱的哲学思想终于冲破了种种诬蔑，他的智慧的光辉也因而放出异彩。

二、王雱的"道德性命之学"
——《道德真经注》

前引梁逈《道德真经集注·后序》上说，王雱是"近世深于道德性命之学"的一位哲学家思想家。在前章《荆公学派与辩证法哲学》中，我曾对"道德性命之学"作了一些说明，现在再扼要地说上几句。晁公武《郡斋读书志》卷四下王安石《临川集》条曾引用蔡卞的一段话，指出人们很久已经不知道的所谓"道德性命之学"，经过王安石的阐发，将其推进到"通乎昼夜阴阳所不能测而入于神"的抽象思维的领域。蔡卞的这几句话说得很精彩。对道德性命之学，王安石最先在《虔州学记》中作了阐发，他指出：

> 余闻之也，先王所谓道德者，性命之理而已，其度数在乎俎豆钟鼓管弦之间，而常患乎难知，故为之官师，为之学，以聚天下之士，期命辩说，诵歌弦舞，使之深知其意。①

引文中"其度数在乎俎豆钟鼓管弦之间"等句不甚好理解，需要先谈上几句。我国古代真正懂得音律的人，往往能够通过音律在时间上的构成（来自于钟鼓管弦）及其在空间上的抑扬顿挫的高低长短变化（即所谓

---

① 王安石：《临川先生文集》卷八二。

第十一章 王雱：一个早慧的才华四溢的思想家

度数）来知人论世。王安石是以这句话来表达"道德之意，即性命之理"这一命题的意义。尤为重要的是，王安石在《洪范传》、《致一论》以及《老子注》中，从多方面阐述了这个命题。因此，王安石要求人们，通过在学校中的学习，在认识论的领域里把握道德性命之理。王雱的道德性命之学即渊源于王安石。而这个学说直接来自老庄哲学中的道德学说，这个学说的主要构成不能不是辩证法思想，亦即从万事万物的变化中去把握性命之理，这也就是上面所说的从认识论领域里去把握这个命题。道德性命之学，是王安石、王雱父子对宋学的一个重要贡献，值得认真研究。

王雱对道德性命之学的重要贡献是对《老子》的"道"给以唯物主义的解释。

《老子》中的"道"，通常解释为道路、道理，更多的是解释为道理。用今天哲学上的语言说，道是对形成具体事物之理的抽象概括，亦即事物的规律性。惟其是抽象的概括，王雱对道的注释，同其他注释者大抵一样，把它看作是看不见、摸不着的，没有形体，但用之不穷的特殊事物：

> 道者，万物之所道，在体为体，在用为用，无名无迹，而无乎不在者是也。①
>
> 道无体，焉得名。②
>
> 道本无体，非器所盛，用则有余，求之不得，故有道者未尝盈，而其用不穷也。③
>
> 道至于万法平等无有高下处，非目所睹。④

"道"是对具体事物的抽象，人们在认识上大体是一致的。但在"道"

---

① 梁迥：《道德真经集注》卷一，《道藏》13—3。
② 梁迥：《道德真经集注》卷五，《道藏》13—45。
③ 梁迥：《道德真经集注》卷三，《道藏》13—23。
④ 梁迥：《道德真经集注》卷四，《道藏》13—39。

作为世界的本源这一重大问题上,人们存在显著的分歧。《老子》认为"道""先天地而生",即把精神上的东西看作世界的本源,因而这种认识路线是唯心主义的。老子以后,以王弼为代表的魏晋玄学,以"崇无"相标榜,继承了《老子》的这一认识。可是,到了王安石父子,则把《老子》的唯心主义的认识方法进行了根本的改造,给予唯物主义的认识。王安石在"天下有始,以为天下母"句下注释道:

> 一阴一阳之谓道,而阴阳之中有冲气,冲气生于道。道者天也,万物之所自生,故为天下母。①
>
> 天与道合而为一。②

王安石所说的"天"是物质的"天",亦即"自然",我在前章已有论述。王安石把"道"和"天"合而为一,把作为抽象的、精神上的"道"与物质的"天"或"自然"看成是一个东西,这就彻底改变"先天地而生"的"道"的性质,从而把精神的东西不能脱离物质的东西而单独存在这一思想阐发出来。王雱继承了王安石的这一认识,而且阐释的内容更加明确。在"渊兮,似万物之宗"句下,王雱解释道:"道生万物,而体未尝离物。自物之散殊而观之,则似为之宗耳!"在"生而不有"句下注释道:"道生万物,物之与道,常为一体,谁有之者。"③在"域中有四大"句下注释道:"道之中体,因物而名,故未离域中。"④王雱认为,"道之中体,混然而成,其视天地亦物耳",显然是对《老子》"道""先天地而生"的一个驳正。在"无名天地之始,有名万物之母"句下注释道:"受命于无而成形于有,故曰天地之始,万物之母。《易》曰:'有天地然后有万物',此言与《易》之序同据。"⑤ 王

---

① 彭耜:《道德真经集注》卷四,《道藏》13—203。
② 彭耜:《道德真经集注》卷四,"天乃道"句注释,《道藏》13—143。
③ 梁迥:《道德真经集注》卷二,《道藏》13—16。
④ 梁迥:《道德真经集注》卷四,《道藏》13—36。
⑤ 梁迥:《道德真经集注》卷一,《道藏》13—4。

雱还曾说过："名生于实。"① 综合这些论述来看，王雱是把作为精神观念的"道"与物质的亦即真实的东西结合在一起的。因而这一解释也就摒弃了《老子》的唯心主义，转变为唯物主义的认识路线。这是王雱的道德性命之学的一个重要贡献。

《老子》一书充满了朴素辩证法思想。但《老子》的这些思想，并不是为辩证法而辩证法的，而是通过辩证法对现实生活中许多重大问题提出看法。因此，人们称之为"兵书"，这当然是可以的；如果称之为小型的政治百科全书，也许更贴切些。王雱有关《老子》的一些注释，确实表达了他的政治思想。如在"容乃公，公乃王，王乃天，天乃道"诸句注释道：

> （在公私对立中）无物我之殊，何私之有？内公则外王。
> 王者，人道之至极，极人之道乃通于天。因有道乃与天侔，侔天乃所以尽道，道则莫知其天乎人乎！②

综合这几句注释，一方面，王雱的政治哲学强调"王"与"道"的关系；另一方面，王雱借着这个机会，把"内圣外王"之道的关系作了说明，而"内圣外王"则是儒生们特别是宋代儒生们最喜议论的课题。继之，王雱又向前跨出一步，在"天之道损有余补不足，人之道则不然，损不足以奉有余"句下注释道：

> 天道任理，故均。
> 人道任情，故不均。③
> 任理而不任情，积柔弱而胜重大。④

这样也就辨别了"天道"和"人道"的不同。这个辨别同样是值得重视的。我在《王安石的哲学思想》等文中曾经指出：王安石以自然之"天"、

---

① 梁迥：《道德真经集注》卷一，《道藏》13—3。
② 梁迥：《道德真经集注》卷三，《道藏》13—24。
③ 梁迥：《道德真经集注》卷一〇，《道藏》13—100。
④ 梁迥：《道德真经集注》卷二，《道藏》13—12。

物质之"天",以及建立在这一认识基础上的自然观,反对董仲舒以来的意志之"天"、神权之"天",以及建立在这一认识基础上的天命论;同时在变法过程中反对以天命论反对变法的活动。正是从反对天命论中,王安石向宋神宗提出了,政事要像"天"那样,"任理而无情",按照政事的规律去做而不计较其他。王雱继承了王安石的这一政治思想观点,概括出"天道任理"、"人道任情"两个结论,从而成为王雱的别具特色的政治哲学思想。

儒佛道三家思想在长期斗争过程中,又互相渗透、互相影响。它的表现形式为"拒"、为"纳"(吸收),有时是"拒"、"纳"结合在一起。自唐中叶这一趋势极为明显,经韩愈、李翱,以及宋初的释智圆、晁迥等,思想发展史上形成了这一路线。王安石、王雱便是沿着这个线路发展的。王雱在"无名天地之始"诸句下注释道:

> 《易》之阴阳,老之有无,以至于佛氏之色空,其实一致,说有渐次耳!世之言无者,舍有以求无,则是有外更有安得为无?故方其有时,实未尝有,此乃真无也。有无之体常一。①

王雱的上述看法,如阴阳、有无、色空等是否"一致",属于另一问题,姑置不论。就王雱运用的方法和语言,较诸所谓的"两可之辞"要复杂得多,他把儒佛老融合在一起了。王雱思想之绚丽多彩,别具一格,于此可见一斑。

不同思想既然互相渗透、互相影响,那么在渗透、影响中,可能有好的一面,亦可能有坏的一面。王雱在"载营魄抱一能无离乎"句下的注释,即具体地受到佛道的影响,而且是不好的影响:

> 魄,阴物,形之主也。(以下从略)窃尝论曰:人之既死,有升沉之异。良由灭神徇形,以神从魄,故至于沦乎幽阴、化为异物也。若夫神完之人,虽魄之阴滞,精与神为一,而无所

---

① 梁迥:《道德真经集注》卷一,《道藏》13—4。

第十一章 王雱：一个早慧的才华四溢的思想家

不之矣。圣人之死曰，神不从魄也，其始也亦载魄而已。①

王雱的这一注释，与后来的苏辙所注大致相同，因此引发了朱熹的评论，称：

> 近世而苏子由、王元泽之说出焉。则此二人者，平生之论如水火之不同，而于此义，皆以魂为神，以魄为物，而欲使神常载魄以行，不欲使神为魄之所载。②

朱熹仅是从文义上对王雱、苏辙的注释加以评论，至于"以魂为神，以魄为物"的实质性问题是什么，朱熹也同样是望望然而去之的，并没有什么发明。灵魂不灭，人死为鬼神（王雱认为，贤死为鬼，圣死为神，一般人死为物）阴物，以魄为异物或鬼之类，这是中国思想史上的古老问题之一。先秦显学墨家一派，就主张有鬼神之类，所谓《天志》、《明鬼》诸篇即是，实为墨学的糟粕。不论秦汉，还是魏晋，哲学史上两军对战中一个问题就是有无鬼神，而参战者都是儒家的唯物主义论者与佛道两家。很显然，佛道两家宗教兴盛之后，鬼神迷信亦随之弥漫。王雱的注释，显然受到了佛家的影响。

三、王雱的独具特色的《南华真经新传》

王雱的《南华真经新传》是一部富有特色的传注之作，特色之一就是历来评论家所称道的此书乃"就《庄子》以解《庄子》，而不附合于儒理，亦为以道家之言还之道家，不至混二氏于孔门"③。四库馆臣们的这个评论也包括了吕惠卿的《庄子注》。按吕惠卿的《庄子注》（十

---

① 彭耜：《道德真经集注》卷三，《道藏》13—125。
② 彭耜：《道德真经集注》卷三，《道藏》13—126。
③ 《庄子口义》提要，载林希逸《庄子口义》，四库影印本1056—356。

卷），元丰七年（1084）先表进内篇，余续成之。而王雱的《庄子注》，稍晚于他的《老子注》，约在熙宁三四年写成，比吕注要早十年以上，而且后人评价雱注优于吕注，更可见王雱才华之不寻常。

王雱《南华真经新传》之所以如此出色，为后人所称赞，一个重要的原因是，王雱对他所研究的对象不仅具有客观的态度，而且是从宏观上把握研究对象的全部思想。他从《庄子》各个篇章特别是内篇诸篇章内在思想的连续性上，把握庄子思想发展的脉络而将其贯通起来。孙应鳌就此指出：

> 元泽妙涉斯趣，独提挈纲领，因以批郤导窾曲畅条疏。其《拾遗》、《杂说》，尤推见至隐，卒会通于内篇之本根……读《庄子》获此，如泛江河有利楫，陟华嵩有济胜具，岂不快哉！①

正因为王雱从整体上贯通庄子的思想，所以他的《新传》给人们的启发便具有指导性意义，因而得到孙应鳌如上的评论。

王雱是否如孙应鳌所论，把握、贯通了庄周的思想？这里不妨以《庄子·内篇》的首篇《逍遥游》为例，看看王雱对它的理解和认识到底是些什么。

怎样才能达到庄子所说的"逍遥游"？王雱首先指出："夫道，无方也，无物也，寂然冥运而无形器之累。"这就是说，真正的"逍遥游"要达到"道"那样"无形器之累"。对于人来说，"惟至人体之而无我，无我则无心，无心则不物于物，而放之于得之场，而游乎混茫之庭。"做到无心、无物，即不为心物所累，像这样的遨游，才是真正的"逍遥游"！

根据对庄子《逍遥游》的这一认识，王雱指出：鲲鹏扶摇而上者九万里，小鸟则"过榆枋"、不能不掉到地上来。虽然大小悬殊，但鲲鹏也好，小鸟也好，都为物所累，也都不能算作逍遥游。王雱的这些话是

---

① 《南华真经新传》孙应鳌序，四库影印本1056—171。

第十一章 王雱：一个早慧的才华四溢的思想家

径直地批评晋代玄学名家郭象的。郭象认为"物任其性，事称其能，各当其任，逍遥一也"，实际上郭象对庄子《逍遥游》的本意并没有认识清楚，因而这种说法有失庄子的原意。王雱从道不为形器之累、人不物于物亦即无累这一原则出发来议论《逍遥游》，较郭象似乎更符合庄子的原义。①

在《逍遥游》中庄子提出了"无累"的原则，那么，又怎样达到"无累"的认识？王雱在《齐物论》一文的解题中指出：

> 万物受阴阳而生，我亦受阴阳而生，赋象虽殊，而所生同根。惟能知其同根则无我，无我则无物，无物则无累，此庄子所以有《齐物》之篇也。②

如果真正明白万物与我"所生同根"这个基本道理，天底下的万事万物都可以"齐一"。所谓"齐一"，即是把万事万物成其为万事万物的特殊性去掉，而齐于万事万物普遍性，这个普遍性就是物我"同根"。从这一认识出发，王雱对庄子"故曰莫若以明：以指喻指之非指，不若以非指喻指之非指也；以马喻马之非马，不若以非马喻马之非马也。天地一指也，万物一马也"这段话的注释说：

> 彼指此指，彼马此马，其不同者形，而其所同者质，安得有所不齐乎？天地虽异，而同出于道，万物虽殊，而亦出于道。但天地殊高下之形，万物异小大之体，其所出同于本而已，安得有所不齐也。故曰天地一指，万物一马。③

王雱从事物的普遍性与特殊性来理解和认识庄子的《齐物论》，也似乎得到了庄子的本旨。

通过"不为物累"将《逍遥游》与《齐物论》联系起来；又通过

---

① 王雱：《南华真经新传》卷一，四库影印本 1056—172。
② 王雱：《南华真经新传》卷二，四库影印本 1056—179。
③ 王雱：《南华真经新传》卷二，四库影印本 1056—183。

"无物无我",王雱又将《齐物论》与《养生主》联系起来,他说:"夫齐物者必无我,无我者必无生,无生所以为养生之主,而生之所以存。"① 这样,王雱在每篇解题中将与前篇的联系揭示出来,从而使《庄子·内篇》的联系贯一起来了。

王雱确实是"以《庄子》解《庄子》"的,但他仍然是站在儒家的立场之上来理解认识庄子的。在《天下篇》论述儒家思想之后,写出一段很长的注释。王雱称庄子"彼非不知仁义也,以为仁义小而不足行已;彼非不知礼乐也,以为礼乐薄而不足化天下"。庄子能以"《诗》以道志,《书》以道事,《礼》以道行,《乐》以道和,《易》以道阴阳,《春秋》以道名分"这样精练的语言论述古代经典,王雱指出:"庄子岂不知圣人之道哉!"根据以上的分析,王雱认为《天下篇》之作,是"庄子岂有意于天下之弊而存圣人之道乎"?因此他把庄子比作伯夷和柳下惠,"伯夷之清,柳下惠之和,皆有矫于天下者也,庄子之用心亦二圣人之徒矣"②!王雱认为庄子有意识地"存圣人之道",亦即存孔夫子之道,也就把他的儒家立场说得一清二楚了。

王雱的《南华真经新传》在论述方面,与宋人谈经者相一致,即不受前此传注的束缚,而以自己谙练、生动的语言论述庄子的思想。孙应鳌称其在《杂说》中"尤推见至隐"。王雱评论庄子道:

　　庄子之书,其通性命之分,而不以死生祸福动其心,其近圣人也。自非明智不能及此。③

《庄子》对许多事物和问题的探索,流露出来生动活泼的辩证法思想。这部著作值得认真研究。

老庄之学,特别是庄学,魏晋南北朝时期虽然流行了一阵子,但以后转归沉寂。到北宋,老庄之学有复兴的势头。叶梦得在《避暑录话》

---

① 王雱:《南华真经新传》卷三,四库影印本 1056—191。
② 王雱:《南华真经新传》卷一九,四库影印本 1056—346。
③ 王雱:《南华真经新传·拾遗》,四库影印本 1056—353。

第十一章 王雱：一个早慧的才华四溢的思想家

中说："自熙宁以来，学者争言老庄。"① 学术之出现这一局面，与荆公学派是分不开的。王安石早在嘉祐年间，也许更早的时间，即注释《老子》，起着倡导的作用。之后，吕惠卿、陆佃、王雱等以及变法派的学士大夫，对老庄继续探索。在辩证法思想的成就方面，王雱没有超过他的父亲王安石，但对老庄的探索，确系一代之翘楚，对两宋及明清产生了不可磨灭的影响。今天对老庄的研究，远远超过前代任何一家。尽管如此，正像今天虽已有火箭遨游太空却仍绝不能贬低弓箭发明对历史发展所起的伟大作用那样，对王雱探索老庄的意义和作用的估价，也绝不能有丝毫降低。这是因为，人们只能以当时的水平来评判王雱的探索；而且只要对王雱的探索进行认真研究，必然能够丰富今天的哲学思想，这是毫无疑问的。本文不仅是对宋代反变法派横加给王雱的种种诬蔑予以清算，而且是对这个早慧的、才华四溢的思想家的思想给予初步的整理，以便引起人们的注意。如此而已，何敢多望！

---

① 叶梦得：《避暑录话》卷上，四库影印本 863—642。

第十二章
中庸之道与司马光哲学

一、唐中叶以来中庸之道向更深层次的发展

任何思想，总是在不停地发展着、变化着。孔夫子所提出的中庸之道也不例外。在《儒家的中庸之道与佛家的中道义》一文中①，我曾经说过，从孔夫子到子思，中庸之道从朴素的辩证法向形而上学均衡论转化。在此以后呢？我们看到，中庸之道沉寂千年之后，在唐中叶经过韩愈、李翱，又向更深、更广的方向发展，亦即向世界观领域发展。

唐中叶以来，中国古代社会经济制度发生了较为重大的变化。与这一变化相对应的则是文化上的重大变化。中庸之道就是在这种情况下向纵深方向发展的，而这一发展则是从韩愈、李翱维护和弘扬儒学开始的。

如大家所知道的，韩愈对儒学的最大功绩是，当"佛老并行，圣道（指儒学）不断如带"② 的严重关头，他不顾人们的讥讽，以捍卫儒学自任，痛斥佛老，终于使儒学从千年来的困境中摆脱出来，走上了复兴

---

① 漆侠：《儒家的中庸之道与佛家的中道义》，载《北京大学学报》1999年第3期。参见本书第二编第五章附。
② 《新唐书》卷一七六《韩愈传》。

第十二章 中庸之道与司马光哲学

的大道。因此，韩愈被奉为儒学中的"泰山北斗"，以纪念他的这个伟绩。① 不过，这位韩夫子所带的框框毕竟多了些，负担也重了些，"曾经圣人手，议论安敢到？"② 在孔夫子面前身不由己地矮了半截。倒是他的学生李翱，框框较少，负担较轻，敢于汲取所谓异端的佛家思想，并把它注入到儒学之中，从而使儒学步入了一个新的领域。

把儒学引进新领域里的，是李翱的《复性书》。李翱"复"的什么"性"？为什么要"复性"？《中庸》劈头的三句话是："天命之谓性，率性之谓道，修道之谓教。"朱熹把这三句话看作是《中庸》一书的"大纲"。③ 李翱所要"复"的"性"，就是大纲中"天命之谓性"的"性"，而这个"性"则是同"天"、"天命"、"道"紧密关联着的。李翱既然要"复"大纲中所说的"性"，就必须将与之紧密关联的"天"、"天命"、"道"等范畴予以深层次地探索和阐释。这样一来，此前在孔子、思孟时期的仅作为方法论的中庸之道，便极其自然地走向了广阔的世界观和抽象思维的领域，从而使《中庸》在儒家哲学中跃上一个新的台阶，地位变得更加重要了。

李翱之所以要"复性"，是从他的性说——"性善情恶"说出发的。李翱认为："人之所以为圣人者，性也。人之所以惑其性者，情也。喜、怒、哀、惧、爱、恶、欲七者，皆情之所为也。情既昏，性斯匿矣。"而且，至关重要的是，"性"和"情"又是息息相关的，"无性则情无所生矣，是情由性而生；情不自情，因性而情；性不自性，由情以明"。圣人同常人一样，也有"性"有"情"，"性"与常人也是相同的。但圣人之所以为圣人，是因为他们在"性"的面前，"寂然不动，不往而到，不言而神，不耀而光"；"虽有情也，未尝有情也"。常人虽然"与圣人之性弗差也"，但不能像圣人那样在"性"面前"寂然不动"、"未尝有情"。常人在情、欲"交相攻伐"之下，为"情之所昏"，以致一辈子

---

① 《新唐书》卷一七六《韩愈传》。
② 韩愈：《昌黎先生集》卷二《荐士》，四部丛刊本。
③ 朱熹：《朱子语类》卷六二《中庸一·纲领》。

"溺之（于情）"，"不能自睹其性"，忘了根本①。因此，《复性书》所针对的是常人，只要常人能"复性"，就能达到圣人的境地。儒生们讲究的是"内圣外王"，《复性书》率先提出了自身修养是迈向圣人的一个重大步骤。

由于要"复性"，李翱便抬出了《中庸》。他引用了《中庸》上的一段话："唯天下至诚，为能尽其性，能尽其性，则能尽人之性；能尽人之性，则能尽物之性；能尽物之性，则可以赞天地之化育；可以赞天地之化育，则可以与天地参矣！"②在《儒家的中庸之道与佛家的中道义》中我曾经说过，子思将性、天、天命、道等中庸之道的范畴予以系统化，从而弥补了儒家在这一方面的不足，这是子思对儒家哲学的一个重要贡献。《中庸》在沉寂千年之后，李翱第一次提出它是"复性"的根本，亦即是探索性、命、道深层次奥秘的经典，从而使《中庸》在儒家哲学中的地位陡然地提高起来。应当说，这是李翱对儒家哲学的一个重要贡献，而李翱亦在儒家哲学发展史的丰碑上镌刻了自己的名字。

李翱不仅提出《中庸》一书是"复性"的经典，而且还提出了"复性"的具体步骤。冯友兰芝生先生在《中国哲学史》（两卷本）中曾经对此作了说明。③李翱"复性"的步骤：首先是"正思"，而这一步必须做到"无虑无思"，而要做到"无虑无思"就必须归诸于"静"；第二是"知本无有思"，要做到"动静皆离"；三是在"动静皆离"之后，即能够"寂然不动"，这样就能够达到《中庸》上所说的"至诚"的地步；由"至诚"而"复性"，进而便知"天命"和"道"了④。

李翱对他的《复性书》标置甚高，曾自诩道："以理其心，以传乎其人。"⑤李翱"求仁得仁"，确实达到了他所预期的效果。北宋初年鼓

---

① 李翱：《李文公集》卷二《复性书上》。
② 李翱：《李文公集》卷二《复性书上》。
③ 冯友兰：《中国哲学史》（下册）第809页，商务印书馆1935年版。
④ 李翱：《李文公集》卷二《复性书中》。
⑤ 李翱：《李文公集》卷二《复性书中》。

第十二章 中庸之道与司马光哲学

倡儒家中庸之道与佛家中道义类同的释智圆，是否受到李翱的影响无法断定；但在庆历前后宋学形成的阶段，一些著名的学士大夫如欧阳修、范仲淹显然是受到了李翱的影响。欧阳修在《读李翱文》中说："予始读翱《复性书》三篇，曰此《中庸》之义疏尔。"① 这句话可谓"一语中的"，真正了解了《复性书》的主旨。范仲淹认为《中庸》是儒家名教的重要典籍，曾劝告年轻的张载加以研读，以利于他日后的成长和发展：

> ［张载］年十八，慨然以功名自许，上书谒范文正公。公一见知其远器，欲成就之，乃责之曰："儒者自有名教，何事于兵！"因劝读《中庸》。②

在宋代士大夫中，对《中庸》做出较为重大贡献的则是司马光。《中庸》是宋学研究的热点之一，李翱的开创之功不可泯灭。

李翱有关《中庸》的论述，特别是有关"复性"的论述，显然受到佛家思想的影响。宋代朱熹曾一再加以评论：

> 浩曰："唐时，莫是李翱最识道理否？"［朱熹］曰："也只是从佛中来。"浩曰："渠有《去佛斋文》，辟佛甚坚。"曰："只是粗迹。至说道理，却类佛。"③

在《中庸集解序》中，朱熹明确地说："至唐李翱始知尊信其书，为之论说，然其所谓灭情以复性者，又杂乎佛老而言之，则亦异于曾子、子思、孟子之所传矣。"④ 近代学者则一致认为，李翱的《复性书》深受禅宗的影响，并将佛家思想援引到儒家中来。章太炎说：

> 明心见性之儒，首推子思、孟子。唐有李习之（翱），作

---

① 欧阳修：《欧阳文忠公文集》卷二二《读李翱文》。
② 吕大临：《横渠先生行状》，见《张载集》第381页。
③ 《朱子语类》卷一三七《战国汉唐诸子》。
④ 《朱文公文集》卷七五《中庸集解序》，四部丛刊本。

《复性书》,大旨一依《中庸》。习之曾研习禅宗。……今观《复性书》,虽依《中庸》立论,其实阴袭释家之旨。①

傅斯年《性命古训辨证》、冯友兰《中国哲学史》也都曾指出这一事实。陈寅恪则径直地指出,李翱直接受到梁肃《天台止观统例》的影响。总之,李翱之受到佛家的影响是确切不移的。换言之,李翱是把佛家思想注入到儒家学说中的。尽管李翱表面上排佛,暗地里却汲取佛家思想。不只李翱采取这种"阳拒阴习"的方式,宋代理学家如二程、朱熹等同样如此,将佛老思想注入到儒家学说中。经过这一注入,儒学从外来事物中摄取了营养,使自己发展起来。有关《中庸》的论述和阐释,就是在儒佛思想斗争、渗透、影响和作用之下开展起来的,从而在宋学中放出异彩。

二、司马光对《中庸》的阐释及其贡献

我在总论《宋学的发展和演变》中说过:"如果从成就和影响来看,温公的史学掩盖了他的经学。'元祐更化'之际,温公废除全部新法,要比他在史学和经学上的影响大得多。实际上,温公在经学上的成就足以成家,对宋学的发展也产生了重要的作用。"司马光在经学上足以成家,以及他对宋学的发展所起的重要作用,就是他对《中庸》的论述和阐释。这个论述和阐释,构成了司马光哲学独具的色彩。

宋人论述《中庸》的论文著作不下百余种。司马光是宋代士大夫中论述《中庸》较早的一个,他的《中庸广义》可能已失传,但现存的尚有《中和说》、《易说》、《扬子〈法言〉注》等,以及同范镇、韩维讨论有关中庸的信件,由此仍然可以看出他对《中庸》阐释的种种情况。司

---

① 章太炎:《国学讲演录·诸子略说》第181页,华东师范大学出版社1995年12月版。

第十二章　中庸之道与司马光哲学

马光对《中庸》的论述约有以下几个方面：

（一）对"中"字的解释

司马光和韩维探讨有关《中庸》的信件，在司马光文集中载有两篇，即《答韩秉国书》；韩维的《南阳集》载有韩维致司马光的两封信。韩维字持国，《温国文正司马公文集》中作秉国者，当系司马光避其父司马池讳，将"持"改作"秉"。韩维认为："中之说有二：对外而为言一也，无过与不及一也。"① 司马光除了同意韩维上述两点意见外，他对"中"字的解释则是：

> 然中者，皆不近四旁之名也。指形而言之，则有中有外；指德而言之，则有和。此书以《中庸》为名，其所指者盖德也，非形也。②

司马光对"中"字的解释是从字形和字义两方面而言的。从字形而言，"中"是"不近四旁之名"；从字义而言，"其所指者盖德也"。因此，《中庸》一书是从字义而不是从字形上说的，更强调字义。实际上司马光也往往从"中"字的字形来发挥自己的见解，如他认为"中"亦即"心"。显然"中"字的内涵绝不会指"心"而言，只能从字形加以引申罢了。

孔夫子称《中庸》为"至德"，把《中庸》提到至高无上的地步。司马光对"中"字的解释虽是多方面的，但在根本上则是阐述孔夫子的看法，这也算是"代圣人立言"吧！可他对《中庸》的颂赞，却比孔夫子还高上一等，把《中庸》看作是"至德"中的"至德"，他在《答景仁论养生及乐书》中说：

---

① 韩维：《南阳集》卷三〇《与司马君实书》，四库影印本1101—763；《温国文正司马公文集》卷六三载此文。
② 《温国文正司马公文集》卷六三《答韩秉国书》。

> 夫中者，天地之所以立也。在《易》为太极，在《书》为皇极，在《礼》为中庸，其德大矣至矣！就其小者言之，则养生亦其一也。①

宇宙之大，"天地之所以立"，无不仰仗着"中"，那么还有什么事物能够同"中"相比呢？显而易见，司马光把"中"提到了独有的、绝对的地位，为任何事物所不能及。《易》、《书》、《礼》，这是儒家传授的古代典籍中最为重要的三部，司马光把"中"与《易》中的太极、《书》中的皇极、《礼》中的中庸等同起来，就更进一步说明了司马光所谓"中"的独特地位。从上述司马光对"中"的赞颂声中，不正可说明"中"已经越出原来方法论探讨的范围，进入更加广泛的领域了吗？

（二）对"中"在概念上的阐释

思想家们都非常注意对概念的表达和运用，司马光也不例外。前面说过，司马光不是从"中"的字形上而是从字义上来理解、阐释"中"的，因而对"中"在概念上的意义作了多方面的说明，归纳起来有：

（1）以"无过与不及"为中②。这个解释，形式上来自孔夫子，实质上与孔夫子对中庸的解释则有质的差别，这一点放在后面再论。

（2）"中"也就是"中正"。如司马光所说，"中正，德之嘉也。……以中正为心者也"③，"中正者，道之贯也，相须而成，相辅而行者也"④。

（3）"中"也就是"心"。司马光认为，"中者，心也，物之始也"⑤。他极其重视心的作用，认为事物不分大小、不问远近，心都能够认识

---

① 《温国文正司马公文集》卷六二《答景仁论养生及乐书》。
② 《温国文正司马公文集》卷六三《答秉国第二书》。
③ 《温公易说》卷三，四库影印本8—606。
④ 《温公易说》卷四，四库影印本8—621。
⑤ 司马光：《集注太玄经》卷一《玄测·中》，《道藏》27—744。

第十二章　中庸之道与司马光哲学

到。但作为心的根本，则是：

> 心感于物，为善为恶，为吉为凶，无不至焉。必也执一以应万，守约以御众，其惟正乎？夫正而遇祸，犹为福也……心正则事无不吉。①

把"中"解释为"心"，又把"心"归结到"心正"，就又回到《中庸》上了。

由于司马光将"中"归结为"心"，而"心之用"为"神"，"心之主"为"灵"②，这样"中"又与"神"、"灵"联系起来了。司马光对"中"做了这么多的解释，究竟它的意义何在呢？从上述情况可以看到，司马光对"中"内涵的解释，亦即对"中"的概念的表达和运用，还缺乏一个较为完整的、明确的认识，因而在解释中既忽然是这，又忽然是那。对这一点，不能对司马光作过苛的要求。这是因为，在哲学思想发展史上，一个概念从形成到比较完整地表述，也需要一个认识过程。司马光在宋代士大夫中最先论述《中庸》，当然不能一下子完成对"中"的较为完整的解释。尽管如此，司马光的一些论述，仍为二程、朱熹将"中"解释为"不偏不倚"创造了条件。这是其一。其二，孔夫子所讲的"中庸之道"，"执其两端，用其中于民"，在反对"过犹不及"这两端的实践中，寓存有辩证法；而司马光以"无过与不及"为中，如前所说，形式上来自于孔夫子，但在实际上，它否定了孔夫子的"执其两端"，亦即否定了反对"过犹不及"的实践过程，从而从朴素的辩证法走向形而上学。司马光不只是在这里表现了他对孔夫子中庸之道的改造，在论述"中庸"和"中和"的关系时，仅仅强调"中和"的重大作用，也同样表现了对中庸之道的改造，从而进一步地继承子思、孟轲所具有的均衡论意义的中庸之道。这一点值得进一步研究。

---

① 《温公易说》卷三，四库影印本 8—604。
② 司马光：《集注太玄经》卷一《玄测·中》，《道藏》27—745、746，原文分别为"神者心之用"、"灵者心之主"。

(三)对"中"与"庸"、"中庸"与"中和"关系的阐释

"中"与"庸"之间的关系是什么?朱熹曾经说过:"有中必有庸,有庸必有中,两个少不得。"①"中"与"庸"两者是互相依存的。这样解释当然是对的,但单只是这种解释还很不够。那么,司马光又是怎样解释的呢?他在《中和论》中说:

> 君子之心,于喜怒哀乐之未发,未始不存乎中,故谓之中庸。庸,常也,以中为常也。②

司马光释"庸"为常,"以中为常",这样解释的结果是,"庸"为常,"中"也是常,因而中、庸二者之间的内涵便无从区分。恰是由于这一原因,宋代以理学家为首的学士大夫对中庸作出了多种多样的解释。在多种解释中,则释"庸"为"用",于是"中为体"、"庸为用",二者形成了体用关系,成为宋人阐释中庸的一个比较完整的说法。

对"中庸"与"中和"的关系,司马光也有自己的解释,在《中和论》曾经予以说明:

> 《中庸》曰:喜怒哀乐之未发谓之中,发而皆中节谓之和。君子之心于喜怒哀乐之未发未始不存乎中,故谓之中庸。庸,常也,以中为常也。及其既发必制之以中,则无不中节,中节则和矣,是中、和一物也。养之为中,发之为和。故曰:中者,天下之大本也;和者,天下之达道也。

司马光解释"中"与"庸"皆为常,中、庸是一物,而对中庸与中和的解释也同是一物,中与和的区别仅在发与未发之间尔!司马光对中和的作用和意义,则从"天下之达道"出发,极力加以强调,他在给李孝基的一封信上说:

---

① 《朱子语类》卷六二《中庸一·纲领》。
② 《温国文正司马公文集》卷七一《中和论》。

> 一阴一阳之谓道,然变而通之,未始不由乎中和也。……故阴阳者,弓矢也;中和者,质的也。弓矢不可偏废,而质的不可远离。①

(四)"道之要在治方寸之地"

这是司马光对中庸之道阐释所做出的一个极为重要的贡献。他在《中和论》劈头就说:

> 君子从学贵于博,求道贵于要,道之要在治方寸之地而已。《大禹谟》曰:"人心惟危,道心惟微,惟精惟一,允执厥中。"危则难安,微则难明,精之所以明其微也,一之所以安其危也,要在执中而已。②

所谓"道之要在治方寸之地",亦即"治心"。这是宋代学士大夫中最先提出来的以"中庸之道""治心"的意见,尔后的理学家包括二程、朱熹等名家在内,都接受了司马光的这一意见,并加以进一步的发挥,对理学的形成有着重要的意义。文中所引《大禹谟》,系出自晋人伪造的《古文尚书》,也同样用来作为"治心"的重要依据。司马光的这一论述,对宋学特别是理学有着深刻的、不可低估的影响。

前面说过,司马光对"心"的作用极为重视。正是由于"心"的重要,才要更加"治心"。但司马光的治心同他的性说是分不开的,这一点同此前李翱的复性说有类通之处。

司马光认为,西汉末年的扬雄是孟、荀以后最杰出的儒者,因而对扬雄备加颂扬。值得提出的是,司马光不仅注释扬雄《法言》等著作,而且他在思想上也受到扬雄的深刻影响。其性说即是突出的一个例证。

司马光的性说,既不赞成孟子的性善说,也不赞成荀子的性恶说,

---

① 《温国文正司马公文集》卷六一《答李大卿孝基书》。
② 《温国文正司马公文集》卷七一《中和论》。

而是赞成扬雄的性善恶混说。在《善恶混辨》一文中说：

> 夫性者，人之所受于天以生者也，善与恶必兼有之。是故虽圣人不能无恶，虽愚人不能无善，其所受多少之间则殊矣。善至多而恶至少则为圣人，恶至多而善至少则为愚人，善恶相半则为中人。①

司马光的性善恶混说是与性三品说结合在一起的，认为善与恶都是天生的，所以这种性善恶混说和孟夫子的性善说，都从属于先验的、唯心主义。由于司马光继承了孔夫子论性中的"唯上智与下愚不移"的说法，所以"治心"所要治的就是那"善恶相半"的"中人"。如果，这些"中人"治心得其法，同样能达到圣人的地步。这是一点。

司马光引用《大禹谟》上的"人心惟危，道心惟微"，把人心分为"人心"和"道心"；人心由于受七情六欲的干扰，使喜、怒、哀、乐发而皆中节，服膺于中庸之道。这是司马光"治心"论的再一重要依据。司马光的"人心""道心"论，对理学家们的影响是深远的，二程、朱熹大体上都祖述司马光的这个论点。

（五）"诚"与中庸之道

中庸之道除被儒生们视作博大精深之外，还带有某种程度的奥秘。那么，如何理解、认识和掌握中庸之道？中庸之道既以治心为本，治心又千头万绪，将从何处下手？司马光对这个问题的答复是："诚"。

前面说过，司马光极其强调"中"的作用。因此，他认为要想理解、认识和把握中庸之道，就必须率先理解、认识和掌握"中"。韩维是宋代士大夫群中信仰佛教的一个，司马光在给韩维的信中，批评佛家静坐的方法，指出即使有人"心如死灰，形如槁木，"也未必能够就使喜、怒、哀、乐发而"皆中节"，因此不如按照他的这个方法：

---

① 《温国文正司马公文集》卷七二《善恶混辨》。

第十二章 中庸之道与司马光哲学

  曷若治心养气,专以中为事。动静语默,饮食起居,未始不在乎中,则物虽辐凑横至,一以中待之,无有不中节者矣。

  窃闻秉国平日好习静,光不胜区区,愿秉国试掇习静之心,动静语默,饮食起居,皆在于中,勿须臾离也,久而观其所得所失,孰少孰多,则秉国必自得之矣,岂待光之烦言哉!①

韩维"习静"的这种修养方法,一直为二程所称赞,其实来自于佛家的静坐。司马光让韩维抛弃这种方法,代之以"动静语默,饮食起居,皆在于中",亦即把"中"作为重要概念,念兹在兹,融会在生活中,即可理解、认识和掌握之。这种方法,同佛家的静坐并无二致,都是远离社会实践,仅仅是把"中"作为概念而加以把握。因之,同孔夫子"执其两端"亦即反对过与不及而达到"中"的目的,大相径庭。司马光把孔夫子的寓存有辩证法的中庸之道改造为形而上学,道理即在于此。

  前面说过,司马光认为中庸之道在于"治方寸之地",亦即"治心"。如何治心?方法虽有千头万绪,但只要"执一以应万,守约以御众"即可做到。所"执"的"一",所"守"的"约",就是"正"!司马光认为,"大人之道,正其心而已矣","大人之德莫盛于斯矣!"这是为什么呢?司马光对"正"字做了这样的解释:"故于文一止为正,正者止于一而无不周也"②,"夫道,以正心为本"③,这是第一步。

  但如何"正心"呢?《中庸》有一段话论述"诚"的重要意义,从而引起了《中庸》探索者的注意。司马光首先抓住了"诚",认为要"正心",必须要"诚",所以他经常以此字自勉,亦以此字勉人。有如下一则故事:

  先生(指刘安世)尝言:某初见老先生(指司马光)求教,老先生曰:"诚"。某既归,三日思诚之一字,不得其门,

---

① 《温国文正司马公文集》卷六三《答韩秉国书》。
② 《温公易说》卷三,四库影印本8—604。
③ 《温公易说》卷三,四库影印本8—594。

因再见请问曰:"前日蒙教以诚,然某思之三日不得其说,不知从何门而入?"老先生曰:"从不妄语中入。"某自此不敢妄语。①

宋代士大夫很重视"诚"字,程颢曾不无自诩地说,"诚"字是他自己体会得来的。现在看来,"诚"字的发明权,在宋代士大夫中首先当属于司马光。正心、诚意,这是中庸之道论述个人修养的两个基本环节,而这两个基本环节也是首先由司马光抓住,并被理学家所继承。

综合以上的叙述,司马光是宋代士大夫中最先对《中庸》进行了论述和阐释的。而这些论述和阐释都是有关中庸之道的基本问题,尽管还不够完备、周适,但它为宋人对《中庸》的探索奠定了初步基础,司马光不愧为《中庸》一书的第一个功臣。朱熹以其狭隘的道统观否定了司马光同伊洛之间的关系,但司马光有关《中庸》的重要阐释,诸如"治方寸之地",以及正心、诚意等方法,毫无疑问对程氏兄弟创建的理学给以有力的影响,司马光的哲学倾向与洛学也比较切近,对此不仅应当有足够的估计,同时也应当加以认真的研究。

三、司马光的哲学

司马光既然对《中庸》进行了论述和阐释,就必须回答作为《中庸》纲领的开头三句中所提出的"天"、"天命"、"性"和"道"等命题。对这些问题的回答,就更加集中地反映了司马光的哲学思想,以及这些哲学思想所反映的社会政治倾向。下面分别叙述司马光的哲学思想。

---

① 马永卿:《元城语录》卷中,四库影印本863—375。

第十二章　中庸之道与司马光哲学

（一）司马光的天命论

先秦对"天"的认识，基本上分两类：一是自然的、物质的；二是具有神秘主义的、有意志有人格的。思孟学派所代表的儒家正统派的天论、天命论，则是沿着神秘主义方向发展的，到董仲舒形成为"天人相感论"，进一步把"天"神秘化、人格化，而成为天帝、天老爷。司马光对天的认识路线就是沿着董仲舒的路线发展的，而且比董仲舒还要董仲舒！

司马光曾经多次提到"天"，如其所说："天性自然，不可增损。"①这里好像是把"天"看作为物质之天、自然之天。可是在《迂书·士则》中，司马光一语道破了"天"的性质："天者，万物之父也。"② 对这个作为"万物之父"的"天"，虽然谁也看不见、摸不着，却要像臣子对君父那样尊敬："父之命，子不敢逆；君之言，臣不敢违"，如果有谁敢违背了天的意旨，就要遭到上天老爷的惩罚，即所谓"天刑"：

> 违天之命者，天得而刑之；顺天之命者，天得而赏之。或曰：何谓违天之命？曰：天使汝穷，而汝强通之；天使汝愚，而汝强智之。若是者，必得天刑。③

司马光和董仲舒所论述的"天"，都是有人格、有意志的，亦都能够给人们以生杀予夺、祸福刑赏，具有至高无上的权威。但司马光和董仲舒所论述的"天"，却又有所不同。董仲舒的"天"，还有告诫人君，使其不敢过分为非作歹，让民众活下去的一面，多少还有点积极意义。而司马光的"天"，不仅没有这一点，而且只有吓唬老百姓的一面了。称司马光的天命论比董仲舒还董仲舒，道理即在于此。

---

① 《扬子〈法言〉注》卷三《问道篇》，四库影印本 696—290。
② 《温国文正司马公文集》卷七四《迂书·士则》。
③ 《温国文正司马公文集》卷七四《迂书·士则》。

（二）司马光的"才德论"及其社会观

司马光的天是万能的。前面提到的司马光的性说——性善恶混合性三品说的结合，也是由天来决定的，上智下愚固然由天决定，善恶相半的中人也是如此。前引的《善恶混辨》就说过："夫性者，人之所受于天以生者也。"不仅如此，社会上的一切，诸如"智、愚、勇、怯"亦即人们所谓的才与德，同样是由天来决定的。庆历五年（1045）的《才德论》，算是司马光早年约二十六七岁时写成的一篇文章，即持有这种观点：

> 世之所谓贤者，何哉？非才与德之谓邪？二者殊异，不可不察。所谓才者存诸天，德者存诸人。智、愚、勇、怯，才也。愚不可强智，怯不可强勇，四者有常分而不可移，故曰存诸天。善、恶、逆、顺，德也。人苟弃恶而取善，变逆而就顺，孰御之哉？故曰存诸人。①

《扬子〈法言〉注》和《易说》大约是他在中年时期的著作，依然坚持这个观点，认为不仅是人性，而且"万物之性"亦都来自于天："万物名状虽殊，其性命皆禀于天。"② 到司马光晚年退居西洛之后，在他给韩维的信和自己写成的《迁书》中，依然不折不扣地坚持他的这个观点。甚至强调社会上的贫富贵贱也都是由上天决定的：

> 《中庸》所谓诚者天之道，言聪明睿智天所赋也。③
>
> 智愚勇怯，贵贱贫富，天之分也。……僭天之分，必有天灾。④

熙宁二年（1069），以王安石为代表的变法派实施青苗法，对豪强

---

① 《温国文正司马公文集》卷七□《才德论》。
② 《扬子〈法言〉注》卷二《吾子篇》，四库影印本 696—284。
③ 《温国文正司马公文集》卷六三《答韩秉国书·第二书》。
④ 《温国文正司马公文集》卷七四《迁书·士则》。

第十二章　中庸之道与司马光哲学

兼并予以相应的抑制，司马光就以其一贯坚持的《才德论》的观点，实质上即是他的社会观，来反对青苗法：

> 夫民之所以有贫富者，由其材性愚智不同。富者智识差长，忧深思远，宁劳筋苦骨，恶衣菲食，终不肯取债于人，故其家常有赢余，而不至狼狈也。贫者啙窳偷生，不为远虑，一醉日富，无复赢余，急则取债于人，积不能偿，至于鬻妻卖子，冻馁填沟壑，而不知自悔也。①

从庆历五年（1045）到退居西洛时期，将近四十年间，《才德论》成为司马光哲学思想的一根主线，这是必须要看到和认真研究的。这个《才德论》，从司马光二十几岁思想成熟时得出的智愚善恶由天决定，经过中年，到晚年增加的内容便是智愚勇怯和贫富贵贱统统由天决定。由司马光构思而绘成的图景便是，智者、勇者即富者、贵者，而愚者、怯者也就是贫者、贱者。这幅图景，无论承认与否，它是一幅由贫富贵贱构成的社会画面，因而这个《才德论》同时也就是司马光的社会观。司马光的这个社会观，又同他的天命论紧密结合，这是因为贫富贵贱同样由上天决定。天命论、社会观，在司马光哲学思想中居于主导地位。

司马光的思想是十分驳杂的，在他的哲学思想中也有一些值得注意的看法。他在《潜虚》中说：

> 万物皆祖于虚，生于气。气以成体，体以受性，性以辨名，名以主行，行以俟命。故虚者，物之府也；气者，生之户也；体者，质之具也；性者，神之赋也；名者，事之分也；行者，人之务也；命者，时之遇也。②

万物"生于气"，这种见解在宋代士大夫中提出的较早，值得重视。但所谓"万物皆祖于虚"，在司马光哲学思想中，所指的"虚"只能是

---

① 《温国文正司马公文集》卷四一《乞罢条例司常平使疏》。
② 司马光：《潜虚》，四库影印本 803—265。

"天地之所以立"的那个"中"。如果是这样，司马光对世界的认识，又只能是唯心主义的。除此之外，在他的哲学思想中也确曾闪烁着辩证法的烛光。如《易说》中说："物极则反，天地之常也。是故治者乱之原也，通者塞之端也。"① 司马光的这句话，对治乱、通塞的转化，表达得非常清楚。《扬子〈法言〉注》中的一段话，司马光对因革关系的变化说得尤为精彩：

> 前人所为，是则因之，否则变之，无常道。太玄曰：夫道，有因有循，有革有化。因而循之，与道神之；革而化之，与时宜之。故因而能革，天道乃得；革而能因，天下乃驯。夫物不因不生，不革不成，故知因而不知革，物失其则；知革而不知因，物失其均。革之匪时，物失其基；因之匪理，物丧其纪。因革乎因革，国家之矩范也，矩范之动，成败之效也。②

这段话对历史上有因有革亦即有继承有变革的转化说得极其清楚，而且把因革视作"国家之矩范"，提到极为重要的地位上。这种思想，在司马光诗文中是不多见的。为什么司马光有这样一段精彩的议论？也只有从他写作的时代中去探寻。这两段文字来自司马光的《易说》和《扬子〈法言〉注》。《易说》卷五中曾引用了王安石"介甫曰"的一段话，从这里可以看出司马光在著《易说》时同王安石有过往还。今按：王安石于嘉祐三年（1058）八月自江东提刑任调至汴京，任群牧判官、知制诰等职，直至嘉祐八年（1063）丁母忧才离开汴京。司马光这几年也在汴京任职，与王安石同为侍从之臣，而且过从密切。其时，许多名流包括苏氏父子在内，都汇集在汴京。这些关心国事的士大夫，无不异口同声地要求变革，以改变当时委靡不堪的政治局面。司马光的《易说》、《扬子〈法言〉注》就是在这期间写成的，其间所闪烁的辩证法思想正是在这一流风的影响下形成的。

---

① 《温公易说》卷二，四库影印本 8—585。
② 《扬子〈法言〉注》卷三《问道篇》，四库影印本 696—293。

第十二章 中庸之道与司马光哲学

可惜的是，司马光并没有沿着这一路线发展下去，而是在其早年的《才德论》等决定性的影响下，继续滑向形而上学。作为司马光晚期的作品《迂书》，同他早年的《才德论》紧密地联系着，最足以代表他的思想。在《辨庸》一篇中，司马光写道：

> ……天地不易也，日月无变也，万物自若也，性情如故也，道何为而独变哉！①

董仲舒仅仅说过，"天不变，道亦不变"。司马光却认为，天地、日月、万物、性情都不变，道亦不变，就是说从自然界到人类社会，统统是不变的。不言而喻，司马光之比董仲舒还要董仲舒，又一次得到了证明。

司马光编纂了千古名著《资治通鉴》，给人们以无比丰富的知识和教育，其中包括了不少的辩证法教育。非常离奇的是，司马光把一些充满了激情的历史事实，经过一番改造制作，浓缩修整、排列组合，用来说明社会历史的凝固。而且作为章奏形式，"上达天听"，其用心之深，亦可见一斑。《资治通鉴》在于"资治"，司马光的这道奏疏算是较早的"古为今用"，但在叙述的手法上迂回曲折，较诸"四人帮"时期这类文字要复杂得多，高明得多！这篇文字叫作《谨习疏》②，大约完成于英宗治平年间。文章开头就告诫皇帝，国家治乱与风俗之间的关系：

> ……国家之治乱本于礼，而风俗之善恶系于习。……夫民朝夕见之，其心安焉，以为天下之事正应如此，一旦驱之使去此而就十彼，则无不忧疑而莫肯从矣。

接着他引用了历史上几次变革的事实，论述其与治乱、习俗的关系：

> 昔秦废井田而民愁怨，王莽复井田而民亦愁怨；赵武灵王

---

① 《温国文正司马公文集》卷七四《迂书·辨庸》。
② 《温国文正司马公文集》卷二二《谨习疏》，以下引文出自此。

> 变华俗、效胡服，而群下不悦；后魏孝文帝变胡服、效华俗，而群下亦不悦。

这几个事件，产生的时间、地点、条件既不相同，而事件实行的范围大小、影响的好坏，特别是事件的性质又大不一样，为什么司马光不分青红皂白地将它们硬是连缀起来呢？其主旨在于：历史上的任何改革，结果都是使人民"愁怨"、"群下不悦"，因而都应予以否定！借着这个话题，司马光全盘托出了他对社会习俗的想法和愿望：

> 由此观之，世俗之情，安于所习，骇所未见，固其常也。是故上行下效谓之风，薰蒸渐渍谓之化，伦胥委靡谓之流，众心安定谓之俗。及夫风化已失，流俗已成，则虽有辩智弗能谕也，强毅不能制也，重赏不能劝也，严刑不能止也。自非圣人得位而临之，积百年之功，莫之能变也。

上面的这些话，用一个时髦的词来说，把司马光的内心世界表现得淋漓尽致。人们往往习惯于，只有正襟危坐时的语言，或印在书本子上的某某论曰，认为这才是哲学思想或者哲学资料。其实，任何情况下的语言文字都足以反映一个人的真实思想，包括他的世界观和方法论。司马光这道奏疏，其中的语言，用 20 世纪 50 年代的话说，是所谓的"活思想"，足以说明司马光社会历史凝固不变的观点。奏疏中所说："世俗之情，安于所习，骇所未见，固其常也"，这几句话可概括为"安故守常"。为什么人们要"安故守常"？"伦胥委靡谓之流，众心安定谓之俗。"等到流俗已经形成，智辩、强毅、重赏、严刑，等等，都是束手无策的，即使是圣人也无可奈何！

概括司马光的《谨习疏》，约有以下三点：（1）任何变革都给历史带来困扰、麻烦，历史是不需要变革的；（2）现实社会中"流俗"形成是无从变革的；（3）"世俗之情"是"安故守常"的，用不着变革。这三点就是司马光形而上学社会历史凝固论的依据。

——• 第十二章 中庸之道与司马光哲学 •——

四、司马光的哲学倾向及其与社会
经济、政治生活的关系

司马光的哲学思想，如前所说，是十分驳杂的。但从他对《中庸》的阐释和论述，以及他对"天"、"天命"、"性"、"道"等命题的回答来看，司马光的哲学思想显然是以形而上学思想占主导地位的，而在形而上学思想中则以天命论作为核心。这是司马光哲学所独具的一个特色。那么，这个独具特色的司马光哲学思想的倾向性是什么？亦即这个哲学思想是怎样在现实的社会经济、政治生活中形成，又怎样反转过来作用于社会现实的经济、政治生活？要想回答这个问题，就必须从司马光所处的社会经济生活、政治生活的环境中去寻找。

先从社会经济生活环境说起。

唐中叶以来，是中国土地关系发生剧烈变化的时代。国有土地如营田、屯田日趋衰落，土地私有制特别是地主土地私有制迅猛发展。到宋代，国有土地占全部耕地不过百分之五，其余都是私有土地。宋代土地的转让、买卖是自由的，垦辟也是自由的。只要按章缴税，谁占有土地，以及占有土地多少，官府从来不加询问、干预。所谓"［本朝］不抑兼并"、"田制不立"，就是针对这种自由、放任的土地政策而言的。这种土地政策也就为土地兼并大开方便之门。"贵者有力可以占田，富者有资可以买田。"（马端临语）一小批贵族豪富、品官形势，以及小部分大商人、高利贷者，组成为大地主阶级、新的土地兼并势力。宋初只七十年间，宋真宗、仁宗之际，这个兼并势力几乎攫占了"天下田畴"之半①。

豪强兼并势力在猖狂兼并土地的同时，还大肆隐田漏税。他们或者将"租庸赋敛"转嫁到自己控制的客户身上，或者只买田地，田赋仍由

---

① 《宋会要辑稿·食货》一之二〇。

卖主承担，用这种办法在同官府瓜分剩余劳动中侵占更大的份额。登记在国家版籍上的田亩日益削减，从宋真宗时的五亿五千万亩，到宋仁宗时候不过两亿八千万亩。政府田赋为之锐减，而国家岁支则由于冗官冗费的辗转增加，财政上出现巨大的赤字。宋政府以花样翻新的剥削方法，来弥补财政赤字，却进一步造成国穷民困的严重局面。

土地兼并势力的扩张，激化了社会矛盾。无地少地的农民，提出"均贫富"的口号，要消灭封建土地势力，以改变自己的地位。以中下层地主为主和部分上层农民组成的中间阶级，在渴望政府加强对农民控制的同时，也要求政府抑制大地主兼并势力，使自己获得喘息、稳定，并得到进一步的发展。得利最大的大地主阶级，除要求政府加强对农民的镇压之外，则希望政府一切率由旧章，对他们的活动不加任何限制和干预，使自己保持这个美妙的天堂。

与土地兼并发展相适应的是宋初以来政治上的保守主义。

在消灭地方割据势力的基础上，宋建立了高度发展的专制主义中央集权制的封建国家。通过宋太祖、太宗的苦心经营，这个政权试图将前代所有的各种矛盾关系，诸如封建统治阶级与人民大众之间，统治阶级内部分朋结党之间，以及中央各机构之间、中央与地方之间的权力分配，特别是运转国家机器的官僚机构、作为国家主要内容的军队可能出现的种种问题，无不想方设法加以防制。所谓"事为之制，曲为之防"，"以防弊之政，作立国之法"，就是对赵氏兄弟所制定的这套家法的浓缩。然而所有这些举措却是在作茧自缚。曾几何时，所有这套家法却沿着相反的方向发展。外则对辽夏屡次败仗，内则农民起义不断爆发，从国家机器运行中派生出来的"冗兵"、"冗官"、"冗费"成倍地增加，从而在宋真宗、仁宗之世终于形成了积贫积弱的局面。本来这个不大美妙的形势在宋太宗时已略见端倪，但把专制主义拖到死胡同里的宋太宗却陶醉在他所制定的那套家法上，一再宣扬所谓的"无为而治"。这个"无为而治"，并不是汉初黄老之治的翻版，而是让文官武将一千臣下们，只要死抱着赵氏兄弟的那套家法，就可永恒地统治下去了！

第十二章 中庸之道与司马光哲学

具有浓重保守主义色彩的最高决策者,让臣下们谨守家法,又有哪个臣下敢于冲出保守主义而在政治上有所建树、有所作为?宰辅大臣的作为,只能纳诸以家法为核心的专制主义统治的轨道上,而不能有所作为。人们往往讥笑宋神宗时的王珪为"三旨"相公,从宋初到仁宗百年之间,哪个宰相不是"三旨"相公?弥德超在判官制上被称之为"阘茸常材,斗筲小器"①,从利国利民来说,宋初百年来的宰辅哪个又是非常之材、玉瑚之器呢?虽无所建明,但能恪守祖宗法制,则被誉为名相。而一些勇于任事、有所作为的才智之士,则被视为惹是生非,被排斥在政府以外。"一切因任自然之理势,而精神之运有所不加。"② 遵守成宪,率由旧章,政治保守主义弥漫全国上下。不言而喻,各种矛盾问题都无法解决,积贫积弱的局面丝毫不能改善。但一小撮豪强兼并势力在这种保守政治的气氛中暴发起来,成为左右政治局势的社会力量。

司马光的哲学思想就根植于上述社会经济生活、政治生活之中。司马光写成《才德论》的那一年,即庆历五年(1045),正是庆历新政失败之后,保守势力甚嚣尘上之时,一切重新纳诸祖宗家法的轨道上。司马光以天命论为核心的哲学思想,就是在这种气氛中发展起来的。

哲学思想是现实生活(经济的和政治的)的外化,因而它也就集中表现了现实生活。根植于宋代经济、政治生活的司马光哲学思想,倾向非常明显。司马光哲学的形而上学观集中在"不变"两个字上,"天"、"天命"、"性"、"道"固然不变,在天命论支配下的智愚勇怯、贫贱富贵同样是不变的。难道还有比"不变"更能够维护现实经济、政治生活的存在和发展吗?难道还有比"不变"更能维护现实社会中贫富诸等级、特别是居于主导地位的豪强兼并势力的存在和发展吗?

所以,当熙宁二年(1069)以王安石为首的变法派实施青苗法,以抑制豪强兼并势力的高利贷剥削时,司马光以翰林学士的身份毫不含糊

---

① 徐自明:《宋宰辅编年录》卷二《罢弥德超枢密副使制词》。
② 王安石:《临川先生文集》卷四一《本朝百年无事札子》。

地站出来，为豪强兼并势力辩护，反对青苗法。前引的一段文字，不妨再多引一些：

> ［青苗法］今行之才数月，中外鼎沸，皆以散青苗钱为不便。……
>
> 夫民之所以有贫富者，由其材性愚智不同。富者智识差长，忧深思远，宁劳筋苦骨，恶衣菲食，终不肯取债于人，故其家常有赢余，而不至狼狈也。贫者啙窳偷生，不为远虑，一醉日富，无复赢〔嬴〕余，急则取债于人，积不能偿，至于鬻妻卖子，冻馁填沟壑，而不知自悔也。是以富者常借贷贫民以自饶，而贫者常假贷富民以自存，虽苦乐不均，然犹彼此相资以保其生也。
>
> 今县官乃自出息钱，以春秋贷民。民之富者皆不愿取，贫者乃欲得之。……州县官吏恐以逋欠为负，必令贫富相兼，共为保甲，仍以富者为之魁首。贫者得钱，随手皆尽，……吏督之急，则散而之四方；富者不去，则独偿数家所负，力竭不逮，……贫者既尽，富者亦贫，臣恐十年之外，富者无几何矣！①

司马光的这篇鸿文，似乎是炙手可热，使20世纪80年代以来那些吹捧司马光的学者们"望望然而去"，不敢正视。其所以如此，原因正在于被这些学者们吹捧为为国为民的伟大人物的司马光，居然成为豪强兼并势力的辩护师！

在哲学上，形而上学的对立面是辩证法，不变的死对头是变。在《谨习书》中，司马光以使"民愁怨"、"群下不悦"为口实，反对历史上的变革，而在《论财利疏》中，则反对现实中的变革：

> 夫宽恤民力，在于择人，不在立法。若守令得人，则民力

---

① 《温国文正司马公文集》卷四一《乞罢条例司常平使疏》。

第十二章　中庸之道与司马光哲学

虽欲毋宽，其可得乎？守令非其人，而徒立苛法，适所以扰民耳！①

司马光以顶替概念的手法，即以"苛法"来顶替"立法"，来否定法治、否定变革，以坚持儒家的人治。由于司马光是这样反对变革，所以在王安石变法的过程中，司马光不放过任何一个机会来反对变法。王安石曾经敏锐地观察到：司马光不仅自始至终地反对变法，而且是反变法派的领袖人物——"宗主"。王安石与司马光，两个政治对手，在哲学思想上也是对立着的。一个是自觉地运用辩证法进行变法，以改变贫弱的局面；一个是自觉地以形而上学的思维方式，反对变革，以维护豪强兼并势力的利益。他们的哲学倾向性都是非常鲜明的，亦是对立着的。

---

① 《温国文正司马公文集》卷二三《论财利疏》。

第十三章
王安石、张载哲学比较研究
—— 兼论张载有关的社会思想

从我国古代哲学史的研究情况看，宋代理学一直受到哲学界的关注，并取得了突出的成就。尤其是对理学代表人物张载的哲学，从冯友兰芝生师的《中国哲学史》（两卷本）到张岱年先生的《张载——十一世纪中国唯物主义哲学家》等著作，都作出了深刻的研究。张载本人也被张岱年先生誉之为"伟大的唯物论哲学家"①。可是对于在唯物论、辩证法、认识论领域里做出卓越贡献的王安石，解放之前则被摒斥于中国哲学史门槛之外，解放以来虽也给以篇幅、稍事论述，却认为王安石的哲学思想"是断片的，不成系统的"②，与张载对比，不啻霄壤之隔。20世纪60年代，侯外庐、邱汉生先生《中国思想通史》对王安石才作出了较为广泛深入的探讨。我对哲学向来怀有浓厚的学习兴趣，对王安石哲学思想曾写出《王安石的哲学思想》、《荆公学派与辩证法哲学》等几篇学习心得。因此，如果把王安石、张载两人的思想——这两个人同时代，几乎同年（相差仅一岁），思想认识领域又同属于唯物论、辩证法范畴，放在一起进行比较研究，对理解和认识这两个思想家定会有所

---

① 《张岱年全集》第三卷第231页，河北人民出版社1996年12月版。
② 《张岱年全集》第三卷第309页。

―― 第十三章 王安石、张载哲学比较研究 ――

裨益，对今天人们的认识也会大有好处。这就是为什么选出这个题目的理由所在。此外，对张载的社会思想，也提出一些粗浅的看法。错谬之处，请予匡正。

对王安石、张载哲学进行比较研究，除以认识论领域中唯物论、辩证法作为比较对象外，需要说明的是：由于张载研究比较充分，今以冯友兰芝生先生《中国哲学史》（两卷本）中有关张载的论述以及张岱年先生《张载——十一世纪中国唯物主义哲学家》的论述为据，列出其基本看法，仅在个别地方有所怀疑或对不甚了了之处提出我自己的粗浅想法；对王安石的哲学思想，除综合我过去的学习之外，尽力予以充实，以期这个比较作得更为充分一些。下面先从两个人的学术历程谈起。

上篇 王安石、张载哲学比较研究

一、王安石、张载的学术历程

张载（1020—1077）和王安石（1021—1086），从这两个人的年龄看，张载大王安石一岁，但张载比王安石早死九年，仅活了五十七岁。如果从两个人的事业、学术历程上看，王安石庆历二年（1042）中进士，张载则于嘉祐二年（1057）中进士，这时王安石已仕宦十余年，时任江东提刑。同样地，张载在学术上起步也是较晚的。范育在为张载《正蒙》一书所写的序言上说：

> ［张载］校书崇文，未伸其志，退而寓于太白之阴，横渠之阳，潜心天地，参圣学之源，七年而道益明，德益尊，著《正蒙》书数万言而未出也，间因问答之言，或窥其一二。熙宁丁巳岁（1077，熙宁十年），天子召以为礼官，至京师，予

> 始受其书而质问焉。其年秋,夫子复西归,殁于骊山之下,门人遂出其书,传者浸广,……①

据此,并考以吕大临《横渠先生行状》、《宋史》卷四二七《张载传》所记,张载熙宁初年(1068)任崇文院校书,熙宁二年(1069)退居于终南山主峰太白峰北麓的郿县横渠镇,著书立说,共七年之久,完成其主要的学术著作《正蒙》一书。翌年,即熙宁十年(1077)三月,张载奉召仍回崇文馆供职,七月兼任礼院,因"议与有司不合","而亟罢归"②。西归途中,在洛阳与程颢、程颐兄弟相会,议论包括井田在内的许多问题,即今保留在《二程遗书》中的《洛阳议论》。此后不久,张载即病死于旅途上。张载一生仕宦既不显达,学术上则是在其五十岁以后才成熟起来的。

当着张载开始著述其主要著作时,王安石早在宋仁宗嘉祐年间(1056—1063)已成为名噪当时的著名学者,《元城语录》上记载:

> 先生(指刘安世)曰:金陵(指王安石)在侍从时与老先生(指司马光)极相好。当时《淮南杂说》行乎时,天下推尊之,以比孟子。其时又有老苏,人以比荀子。但后来为执政,与老先生论议不合耳。③

王安石"行乎时"的名著不仅有《淮南杂说》,根据陆佃等人的记述,还有《洪范传》、《老子注》、《易解》(已佚)等作,在嘉祐年间都是脍炙人口的作品,其影响远超乎为世推尊的胡瑗之上。在第十章《荆公学派与辩证法哲学》中,我对以上诸作的成书年代作了初步考证。大体上,《淮南杂说》大概完成于王安石任舒州通判任上,约在宋仁宗皇祐年间(1049—1054);《易解》王安石自认为是他的早年作品,约与《淮南杂说》相先后;《老子注》、《洪范传》也大约在嘉祐六、七年

---

① 范育:《〈正蒙〉序》,载《张载集》第一卷,中华书局点校本。
② 《长编》卷二八一熙宁十年三月戊午、卷二八三熙宁十年七月乙卯记事。
③ 《元城语录》卷上,四库影印本1117—179。

(1061—1062)风靡一时。张载、王安石的学术历程说明,王安石在学术上先于张载而有成就。这样,王安石在学术上不可能受到张载的影响,而张载则有可能受到王安石的影响。下面就开始从认识论领域里对王安石、张载哲学进行比较研究。

二、王安石、张载唯物主义认识论的比较

王安石婿蔡卞所写的《王安石传》中说:

> 自先王泽竭,国异家殊,由汉迄唐,源流浸深。宋兴,文物盛矣,然不知道德性命之理。安石奋乎百世之下,追尧舜三代,通乎昼夜阴阳所不能测而入于神。初著《杂说》数万言,世谓其言与孟轲相上下。于是,天下之士,始原道德之意,窥性命之端云。①

由此看来,北宋一代的道德性命之理首先是由王安石开创的。但是,所谓的道德、所谓的性命等范畴,先秦以来便是学者思想家们需要回答的问题,到宋代依然是如此,各学派的谈论者也有自己的一套回答,那么,王安石又怎样来论述道德性命之理呢?在《虔州学记》上,王安石回答这一问题说:

> 余闻之也,先王所谓道德者,性命之理而已。其度数在乎俎豆钟鼓管弦之间,而常患乎难知,故为之官师,为之学,以聚天下之士,期命辩说,诵歌弦舞,使之深知其意。②

王安石的这几句话,"其度数在俎豆钟鼓管弦之间"云云,是确乎"难知"的,有必要说上几句。我国古代很重视礼、乐。"礼"规范社会诸等级的行为,"乐"则通过陶冶性情,达到教化的目的。"乐"的这个功能是由它的音律来实现的;古代一些真正懂音律的才学之士,往往通过

---

① 晁公武:《郡斋读书志·后志》卷二《王氏杂说》条。
② 王安石:《临川先生文集》卷八二,四部丛刊本。

音律在时间上的构成（来自钟鼓管弦多种乐器）及其在空间上的抑扬顿挫、高低音长短的变化，亦即所谓的"度数"，以知人论世。王安石认为，道德即性命之理；而性命之理亦寓存于音律在时空变化的"度数"之中。这句话似乎有些神秘而不大可解，实际上意思却很明白，即道德性命之理寓存于客观事物发展变化中，要想明白道德性命之理，要从客观事物发展变化中去找。客观事物的变化究竟是些什么？这就涉及到王安石对客观世界的认识这个广泛的领域了。

先说王安石的唯物主义认识论。

自先秦以来，对"天"的认识有两种，一种认为"天"是自然的、物质的，不具有任何神秘意义；一种认为，"天"是有意志、有人格、能给人以祸福的，具有神秘的意义。被"以比孟子"的王安石，不是继承孟子的"天"，而是继承被他批评过的荀子的"天"，他说：

> 天之为物也，可谓无作好，无作恶，无偏无党，无反无侧，会其有极，归其有极矣！①

王安石以"天"的这一性质作为出发点，进而考察了"天"、"人"之间的关系，指出"天"是根据自己运动规律运行的，对人类以及万物根本谈不上爱和不爱，根本不是抱着特定的目的运行的。他在《老子》"天地不仁，以万物为刍狗"句下注释道：

> 天地之于万物，圣人之于百姓，有爱也，有所不爱也。爱者，仁也；不爱者，亦仁也。……天地之于万物，当春生夏长如其有仁爱以及之，至秋冬万物凋落，非天地之不爱也。②

在同宋神宗的一次谈话中，王安石再次指出，不论是"河决以坏民产"，还是"祁寒暑雨"，都是"天"的"任理而无情"的自行运作的结果：

> ……所谓天之所为者，如河决是也。天地之大德曰生，然

---

① 《临川先生文集》卷六五《洪范传》。
② 彭耜：《道德真经集注》卷二，《道藏》13—118。

第十三章 王安石、张载哲学比较研究

> 河决以坏民产而天不恤者,任理而无情故也。故祁寒暑雨,人以为怨,而天不为之变,以为非祁寒暑雨不能成岁功故也。①

上述王安石的《洪范传》、《老子注》,以及他的许多诗文和谈论,都始终不渝地坚持唯物主义自然观,亦即坚持无神论,一方面在理论上批评了董仲舒制作的"天人感应"谬论,使人们从这种谬说的桎梏中解放出来;而另一方面,在变法的实践中,王安石又一再击破了以司马光等为代表的保守派挥舞"天命论"的黑旗所进行的猖狂进攻,使革新大业继续下去、深入下去。对此,我在《王安石变法》一书,以及《王安石的哲学思想》、《荆公学派与辩证法哲学》等文中都作了一些叙述。"〔王〕安石最不信《洪范》灾变之说"②,在宋代的哲学家思想家当中,没有一个人能够像王安石那样坚持唯物主义自然观,不遗余力地反对"天人感应"的迷信谬论。王安石无神论思想是王安石唯物主义哲学的重要组成部分,在人类认识史上闪耀着永不熄灭的光辉。

大家知道,《老子》一书富有丰富的辩证法思想,启迪人们的思想,充实人们的智慧。但不无遗憾的是,《老子》的辩证法立足于唯心主义,因而须加改造。改造《老子》唯心主义辩证法的,恰好又是王安石。他在对《老子》"道冲而用之"、"天下有始"、"天乃道"等句的注释中,明确地表现了这一点:

> 道有体有用:体者,元气之不动;用者,冲气运行于天地之间。其冲气,至虚而一,……盖冲气为元气之所生。③

> 一阴一阳之谓道,而阴阳之中有冲气,冲气生于道。道者,天也,万物之所自生,故为天下母。④

> 天与道合而为一。⑤

---

① 《长编》卷二三六熙宁五年闰七月辛酉记事。
② 《长编》卷二七一熙宁八年十二月癸丑。
③ 彭耜:《道德真经集注》卷二,《道藏》13—117。
④ 彭耜:《道德真经集注》卷一三,《道藏》13—203。
⑤ 彭耜:《道德真经集注》卷五,《道藏》13—143。

王安石所说的"道",是先秦以来的传统说法,具有"道路"、"道理"等意义,是事物的抽象概括。但从王安石的上面一些话来看,王安石把"道"与物质世界之间的关系说得非常清楚,如他在《老子》一文中所说:

> 道,有本有末。本者,万物之所以生也;末者,万物之所以成也。①

在此句下,王安石极其明确的提出,"本者,出之自然"。因此,这些说法,自然是属于唯物主义认识论范畴的。依此而论,所谓道的本体既是元气,冲气又是自元气而生的,元气是物质的东西而不是别的什么。"道"的本体是物质,"道"与物质是结合在一起的,这种说法当然是唯物论。"道者,天也。"前面提到王安石关于"天"的理解和认识,认为是物质的、没有任何意志的,这一命题同样论证了"道"的唯物主义认识论的性质。"道与天合而为一",是对此前的说法的一个综合概括,意义也是非常清晰的。总起来看,元气(道之本体)——→阴阳之间的冲气——→冲气于宇宙间流行而生成万物。这就是"道"的运作形式,是王安石唯物主义哲学的又一重要内容。

王安石在《原性》中说:"夫太极者,五行之所由生。"② 在《洪范传》中又说:"五行,天所以命万物者也。"③ 这两句话同王安石上面所说的话,含义是一致的、贯通着的。"道"之本体既是"元气",也就是"天",因而"五行之所由生"的"太极"亦即"道"之本体"元气",亦即是"天"。"太极"与"道"一样,同样的不是独立存在于物质之外的抽象事物。人们或者以为,王安石讲的"太极",同周敦颐所讲的"太极"是一致的,认为周敦颐的《太极图说》具有唯物主义性质。但周敦颐所讲的"太极",在《太极图说》中还找不到任何证据来说明其

---

① 《临川先生文集》卷六八《老子》。
② 《临川先生文集》卷六八《原性》。
③ 《临川先生文集》卷六五《洪范传》。

第十三章 王安石、张载哲学比较研究

唯物主义性质,单凭朱熹的诠释解说,似还有考察的余地。

由于王安石对自己的国家怀有强烈的责任感,一向主张"通经致用",面对社会现实,所以在他的唯物主义认识论领域中、对天人之际的表述中,强调人的作用,强调发挥人们的主观能动性。王安石对老庄哲学不谈论神仙是极为赞赏的,但对于庄子的"蔽于天而不知人"(荀子对庄子的评论)、在自然面前软弱无力,特别对于《老子》学说中的核心——无为,则是采取了严厉批判的态度。

王安石把万事万物区分为两大类:"本者出之自然,故不假乎人之力而万物以生也;末者涉乎形器,故待人力而后万物以成也。"① 对于这两类生成不同的事物,可以采取两种不同的态度。对待自然生成的事物,可以无为;而对待必须靠人力而成功的事物,就必须有为。王安石的这一见解,已经是对《老子》绝圣弃智、排斥礼乐刑政等所有的"人为"这一谬说的批评。王安石由此进而批评《老子》的"无为"。《老子》中强调:"三十幅共一毂,当其无,有车之用。"② 有了毂轮的有为,才能体现车的无为。如果像《老子》那样,根本不去制作有用的毂幅,而冷冷地坐在那里,高唱车的无为之用,那不是极其愚蠢了吗?王安石以"有为"批判老子的"无为",实质上是为儒家所标榜的社会现实中礼乐刑政等的辩解。这是一方面。

另一方面,王安石以"有为"反对《老子》的"无为",在于发挥人们的主动性、积极性。前面说到,王安石以无神论思想批判"天人感应"谬说,在于使人们从这种谬说的桎梏下解放出来,对天变灾异采取正确的态度。这个正确的态度是,既不可认为"天有是变,必由我有是罪以致之",被这种谬说吓倒,以致"蔽而葸";但也不能认为"灾异自天事耳",与我毫不相干,以致"困而怠"、不闻不问。所谓"不蔽不葸不困不怠"的态度,就是让人们发挥自己的主动性、积极性,亦即"尽

---

① 《临川先生文集》卷六八《老子》。
② 《道德经》第十一章。

人事",以克服天变灾异的种种危害。董仲舒"天人感应"的谬说是让人们跪倒在上天老爷前面,天人之间的关系是"天"起着决定性的作用。王安石的天人之间的相互关系则与此完全相反,起主导作用的是"人"而不是"天"。王安石继承了荀子以来"人定胜天"的思想,主张发挥人们的主动性、积极性,要通过人们的实践变革社会实际。王安石唯物主义认识论的积极意义从社会变革中迸发了出来。

人们的知识才能,是决定于自然禀赋还是决定于后天的学习和实践,这是王安石唯物主义认识论所回答的再一重要问题。

王安石指出:"夫人莫不有视、听、思,目之能视,耳之能听,心之能思,皆天也。"① 视、听、思诸器官,以及能看、能听、能思,这都是自然的禀赋,这些虽然是"人之所难得于天者",但它仅仅是作为人的视听和思维必不可少的物质条件,"然视而使之明,听而使之聪,思而使之正",则取决于后天的人为。恰恰由于取决于后天的人为,所以王安石又说,"天之所难得乎人者",则在于人的"能学问修为"。② 所谓"能学问修为"云云,既包括有关知识才能方面的学习和实践,也包括有关道德品质方面的素养。很显然,王安石的这一回答,是站在唯物主义认识论立场上的。

一切知识都来源自客观世界,王安石极为重视知识学习,认为只要"好学",就能够从对客观世界的考察中获得无穷的知识。王安石指出,不管天多么高远、地多么广大,"日、月、星辰、阴阳之气","山川、丘陵、万物之形,人之常产",都可以通过学习、实践,能够"端策而数"、"指籍而定"。所谓"星历之数,天地之法,人物之所",各种门类的学问,都是"前世致精好学圣人者"建立起来的。③ 由于王安石强调人们的知识才能以及道德品质都来自于学习、实践,所以王安石同时认

---

① 彭耜:《道德真经集注》卷一四,《道藏》13—216。
② 《临川先生文集》卷九三《节度推官陈君墓志铭》。
③ 《临川先生文集》卷六六《礼乐论》。

为那些所谓的圣人,都和孔夫子一样,不是"生而知之"的,而是好学"敏以求之"的,圣人之成为圣人,并没有什么奥妙之处。

王安石哲学唯物主义的基本点大致如此。王安石的这些思想,富有浓郁的时代气息,在当时政治思想领域中起过不可估量的作用,即使是在今天,依然能够焕发它的智慧光芒,给人们以启迪和教育。

张载在学术上起步虽然较晚,但他的哲学思想一直受到学术界的重视。冯友兰芝生师的《中国哲学史》(两卷本)早在20世纪30年代就对张载的唯物主义作了深刻的论述,稍后张岱年先生对张载的辩证法思想作了精辟的分析。这些研究对王安石、张载的比较提供了极大方便。下面先论述张载的唯物主义哲学思想。

张载认为,世界上的万事万物都是由气生成的,在《正蒙·太和》等篇中细密地论述了这一问题:

> 太虚无形,气之本体,其聚其散,变化之客形尔……
> 天地之气,虽聚散、攻取百途,然其为理也顺而不妄。气之为物,散入无形,适得吾体;聚为有象,不失吾常。太虚不能无气,气不能不聚而为万物,万物不能不散为太虚,循是出入,是皆不得已而然也。①

张载的认识路线吸取了《易·系辞》"易有太极,是生两仪"的说法,认为"太极"亦即他提出的所谓"一",两仪即阴阳;"两不立,即一不可见",即是说阴阳不立也就表现不了太极。张载说,"太和所谓道",太和即一,亦即太极,而这个"一"、"太极"亦就是"气"②,"道"与"气"紧密结合着。张载所提出的客观世界是由"气"形成的这一唯物主义认识论,可谓之"一气呵成",思路非常明快而无任何粘滞。

在这个认识论基础上,张载进一步论述了世界上的万事万物也都是由于气的"涵浮升降动静相成之性",亦即"阴阳二性"生成的;而事

---

① 《正蒙·太和篇》,载《张载集》第7页,中华书局1985年版。
② 此据冯友兰芝生师《中国哲学史》下卷第853页,商务印书馆1935年版。

物的形成，也都是有秩序、有规律可循的：

> 生有先后，所以为天序；小大、高下相并而相形焉，是谓天秩。天之生物也有序，物之既形也有秩。①

张载有关客观世界的唯物主义论述还很多，这里不打算多加征引说明，以上几个基本观点足可以供比较之用。

王安石、张载对客观世界的认识，都属于唯物主义自然观范畴，都值得称赞。但从对于客观世界认识的表述来看，如王安石在《老子注》（明焦竑《老子翼》引用王安石的注释则称之为《老子解》）中认为，道之体为"元气"，亦即"元"。来自"元气"并于阴阳之中生成的"冲气"，产生万事万物；而在《洪范传》中，称五行是万物的生成者，虽然五行与冲气是一致的，但表述的毕竟显得曲折，远不如张载的"气一元论"明快、清晰。如果就其中某些表述称王安石唯物论哲学思想"是断片的"，还有一点理由，但就王安石唯物主义体系看，这个评论就过分了。这是一点。

王安石、张载唯物主义哲学都认为客观世界是由"气"形成的，那么，这个唯物主义基本观点是否有其共同渊源？先秦思想家中，庄子率先提出客观事物是由"气"生成的。《至乐篇》中说：

> 然察其始，而本无生；非徒无生，而本无形；非徒无形，而本无气。杂乎芒芴之间，变而有气，气变而有形，形变而有生。今又变而之死，是相与为春秋冬夏四时行也。②

《知北游篇》又说：

> 人之生，气之聚也。聚则为生，散则为死……

因此《庄子》下结论道："通天下一气耳。"③ 已故的张恒寿教授《庄子

---

① 《正蒙·动物篇》，载《张载集》第19页。
② 《庄子·至乐篇》，载《庄子注》卷六，四库影印本1056—90。
③ 《庄子·知北游篇》，载《庄子注》卷七，四库影印本1056—108。

略述》一书，在征引了《庄子》上述两段文字后，认为是庄子的唯物主义因素。① 极具卓识，至为钦服。而作为庄子唯物主义因素的"通天下一气"之论，或即王安石、张载唯物主义认识论的来源？

三、王安石、张载辩证哲学的比较

（一）前面引用《虔州学记》指出，王安石所谓的道德性命之理，"其度数在乎俎豆钟鼓管弦之间"，亦即寓存在客观事物发展变化之中。这个解释是否符合王安石意旨，亦即符合王安石的思想？王安石在《洪范传》中明确地提到这一点。他说：

> 五行之为物，其时其位，其材其气……皆各有耦。推而散之，无所不通；一柔一刚，一晦一明，故有正有邪，有美有恶，有丑有好，有凶有吉。性命之理，道德之意，皆在是也。②

王安石所讲的"耦"，是矛盾的对立统一；他指出柔刚、晦明等都形成为矛盾统一体，而"性命之理、道德之意"就寓存于对立统一的矛盾发展中。前引蔡卞引自《易》经的话，所谓"通乎昼夜阴阳所不能测而入于神"，以赞扬王安石的道德性命之说，但《郡斋读书志》的作者晁公武则说，他不知道王安石的哪些话能够"通乎昼夜阴阳所不能测而入于神"。在形而上学思想流行的年代里，王安石以事物变化发展的辩证思想第一次论述"道德之意、性命之端"的道理，惊世骇俗是在所难免的。

（二）王安石的辩证法思想是建立在他的唯物论基础之上的。前面曾讲过，王安石认为构成物质世界的是"元气"，也即物质的自然的"天"；而万物生成则是来自于元气，并是在阴阳之中形成的冲气运行的结果。王安石在《洪范传》中直接以五行说明万事万物的由来：

---

① 张恒寿：《中国社会与思想文化》第24页，人民出版社1989年版。
② 《临川先生文集》卷六五《洪范传》，下面不注者，皆出此。

> 五行，天所以命万物者也。
>
> 五行，一曰水，二曰火，三曰木，四曰金，五曰土。何也，五行也者，成变化而形鬼神，往来乎天地之间而不穷者也。

在第十章《荆公学派与辩证法哲学》中，我曾经指出王安石所说的五行，越过了思孟学派所造作的唯心主义五行说，回到原来的唯物主义立场上，值得称道。

王安石的五行变化学说，与《周易》有密切关系。《周易》讲太极，太极生阴阳两仪等。王安石的五行是自然界形成的"自天一至天五"这五个序数，而这五个序数则是由"道立两，成于三，变于五"来的。道，如上所说，亦即元气、天，道发展为阴阳，亦即"道立两"；道与阴阳也就"成于三"，而在阴阳之中形成的冲气也包括在这个"三"当中。由于冲气来往于天地之间，生成五行，从而"变于五"。王安石同样是以《周易》为资料，发展他的辩证法思想的。

（三）王安石以"耦"和"对"来说明对立事物形成为一对矛盾，天下事物都是以这一形式发展变化着的。前面引过《洪范传》一段，今全文引在下面：

> 五行之为物，其时其位，其材其气，其性其形，其事其情，其色其声，其臭其味，皆各有耦。

以"对"表示矛盾统一体，程颢的论述中也有，这是否受到王安石《老子注》的影响呢？在《老子注》中则以"对"表示这一对矛盾：

> 有之与无，难之与易，〔长之与短〕，高之与下，音之与声，前之与后，是皆不免有所对。唯能兼忘此六者，则可以入神；可以入神，则无对于天地之间矣。①

---

① 彭耜：《道德真经集注》卷一，《道藏》13—113。

第十三章 王安石、张载哲学比较研究

(四)由"耦"或"对"结成矛盾的两个方面,相互依赖,都不能脱离对方而自己单独存在:

> 盖有无者,若东西之相反而不可以相无也。故非有不可以见无,而非无则无以出有。有无之变,更出迭入而未离乎道,此则圣人所谓神者也。①

对立统一学说由《老子》率先提出来,王安石以明白、精确的语言,把这个对立统一的矛盾体概括为"耦"和"对",而且认为"耦"和"对"是普遍存在的。王安石在把《老子》提出来的矛盾学说,进一步哲学化的同时,还予以扩大了,如前引王安石所说:

> 推而散之,无所不通。一柔一刚,一晦一明,故有正有邪,有美有恶,有丑有好,有凶有吉。性命之理,道德之意,皆在是矣。

(五)为什么"性命之理,道德之意"寓存于对立矛盾之中呢?《老子》关于对立物如黑白、强弱、歙张等的转化,也有精到的论述。对此,王安石也有不少的发挥。王安石指出,"天下之人,常为阴阳转徙而不知反",因此对强弱、歙张、雄雌、白黑等事物的转化、移位往往不能理解。如果懂得两个对立物各沿着相反方向发展这一道理,"故处之以歙,则天下之张皆归之,而不为彼之所歙;持之以弱,则天下之强皆归之,而不为彼之所弱。"② 在客观实际中,事物矛盾的相互转化,必须具备相应的条件。这是实际中的问题。但是要促进事物矛盾的转化,首先是在自己的认识中看到事物矛盾的转化,才能采取相应的措施。因而在道理上或理论上认识这一点是非常重要的。王安石在事物的矛盾中观察到了事物转化的性质,所以他指出,"性命之理、道德之意",就寓存在这其中了。这是一点。

---

① 彭耜:《道德真经集注》卷一,《道藏》13—113。
② 彭耜:《道德真经集注》卷一,《道藏》13—113。

(六）在对立物的矛盾当中，不仅有新事物转化出来，而且这种转化出来的新事物随着矛盾共同体的"耦"的无穷发展，也同样是无穷的。王安石在《洪范传》中指出：

> 耦之中又有耦焉，而万物之变遂至于无穷。其相生也，所以相继也；其相克也，所以相治也。

在《老子注》中则说：

> 有无之变，更出迭入，而未离乎道。①

对立物的相互转化、相生相继、相克相治，都无穷无尽，也都符合客观事物发展的规律，在对立物矛盾发展中生生不已。这大概是王安石对寓存于事物矛盾发展中的"性命之理、道德之意"的又一个观察认识吧！

（七）王安石敏锐地觉察到，不论是自然界，还是人类社会，都存在新陈代谢这一普遍规律。在《老子》天之道"不召而自来"句下，王安石注释道：

> 阴阳代谢，四时往［来］，［日月］盈虚，与时偕行，故不召而自来。②

对"不召而自来"的客观规律，王安石区分为两类，一属于自然界，一属于人类社会，并以"新故相除"来表达他的有关普遍规律的思想和看法：

> 有阴有阳，新故相除者，天也；有处有辨，新故相除者，人也。③

自然界的"新故相除"，表现为"阴阳代谢"；而人类社会的"新故

---

① 彭耜：《道德真经集注》卷一，《道藏》13—111。
② 彭耜：《道德真经集注》卷一七。《道藏》本有脱文，侯外庐《中国思想通史》有关王安石部分据《道藏撮要》增补，补文以［］标出。此处引文系转引者。
③ 杨时：《龟山集》卷七《王氏字说辨》。

相除",则表现为"有处有辨"。先师邓广铭恭三先生将"有处有辨"解释为"有因有革",即既有继承又有变革①,这个解释是恰当的。除此之外,王安石认为乡、国、天下也都有自己特殊的发展规律。

(八)前面说过,王安石极为重视学习,认为即使是圣人也是通过学习才成其为圣人的,许多门类的学问也都是由善于学习的圣人之流的学者建立起来的。那么,采取什么方法才能达到圣人建立各种学术的地步?王安石在《洪范传》中提出"致一"的问题,又专门写出《致一论》的文章,提出"致一"这重要的方法。

孔夫子对曾参说过:"参乎,吾道一以贯之!"意思是说,他所讲的全部道理,是以其道理最核心的东西即"一"去贯串各方面。所以曾参回答说:"夫子之道,忠恕而已矣!"刘勰在《文心雕龙·神思篇》中说:"贯一为拯乱之药",与孔夫子的"一以贯之"的意思是相同的。那么,王安石提出的"致一"的意思是什么呢?在《致一论》的开头,王安石指出:

> 万物莫不有至理焉,能精其理,则圣人焉。精其理之道,在乎致其一而已。致其一则天下万物可以不思而得也。《易》曰:"一致而百虑。"言百虑之归乎一也。苟能致一以精天下之理,则可以入神矣!既入于神,则道之至也。②

王安石所要"精"的理,是万物的"至理",亦即是最高的"理";这样的"理"即"入于神",也即是"道之至也",亦即"道"。因之,王安石所要"致一"的,不是别的,而是"道"。取得这个"至理"或"道"的方法则在"致一"。由此可见,"致一"是王安石提出的认识万事万物至理的最根本方法。这个根本方法,王安石从《周易》"一致而百虑"出发而归结为"百虑之归乎一也"。要做到这一步,只能是将万事万物的"至理",抽象化概括而成为"一",这个"一"实质上蕴涵了千千万

---

① 参阅邓广铭:《北宋政治改革家王安石》,第83页,人民出版社1997年10月版。
② 《临川先生文集》卷六六《致一论》。

万事物的"理",亦即"至理"。黑格尔在《小逻辑》中提到"一即多"和"多即一"两种辩证逻辑形式,看来"多即一"这一逻辑形式与王安石用"致一"的方法去认识万物之"至理"显然是类似的。如果这个理解不错,那么经过人们的抽象思维,将万物之理概括成为"至理",便是实现了或者是完成了"致一"这一根本方法。这样,也就做到了王安石所预期的结果:"苟能致一以精天下之理,则可以入神矣!既入于神,则道之至也。"由"致一"而获得的"至理",也就如王安石所说,达到了"道之至也"的境界。

(九)上述情况充分证明了,在我国古代辩证法哲学发展中,可以说王安石是继老子之后做出了卓越贡献的杰出思想家。但,在王安石辩证法哲学中也有其不足或局限。在古代思想中,从《周易》到《老子》,在强调对静和动的认识上,总强调静是第一位的,动是第二位的。如《老子》上说:"重为轻根,静为躁君。"王安石受到这方面影响,所以他对《老子》这句话的解释是:"轻者必以重为依,躁者必以静为主。"① 老子和王安石都试图说明在对立面矛盾中,哪一方面居于主要地位,哪一方面居于次要地位,就此而论,还是值得称赞的。但是,从事物具体的辩证法来看,动是绝对的、永不停息的,静则是相对的、暂时的。一位古希腊哲学家曾说:太阳天天在变。这句话是符合客观实际和辩证法的。王安石在传统认识局限之下,认为静是绝对的、永恒的,动是相对的、暂时的,他说:"动而不知反于静,则失其主矣!"② 这就不自觉地退回到形而上学思维中。王安石的辩证法的局限性和不彻底性也随之暴露出来了。

张载对辩证法哲学也做出了重要贡献,张岱年先生给以极高的评价,称"张载是宋代伟大的唯物论哲学家、无神论者"③。张岱年先生

---

① 彭耜:《道德真经集注》卷七,《道藏》13—160。
② 彭耜:《道德真经集注》卷七,《道藏》13—161。
③ 《张岱年全集》第三卷第231页,河北人民出版社1996年版。

把张载的辩证法哲学分作对立面斗争、和解等四方面,扼要确当。为与王安石比较,本文大体上依照这几个方面加以叙述。

(一)事物没有孤立的,而是与其他事物有相应的联系,甚至是相反相成的:"物无孤立之理,非同异、屈伸、终始以发明之,则虽物非物也;事有始卒乃成,非同异、有无相感,则不见其成,不是其成则虽物非物,故一属〔一〕伸相感而利生焉!"①

(二)张载认为,事物虽然很多,但没有一个是相同的;它们有一个共同点,即都在"阴阳"这个最基本的共同点变化着:"造化所成,无一物相肖者,以是知万物虽多,其实一物;无无阴阳者,以是知天地变化,二端而已。"②(冯先生《中国哲学史》引文为:"以是知万物虽多,其实无一物无阴阳者,以是知天地变也,二端而已。")

(三)张载也讲事物的对立统一。他指出:"一物两体,气也,一故神,两故化(原注:推行于一),此天地之所以参也。"所谓"一物两体"指的是阴阳二气同处于"一"体当中,因而阴阳两气处于对立之中;由于要"推行于一",变成一个事物,所以"两故化",对立的双方成为一个事物。为什么在对立物中能发生变化呢?变化的原因不在外部,而在事物的内部,张载指出:"凡圜转之物,动必有机;既谓之机,则动非自外也。"③对立物内在变化就由事物内部的"机"造成。概括上述这些话,意思是说,一切对立物如阴阳都处于一个同一体"一"之中,由于内在的"机"的作用而发生变化,亦即从两体"推行于一"。这便是事物发展的普遍规律。

(四)在另外的材料中,张载对同一体中的对立物之相互作用,说得尤为清晰明确。他指出:

> 两不立则一不可见,一不可见则两之用息。两体者,虚实

---

① 《正蒙·动物篇》,载《张载集》第19页。
② 《正蒙·太和篇》,载《张载集》第10页。
③ 《正蒙·参两篇》,载《张载集》第11页。

也，动静也，聚散也，清浊也，其究一而已。

气本之虚则湛[一]无形，感而生则聚而有象。有象斯有对，对必反其为，有反斯有仇，仇必和而解。①

一切事物，如虚与实、动与静、聚与散、清与浊等等，虽是对立的"两体"，却处于一个统一的矛盾中。如果这两者不是对立物，则不能处于统一体中，即"两不立"；如果形成不了矛盾的对立，这个矛盾同一体也就不可见（两不立则一不可见）。结合成为一个统一体，必然形成对立的一对矛盾。这对矛盾因互相反对而自相仇杀、斗争，既互相反对、互相仇杀，又经过反对、仇杀而后和解。这就是张载对对立统一这个基本规律所达到的认识。

根据以上的论述，在《老子》之后，王安石和张载对对立统一法则达到这样高度的认识，因而都是对《老子》的辩证法思想、对立统一法则的重大发展，都做出了不可磨灭的历史性贡献，这是首先应当说明的。如果进一步考察起来，王安石、张载的辩证法思想还有所不同，即都有各自的特点。王安石以"对"和"耦"表示矛盾对立的同一体，在宋人当中是最先提出这一概念的。程颢使用"对"的概念，应当说是受了王安石的影响；而这个概念以清晰、明确的语言表达了对立双方相互依存、信赖的关系，值得一提。张载的论述显然不够，但他以内在的"机"作为对立物变化的依据，表现了自己的卓识。王安石、张载辩证法思想也都有值得深入探索的地方。张载认为，对立双方"有反斯有仇，仇必和而解"。从字面上看，对立面既相反对就会有斗争，既经过斗争又相和解。依此而论，对立双方经过相反相对，又都回到和解地位，于是对立斗争是相对的，对立统一则是永恒的，那么对立物又怎么能够化而为一，即转化为新的事物呢？这样，张载便不自觉地退回到形而上学思维之中。如上所论，王安石受传统看法的影响，在静动的问题

---

① 《正蒙·太和篇》，载《张载集》第9、10页。

第十三章 王安石、张载哲学比较研究

上退回到形而上学,但他的有关"耦"、"对"无穷发展的论述,以及事物转化的思想,则坚持了对立统一法则。如果说,张载在唯物论哲学的表达上优于王安石,在辩证法思维中王安石较之张载则似胜出一筹。

以上仅是从认识方法论对王安石、张载哲学进行了比较,自然是很不够的。对张载哲学思想系统,哲学界老一代学者作了充分的探索,令人敬佩。从王安石哲学思想来看,如有关他的性说、历史进化论的思想以及他的政治哲学等,其中有的是张载从未接触过的。把所有这些方面进行研讨,王安石哲学系统比宋代那些专门从事思维活动的任何思想家都毫不逊色。

王安石、张载在唯物主义认识领域中有如此重要的共同点,可是他们所走的社会道路则有很大的差别,这一问题值得深思和研究。

下篇　论张载社会思想及其与王安石变法的对立

对唯物主义、辩证法哲学,张载同王安石一样,都做出了重大贡献,堪称为中国古代史上杰出的哲学家。但张载的社会思想和学说,主要的是他的宗族论和井田说,则是早已过时的和极其落后的,与当时历史发展极不相称,同当时变法革新相对立,但仍需认真研究。

一、关于张载的社会经济地位

张载的社会思想与张载的社会经济地位的关系,要比他的唯物主义辩证法思想等认识论范畴与后者的关系密切得多,因此有必要对张载的社会经济地位或阶级地位多说上几句。

吕大临为张载所作的《行状》,对张载的社会经济地位提供了重要材料。《行状》上说:

> 横渠至僻陋，有田数百亩以供岁计，约而能足，人不堪其忧，而先生处之益安。①

文中所说的"数百亩"，不是一个确切的数字，一般所说的"数"，至少是"三"；"一"或者"二"都不能称为"数"的。据此而言，所谓"数百亩"云云，至少是三百亩，确切地说，是三百亩以上。张载有地三百亩以上，在关中盆地偏西地区，即郿县横渠镇一带，应当说，土质是不坏的。

一个占有三百亩以上的土地所有者，在宋代土地占有关系中究竟处于什么地位？在《宋代经济史》中，我对宋代土地占有关系作了初步探索。在宋代，根据土地的有无区分为客户和主户，凡是占有土地的，不论多少，一概称之为主户。根据土地多少区分户等（城市根据房产定户等）为五等。熙宁变法以前，三百亩以上的土地占有者属于一等户（或上三等户、上户），亦即属于占地最多的大地主阶层。② 这是一点。

在宋代户籍中，还有官户、民户之分。凡是祖上任官并在八品以上的，都列于官户之中。张载的祖父、父亲都做过官，张载父亲死于涪州知州任上，张载及其弟张戬也都做官。根据他们的官品，列入官户也都毫无疑义。

依此论，张载既有官户这一社会身份，又有大地主阶层的社会经济地位，因而认为"张载出生于一个不甚富裕的地主家庭"③ 或者说是中小地主阶级，与张载在社会上的实际情况不相符合。

二、张载的宗族论

宗族论是张载社会思想的重要组成部分，在《宗法》等篇文字中，张载一再阐述和强调建立宗族的重要意义和作用：

---

① 吕大临：《横渠先生行状》，载《张载集》第383页。
② 《宋代经济史》（上册）第250—253页，上海人民出版社1987年版。
③ 《张岱年全集》第三卷第233页。

第十三章　王安石、张载哲学比较研究

> 管摄天下人心，收宗族，厚风俗，使人不忘本，须是明谱系世族与立宗子法。宗法不立，则人不知统系来处。古人亦鲜有不知来处者，宗子法废，后世尚谱牒，犹有遗风。谱牒又废，人家不知来处，无百年之家，骨肉无统，虽至亲，恩亦薄。
>
> 宗子之法不立，则朝廷无世臣。且如公卿一日崛起于贫贱之中以至公相，宗法不立，既死遂族散，其家不传。宗法若立，则人人各知来处，朝廷大有所益。或问："朝廷何所益？"公卿各保其家，忠义岂有不立？忠义既立，朝廷之本岂有不固？今骤得富贵者，止能为三四十年之计，造宅一区及其所有，既死则众子分裂，未及荡尽，则家遂不存，如此则家且不能保，又安能保国家！①

张载的这些议论，可以概括为：建立宗族用以"管摄天下人心"，是巩固封建国家统治的根本，而宗族的建立则是在立宗法、明谱系世族这一基础之上；建立宗族，不仅使朝廷有世世代代为之尽忠的"世臣"，"朝廷大有所益"；而且也使"一日崛起于贫贱之中"的公卿将相，能够把三四十年的富贵世世代代的延绵下去。一句话说，张载所热衷的是为死亡了的旧宗族叫魂，以建立新宗族！

为什么张载是那样热衷地建立新宗族，这就需要回顾一下宗族历史情况及其与统治者之间的关系。

宗族贯串我国古代史的全部过程，并随着历史的演进几经起落。宗族形成于夏代以前氏族社会末期而兴盛于殷周奴隶制之世。西周的封国建邦，使一批以血缘关系为纽带的部分宗族成员，亦即此前的氏族贵族，成为诸侯国诸等级统治者贵族。氏族是宗族中具有贵族身份的重要标志。用《商君书》中的话说："上世贵贵而亲亲"，这个时代留下的深

---

① 《经学理窟·宗法》，载《张载集》第258—259页。

刻烙印就是：贵族们既按宗族关系实行等级占田，又制定了世代为官、世代食禄的世官世禄制度。因而宗族成为西周奴隶制的一个重要支柱。

商鞅变法，为使国家获得更多的财源兵源，发展以一家一户为单位的个体小生产，制定了"兄弟不析居倍其赋"的法令，给奴隶制的支柱——宗族以沉重打击，从而推动了封建制的发展。西汉继承秦制，继续抑制强宗大族，州部刺史六条问事的第一条，就是检查各地豪势是否田宅逾制。宗族制遂因此呈现了第一次衰落。

经过新莽末年农民战争，以刘秀为代表的南阳豪族集团攫取了胜利果实，建立东汉政权，强宗大族遭受抑制的局势又发生了变化。汉光武帝刘秀既在此前农民战争中亲自看到各地大姓兵长拥兵自卫，抗拒赤眉义军；又在建武年间（25—56）东汉政府下诏"度田"之时，亲自领教过各地大姓兵长的猛烈反对，不得不停止度田，以缓和这批人的反抗。从此，在对待豪族的政策上，东汉政府从西汉所执行的压抑政策，改变为扶植、依赖政策。汉章帝建初四年（79）召开了白虎观会议，班固根据儒生经师们的议论，写出《白虎通德论》，赋予宗族维护社会统治秩序以重要意义：宗者，"尊也，为先祖主也"；"族者，凑也，聚也，谓恩爱相流凑也"①；宗族作为三纲六纪之一，用以"疆理上下，整齐人道"②，从社会关系中维护封建秩序。自此以后，东汉豪族特别是其中的官僚豪族集团空前地膨胀起来，而魏晋隋唐的士族就是从东汉官僚集团演化而来，统治地位长达四五百年之久，几乎与分裂割据相终始。

魏晋隋唐士族之所以统治如此长久、如此煊赫，一个极其重要的原因是由于士族们的地大业广，依附臣民的众多。而在依附者当中，宗族是一个不可低估的势力，所谓"聚族而居"，"一宗几近万室"云云，便是以士族为核心的强宗大族的缩影。正是因为士族有雄厚的力量，他们也就能够以坞壁堡垒为依托，既敢于同胡族政权较量，又能够同地方政

---

① 班固：《白虎通德论》（即《白虎通义》）卷下《宗族》，四库影印本 850—54。
② 《白虎通德论》卷下《三纲六纪》，四库影印本 850—50。

权抗争。不过,自北魏孝文帝以后,士族们的兴旺势头,又显得衰落。随着中央集权制的日益强化,依附于士族的本族和非本族贫民成为国家编户,宗族的武装力量(宗兵等)转化为中央集权制轨道上的府兵,所以安史之乱一旦爆发,以山东士族为首的地方大族组织不了有效的抵抗,就只好如陈寅恪先生所说,放弃自己的"老巢",转徙两京以及江淮各地。于是,新的土地兼并势力终于代替了居于统治地位的门阀士族,宗族在我国古代历史发展过程中又一次呈现衰落态势。

"百足之虫,死而不僵。"门阀士族所代表的宗族虽然是釜底游魂,但宗族制下的"贵有常尊,贱有等威"①,则使某些人念念不已。因而北宋以来的一些贤士大夫,围绕"敬宗收族"这一重大问题,从理论到实践,做得实在是不少。范仲淹率先在苏州建立义庄,以救助本族贫苦;之后义庄、义田遍及诸路州县。而在理论上为建立新宗族呐喊的,张载的调子最高而且亦最能动人视听。上面引述的那些就是张载理论的核心部分,其中最为要害的是:在社会上重建新宗族,在政治上恢复西周春秋时代维护宗族贵族的世官世禄制度,使科举出身、仕官至公卿将相等官僚豪族世代居于统治地位,建立以公卿将相为核心的新宗族贵族,如此而已。

还必须提出的是有关张载《西铭》一文。这篇文章说:

> 乾称父,坤称母;予兹藐焉,……民吾同胞,物吾与也。大君者,吾父母宗子;其大臣,宗子之家相也。尊高年,所以长其长;慈孤弱,所以幼吾幼。圣其合德,贤其秀也。凡天下疲癃残疾、惸独鳏寡,皆吾兄弟之颠连而无告者也。于时保之,于之翼也,乐且不忧,纯乎孝者也。②

这篇文章气魄宏大,从文字到思想,是宋元明清以来的任何一个理学家都难以吐发出来的,因而张载受到许多知名学者包括像王夫之这样的思

---

① 郑樵:《通志》卷二五《氏族略·氏族序》。
② 《正蒙·乾称篇》,载《张载集》第62页。

想家的称赞是极其自然的。

就这篇文字的气势而言,确实是宏大的。张载称,自己虽然渺小,但"乾称父,坤称母",天地是自己的父母,同自己"决然中处"的人们,都是自己的同胞兄弟。皇帝是继承天地的宗子,大臣们都是皇帝的家臣宰执。尊重高年老者,使老有所安;养育孤弱,使幼有所养。所有的疲癃残疾以及惸独鳏寡之人,都是遭到颠沛流离的一家兄弟们,应尽到保育的责任。作为一个人,"存,吾顺事;没,吾宁焉",应当尽到应尽的社会义务。从表面上看,这些话确实说得好。

在称赞有加之余,也应当对这篇大块文章重新透视一番,看看这篇文章的意义到底是些什么?张载的《西铭》,用现代时髦的话说,是对当时宋代的一个"包装"吗?不是,宋代虽然有慈幼庄、广济院之类慈善救济机构,不过是一种点缀,对颠连困踬的疲癃惸疾远远谈不上兄弟般地爱护。拿皇帝家族来说,第二代就篡权夺位,斧声烛影,成为千古奇案,这种血缘宗族关系不是极其可怕的吗?是对未来社会的理想,还是对三代的憧憬?在未来的大同世界,人人自然在经济上、政治上都是平等的,但这个社会与任何的宗法血缘关系是毫不相干的。对三代的憧憬显然是有一些,因为宋代理学家都毫无例外地尊崇尧舜三代,认为是历史上从来没有过的致治盛世。张载的《西铭》,由于对三代之治的憧憬、向往,一方面吸收了这个时代的宗法血缘关系,把这关系同封建关系紧密结合;另一方面,在这个时代晚期出现了像《礼运·大同章》公天下的一种理想,张载从中吸取了大同世界中的一些景象,从而使《西铭》成为继《大同章》之后再一篇宏文。但如果与《大同章》相比,它的公天下思想远为落后了。对于这样一篇宏文,既然不是对宋代社会的一个"包装",那么,它的时代意义是什么呢?在土地兼并发展之下,宋代农民反封建斗争进一步加剧;在商品经济冲击下,农民不断分化,宗族内的贫苦族人也不断分化,辈分高的族人往往被辈分低的豪富所奴役,宗族内部的阶级矛盾也随之加剧。在这种情况下,张载《西铭》旨在以宗法血缘强化社会关系,把君臣将相描绘为一个大家庭的兄弟,只能是以这个社会"包装"去缓和族内矛盾,并将按照儒家"推己及人"的思路,进而和缓社会矛盾,他的时代特色与这一点是分不开的。

三、张载的井田论

与建立新宗族紧密相连的是张载的"井田论"。在《经学理窟·周礼》一文中,张载提出治井田的重要:

> 治天下不由井地,终无由得平。周道止是均平。
>
> 井田至易行,但朝廷出一令,可以不笞一人而定,盖人无敢据土者,又须使民悦从,其多有田者,使不失其为富。借如大臣有据土千顷者,不过封与五十里之国,则已过其所有;其他随土多少与一官,使有租税人不失故物。治天下之术,必自此始。
>
> 井田亦无他术,……前日大有田产之家,虽以田授民,然不得如分种、如租种矣,所得虽差少,然使之为田官以掌其民。使人既喻此意,人亦自从,虽少不愿,然悦者众而不悦者寡矣,又安能每每恤人情如此!①

熙宁十年(1077),张载于去京师途中与程颢、程颐兄弟相会于洛阳,他们对恢复井田制又作了探讨:

> 伯淳(程颢)言:"井田,今取民田,使贫富均,则愿者众,不愿者寡。"
>
> 正叔(程颐)言:"亦未可言民情怨怒,止论可不可尔!须使上下都无此怨怒,方可行。"
>
> 正叔言:"议法既大备,却在所以行之之道。"
>
> 子厚(张载)言:"岂敢!某止欲成书,庶有取之者。"
>
> 二程问:"官户占田过制者如何?""如文曾(疑指文彦博、

---

① 《张载集》第248—250页。

曾公亮）有田极多，只消与五十里采地尽多。"①

上述洛阳议论，可以补充张载有关井田的议论，如张载称"大臣有据土千顷者"，二程指出官户占田过制的"如文曾"，显得更为清楚。同时他们三个对恢复井田制抱有虔诚的愿望，尤其是张载，还打算买田试验一番：

> ……方与学者议古之法，共买田一方，画为数井，上不失公家之赋役，退以其私正经界，分宅里，立敛法，广储蓄，兴学校，成礼俗，救灾恤患，敦本抑末，足以推先王之遗法，明当今之可行。此皆有志未就。②

对张载、程颢等人恢复井田的议论，我在四十年前所写《王安石变法》中评论道："还有比朝廷下道命令就能实施井田更简便、更廉价的办法么？只要看看稍加限制豪强高利贷的青苗法所遭到的纷至沓来的攻击，就可知道这些具有'善良愿望'的人们是多么天真、多么可笑了。而事情的实质还不在于他们的天真可笑，而是在于：他们的井田方案是要使'上下都无此怨怼'，'其多有田者，使不失其为富'的条件下实施的。换句话说，在丝毫不损害大官僚大地主任何利益的基础上实施的。"③这些意见还是可以的，但对学界新出现的问题则要补充几句。

张岱年先生在《张载——十一世纪中国唯物主义哲学家》一文中，对王安石、张载的"政见"作了比较。他指出，王安石、张载同讲《周礼》、共同重视教育、利民，等等，同时认为两人都"想望井田"，所以他们两个都是站在中小地主阶级立场上。④王安石、张载两人确有共同点，如前面谈过的在认识论领域的共同之处。但在社会政治方面二人有

---

① 《二程集》卷十《洛阳议论》，中华书局点校本。
② 吕大临：《横渠先生行状》，《张载集》第384页。
③ 漆侠：《王安石变法》，上海人民出版社1959年版第171页，1979年版第197页，河北人民出版社2001年增订本第188页。
④ 《张岱年全集》第三卷，第235—236页。

第十三章　王安石、张载哲学比较研究

很多不同点，对井田制则存在根本性的分歧。

不错，王安石早年曾经向往古代井田制："我尝不忍此，愿见井地平。"① 执政前王安石的确把恢复井田制作为解决土地不均问题的基本方法。可是在执政之后，王安石不仅放弃了"愿见井地平"的想法，而且认为张载等实行井田是"致乱之道"：

> 上（神宗）曰："[范]育（张载的学生）言'凡于一事措置，一事即不得'。此言是也。又言'须先治田制'，其学与张戬（张载弟）同。"
>
> 安石曰："臣见程颢云：'须限民田'，令如古井田。"
>
> 上曰："如此即致乱之道。"
>
> 安石因言王莽名田为王田事，上曰："但设法以利害殴民，使知所趋避，则可。若夺人已有之田为制限，则不可。"
>
> 安石曰："今朝廷治农事未有法，又非古备建农官大防圩埠之类，播种收获，补助不足，待兼并有力之人而后全具者甚众，如何可遽夺其田以赋贫民？此其势固不可行，纵可行，亦未为利。"②

上述对话表明，宋神宗认为实施井田即"致乱之道"，王安石则以王莽实行"王田"为例加以补充，君臣共同否定了实施井田制，王安石还在此基础上说明了不能"遽夺民田"以赋贫民的道理所在。为什么王安石发生了从主张实施井田到否定恢复井田这一重大转变？王安石虽然认为豪强兼并是造成宋代社会贫困的根本原因，但是作为封建土地私有制所有者和拥护者的王安石，当然不可能凭借代表封建土地势力的国家政权，对豪强兼并势力进行根本性的土地剥夺，"其势固不可行"的道理即在于此。而且，实行井田也确实是"致乱之道"。所以，王安石执政之后，放弃此前的井田主张，而是采取其他办法处置兼并问题。

---

① 李壁：《王荆文公诗李壁注》卷一七《发廪》。
② 《长编》卷二一三熙宁三年七月癸丑记事。

> [王安石讲租庸调法"近于井田","顾难以速成"]上问其故,安石对曰:"今百姓占田,或连阡陌,顾不可夺之,使如租庸调法,授田有限。然世主诚能知天下利害,以其所谓害者制法,而加于兼并之人,则人自不敢保过限之田;以其所谓利者制法,而加于力耕之人,则人自劝于耕,而授田不敢过限。然此须渐乃能成法。"①

王安石的变法改革,说到底是改良主义性质的改革而非革命性的变革。因此,如土地所有制这一根本性问题,绝不是封建统治阶级的改革所能实现的。从历史上看,土地占有关系的变革只能通过一定规模的农民战争才能作局部的调整。宋代士大夫频频提出恢复井田制的主张,这只不过是一种幻想。清人纪昀在《阅微草堂笔记》中假借"二狙"的口吻,以极其辛辣的语调讥讽宋人有关井田的议论。纪昀顽固地站在维护封建土地所有制立场上以訾辱宋人,固不必多论,但井田制之不能从地主阶级改革中再现,则是一个铁的事实。王安石丢掉此前恢复井田制的幻想,而代之以切实可行的青苗、免役、市易等法,虽然不可能做到"均平"贫富,但多少能抑制豪强兼并势力的发展,稍微减轻农民的负担,从而有助于社会生产的发展。王安石在井田制上的转变是自然的,符合事物发展的客观形势。

在熙宁一代变法革新的过程中,以王安石为首的变法派,采用青苗诸法以打击、限制官僚豪强高利贷者等大地主阶层的种种利益,以司马光为代表的反对派则拼命反对,以维护大地主阶层的种种利益,双方进行了激烈的较量。张载以及程颢、程颐虽然不像司马光集团那样同变法派进行面对面的斗争,却在一旁借口恢复井田,"其多有田者,使不失其为富","使上下都无此怨怒,方可行",不能损害豪强兼并的丝毫利益,在侧面装点了反对派的阵势。张载井田制对谁有利,这不是很清楚

---

① 《长编》卷二二三熙宁四年五月辛卯记事。

了吗？

张载的社会学说，一个宗族说，一个井田制，是将早已退出历史舞台的旧宗族的亡灵，附着于由科举制而崛兴的公卿将相。并以此为核心，建立新宗族和宗族制下的世官世禄制度，在商品浪潮冲击下，永葆官僚大地主阶层的世代利益。世官世禄制虽然没有恢复起来，但宗族制却发展起来，历宋元明清到近代，一直成为统治劳动人民、阻碍经济发展的封建势力。张载的社会学说的实际意义似应从这里考察，张载的社会思想难道说同他的社会经济地位没有任何联系？

第十四章
苏蜀学派及其对《易》、《老子》哲学思想的阐发

一、蜀学的建立者：三苏

蜀学的建立者三苏即苏洵、苏轼、苏辙父子。蜀学与新学都受到历史的贬抑，《宋元学案》在最后列目为《苏氏蜀学略》。苏氏父子文章擅天下，在社会上具有广泛的影响，南宋孝宗一朝形成为苏文热。在经学上，苏氏父子亦有其独到的造诣，对《易》、《老子》哲学都有所阐发，并在元祐年间（1086—1094）与程颐所代表的洛学相抗争，把它作为一个学派加以研究是完全必要和值得的。

苏洵（1009—1066），字明允，眉州眉山人。苏洵曾祖以下三代均为乡里地主，苏洵兄苏涣中举入仕，始成为官户。苏洵祖父苏杲"终其身田不满二顷"①，此后苏家田产是否增加则不得而知。但苏洵二十七岁前游手好闲，之后发愤读书，到京师各地游学；苏轼自幼由乳母养大，苏轼妹嫁给当地程氏大地主。这些迹象都表明，一个仅两顷地的家庭是难以为继的。总之，苏家是一个中等以上官僚地主则无可置疑。

苏洵发愤读书之后，科考并不顺利，将其所作文章全部烧掉，"益

---

① 苏洵：《嘉祐集》卷一三《苏氏族谱后录下篇》，四部丛刊本。

第十四章 苏蜀学派及其对《易》、《老子》哲学思想的阐发

闭户读书,绝笔不为文辞者五六年","乃大究六经百家之说,以考质古今治乱成败,圣贤穷达出处之际","得其粹精,涵畜充溢"。① 苏洵这个时期所写的文章,既通儒家六经之道,又懂得古今治乱得失,因而首先得到知成都府张方平的赞许:

> 因谓苏君:左丘明《国语》、司马迁善叙事,贾谊之明王道,君兼之矣!

同时他还将苏洵推荐给当时汴京文坛盟主欧阳修。张方平对苏洵的两个儿子轼、辙亦是大加奖勉,说他们两个"从乡举",不过是"乘骐骥而驰闾巷",即使是参加拔擢英俊的科举,"犹不足骋其逸力耳!"② 力劝苏氏父子去人文荟萃的汴京。

嘉祐元年(1056)苏洵携二子出三峡,来到汴京。此一时期,时代的才杰之士汇集在汴京,并都亮了相,发表了自己的各种见解。在欧阳修的大力赞誉和荐引之下,苏氏父子名噪天下:

> 至和嘉祐之间(1055—1056),[苏洵]与其二子轼、辙偕至京师,翰林学士欧阳修得其所著书二十二篇献诸朝。书既出而公卿士大夫争传之。其二子举进士,皆在高等,亦以文学称于时。眉山在西南数千里外,一日父子隐然名动京师,而苏氏文章遂擅天下。③

苏洵因此获职试秘书省校书郎,又由于修礼书而得到霸州文安县主簿的官职,也算是有禄可食了。宋英宗治平四年(1067)苏洵在汴京去世,苏轼兄弟继奔母丧之后,又护送父柩返回故里,直到熙宁二年(1069)才回到汴京。

苏轼(1036—1101),字子瞻。苏轼生长在一个富裕、文化水平又

---

① 欧阳修:《欧阳文忠公文集》卷三四《苏洵墓志铭》。
② 张方平:《乐全集》卷三九《文安先生墓表》,四库影印本 1104—487。
③ 欧阳修:《欧阳文忠公文集》卷三四《苏洵墓志铭》。

高的家庭环境里,自幼其母程氏夫人"亲授以书"①,因而成长甚快。嘉祐二年(1057)苏轼与弟苏辙都考中进士,五年又都中制举。前文说过,嘉祐这个时代是个不平凡的"合变"时代,汇集于汴京的各派政治力量都表达了对时政的意见。苏轼制举中所上进卷,其中的进策表达了他对当前政局的看法,也确实表现了他的"勇果"。

苏轼极其广泛地触及到宋代财政、经济、政治、军事和思想领域中的许多问题。他提出"安万民"的主张,认为恢复实施古代宗族制度,"使其比闾族党,各相亲爱","复古之小宗,以收天下不相亲属之心"②,即利用宗法血缘关系巩固封建统治。苏轼这个想法来自于苏洵有关苏氏族谱的论述,与张载的宗族论甚为接近。

对土地问题,苏轼同苏洵一样,不赞成恢复井田,而主张迁徙一部分"吏"到荆、襄、唐、邓、许、汝、陈、蔡一带空旷地区,以及招募一些乐意迁徙的人,"皆授其田,贷其耕耘之具而缓其租"③。对土地兼并势力,苏轼也同他的父亲一样持有批评态度,认为"富者地日以益而赋不加多,贫者地日以削而赋不加少"④。但是在如何纠正这些问题上,苏轼较之李觏、王安石的有关主张显然有所逊色了。

在财政方面,苏轼提出节流的观点,指出"广取之以给用,不如节用以廉取之为易也"。对军事等许多方面的积弊,苏轼也提出改革意见。正如朱熹所说:"东坡以前进说许多,如均户口、较赋役、教战守、定军制、倡勇敢之类,是煞要出来整理弊坏处。"⑤

可是当王安石变法革新运动如火如荼地开展之际,苏轼继元老重臣名流士大夫之后对变法采取了断然反对的态度。熙宁四年(1071)二月,苏轼以殿中丞直史馆判官诰院权开封府推官身份,向宋神宗奏上万

---

① 苏辙:《栾城后集》卷二二《亡兄子瞻端明墓志铭》,四部丛刊本。
② 《经进东坡文集事略》卷一七《安万民·劝亲睦第八》,四部丛刊本。
③ 《经进东坡文集事略》卷一七《安万民·均户口第九》。
④ 《经进东坡文集事略》卷一七《安万民·较赋税第一〇》。
⑤ 《朱子语类》卷一三〇《自熙宁至靖康用人》。

第十四章 苏蜀学派及其对《易》、《老子》哲学思想的阐发

言书,对全部新法都予以否定:

(一)要求撤除制置三司条例司;

(二)反对推行农田水利,认为汴京浊流不能种植水稻,亦即反对在北方扩大水稻种植;

(三)反对募役法,因为这种役法实行之后,州郡"凋弊太甚,厨传萧然",使宦于四方的士大夫不便于"行乐",像这类"危邦之漏(陋)风,恐非太平之盛观";

(四)反对青苗钱:"[青苗]虽云不许抑配,而数世之后,暴君污吏,陛下能保之欤?异日天下恨之,国史记之曰,青苗钱自陛下始,岂不惜哉!"

(五)反对与豪商争利的均输法:"今者……徒言徙贵就贱,用近易远。然而广置官属,多出缗钱,豪商大贾皆疑而不敢动,以为虽不明言贩卖,然既已许之变易,变易既行,而不与商贾争利者,未之闻也。"①

总之,苏轼《万言书》从头到尾无一不反对变法,这同他嘉祐五年(1060)制策要求变革的态度,显然是一个一百八十度大转弯!因而陈亮曾经评论道:"方庆历嘉祐,世之名士常患法之不变也,及熙宁元丰之际,则又以变法为患。虽如两苏兄弟习于论事,亦不过勇果于嘉祐之制策而持重于熙丰之奏议,转手之间两论立焉。"② 朱熹也批评苏轼"分明有两截的议论"③。苏轼之所以具有"两截的议论",有其内在原因。苏轼在其奏书中开头即指出"天下之未治",在人而"非法制之罪",即是说经国的大制大法还算过得去,执行大制大法的人不行。这个看法同变法存在相当的距离。而苏轼之所以有这种看法,恰好反映了,像苏轼这类中等以上官僚地主家庭在旧的法制下还能够继续生活下去,不需要从法制上进行变革,这是苏轼具有"两截的议论"的内在原

---

① 《经进东坡文集事略》卷二四《上神宗皇帝万言书》。
② 《陈亮集》卷一二《铨选资格》。
③ 《朱子语类》卷一三〇《自熙宁至靖康用人》。

因。经过一段时间的观望，由元老重臣士大夫名流组成的反变法派声势日涨，与苏氏亲厚的张方平、范镇亦起而反对变法，苏轼此前思变的意志动摇瓦解了，于是便抛出了他的《万言书》，改变了他的初衷。

苏轼上书之后，外调杭州通判，并历任密、徐、湖诸州知州。元丰二年（1079）七月，御史舒亶等捃拾苏轼诗句，称其"讥切时事"。诸如：对兴修水利，苏轼则称："东海若知明主意，应教斥卤变桑田"；对禁盐，苏轼则称："岂是闻《韶》解忘味，尔来三月食无盐"；如此等等，"无一不以诋谤为主"①。因此，苏轼下御史台诏狱，这就是著名的"乌台诗案"。狱事将近百天，经过变法派重要人物章惇、王安礼和吴充等，特别是章惇的积极营救，宋神宗由于苏轼只是反对变法而不反皇帝，也为了爱才，于是在这年十二月将其贬责为黄州团练副使。自此，苏轼"幅巾芒屩，与田父野老相从溪谷之间，筑室于东坡，号东坡居士"②。生活上，尤其是思想上发生了重要变化。

苏轼是一个才华横溢的功名志业之士，但在其一帆风顺的仕途中，不仅受阻于熙丰变法，而且还因反对变法下了诏狱。苏轼于失意之余，精神上不能不有茫然空虚之感。他早年即喜好庄子，认为庄子"得吾心矣"！贬谪黄州之后，又涉猎了佛家经典（此据苏轼给章子厚的信）。佛家和老庄思想成为苏轼贬居黄州后的主导思想。苏辙在评论他老兄文风上的变化时说："后读释氏书，深悟实相，参之孔老，博辩无碍，浩然不见其涯也。"③ 在元丰四五年间（1081—1082）所写成的《念奴娇·赤壁怀古》、《赤壁赋》等千古绝唱中，集中表现了他的艺术天才。这些艺术作品在展现了苏轼"天马行空，不可羁勒"的豪放气势的同时，还流露出了一些萧索、衰飒之气！苏轼的名著《东坡易传》也正是在这个时候开始撰写的，完成于贬谪海南之时，老庄思想之渗透在这部著作中便

---

① 《乌台诗案》载《长编》二九九、三〇一诸卷，可参看。引文见卷二九九。
② 苏辙：《栾城后集》卷二二《亡兄子瞻端明墓志铭》。
③ 苏辙：《栾城后集》卷二二《亡兄子瞻端明墓志铭》。

第十四章 苏蜀学派及其对《易》、《老子》哲学思想的阐发

可了然了。

司马光于元丰八年（1085）上台之后，元祐元年（1086）苏轼调至汴京任中书舍人、翰林学士，成为秉笔词臣。在苏轼赴京之前，曾写给滕元发一信，信上说：

> 吾侪新法之初，辄守偏见，至有同异之论。虽此心耿耿，归于忧国，而所言差谬，少有中理者。今圣德日新，众化大成，回视向之所执，益觉疏矣！若变志易守，以求进取，固所不敢；若哓哓不已，则忧患愈深。①

这是苏轼经过多年忧患后获得的一个理性认识。虽然如此，苏轼亦曾和李常、范纯仁等共同反对司马光废除募役法，但政局不是苏轼所能左右的，包括募役法在内的全部新法都被司马光集团推翻，实行了彻底的元祐复辟。此后，苏轼在给杨绘的一封信中，重又表明了他的政治态度：

> ……昔之君子，惟荆是师；今之君子，惟温是随；所随不同，其为随一也。②

这封信虽然表明苏轼不盲从司马光，不"惟温是随"，但政治局面依然不是由苏轼而是由司马光所左右，因此苏轼亦只能是充作元祐复辟中的一员！社会历史就是这样无情。

司马光反变法派是纠合各种反变法势力而成功的。这个集团虽然都来自于封建士大夫，但是他们在认识上却存在分歧，因此元祐元年（1086）司马光死后即分裂为三个带有地方色彩的派别，即以苏轼为首的蜀党，以程颐为首的洛党，以及以刘挚为代表的朔党。苏、程最先交恶，对双方在权力再分配上以及在思想领域中的分歧，我将在另一章中再详细论述。苏、程交恶之后，程颐于元祐二年（1087）离开政府，苏轼也到地方任职。

---

① 苏轼：《东坡全集》卷七七《与滕达道》，四库影印本1108—245。
② 苏轼：《东坡全集》卷八三《与杨元素》（杨元素即杨绘），四库影印本1108—320。

宋哲宗绍圣元年（1094）亲政，以章惇为首的变法派重又掌握政权，包括苏轼在内的司马光集团统统遭到贬谪。苏轼在这一年贬知英州，接着贬责为惠州团练副使，本州安置，继于绍圣四年（1097）谪居儋州。苏轼在岭南七年，文风又有所变化，"饱餐惠州饭，细和渊明诗。"（黄庭坚诗句）进一步转向平淡、自然之境。同时苏轼的三部著作，即《东坡易传》、《论语说》和《书传》告完成，其中《易传》最富有哲学意味。宋徽宗建中靖国元年（1101），政局发生变动，苏轼得渡海北还。是年七月，这位在文学上做出巨大贡献的一代文豪病死在常州。

苏辙（1039—1111）字子由，与其兄苏轼有着相同的经历，顺利地通过科举、制举，走上仕宦之途。苏辙与其兄才华横溢、锋芒毕露有所不同，性格较为深沉，也有心机，远比苏轼能够适应和应付更加复杂的政治局面。苏辙在所上制策，以及熙宁三年（1070）上宋神宗的奏书中，都表达了他对现实政治的态度。与其兄苏轼一样，都受到熙宁二年开始的变法革新运动的检验。苏辙记述他参加条例司工作的情况道：

> 熙宁三年，予自蜀至京师，上书言事，神宗皇帝即日召见延和殿，授制置三司条例司检详文字。……久之，介甫召予与吕惠卿、张端会食私第，出一卷书，曰："此青苗法也，君三人阅之，有疑以告，得详议之，无为他人所称也。"予知此书惠卿所为，其言多害事者，即疏其尤甚，以示惠卿。惠卿面颈皆赤，归即改之。予间谒介甫，介甫问予可否，予曰："以钱贷民，使出息二分，本以援救民之困，非为利也。然出纳之际，吏缘为奸，虽重法不可禁；钱入民手，虽良民不免非理之费；及其纳钱，虽富家不免违限。如此，则鞭箠必用，自此恐州县事不胜繁矣！……"介甫曰："君言甚长，当徐议而行之。此后有异论，幸相告，勿相外也。"自此逾月不言青苗法。会河北转运判官王广廉召议事，予阅条例司所撰诸法，皆知其难

―――● 第十四章 苏蜀学派及其对《易》、《老子》哲学思想的阐发 ●―――

行，而广廉常（当作尝）上言：乞出度牒数十道鬻，而依关中漕司行青苗事，春散利敛以佐利，与惠卿所造略相似，即请之以出施之河北，而青苗法遂行于四方。（此据《栾城后集》卷一二《颍滨遗老传上》加以校正）①

从苏辙这段记述来看，王安石告诉苏辙"此后有异论，幸相告，勿相外也"，说得多么诚挚恳切，究竟从哪里能够看出王安石拒谏、饰非、专横独断呢？从苏辙对王安石的态度看，究竟从哪里能够看出王安石与苏氏父子存在宿怨，而像《辨奸论》伪造者邵伯温等所云那样？王安石之所以没有采纳苏辙有关青苗的意见，苏辙记述得非常明白。总之，王安石以诚挚待苏辙，无非是希望苏辙能够协力同心共同进行革新大业。

在反变法声势震慑之下，苏辙也同李常等一样，向反变法势力靠拢。他看出陈升之与王安石对变法革新的差异，"陈旸叔（即陈升之）虽与介甫共事，而意本异，所唱不深和之也"②，因此找到陈升之，希望他出面干预青苗法的实施。陈升之的干预被察觉，苏辙奉书于王安石、陈升之，力陈派使至各地调查农田水利不便，并要求"补外"，以便同变法派划清界限。时张方平知陈州，遂将苏辙调至陈州主持学政，这样苏辙一直任职于地方。元丰二年（1079）又因营救苏轼贬为监筠州盐酒税，五年未曾迁调。苏辙在政治上失意之后，同苏轼一样，也投入到对经学的探索中。

元祐元年（1086）司马光复辟之日，苏辙以右司谏身份，追随司马光否定全部新法，称宣仁太后垂帘听政，"罢道洛，废市易，损青苗，止助役，宽保甲，免买马，放修城池之役，复茶盐铁之旧"，"命令所至，细民鼓舞相贺"③，对变法派宰执大臣如蔡确、韩缜、章惇等一律排击。由于章惇对司马光役法议论驳斥得最为得力，朝野上下一片颂

---

① 苏辙：《龙川略志》卷三《与王介甫论青苗盐法铸钱利害》。
② 苏辙：《龙川略志》卷三《议遣八使搜访遗利》。
③ 苏辙：《栾城集》卷三六《乞罢左右仆射蔡确韩缜状》，四部丛刊本。

383

扬。为维护司马光的地位,苏辙与全部台谏官倾巢而出,将怒火集中到章惇身上,直至章惇罢官闲居。在元祐复辟中,苏辙成为保守派中核心人物之一,因而官位不断上升,元祐五年(1090)成为御史中丞。又由于苏辙反对吕大防、刘挚的"调停"论,起用一些变法派人物,更得到了宣仁太后的赞赏,翌年出任尚书右丞,是仅次于宰相的大臣。

绍圣初变法派执政,苏辙从知汝州落职到筠州居住,继又贬至岭南化、雷、循诸州。宋徽宗即位,元祐党人得到赦免,苏辙亦北归,居于许州,自号颍滨遗老。苏辙贬逐七年、许州居住六年以来,杜门复理旧学,于是"《诗》、《春秋传》、《老子解》、《古史》四书皆成";"尝抚卷而叹,自谓得圣贤之遗意,缮书而藏之。顾谓诸子:'今世已矣,后有达者,必有取焉'"①,与苏轼抱有同一愿望。

二、苏洵对经学的探索

司马谈批评儒家"博而寡要",儒生们以至于"白首不能通一经"。但也不能否认,六经因流传久远,从文字到内容也确实存在研治困难的一面。苏洵以文学起家,对经学亦用力不少,毕竟起步较晚,与宋初经学名家的三先生相比,亦毕竟有所逊色。但不论怎样说,苏洵对经学的探索亦确实表现了他自己的特色。苏洵对六经都有所论述,写出《易论》等六篇文字。在这些文章中,苏洵提出一个根本性的问题,即六经与圣人之道讲的到底是些什么。圣人之道,一般地说,亦即孔夫子之道、儒家之道。从文章论述语气看,苏洵所谓的"圣人之道"中的圣人,包括尧、舜、文、武、周公等古代的帝王。这就是说,孔夫子之道、儒家之道,或者所谓的古道,是一脉相承的。那么,六经与圣人之

---

① 苏辙:《栾城后集》卷一三《颍滨遗老传下》。

第十四章 苏蜀学派及其对《易》、《老子》哲学思想的阐发

道的关系是什么？苏洵在《易论》中指出：

> 圣人之道，得《礼》而信，得《易》而尊。信之而不可废，尊之而不敢废。故圣人之道所以不废者，《礼》为之明，而《易》为之幽也。

这些话的意思是，圣人之道所以能够存而不废，长时期地延续下来，主要由于《礼》和《易》的支撑。可以说，《礼》和《易》是圣人之道的两大支柱。

苏洵之所以把《礼》和《易》认作圣人之道的两大支柱，乃是由于圣人之道是建立在等级制度之上的。苏洵认为，等级制度是维护人类社会秩序的基础，有了它，"有贵贱，有尊卑，有长幼，则人不相杀"，人类社会才得到稳定。《礼》的作用至为明显，亦足以令人信服，但光有《礼》还很不够，"圣人惧其道之废而天下复于乱也"，于是：

> 作《易》观天地之象以为爻，通阴阳之变以为卦，考鬼神之情以为辞，探之茫茫，索之冥冥，童而习之，白首而不得其源。故天下视圣人如神之幽，如天之高，尊其人，而其教亦随而尊。①

这样说来，"圣人"趁着作《易》的时机，利用《易》的神秘不可测、不可窥，并以卜筮等"新奇之论"，从精神上给人民群众以"威摄"，使人民群众视圣人之道"为天下尊"，"而不敢废"！《易》的作用于此体现出来。

对《礼》的起源和探索，苏洵也有其独特的设想。苏洵认为，"夫人之情，安于其所常为，无故而变其俗，则其势必不后（当从四库本作"从"）"，变革世俗是极其困难的事。而圣人开始制礼，亦即制定贵贱、尊卑、上下等一系列的等级制度之时，让人们无条件地遵守和维护这一套等级制度秩序，"无故而使之事君，无故而使之事父，无故而使之事

---

① 苏洵：《嘉祐集》卷六《六经论·易论》。

兄",亦即"欲使之轻去其旧,而乐就吾法",则是不可能的。那么,怎么办?苏洵在这里提出了他的一个设想:

> 古之圣人将欲以礼法天下之民,故先自治其身,使天下皆信其言。

所谓"先自治其身",亦即由圣人率先行使礼,以作为人们的表率:

> 圣人曰:彼为吾君父兄,何以异于我?可是坐其君与其父以及其兄,而己立于其旁,且俯首屈膝于其前以为礼,而谓之拜,率天下之人,而使之拜其君父兄。①

圣人就以身先之的方法,乃至于忍耻、用权,竭力推行礼法,作为稳定社会秩序的根本保证。

苏洵还认为,"礼之始作也,难而易行,既行也,易而难久",因而认为单靠礼还不够,而必须增加上乐:"[圣人]观之天地之间,得其至神之机而窃之以为《乐》"。《乐》究竟有哪些内容?

> 雨,吾见其所以湿万物也;日,吾见其所以燥万物也;风,吾见其所以动万物也。隐隐铉铉,而谓之雷者,彼何用也?阴凝而不散,物蹙而不遂,雨之所不能湿,日之所不能燥,风之所不能动,雷一震焉,而凝者散,蹙者遂。曰雨者,曰日者,曰风者,以形用;曰雷者,以神用。用莫神于声,故圣人因声以为乐。为之君臣、父子、兄弟者,礼也。礼之所不及,而乐及焉。正声入乎耳,而人皆有事君、事父、事兄之心!则礼者固吾心之所有也,而圣人之说又何从而不信乎?②

自然界的各种声音,组成为自然的音乐,亦即人们所说的天籁。对于这种天籁,往往由于它所组成的乐曲非常和谐,从而能够陶冶、怡悦人们

---

① 苏洵:《嘉祐集》卷六《六经论·礼论》。
② 苏洵:《嘉祐集》卷六《六经论·乐论》。

的性情。所以，《乐》就是从自然界引入人们的社会生活中，使其产生相应的教化或启迪的作用。正统派儒家从孔夫子始，就将《乐》分作正声和非正常的乃至于淫声，正声教育人们遵循礼法，与《礼》同样产生维护等级制度及其秩序的作用。苏洵以"正声入于耳，而人皆有事君、事父、事兄之心"，从《礼》之开始行使的勉强，经过一个较长时期，以及《乐》的正声教化又深入人心，《礼》对人们来说就从勉强行使而变成自然而然的事情了。正声，这是儒家正统的观念，苏洵解释"雷者，以神用"，"用莫神于声"，把声看作来自于雷，并具有神秘性，这一点正是苏洵对《乐》的独特的理解和认识。

苏洵对《易》的了解较其他各经深刻，其中有关义利的辨析则继李觏之后作出更进一步的发展。在《利者义之和论》论题下，苏洵写道：

> 义者，圣人戕天下之器也。……武王以天命诛独夫纣，揭大义而行，夫何恤天下之人？而其发粟散财，何如此之汲汲也？意者，虽武王亦不能以徒义加天下也。《乾·文言》曰："利者，义之和。"又曰："利物足以和义。"呜呼，尽之矣！①

苏洵极其精辟地论述了义、利相互依赖的关系，"利在则义存，利亡则义丧"，"义利、利义相为用，天下运诸掌矣"。"义必有利而义和"，片面强调义否定利或者只要义不要利，都是站不住的。义利之辨是从王安石变法到南宋孝宗时期，程朱理学与变法派、浙东事功派争论的重大问题，后面再加论述。

经学之外，苏洵喜论兵、论权谋、用将等，这些都是人们常谈论的问题，本文不多加赘述。至于苏洵论文论学的一些特色，将放在本章最后《论苏学》一节中再加说明。

---

① 苏洵：《嘉祐集》卷八《利者义之和论》。

三、苏蜀学派的代表作《东坡易传》及其对《易》学的贡献

苏轼《东坡易传》，四库本，九卷。晁公武《郡斋读书志》、陈振孙《直斋书录解题》均著录，则作十卷。《东坡易传》应当说是苏氏父子共同撰作的，并且是苏蜀学派的代表作。苏辙在为苏轼所写的墓志铭上说：

> 先君（指苏洵）晚岁读《易》，玩其爻象，得其刚柔远近、喜怒逆顺之情，以观其词，皆迎刃而解。作《易传》未完，疾革，命公（指苏轼）述其志。公泣受命，卒以成书。①

苏籀《栾城遗言》中亦记载了有关《易传》的情况：

> 公（指苏辙）言，先曾祖（指苏洵）晚岁读《易》，玩其爻象，得其刚柔远近、喜怒逆顺之情，以观其词，皆迎刃而解。作《易传》未完，疾革，命二公述其志。东坡受命，卒以成书。初二公少年皆读《易》，为之解说，各仕它邦。既而东坡独得文王伏羲超然之旨，公乃送所解予坡。今《蒙》卦犹是公解。②

现在《东坡易传》既有老苏的旧作，又有小苏的《蒙》卦，称之为苏氏父子共同撰作是合适的。自然苏轼是主要作者，是书是由他一手完成的。苏轼从元丰三年（1080）贬居黄州时开始撰写，绍圣元符年间（1094—1100）贬居岭南时完成，历时二十年。是书成书年代与程颐《易传》相先后，此前则有胡瑗的《周易口义》和王安石的《易义》著名于世。作为苏蜀学派的代表作，是书与胡瑗、王安石、程颐等人的著

---

① 苏辙：《栾城后集》卷二二《亡兄子瞻端明墓志铭》。
② 苏籀：《栾城遗言》，四库影印本864—173。

第十四章　苏蜀学派及其对《易》、《老子》哲学思想的阐发

作都属于《易》研究中的义理派。苏轼的哲学思想集中表现在这部书中。

（一）苏轼《易传》对易理的阐发是沿着宋学形成阶段"不惑传注"的路子进行的，即从义理而不是从章句进行阐发的：

> 夫论经者，当以意得之，非于句义之间也。于句义之间，则破碎牵蔓之说，反能害经之意。孔子之言《易》如此，学者可以求其端矣。①

"破碎牵蔓之说"，是苏轼对汉代章句之学的中肯评论；"当以意得之"，则是宋初三先生、欧阳修、李觏研治经学的基本途径，为苏轼所继承。苏轼《东坡易传》是沿着宋学创建者的道路继续前进的，但只是从治学方法上，而在治学目的上则有很大的不同了。

在对《易》的阐释上，苏轼受王弼的影响很深，曾多次引用王弼的说法，包括在一些关键性的问题上。王弼是魏晋玄学的倡导者，注有《周易》、《论语》、《老子》等书，对当时思想界的影响深远。苏轼之受到王弼影响，并不是偶然的。如前所说，苏轼年轻时即喜读庄子，"乌台诗案"贬谪黄州之后，老庄以及佛家思想进一步地渗透到苏轼思想中。对此，后面还将继续探索这一问题。

（二）先看苏轼关于宇宙生成的论述。《易传》上有一大段话表明苏轼对这个问题的认识，他说：

> 阴阳果何物哉？虽有娄旷之聪明，未有得其仿佛者也。阴阳交然后生物，物生然后有象，象立而阴阳隐矣。凡可见者皆物也，非阴阳也。然谓阴阳为无有，可乎？虽至愚知其不然也。物何自生哉？是故指生物而谓之阴阳，与不见阴阳之仿佛而谓之无有者，皆惑也。圣人知道之难言也，故借阴阳以言之，曰一阴一阳之谓道。一阴一阳者，阴阳未交而物未生之谓

---

① 苏轼：《东坡易传》卷七《系辞传上》，四库影印本9—128。

也。喻道之似,莫密于此者矣。①

苏轼的话说得很明白,阴阳是看不见、摸不着的,而看得见、摸得着的是"阴阳交然后生物"的物,即一个具体的物。但不能因为看不见摸不着就说它不存在,如果没有阴阳,"物何自生哉?"那么,阴阳到底是什么?阴阳即是道:"一阴一阳之谓道。"不过,苏轼曾经明确表示过,"一阴一阳者,阴阳未交而物未生之谓也",他的老弟苏辙则认为这个说法"未允":

> 《易》曰:一阴一阳之谓道,坡公以为阴阳未交,公(指苏辙)以坡公所说为未允。公曰:阴阳未交,元气也,非道也。正如云一龙一蛇之谓道也,谓之龙亦可,谓之蛇亦可。②

如果按照苏辙的这个说法,阴阳未交指的是元气,而不是道,苏轼的认识论可能属于另一种情况。就苏轼的说法来看,阴阳未交即是道,那么,宇宙万物都是从看不见摸不着的抽象的"道"这一概念产生的,苏轼亦在《易传》中明确地说过"太极者有物之先也"③,太极亦即老庄哲学中的道。苏轼这种说法,亦即老子哲学中"有生于无",王弼强调"无"的意义作用,都属于客观唯心主义认识论的范畴。苏轼的哲学认识论来自老子,而其深受王弼影响者亦即在此!

(三)苏轼哲学思想确有其独自的特色。在"阴阳未交"以下,苏轼论述道:

> 阴阳一交而生物,其始为水。水者,有无之际也,始离于无而入于有矣。老子识之,故其言曰:"上善若水"。又曰:"水几于道"。圣人之德,虽可以名言,而不囿于一物。若水之无常形,此善之上者,几于道矣,而非道也。若夫水之未生,

---

① 苏轼:《东坡易传》卷七《系辞传上》,四库影印本9—124。
② 苏籀:《栾城遗言》,四库影印本864—176。
③ 苏轼:《东坡易传》卷七《系辞传上》,四库影印本9—132。

第十四章 苏蜀学派及其对《易》、《老子》哲学思想的阐发

> 阴阳之未交，廓然无一物，而不可谓之无有，此真道之似也。阴阳交而生物，道与物接而生善。物生而阴阳隐，善立而道不见矣。①

苏轼把水看作老子哲学有无之际的一个界限，把水看作宇宙万物生成过程中原生物质或者最初的第一种物质，这种看法在中国哲学思想发展史上是较为突出的，值得一提。

（四）"水"在《东坡易传》中确实有其特殊的地位，因而引起一些哲学工作者的兴趣。② 在"行险而不失其信"句下，苏轼诠释道：

> 万物皆有常形，惟水不然，因物以为形而已。世以有常形者为信，而以无常形者为不信。然而，方者可斲以为圆，曲者可矫以为直，常形之不可恃以为信也如此。今夫水虽无常形，而因物以为形者，可以前定也。是故工取平焉，君子取法焉。惟无常形，是以迕物而无伤，惟莫之伤也，故行险而不失其信。由此观之，天下之信，未有若水者也。③

无常形、因形而形的水，却成为人们"取平"、"取法"的依据，比那些具有常形的方圆曲直更值得可信。苏轼的这段论证应当说是机智巧妙的。

（五）苏轼对"水"如此看重，完全是由于老庄的影响。但苏轼对"水"之有如此深刻的论述，则得自于自身感受，并从这种感受中，上升到理性的认识，而这种认识便达到一定的思维高度了。这里不妨从他当时写作的《赤壁赋》和《赤壁怀古》两作中加以论证，即是以苏轼在现实生活中的思想与其《易传》中所反映的思想予以论证。

《赤壁赋》与《赤壁怀古》两作是苏轼的千古绝唱，《赤壁赋》中最

---

① 苏轼：《东坡易传》卷七《系辞传上》，四库影印本9—124。
② 参见余敦康：《苏轼的〈东坡易传〉》，载《国学研究》（第三卷），北京大学出版社1995年12月版。
③ 苏轼：《东坡易传》卷三，四库影印本9—54。

为重要的两段是客与苏轼之间的对话。由于文字较长,客人所说的曹孟德横槊赋诗、赤壁之战的形势从略,从下文录起:

> 客曰:"……(曹孟德)固一世之雄也,而今安在哉?况吾与子渔樵于江渚之上,侣鱼虾而友麋鹿。驾一叶之扁舟,举匏尊以相属。寄蜉蝣于天地,渺沧海之一粟。哀吾生之须臾,羡长江之无穷。挟飞仙以遨游,抱明月而长终。知不可乎骤得,托遗响于悲风。"
>
> 苏子曰:"客亦知夫水与月乎?逝者如斯,而未尝往也;盈虚者如彼,而卒莫消长也。盖将自其变者而观之,则天地曾不能以一瞬;自其不变者而观之,则物与我皆无尽也,而又何羡乎?且夫天地之间,物各有主。苟非吾之所有,虽一毫而莫取。惟江上之清风,与山间之明月。耳得之为声,目遇之而成色。取之无禁,用之不竭。是造物者之无尽藏也,而吾与子之所共适。"①

又苏轼《念奴娇》[赤壁怀古]云:

> (大江东去上半阕从略)遥想公瑾当年,小乔初嫁了,雄姿英发,羽扇纶巾,谈笑间,强虏(或作樯橹)灰飞烟灭。故国神游,多情应笑我,早生华发,人间如梦,一尊还酹江月。②

按苏轼赤壁之游,第一次在"壬戌之秋,七月既望",即宋神宗元丰五年(1082)七月十五日,第二次则在同年十月十五日。《赤壁赋》和《赤壁怀古》当写作于两次游赤壁之间。如前所说,这两篇词赋确实展现了苏轼无比的艺术天才,而在两篇绝唱中也确实流露了苏轼心灵上无可奈何的感伤。在历史的惊涛巨浪冲刷之下,苏轼借同游的客人抒发了

---

① 《苏轼文集》卷一《赤壁赋》,中华书局点校本 1986 年 3 月版。
② 苏轼:《东坡词》,四库影印本 1487—144。

第十四章　苏蜀学派及其对《易》、《老子》哲学思想的阐发

人世靡常的感慨，即使是像曹孟德之流的英雄人物也不免"灰飞烟灭"；而一般的人只能像蜉蝣那样，消失于瞬息之间。苏轼为了安慰同游者的这一无名感伤，讲出了一番道理，其实这番道理不过是苏轼的自我安慰罢了。这篇文章中最足以反映苏轼当时情况的，是《赤壁怀古》最后一句："人间如梦"，如此而已。苏轼所以排遣自己这一情怀，亦即苏轼安慰客人的那番道理。对这番道理，南宋朱夫子则有一段别有风味的评论，他说道：

> 或问："东坡言：'逝者如斯，而未尝往也；盈虚者如代，而卒莫消长也。'只是老子'独立而不改，周行而不殆'之意否？"
>
> 曰："然。"
>
> 又问："此语莫也无病？"
>
> 曰："便是不如此。既是'逝者如斯'，如何不往？'盈虚如代'，如何不消长？既不往来，不消长，却是个甚底物事？这个道理，其来无尽，其往无穷。圣人但云：'维天之命，于穆不已。'"
>
> 又曰："'逝者如斯夫'，只是说个不已，何尝说不消长、不往来？……东坡之说，便是肇法师'四不迁'之说也。"①

朱夫子对"逝者如斯"等句的评论，从文学艺术角度看，似乎有点煞风景，而就朱夫子的议论看，用佛家说法，似乎有些属于"边见"之论，这些似乎都可不必深究。但朱夫子称苏轼此论来自于佛家肇法师"四不迁"之说则是确切的。苏轼不仅有佛家思想，似乎也掺杂道家思想。如所谓"天地之间，物各有主"，"惟江上之清风，与山间之明月"，"造物者之无尽藏也，而吾与子之所共适"诸语，实富有郭象《庄子注》知荣辱之分的思想，用这种思想来解脱自己无可奈何的感伤！

---

① 《朱子语类》卷一三〇《自熙宁至靖康用人》。

苏轼之所以深受佛家、老庄思想之影响，有其深刻原因。苏轼本有强烈功名之心，而在其青年仕宦顺利之际，突然出现了熙丰变法改革运动。苏轼既然反对变法而使其上进路途受到阻遏，而"乌台诗案"使苏轼从仕宦之途上跌落下来。人世靡常的思想就是在这种情况下产生的，老庄佛家思想正是在这种条件下浸透的；"人间如梦"，就只能走到虚无缥缈的世界中了。苏轼所具有的这一社会现实思想既在他的生活中表现出来，也在他的《易传》中反映出来，即如前面所说。

（六）《周易》是讲究变易的古代经典，富有丰富的朴素辩证法思想，《周易》的研治者往往受到这种思想的影响并予以阐发，从而进一步抉发出这部经典的价值。苏轼就是这样的《周易》研治者。在对《周易》的阐发中，苏轼强调了对立面的互相依存这一思想。如苏轼对《贲》卦刚柔的解释道：

> 刚不得柔以济之，则不能亨；柔不附刚，则不能有所往。
> 故柔之文刚，刚者所以亨也；刚之文柔，柔者所以利往也。①

刚柔这两者是矛盾的，组成一个共同体，彼此不能脱离。在刚柔矛盾共同体中，苏轼也似乎觉察了矛盾共同体中柔是主导的一面。在解释"坤至柔而动也刚"一句时道：

> 夫物，非刚者能刚，惟柔者能刚耳。畜而不发，及其极也，发之必决，故曰沉潜刚克。②

《老子》不仅讲过柔弱胜刚强，而且更大讲特讲居于次要的弱者的一面，能够转化为强者。苏轼大概受到《老子》的影响，认为"惟柔者能刚耳"。苏轼还认为对立双方"相噬"才能存在，如果失去一方，则这一方则"自噬"，反而不如另一方存在、"相噬"为好。在《噬》卦象"雷电噬嗑"句下解释道：

---

① 苏轼：《东坡易传》卷三，四库影印本9—42。
② 苏轼：《东坡易传》卷一，四库影印本9—9。

第十四章　苏蜀学派及其对《易》、《老子》哲学思想的阐发

> 居噬嗑之时，六爻未有不以噬为事者也。自二与五，反覆相噬，犹能戒以相存也。

在"贞厉无咎"句下解释道：

> 九四居二阴之间，六五居二阳之间，皆处争地而致交噬者也。夫不能以德相怀而以相噬为志者，唯常有敌以致其噬则可以少安。苟敌亡矣，噬将无所施，不几于自噬乎？由此观之，无德而相噬者，以有敌为福矣！①

这两段话苏轼说得非常清楚，"无德而相噬"的双方，即不是以德相怀而是以吞并为目的的双方，都是以对方的存在为条件才能存在，"反覆相噬，犹能戒以相存也"，如果失去对方，就只有自己吞噬自己（即几于自噬），那样就很危险了。从字面上看，苏轼的解释也无可非议，但就《周易》写作时代看，春秋战国之际，往往有敌对势力存在，这个国家亦因之发愤图强，从而存在下去，"无敌国外患者，国恒亡"，即是在这样的历史条件下得出的一个结论，因而苏轼提出"以德相怀"这一前提与社会现实相违背。其次，从辩证法角度观察，敌对双方失去一方之后，取得胜利的一方则将出现新的矛盾，"几于自噬"则是新的矛盾产生过程所不可避免的。如果不是以形而上学的观点，而是以事物转化的辩证法观点来看，像王安石所说"耦之中又有耦焉"，苏轼的这一解释就很完美了。总之，苏轼承认双方对立面相互依存这一思想，是有识见的。

（七）苏轼《易传》还保留了不少有关政治上的箴言，构成为他的政治哲学。如苏轼曾指出，"久安生蛊"：

> 器久不用而虫生之，谓之蛊；人久宴溺而疾生之，谓之蛊；天下久安无为而弊生之，谓之蛊。《易》曰：蛊者，事也。夫蛊，非事也。以天下为无事而不事事，则后将不胜事矣！此

---

① 苏轼：《东坡易传》卷三，四库影印本 9—40、41。

蛊之所以为事也。……下莫逆而上无为，则上下大通而天下治也。治生安，安生乐，乐生媮，而衰乱之萌起矣！蛊之灾非一日之故也，必世而后见。①

苏轼所说的久安生蛊与《左传》上"晏安鸩毒"讲的是一个道理，都是极好的政治箴言。

苏轼对民的作用极为重视。《屯》卦中的解释文字道：

……建侯以明不专利而争民也。民不从吾而从吾所建，犹从吾耳。

势可以得民从而君之者，初九是也；因其有民从而建之，使牧其民者，九五是也。苟不可得而强求焉，非徒不得而已，后必有患。②

殷周到春秋，诸等级贵族的统治权的大小建立在它所拥有"民"（村社成员）的多少上面，因而必须"争民"才能够扩大自己的统治权。对民、贵族统治者与财之间的关系，苏轼论述道：

位之存亡寄乎民，民之死生寄乎财。故夺民财者，害其生者也；害其生者，贼其位者也。甚矣，斯言之可畏也，以是亡国者多矣！③

苏轼这段议论是很精彩的，贵族统治者、民、财这三者的关系，财成为中心环节，贵族统治者能否维持住对民的统治关系，关键在财。"亡国者多矣"，就在于他们夺民之财以害其生，结果是"害其生者，贼其位"，使贵族统治者从统治的宝座上跌落下来。这一部分是苏轼《易传》中值得珍视的。

（八）最后还要看一下苏轼对人性的论述，由此考察苏学之与程氏

---

① 苏轼：《东坡易传》卷二，四库影印本9—36。
② 苏轼：《东坡易传》卷一，四库影印本9—11。
③ 苏轼：《东坡易传》卷八《系辞传下》，四库影印本9—136。

第十四章　苏蜀学派及其对《易》、《老子》哲学思想的阐发

理学之间的不同。在《乾》卦"保合太和"句下苏轼解释道：

……世之论性命者多矣，因是请试言其粗。曰：古之言性者，如告瞽者以其所不识也。瞽者未尝有见也，欲告之以是物，患其不识也，则又以一物状之。夫以一物状之，则又一物也，非是物矣！彼惟无见，故告之以一物而不识，又可以多物眩之乎？

古之君子患性之难见也，故以可见者言性。夫以可见者言性，皆性之似也。君子日修其善，以消其不善，不善者日消，有不可得而消者焉。小人日修其不善，以消其善，善者日消，亦有不可得而消者焉。夫不可得而消者，尧舜不能加焉，桀纣不能亡焉，是岂非性也哉？君子之至于是，用是为道，则去圣不远矣。

虽然，有至是者，有用是者，则其为道常二。如器之用于手，不如手之自用，莫知其所以然而然也。性至于是，则谓之命。命，令也。君之令曰命，天之令曰命，性之至者亦曰命。性之至者，非命也；无以名之，而寄之命也。死生祸福莫非命者，虽有圣智莫知其所以然而然。君子之于道，至于一而不二，如手之自用，则亦莫知其所以然而然矣！

情者，性之动也。溯而上至于命，沿而下至于情，无非性者。性之与情，非有善恶之别也。方其散而有为，则谓之情耳！命之与性，非有天人之辨也，至其一而无我，则谓之命耳！……①

苏轼对性命、性情的论述，浅显明白，别开生面，令人耳目为之一新。苏轼论性命之理的要点：一是性有善有恶，既非性善论，亦非性恶论；二是命是性之至者而给予的名称，"死生祸福，莫非命者"，是任何人无

---

① 苏轼：《东坡易传》卷一，四库影印本9—4、5。

法解释的。"君子之道"亦就此而止；三是"情是性之动"，性情没有"善恶之别"。苏轼的这些论述同二程理学具有明显的分歧。苏轼在《书传》上有关人心、道心的论述，同样说明了他与程系理学以及司马光哲学之间的分歧。在"人心惟危"等句下，苏轼解释道：

> 人心，众人之心也，喜怒哀乐之类是也。道心，本心也，能生喜怒哀乐者也。安危生于喜怒，治乱寄于哀乐，是心之发有动天地、伤阴阳之和者，亦可谓危矣。至于本心，果安在哉！为有耶？为无耶？有，则生喜怒哀乐者，非本心也。无，则孰生喜怒哀乐者？故夫本心，学者不可以力求而达者，可以自得也，可不谓微乎！
>
> 舜戒禹曰：吾将使汝从人心乎？则人心危而不可据。使汝从道心乎？则道心微而不可见。夫心岂有二哉，不精故也，精则一也。……道心即人心也，人心即道心也，放之则二，精之则一。桀纣非无道心也，放之而已；尧舜非无人心也，精之而已。舜之所谓道心者，子思之所谓中也；舜之所谓人心者，子思之所谓和也。①

苏轼把"人心惟危，道心惟微"中这两个心解释为一个心，论述得亦颇有道理。而从司马光到二程一直把人心、道心分成为二，并以道心作为克服人心中产生恶欲的根本手段。中庸之道作为司马光二程哲学的自我修养的指导方针，就是建立在这一基础之上的。苏轼所代表的蜀学与司马光哲学、二程理学之间的分歧，又在这个问题上明显地凸现出来。

但苏轼同司马光也有相同之处。苏轼在《书传》中对智勇来源曾有如下论述：

> 凡圣人之德，仁义孝弟忠信礼乐之类，皆可以学至。惟勇也、智也，必天予而后能，非天予而欲以学求之，则智勇皆凶

---

① 苏轼：《东坡书传》卷三，四库影印本54—504。

德也。汉高祖识三杰于众人之中,知周勃陈平于一世之后,此天所予智也。光武平生畏怯,见大敌勇,此天所予勇也,岂可学哉!①

苏轼认为智勇来自于天,非学而至,与司马光对此问题的看法一致。如果强加学习,苏轼谓之凶德,司马光谓之必遭"天刑",也甚为一致。不过,苏轼所说之天系自然之天,而司马光所说之天则是具有威信的天老爷之天,有其不同。但智勇来自于天,就其本质说,都属于先验主义范畴,与王安石智勇来自后天学习这一说法是对立的。

四、苏辙的《老子解》

苏辙《老子解》,陈振孙《直斋书录解题》卷九道家类著录,谓之《老子新解》(二卷)。苏轼在为其弟是书写的跋语上说:"使战国有此书,则无商鞅、韩非;使汉初有此书,则孔老为一;使晋宋有此书,则佛老不为二。"这个跋语未免过分夸大,但是在夸大中却说明了苏辙《老子解》渗透了儒、道、释三家思想。而也正是这个渗透,导致了朱夫子的怒气冲天,称苏辙达到无忌惮的地步!苏轼的过分夸大与朱熹的一味贬低,都不大符合是书的实际。南宋彭耜《道德真经集注》共搜罗了十八家注释,其中也有苏辙的注释,而且所引远超过王安石等人的注释。但,也并不完全。从金代李霖《道德真经取善集》所录加以比勘,该集卷二"上善若水"一句,苏辙"天一生水"等注释,为彭耜集注中未有,可见苏辙《老子解》亦无完本。宋人对《老子》哲学的探索,由王安石开其端,如前所说,他的《老子解》大约在嘉祐年间刊行。之后,王雱、吕惠卿、陆佃、司马光等的《老子解》陆续成书,《老子》

---

① 苏轼:《东坡书传》卷七,四库影印本54—541。

研究成为一个热点。苏辙《老子解》较以上诸书均晚出,就其成就而言,与王安石相去甚远,即使方驾于王雱陆佃诸家,亦不无困难。虽然如此,苏辙《老子解》在宋代注释中依然能够自成一家。

(一) 先从《老子》有关道的问题入手

(1) 道是什么?苏辙在"道可道,非常道"句下注释道:"莫非道也,而可道者不可常,惟不可道,而后可常耳!"①苏辙举出仁义礼智等,这些是可道之道,即具体之道;但仁只能为仁,而不能为义,而不是具有普遍意义的抽象化了的常道。苏辙这段话基本上阐释了《老子》原义,《老子》哲学中总是把具体与抽象、个别与一般、殊相与共相等区分得一清二楚。

(2) 《老子》强调事物的矛盾对立,但对立双方是处于同一体中的:"故有无之相生,难易之相成"等,苏辙对这些话解释道:"彼不知有无、难易、长短、高下、声音、前后之相生相夺,皆非其正也。方且自以为长,而有长于我者,临之,斯则短矣。方且自以为前,而有前于我者,先之,斯则后矣。"②苏辙用"相生相夺"阐释《老子》所讲的对立统一,是非常贴切的。

(3) 《老子》一书既强调对立面的斗争,也强调对立面的转化,这个转化总是表现为弱者战胜强者,所以《老子》总是教导人们,要居于弱者的地位,即知其白,守其黑;知其雄,守其雌等。《老子》概括这一思想为:"反者,道之动;弱者,道之用。天下之物生于有,有生于无。"苏辙对这句话的解释道:"复性,则静矣。然其寂然不动,感而遂通天下之故,则动之所自起也。道无形无声,天下之弱者莫如道,然而天下之至强莫加焉,此其所以能用万物也。世不知静之为动、弱之为强,故告之以物之所自生者。"③苏辙阐释了动静、强弱的转化,也与

---

① 彭耜:《道德真经集注》卷一,《道藏》13—109。
② 彭耜:《道德真经集注》卷一,《道藏》13—113。
③ 彭耜:《道德真经集注》卷一〇,《道藏》13—187。

第十四章　苏蜀学派及其对《易》、《老子》哲学思想的阐发

《老子》原意大体一致。

（4）《老子》认为，"道"亦即无，所有的有，所有的事物，都是从"道"亦即从无中产生的。而"道"又是怎样产生的？"有无混成，先天地生"，这就是《老子》的答案。苏辙解释道："夫道，非清非浊，非高非下，非去非来，善恶（非善非恶？）混然而成体，其于人为性，故曰有物混成。此未有知其生者，盖湛然常存，而天地生于其中耳！"①《老子》把"道"看作是"先天地生"的独立的实体，这种认识路线属于客观唯心论范畴。王安石王雱父子则纠正了这一错误，把道看作与物质（元气）结合着的，形成了唯物主义认识路线。王氏父子的《老子解》均早已刊印，苏辙则依然因袭《老子》旧说，显然落后于时代了。

（二）苏氏父子之学有其独自特色。苏辙在论述他们一家学术特色时说：

> 予少而力学。先君，予师也。亡兄子瞻，予师友也。父兄之学，皆以古今成败得失为议论之要。以为士生于世，治气养心，无恶于身，推是以施之人，不为苟生也。不幸不用，犹当以其所知，著之翰墨，使人有闻焉。②

苏辙之写作《历代论》，就在于继承其父兄这一"议论之要"。《老子》之所以被视作"人君南面之术"，亦正是通过对历代成败得失的考察，总结出来适应统治者需要的经验。苏辙之注释《老子》，便极其自然地顺着这一思路进行探索。

（1）对《老子》"以道佐人主者，不以兵强胜天下"诸句，苏辙解释道："圣人用兵，皆出不得已。非不得已而欲以强天下，虽或能胜，其祸必还报之。楚灵、齐湣、秦始皇、汉武帝，或以杀其身，或以祸其子孙，人之所毒，鬼之所疾，未有得免者也。"苏辙把楚灵王等人不同性质的战争混在一起说，当然很不恰当，从总结穷兵黩武教训来说，也

---

① 彭耜：《道德真经集注》卷六，《道藏》13—158。
② 苏辙：《栾城后集》卷七《历代论一·并引》。

许可以说得过去。对"师之所处荆棘生焉"等所释,则甚恰当:"兵之所在,民事废,故田不修。用兵之后,杀气胜,故年谷伤。凡兵皆然,而况以兵强天下者耶?"① 任何战争对社会生产都会产生相应的影响,这一点毋庸讳言。穷兵黩武一类不义战争的危害性就更加严重了。

(2) 对《老子》"天下多忌讳而民弥贫","民常不畏死,奈何以死惧之"诸句,苏辙则在忠实原意的情况下而予以阐释,如:

  人主多忌讳(据陈景元的注释,忌讳作禁令,甚妥),下情不上达,则民贫而无告矣。利器,权谋也。明君在上,常使民无知无欲;民多权谋,则其上眩而昏矣!人不敢本业而趋末伎,则非常无益之物作矣!患人之诈伪,而多为法令以胜之,民无所措手足则日入于盗贼矣!②

  政烦刑重,民无所措其手足,则常不畏死。虽以死惧之,无益也。民安于政,常乐生畏死,然后执其诡异乱群者而杀之,孰敢不服哉?③

苏辙从这些注释总结出了"上多忌讳"而造成的上下不通气以至于民贫的事实,总结出了"政烦刑重"压迫下民不畏死的情况,这些都值得一提。但苏辙这些有益的注释也仅仅提供给后人借鉴,而在苏辙任御史中丞、尚书左丞期间,本来可以减轻赋役负担(如差役之类)的,却不见有任何措施。这一事实说明一点:苏辙(以及所有保守派)的说与做、言与行亦总是脱节的。对于打击变法派,苏辙同所有的保守派却毫不手软!这算是给苏辙"民常不畏死"所作注释的注释吧!

(三) 苏辙的这部《老子解》,可以说是儒佛道三家思想互相矛盾、互相渗透、互相吸收这一时期学术发展趋势下的一个产物。

前文曾说朱熹对此书贬斥得极为厉害。在《杂学辨·苏黄门老子

---

① 彭耜:《道德真经集注》卷八,《道藏》13—168。
② 彭耜:《道德真经集注》卷一四,《道藏》13—213。
③ 彭耜:《道德真经集注》卷一七,《道藏》13—236。

第十四章 苏蜀学派及其对《易》、《老子》哲学思想的阐发

解》一文中，朱熹称："苏侍郎晚为是书，合吾儒于老子，以为未足，又并释氏而弥缝之，可谓舛矣！然其自许甚高，至谓当世无一人可与语此者。而其兄东坡公亦以为，不意晚年见此奇特！以予观之，其可谓肆无忌惮者与？"① 这个评论是不正确的。

其所以不正确：(1) 儒佛道三家互相渗透、互相汲取是时代学术潮流，不仅二苏如此，王安石亦是如此，而王安石以前许多学者也是如此。洛学创建者二程——朱熹的祖师爷不是也吸收佛家思想吗？连朱熹自己不是也吸收道家思想吗？王安石二苏等之汲取佛老思想，坦率地承认此事，而从二程到朱熹对佛老思想的汲取，却阳拒阴习②，且死不认账，由此来证明只有他们才是纯而又纯的正统派儒家。从二程到朱熹，一直叫喊："修辞立其诚"。而他们的实际行动却极其不诚，这又怎么能够使人们相信，他们所建立的理论之真实可信？

(2) 就朱熹对苏辙《老子解》提出的批评意见看，有的不值一提，如苏辙曾将老子和孔子并列为二圣人，从而激起了朱熹的愤慨："以孔子老聃并称圣人，可乎？"苏辙在《老子解》中曾说：

> 故后世执老子之说以乱天下者有之，而学孔子者无大过。

朱熹对此句的批评是：

> 愚谓善学老子者如汉文景曹参，则亦不至乱天下。如苏氏之说，则其乱天下必矣！③

苏辙说"执老子之说以乱天下者有之"，而朱熹批评说"则其乱天下必矣！"朱熹的"必矣"的概念顶替苏辙"有之"的概念，这就夸大了苏辙的原意，这种偷换概念的办法是不足取的。

(3) 朱熹的这篇评论，分析了《老子解》中何者是儒家思想，何者

---

① 朱熹：《朱文公文集》卷七二《杂学辨·苏黄门老子解》，四部丛刊本。
② 参阅章太炎：《国学讲演录·诸子略说》，二十世纪国学丛书。
③ 朱熹：《朱文公文集》卷七二《杂学辨·苏黄门老子解》。

又是佛家道家思想，使人们进一步了解《老子解》儒佛道三家思想相互渗透的情况，具有参考意义，值得一读。

儒佛道三家思想的渗透、汲取是一种自然的趋势。但在这种学术交流中，当然要分辨清楚何种思想起着正作用，而何种思想又起着负作用。而对起着不同作用的思想，当然要持有不同的态度。在论王雱的《老子解》的一篇文章中，我曾经指出，王雱有鬼神魂魄之说是受了佛家轮回报应的消极思想的影响，同时还指出苏辙《老子解》中也受到了这种消极思想的影响。如《载营魄》章苏辙注释道：

> 圣人性定而神凝，不为物迁，虽以魄为舍，而神所欲行，魄无不从，则神常载魄矣。……①

下面所录王雱对此章的注释，二者意义相同，朱熹曾指出此事。像这种迷信思想作为佛家负作用也使苏辙受到了影响，这也是应当指出的。

五、论苏学

总结一下苏学，特别是苏学的思维方法，亦许更有意义。

苏学，按本书论述范围，主要是经（哲）学方面。前面提到，苏辙所说的"皆以古今成败得失为议论之要"，是苏氏父子之学。而"古今成败得失"多表现为政论，其中也有一部分经学。不论苏氏父子的政论，还是他们的经学论著，在思维方法的运用上，则是一致的。因而这里所要探讨苏学的方法，不能不涉及他们有关的政论，苏学的范围亦就不能不放宽一些。

朱熹对苏氏父子之学较多评论，其中有的论评则颇发人深省。朱熹

---

① 彭耜：《道德真经集注》卷三，《道藏》13—125。

第十四章 苏蜀学派及其对《易》、《老子》哲学思想的阐发

曾说:"老苏父子自史中《战国策》得之,故皆自小处起议论,欧公喜之。"① 所谓"自小处起议论",实际上这是苏氏父子探索经史之学的一种思路、方法,而且这种思路、方法又是苏氏父子驾轻就熟的思路、方法。试以苏洵《六国》为例。文章劈头即指出:"六国破灭,非兵不利,战不善,弊在赂秦,赂秦而力亏,破灭之道也。"苏洵抓住六国"赂秦"这一"小处"加以申论,指出六国破灭不在于"兵不利,战不善",而在于此! 就议论言,确实是从"赂秦"这一"小处"开始的;而就方法言,也确实是抓住"赂秦"进行分析的。这种方法,就好像把一个楔子楔到木材中,因势利导而将全木劈将开来。苏洵及其二子的这一类的议论,极其新颖,给人们以耳目一新之感,既有吸引力,也能有所启迪。但在探索复杂的事物,这个方法未必就能够奏效。六国之所以破灭,"赂秦"可能是一个原因,但并非唯一的也非决定性的原因。

苏氏父子对学问的探索,也不仅仅只是从"小处起议论",而且是从大处、从关键要害处起议论。我在《苏轼"蜀学"与二程"洛学"在思想领域中的对立》一文中指出,苏轼要打破程颐"洛学"的"敬"字,从而展开了双方的矛盾斗争。② 首先,在对立思想的背后,却隐伏着苏程两家在权力再分配中的你攘我夺。接着进一步揭示,苏轼抓"洛学"中的"敬"抓得极其准确。在"洛学"中,"敬"占有极为重要的地位,所谓"涵养须用敬",只有由敬才能入诚,而诚则是"洛学"实现内圣外王之道的根本方法,亦即实现"极高明而道中庸"的根本方法,《中庸》则是洛学自孔孟以来的独传心法。《中庸》被洛学奉为圭臬,而苏轼对《中庸》则多所非难,苏程两家思想矛盾根源于对《中庸》的态度。因而苏轼所抓得的"敬",既是重大问题,又是要害问题,苏轼对经学的探索方法值得称道。

---

① 《朱子语类》卷一三九《论文上》。
② 漆侠:《苏轼"蜀学"与二程"洛学"在思想领域中的对立》,载《河北学刊》2001年第5期,参见本书第十六章。

"从小处起议论",以及从大处、关键要害处起议论,这两种方法(即使再多一些)都是必要的。方法是用来解决问题的,因而所使用的方法当然要得心应手,但更为重要的是,要使用这种方法找到或抓住解决问题的真正突破口,如果能做到庖丁解牛的地步,这种方法便臻于极致了。

　　最后,在总体上对苏学说上几句。苏氏"蜀学"对经学的探索,用时髦的文学笔法说,闪现了不少的思想火花。但无可讳言的是,他们父子三人在经学上的探索,毕竟没有能够形成一个较为完整的思想体系。从这一根本性问题来看,他们既不能同王安石荆公新学相比,甚至也赶不上张载二程理学的建树。虽然如此,苏氏父子毕竟有他们自己的胜场或者说是优势所在,他们对南宋学术思想界产生了不可低估的影响。正是由于这个原因,也就无需乎向苏轼再奉献上所谓性理之学的桂冠。事实上,苏轼本人从来不讲究这类的学问,性理之学的桂冠,如果苏轼在地下有知,肯定也会双手奉还。

第十五章
理学的主流——程颢程颐所创建的洛学

一、洛学的创建者程颢程颐

张载的关学与程颢、程颐所创建的洛学,组成为宋学兴盛时期的理学,亦即道学。张载身后无传人,关学零落,弟子吕大钧转师二程,二程洛学成为理学的主流。终北宋之世,二程理学一直在民间,社会影响不大。可是,经南宋初的四十年,突然暴发起来,成为宋学中居于主导地位的显学。南宋中叶以后,历元、明、清,一直得到官方的支持,在社会上起着广泛的影响和作用,成为封建地主阶级的统治思想。

程颢、程颐兄弟二人共同创建了洛学。程氏一族,是自宋太宗以来历代仕宦的官户人家。据程颐的记载,他的高祖程羽是宋太宗任开封府尹时的幕僚,由于"攀附太宗"而赐第京师,官至兵部侍郎。程颐曾祖程希振、祖程遹、父程珦,以及叔父程玩,都是以恩荫得官,仕至州郡,"食君禄四世,一百年矣"①。这个程氏族系是同居的,但与程琳一系则未同居。朱熹所作程颐年谱上说:"太中(指程珦)年老,左右致养无违,[颐]以家事自任,悉力营办,细事必亲,赡给内外亲族八十

---

① 程颐:《伊川先生文集》卷五《上仁宗皇帝书》,载《二程集》。

余口"。① 除官俸外，合族仰仗伊川田庄收入过活。② 程氏兄弟就是在这个官宦世家成长起来的。

程颢（1032—1085），字伯淳，嘉祐二年（1057）举进士③，历任京兆府鄠县主簿、江宁府上元县主簿、泽州晋城令。在吕公著的推荐下，自著作佐郎任权监察御史里行。熙宁二年（1069）开始了变法革新运动，程颢以变法参加者的身份，作为八使臣之一，至各地考察农田利害等问题。熙宁三年（1070）春，因青苗法的发布和施行激起了反变法的第一次浪潮，王安石愤而提出辞去参政职务。在此关键时刻，司马光以翰林学士身份代宋神宗批答王安石求退奏章中竟有"士夫沸腾，黎民骚动"等语，用以胁迫王安石离开政府。程颢、李常和王子韶等则不然，上章宋神宗，力挽王安石。然而，随着事态的发展，由元老重臣们如韩琦等组成的反变法势力极其嚣张，程颢、李常等为之动摇，从变法阵营中游离出来。自此程颢离开汴京，历任镇宁军节度推官、监西京洛河竹木务、知扶沟县事、监汝州酒税。元丰八年（1085）宋神宗病死，程颢被任命为宗正丞，"未行，以疾终"。程颢离开汴京，后与其弟程颐在西洛讲学，创建了洛学，被尊奉为明道先生。

程颐（1033—1107），字正叔，皇祐二年（1050）十八岁时曾写有《上仁宗皇帝书》，指出"方今之势，诚何异于抱火厝之积薪之下而寝其上"，形势已到了极其危急的地步！其所以造成这一形势，"天下未治者"，在于宋仁宗"有仁心而无仁政"！④ 治平二年（1065）程颐在《为家君应诏上英宗皇帝书》中，再一次表达了他对国是的看法。程颐指出，谈论当今世务的，认为宽赋役、劝农桑、实仓廪、备灾害、修武

---

① 朱熹：《伊川先生年谱》注引尹焞语，载《二程集》。
② 程氏之有庄田是有史可稽的，《河南程氏遗书》卷二二上《伊川先生语八上》载有："先生将伤寒药与兵士，因曰：在坟所与庄上，常合药与人。……"但有多少庄田则无从查考。
③ 程颐所作程颢行状失载，此据程颢《明道先生文集》卷三《游鄠县山诗十二首序》，"嘉祐二年，始应举得官"云云。
④ 程颐：《伊川先生文集》卷五《上仁宗皇帝书》。

第十五章 理学的主流——程颢程颐所创建的洛学

备、明教化等为当务之急。这些固然重要,"然犹未知本也"。那么,"本"是什么?"一曰立志,二曰责任,三曰求贤",而在这三者当中,"复以立志为本","君志立而天下治也"。"人君"所要立的"志"又是什么?程颐回答道:

> 至诚一心,以道自任,以圣人之训为可必信,先王之治为可必行,不狃滞于近规,不迁惑于众口,必期致天下如三代之世,此之谓也。①

程颐的这两篇奏书,讲仁心、谈王道,要求最高统治者"至诚一心,以道自任",用以恢复三代之治。这些论谈充分体现了程颐以正统的孔孟之道作为观察形势、国是的指导思想。这些论调的特色是,孔孟之道的抽象原则多于对解决现实问题的论述,其中虽然没有任何反对社会变革的议论,但只根据一些抽象原则又怎么能够实现对社会的变革呢?

程颐约在皇祐二年(1050)之后进入太学。② 当时主持太学的是胡瑗,他以《颜子所好何学论》为题考试学生。程颐在应试文章中,强调了颜渊之所以备受孔夫子的赞赏,主要在于"学以至圣人之道也"。程颐认为"圣人可学而至",一反汉魏以来圣人可望而不可即的那种论调。既然圣人可学而至,那么,又怎样来学呢?程颐指出:

> 凡学之道,正其心,养其性而已。中正而诚,则圣矣。君子之学,必先明诸心,知所养,然后力行以求至,所谓自明而诚也。故学必尽其心。尽其心,则知其性,知其性,反而诚之,圣人也。③

这篇文章表明,青年时期的程颐已经通过《中庸》苦思冥想性理之学,以自我修养的内心反省方法作为实现"内圣外王"的根本方法。文章得

---

① 程颐:《伊川先生文集》卷五《为家君应诏上英宗皇帝书》。
② 程颐:《伊川先生文集》卷八《颜子所好何学论》题下原注称:"先生始冠,游太学",皇祐二年程颐十八岁。
③ 程颐:《伊川先生文集》卷八《颜子所好何学论》。

到胡瑗的赏识,"得此论,大惊异之,即请相见",并付给学职。由于当时宋学创建者、大经学家胡瑗的培育,太学尊师重道,给程颐以难忘的教育,为洛学的创建提供了重要条件,因此程颐终身感念胡先生。

嘉祐四年(1059)程颐科举下第后,以处士身份退居洛阳乡里,主持家务,侍奉父亲程珦。程颢离开变法派后,任职地方,最后也退居西洛。程氏兄弟于熙丰年间招收门徒,从事讲学,从而创建了洛学。由于程氏兄弟是在与时代政治对立的条件下建立了洛学,并是在民间缓慢地发展起来的,因此与早期宋学形成了极其明显但却易被人忽略的重要差别。这个差别就是:宋初三先生、李觏、欧阳修对经学的探索,旨在致用于现实政治,从而汇集成为庆历新政,通经与政治实践紧密结合,没有任何脱离现实生活的教条主义气息;程氏兄弟的洛学以及张载所代表的关学,是作为熙丰反对派而形成的。这样,理学的创建,就从早期宋学创建者们通经致用、变革社会现实的政治实践方向上倒退下来。这个政治上的倒退不能不使程氏兄弟、张载等的思想和思维方式发生变化。第一,由于反对现实变革,不仅要同这个变革划清界限,而且离开这个变革越远越好,因而原来所接受到的信念,即儒家以尧舜三代之治作为政治上的最高理想,到这时愈益根深蒂固,从而成为这个学派不可动摇的信条,以崇古、信古、述古同现实变革相抗争。如果说张载关学特别是二程洛学之被尊奉为儒家正统派,那么,他们从正统派儒家孔孟之道所继承的一个基本政治观点即在于此。

第二,由于理学创建者作为熙丰反对派而退居乡里,与社会实践(主要的是政治实践)相脱节,他们的思维方式便不自觉地沿着抽象的思维路线走向抽象思维领域,同时在佛道思维方式的影响下,形成了理学家所独具的思维方式。关学、洛学在认识论上的根源当来自于此。论者或以为,宋初三先生、胡瑗等人之学是经世致用之学,而理学则是从经世致用之学向更深层的性理之学的发展,程氏兄弟就是这种思维方式的代表人物。不用多说,论者的意思已很清楚,向性理之学发展的程氏兄弟、张载等在思想境界上高于宋初三先生。这种见解是正确还是属于

第十五章 理学的主流——程颢程颐所创建的洛学

"边见"、"戏论"之类，似乎还需要探讨。在我国古代思想领域里，《周易》上的"形而上者谓之道，形而下者谓之器"，往往引惹起不少思想家在形上形下、道与器、精神与物质之间论个不休，总是重形上轻形下、重道轻器、重精神轻物质。其实，这些哲人们总是先用物质填饱肚子才说这番话的。把经世致用之学与性理之学截然分开，并把性理之学置于经世之学之上，不过是古代重形上轻形下这一"边见"的再现而已！所谓性理之学，可以归属于道德性命之学的范畴，而所谓道德性命之学并不是由理学家们最先探索的，而由荆公学派代表者王安石最先论述。如果不怀有偏见，或者对荆公之学稍加关照，就会发现：王安石在继承宋学创建者经世致用之学的同时，还对道德性命之学这一抽象思维领域进行了探索，在两方面都有自己的理解和贡献，从而在王安石身上体现了经世致用之学与道德性命之学的衔接和绾连，二者并不是矛盾、对立着的。程颢、程颐等理学家之所以走上抽象思维领域，主要由于他们自己脱离社会现实，更何况不是任何进入抽象思维的人所获得的探索就值得人们肯定，甚至于顶礼膜拜！

　　熙丰时期一些退休的、被置于冗散之地的和一些被罢了官的元老重臣、名士大夫如富弼、文彦博、吕公著、司马光等麇集于西京洛阳，构成为在野的反对派，诋毁新法，伺机反扑，程氏兄弟亦厕身其间，程颐虽是布衣却得到这帮人的青睐。元丰八年（1085）宋神宗病死，政局发生了急遽变化。在司马光、吕公著大力荐引下，程颐自布衣而为西京国子监教授，又自西京国子监教授一跃而为崇政殿说书，一步登天，成为侍从之臣、十岁小皇帝宋哲宗赵煦的老师。

　　一步登天的程颐似乎有点忘乎所以。利用崇政殿说书的身份，程颐极力提高他的师傅地位，并借着小皇帝来推崇他所秉持的师道。在司马光、吕公著的信任下，程颐将其门下弟子举荐到政治舞台上，形成一个以他自己为首的政治派别——洛派。南宋叶适评论程氏在政治上的情况说："［吕］大钧兄弟从张氏（指张载）学，而大防为相。程氏与司马氏善，当时在要地者，多程氏之门，故元祐之政亦有自来。"① 司马光元祐复辟旧制的活动，程颐的洛学和洛派起了相当的作用，当然，在役法问题上程颐有自己的看法。

由于程颐及其一派受到司马光、吕公著的重用，在权力再分配重大问题上失去制衡，从而引起苏轼、苏辙一派对程派的不满。这种不满在司马光死后由于一个偶然性的事件而引发出来，形成蜀洛两党的尖锐对立，我在《释"鏖糟陂里叔孙通"》这篇札记中说明了这一点。② 苏、程权力之争，却隐蔽在两派思想的对立中，这一问题将在下章讨论，这里不多赘述。

由于程颐对小皇帝管束太严，宣仁太后甚为不满，加上蜀党以全部火力猛攻程颐，称其为"五鬼"之首，程颐于元祐二年（1087）八月离开汴京，任管勾西京国子监的学职，洛学又回到民间。绍圣初反变法派由于政治上的失势而被贬逐，程颐则于绍圣四年（1097）十一月于涪州编管。元符三年（1100）程颐解除了编管，返回洛阳乡里。宋徽宗大观元年（1107）逝世，被尊奉为伊川先生。

二、理学的形成

理学作为元明清诸代的统治思想，对我国影响极大，因而自20世纪30年代以来，即受到学术界的重视与认真研究。冯芝生友兰先生《中国哲学史》、傅孟真斯年先生《性命古训证》都曾经指出，理学受到佛家思想影响；陈寅恪先生径直地指出，理学直接受到梁肃《天台止观统例》等佛教禅宗的影响。这些见解都是正确的，兹不多赘，下面的一

---

① 叶适：《习学记言序目》卷四七《皇朝文鉴一》。
② 漆侠：《释"鏖糟陂里叔孙通"》，《河北大学学报》1999年第3期。

些材料对这一问题作了具体的说明。程颐在《明道先生行状》中，对程颢的学术思想作出如下的论述：

> 先生为学，自十五六时，闻汝南周茂叔（即周敦颐）论道，遂厌科举之业，慨然有求道之志。未知其要，泛滥于诸家，出入于老释者几十年，返求诸六经而后得之。①

早于程颢的张载也有类似情形，吕大临《横渠先生行状》上说：

> 先生读其书（指《中庸》），虽爱之，犹未以为足也，于是又访诸释老之书，累年尽究其说，知无所得，反而之六经。嘉祐初，见洛阳程伯淳、正叔昆弟子于京师，共语道学之要，先生涣然自信曰："吾道自足，何事旁求？"乃尽弃异学，淳如也。②

张载行状中首次出现、应用了道学之名，应当说道学是程张之学最早的命名。程颢、张载都曾泛滥于释老之书，两个行状却说他们从六经中得之，而与释老无关，这类缘饰之词是不足征信的。张载《西铭》稍近于墨，二程极力否认之；二程虽不承认其受释老影响，但始终是推脱不干净的，用章太炎的话说，他们属于"阳拒阴习"一类情况。静坐是洛学自我修养的重要方法，而这个方法由佛家禅宗引进来，则是一个毋庸置辩的事实：

> 明道先生坐如泥塑人，接人则浑是一团和气。③

程颐也是这样，非常重视静坐，他自己静坐，也要求他的学生静坐。他"每见人静坐，便叹其善学"④。

总之，佛家思想是理学形成的一个重要因素。重师道则是理学形成

---

① 程颐：《伊川先生文集》卷一一《明道先生行状》。
② 吕大临：《横渠先生行状》，见《张载集》附录。
③ 《河南程氏外书》卷一二《传闻杂记》。
④ 《河南程氏外书》卷一二《传闻杂记》。

的又一重要因素。

前文讲过，为恢复儒学的固有地位，韩愈提出以兴古文、重师道作为两个重要手段。经过韩愈、柳宗元的积极提倡，古文的恢复甚见成效，但重师道不仅未见效果，而且韩愈自己也因以师道自居而受到讥讽。到宋学创建阶段，经过三先生的实践力行，才解决了这个问题。欧阳修在《胡先生墓表》上写道：

> 师道废久矣！自景祐明道以来，学者有师，惟先生（指胡瑗）暨泰山孙明复、石守道三人。①

此后三先生相继任职太学，师道在太学中亦建立起来。程颐正是在太学中受到胡瑗的重师道教育，并把这个教育移植到洛学中，对洛学的创立和发展起了极其重要的作用：

> 伯淳谓正叔曰：异日能尊师道，是二哥。若接引后学，随人才成就之，则不敢让。②

以尊师道作为纽带，洛学的弟子凝聚在以程氏兄弟为核心的学术宗派之中，在南宋初期四十年间洛学之所以成为居于主导地位的显学，重师道起了为人们所意想不到的重要作用。重师道与尊道统是紧密关联着的。道统之说始于韩愈，而成于二程兄弟。二程之能够成为孔孟正统儒家继承人，吃上一份冷猪肉，同样与尊师道是分不开的。过去对重师道意义和作用重视得不够，没有看出它能产生这样的作用。

导致理学形成的再一因素是三先生对二程的影响，这一点是理学形成的最直接最重要的因素。

三先生以经学鸣家，对孔孟之道、对儒学都有自己独到的见解。他们有关这方面的论述，特别是他们的思维方式，使二程等受到启迪，并沿着这种思维方式而取得自己的认识。这里打算以石介的两段文字加以

---

① 欧阳修：《欧阳文忠公文集》卷二五《胡先生墓表》。
② 《河南程氏外书》卷一二《传闻杂记》。

第十五章 理学的主流——程颢程颐所创建的洛学

说明：

> 孔子之道，治人之道也。一日无之，天下必乱，如粟米不可一日少，少则人饥；如布帛不可一日乏，乏则人冻死。孔子之道，君臣也，父子也，夫妇也，朋友也，长幼也。天下不可一日无君臣，不可一日无父子，不可一日无夫妇，不可一日无朋友，不可一日无长幼。万世可以常行，一日不可废者，孔子之道也。①

> 山阳龚辅之学为古文，问文之旨于鲁人石介。对曰：夫与天地生者，性也；与性生者，诚也；与诚生者，识也。性厚，则诚明矣，诚明则识粹矣，识粹则其文典以正矣。然则，文本诸识矣。②

石介把孔夫子之道概括为"君臣、父子、夫妇"，即所谓的三纲，认为"万世可以常行，一日不可废者"，三纲成为一普遍形式，如粟米布帛之不可以须臾离也。这一普遍形式，则是二程张载们所津津乐道的。二程张载们把这一普遍性形式作更进一步的抽象化，使其升华到一定的理论高度，即达到所谓的"理"或"天理"的境界。石介所谈论文与道的关系，自性而诚，自诚而识，这种先验主义的认识论方法，也是程氏兄弟经常运用的一种思维方法。程氏理学从石介这里受到不小的启示和影响。至于胡瑗的《周易口义》、孙复的《春秋尊王发微》之对二程的启示和影响，自然是更多的。

当代的思想，如司马光有关《中庸》的哲学思想对二程理学也有着直接的影响。在宋代士大夫中，司马光率先对《中庸》作出了系统的阐释，特别是对"人心"、"道心"的区分，提醒人们治心的重要，则对宋代士大夫产生广泛影响，对以《中庸》作为孔门独传心法的二程影响尤大。司马光之如何把握中庸之道，曾与人讨论过，程颢对此有所评论：

---

① 石介：《徂徕集》卷八《辨私》，四库影印本 1090—232。
② 石介：《徂徕集》卷一八《送龚鼎臣序》，四库影印本 1090—312。

415

> 君实常患思虑纷乱,有时中夜而作,达旦不寐,可谓良自苦。……其后告人曰:"近得一术,常以中为念。"则又是为中所乱。中又何形?如何念得它?只是于名言之中,拣得一个好字。……殊不知中之无益于治心,不如数珠(即念珠)之愈也。①

前面说过,中庸之道自孔夫子以后,被从中和的概念上予以把握,因而从朴素辩证法通过平衡论而走向形而上学。司马光以"中"的概念来解"心"的思虑纷纷,为程颢讥笑,以为这种做法还不如数念珠为好,从而批评了司马光以概念把握中庸的错误。但司马光把心区分作人心和道心,以道心克服人心所兴起的一切私欲,则为二程所继承,成为二程哲学的再一来源。

理学形成的年代,从一些材料中可以作出估计。前面张载行状中提到,张载于嘉祐初访二程于京师。按嘉祐二年(1057)程颢在汴京举进士,所谓"嘉祐初"一定是在嘉祐元年。张载系二程表叔,他们会见时总是探讨社会、学术方面的许多问题,而这一次谈论的则是"道学之要",张载满怀信心地说:"吾道自是,何事旁求?"由此可见张载、二程的道学是在嘉祐治平年间酝酿的,张载则于熙宁一代成熟,并形成为文字;而二程的洛学则成熟于熙丰之间。关学、洛学的形成晚于荆公、温公学派,自然要受到两者的影响,虽然如此,道学却以其独具的特色,耸立于宋学之林。

三、二程构筑的哲学王国——理

程氏兄弟承认客观物质的存在,而且认为这个世界是无限的:

"范围天地之化。"天本廓然无穷,但人以目力所及,见其

---

① 《河南程氏遗书》卷二上《元丰己未吕与叔东见二先生语》。

第十五章 理学的主流——程颢程颐所创建的洛学

寒暑之序、日月之行，立此规模，以窥测他。天地之化，不是天地之化其体有如城郭之类，都盛其气。假使言日升降于三万里，不可道三万里外更无物。……①

二程不仅把"天地"即宇宙看成是无限的，而且认为在天地之间"都盛其气"，充满了物质。对于宇宙之构成，二程也提出了自己的看法，认为所有万物都是由气构成的：

陨石无种，种于气。麟亦无种，亦气化。厥初生民亦如是。至如海滨露出沙滩，便有百虫禽兽草木无种而生，此犹是人所见。……

天地之化，自然生生不穷，更何复资于既毙之形（同卷指出凡物之散，其气遂尽），既返之气，以为造化？……气则自然生。人气之生，生于真元。天之气，亦自然生生不穷。……

真元之气，气之所由生，不与外气相杂，但以外气涵养而已。……人居天地气中，与鱼在水无异。至于饮食之养，皆是外气涵养之道。②

万物之始，皆气化；既形，然后以形相禅，有形化；形化长，则气化渐消。③

从程氏兄弟上述自然观来看，他们认为宇宙间是由气充实起来的，宇宙间的天、地、人以及一切事物，都是"气化"而成；而万事万物虽然由"气化"而成，但在其"气化"之后所形成的"形"，亦自相禅下来，使自己"气化"所得之"形"逐代相禅而保存下来。尽管程氏兄弟的这些看法今天看来是多么可笑，但他们所思考的和所认识的是"物"而不是其他神秘古怪的东西，就这一点来说，还是值得一提。

程氏兄弟虽然认为天地人等万物都是"气化"而来，但如果追问一

---

① 《河南程氏遗书》卷一五《入关语录（或云明道先生语）》。
② 以上数条皆摘自《河南程氏遗书》卷一五《入关语录（或云明道先生语）》。
③ 《河南程氏遗书》卷五《二先生语五》。

句,"气化"的万物又是自何而来,亦即万物的本源是什么?对这一问题,程颢程颐回答道:

> 道则自然生万物。……道则自然生生不息。①

那么,"道"又是什么事物呢?

> "一阴一阳之谓道",道非阴阳也,所以一阴一阳者道也,如一阖一辟谓之变。②

> 离阴阳则无道。阴阳,气也,形而下也;道,太虚也,形而上也。③

根据《周易》以来的传统说法,二程也认为形而上者是抽象的道,程颐以"太虚"名之;形而下者是物。道与物的关系是,阴阳是物,但道并不是物;尽管如此,道却离不开物,即与物结合着,但阴阳之所以成为物,则是由道的作用,所以程颐说"所以阴阳"是由于"道"的作用。由此可见,程氏兄弟虽然认为宇宙之间万事万物都是物质的,"气化"而成,但宇宙万事万物则是由"道"生成的,道生息不已。宇宙万物的本源即"道","道"是最根本的本体,而宇宙万物则是由"道"派生出来的。"道"先于物,因此二程的认识论属于唯心主义认识论范畴。由于"道"不能离开物,所以"道"也就充塞于天地之间:

> 道之外无物,物之外无道,是天地之间无适而非道也。④

但在二程思想体系中,所谓的"道",亦即是"理":

> 或问:何谓诚,何谓道乎?子曰:自性言之为诚,自理言之为道,其实一也。⑤

---

① 《河南程氏遗书》卷一五《入关语录(或云明道先生语)·伊川先生语一》。
② 《河南程氏遗书》卷三《谢显道记忆平日语》。
③ 《河南程氏粹言》卷一《论道篇》。
④ 《河南程氏遗书》卷四《游定夫所录·二先生语四》。
⑤ 《河南程氏粹言》卷一《论道篇》。

第十五章　理学的主流——程颢程颐所创建的洛学

> 理也，性也，命也，三者未尝有异。穷理则尽性，尽性则知天命矣。天命犹天道也，以其用而言之则谓之命，命者造化之谓也。①

理亦即道，天命亦即天道、天理。在二程思想体系中对"理"的论说尤多，以下仅摘录数条：

> 天理云者，这一个道理，更有甚穷已？不为尧存，不为桀亡。人得之者，故大行不加，穷居不损。这上头来，更怎生说得存亡加减？是它元无少欠，百理俱备。
>
> "寂然不动，感而遂通者"，天理具备，原无少欠……父子君臣，常理不易，何曾动来。因不动，故言"寂然"，虽不动，感便通，感非自外也。
>
> "万物皆备于我"，不独人尔，物皆然。都自这里出去，只是物不能推，人则能推之。虽能推之，几时添得一分？不能推之，几时减得一分？百理具在，平铺放著。几时道尧尽君道，添得些君道多；舜尽子道，添得些孝道多？元来依旧。②

在二程心目中，理永恒地存在，"不为尧存，不为桀亡"；同时，理永恒不变，尧虽然尽君道，但道（理）没有添多少。舜虽然存孝道，但道（理）也没有添多少；理是"百理俱在，平铺放著"，没有任何神秘，充塞于天地之间，寓存于日常生活之中。这就是程氏兄弟所建立起来的"理"王国。冯友兰先生在《中国哲学史》（下卷）中指出："而在道学家中确立理在道学中之地位者，为程氏兄弟。"③

在二程对理的论述中，需要说明的还有两点。一是道固然是理，性、命、仁义也都是理，亦即天理，这一点另文已说过，这里不多赘述。二是理只有一个，"理则天下只是一个理，故推至四海而准，须是

---

① 《河南程氏遗书》卷二一下《附师说后·伊川先生语七下》。
② 以上诸条皆摘自《河南程氏遗书》卷二上《元丰己未吕与叔东见二先生语》。
③ 冯友兰：《中国哲学史》（下册）第870页，商务印书馆1935年版。

质诸天地，考诸三王不易之理"。"万物皆只是一个天理，己何与焉?"①但对每一具体事物而言，一物则有一理，"天下物皆可以理照，有物必有则，一物须有一理"②，"形而上者，存于洒扫应对之间，理无小大故也"③。理，抽象的理，与具体的事物之理，是一个东西，这在理学中即"理一分殊"之谓也。

但是，在对"理"的阐释中，程颢、程颐之间发生了分歧，程颢的思想认识路线强调"心"的认识决定作用，向主观唯心主义方面发展；而程颐的思想认识路线则着重于客观存在的"理"的作用，从而向客观唯心主义方向发展。程氏兄弟认识上分歧的结果是，自程颢一系而来形成陆九渊心学一派，自程颐一系而来的形成为理学的一派。冯友兰先生曾经指出："[程氏]兄弟二人，开一代思想之二大派，亦可谓罕有者矣。"④ 事实上，冯先生对二程兄弟的深刻分析，以及所提出的由此而形成心学、理学两大流派，是冯先生对中国哲学史做出的重大贡献。

四、程颢程颐的思想认识路线

人们的思想认识路线总是通过若干环节才显现出来。程颢、程颐又是怎样，通过哪些环节来显现自己的认识路线，从而表现两个认识路线的歧异？先看程颢的认识路线。

程颢把理看作为一种自然的趋势，冯友兰先生在《中国哲学史》中已经指出了这一点。以下材料充分说明这一点：

"一阴一阳之谓道"，自然之道也。……[道]则亦无始，

---

① 《河南程氏遗书》卷二上《元丰己未吕与叔东见二先生语》。
② 《河南程氏遗书》卷一八《刘元承手编·伊川先生语四》。
③ 《河南程氏粹言》卷一《论道篇》。
④ 冯友兰：《中国哲学史》（下册）第876页。

亦无终；亦无因甚有，亦无因甚无；亦无有处有，亦无无处无。①

天地万物之理，无独必有对，皆自然而然，非有安排也。每中夜以思，不知手之舞之，足之蹈之也。

……万物皆有理，顺之则易，逆之则难，各循其理，何劳于己力哉？

服牛乘马，皆因其性而为之。胡不乘牛而服马乎？理之所不可。②

就程氏思想系统而言，他们所说的"道"，亦即是理。程颢有时还说"天"即是理，前面对此已作了说明。道是自然而然的，天地万物之间阴阳、善恶、长短等的对立也是自然而然的，程颢的这些话，反对"天"为目的论者的有意安排，还是不错的。根据万物自然趋势，亦即自然之理，程颢作出这样的结论，即：道循万物自然之理，"顺之则易，逆之则难，各循其理，何劳于己力哉"？因自然之势而为之，老子哲学中所讲的"无为"大体上也是这个意思。

其次，《中国哲学史》中还曾指出，程颢与程颐的再一分歧是对形上形下间的关系，亦即道与器的关系的认识亦有不同。程颢并不强调形上、形下亦即道与器之间的区别，如程颢所说：

《系辞》曰："形而上者谓之道，形而下者谓之器。"又曰："立天之道曰阴与阳，立地之道曰柔与刚，立人之道曰仁与义。"又曰："一阴一阳之谓道。"阴阳亦形而下者也，而曰道者，惟此语截得上下最分明，元来只此是道，要在人默而识之也。③

……盖上天之载，无声无臭，其体则谓之易，其理则谓之

---

① 《河南程氏遗书》卷一二《戌冬见伯淳先生洛中所闻·刘绚质夫录》。
② 以上引文均见《河南程氏遗书》卷一一《师训·刘绚质夫录》。
③ 《河南程氏遗书》卷一一《师训·刘绚质夫录》。

> 道，其用则谓之神，其命于人则谓之性，率性则谓之道，修道则谓之教。孟子去其中又发挥出浩然之气，可谓尽矣。……形而上为道，形而下为器，须著如此说。器亦道，道亦器，但得道在，不系今与后、己与人。①

以上第二段文字之义与第一段相同，故冯先生断定为程颢所说，甚是。在程氏兄弟所建造的理王国中，程颢的这两段文字称"器亦道，道亦器"，直截地表明理（亦即道）是与器（物）结合着的，不是截然分开的。而程颐所讲的道或理，则可以脱离器（物）作为一个实体而单独存在，形成为货真价实的"理"王国。

第三，二程在认识论上的分歧之最为重要的环节在于对心的认识和作用。

二程都承认善恶的客观存在。如程颢所说：

> 万物莫不有对，一阴一阳，一善一恶，阳长则阴消，善增则恶减。②

> ……故不是善与恶在性中为两物相对，各自出来。此理，天命也。③

二程都把善恶看作天理，但同时他们又是主张性善说的，那么对恶应如何予以克服呢？《中庸》一书是孔子以后的儒家的方法论，二程继承了李翱特别是司马光对《中庸》所作的阐释，把《中庸》推向一个更高阶段，成为孔门独传心法。二程即以《中庸》作为实现"内圣外王"之道的大法：

> "人心惟危"，人欲也。"道心惟微"，天理也。"惟精惟一"，所以至之。"允执厥中"，所以行之。④

---

① 《河南程氏遗书》卷一《端伯传师说·二先生语一》。
② 《河南程氏遗书》卷一一《师训·刘绚质夫录》。
③ 《河南程氏遗书》卷一《端伯传师说·二先生语一》。
④ 《河南程氏遗书》卷一一《师训·刘绚质夫录》。

第十五章 理学的主流——程颢程颐所创建的洛学

程颐下面说的,与程颢大致相同:

> "人心",私欲也;"道心",正心也。"危"言不安,"微"言精微。惟其如此,所以要精一。"惟精惟一"者,专要精一之也。精之一之,始能"允执厥中"。中是极至处。或云:"介甫说以一守,以中行,只为要事分作两处。"①

在以"道心"克服"人心",以"天理"克服"私欲"即人欲的过程中,二程兄弟分了家。程颢极其强调"心"亦即道心的作用,如其所说:

> 天地本一物,地亦天也,只是人为天地心,是心之动,则分了天为上,地为下……②

天之所以在上,地之所以在下,不是由于天原来在上、地原来在下,而是由于人心之动而形成的高下,这就是说:天地高下决定于人心之动,这是程颢所强调的心的作用。程颢又说:

> 尝喻以心知天,犹居京师往长安,但知出西门便可到长安。此犹是言作两处。若要诚实,只在京师,便是到长安,更不可别求长安。只心便是天,尽之便知性,知性便知天,当处便认取,更不可外求。③

程颢指出真正要以"心"知"天",只要做到心诚,"只在京师,便是到长安",心念便起着这样的重要作用。由于"心"的作用是如此之巨大,程颢一直认为性、命、天、道都是一个东西,"心便是天",只要尽心就能知性,知性便知天,因而要充分发挥心的主观能动作用。这是程颢认识论的一个重要的论点。

程颢强调"尽心知性",求诸"内心","内心"又有什么可求?前面说过,二程尊奉孟子的性善说,孟子性善说是建立在他的"恻隐之

---

① 《河南程氏遗书》卷一九《杨遵道录·伊川先生语五》。
② 《河南程氏遗书》卷二下《附东见录后·二先生语二下》。
③ 《河南程氏遗书》卷二上《元丰己未吕与叔东见二先生语》。

心"等四端基础上的,这个"四端"亦即良知。程颢所强调的"尽心知性",亦即强调内心中所固有的良知:

> 良知良能,皆无所由,乃出于天,不系于人。①

在四端之中,程颢最重视的是"仁",他认为"学者须先识仁":

> 仁者,浑然与物同体。义、礼、知、信皆仁也。识得此理,以诚敬存之而已,不须防检,不须穷索。若心懈则有防,心苟不懈,何防之有?理有未得,故须穷索。存久自明,安待穷索?此道与物无对,大不足以名之,天地之用皆我之用。孟子言"万物皆备于我",须反身而诚,乃为大乐。……"必有事焉而勿正,心勿忘,勿助长",未尝致纤毫之力,此其存之之道。若存得,便合有得。盖良知良能元不丧失,以昔日习心未除,却须存习此心,久则可夺旧习。此理至约,惟患不能守。既能体之而乐,亦不患不能守也。②

仁在四端中之所以重要,不仅义、礼、智、信为仁所包括,而且尤为重要的是,识得仁就与天地万物一体,而与天地万物一体,则"万物皆备于我",而为我所用。不仅如此,识得仁也就是恢复固有的良知良能,而固有的良知良能的恢复,则要经过"反身而诚",以新习"夺"掉"旧习",所以良知良能的恢复,"此理至约",并不多么繁复。

根据程颢上面的论述,他提出的认识事物和修养的过程大致是:

(一)"心"是如此重要,收拾"心"是极其重要的一步:"圣贤千言万语,只是欲人将已放之心,约之使反,复入身来,自能寻向上去,下学而上达也。"③

(二)治心。理学家之所以强调自我修养,他们都有一个共同认识,

---

① 《河南程氏遗书》卷二上《元丰己未吕与叔东见二先生语》。
② 《河南程氏遗书》卷二上《元丰己未吕与叔东见二先生语》。
③ 《河南程氏遗书》卷一《端伯传师说·二先生语一》。端伯名李籲。

第十五章 理学的主流——程颢程颐所创建的洛学

承认人们存在思想斗争。程颢形象化地说明了"人心作主不定",像"一个翻车"一样的"流转动摇",其原因是:"有人胸中常若有两人焉,欲为善,如有恶以为之间;欲为不善,又若有羞恶之心者。本无二人,此正交战之验也。"① 在人们的思想中,善与恶之间,或旧习与良知良能的斗争,说明"心"的不平静,因而须要治心。要治心就回到前面说的,要以道心或正心克制"人心"或"私欲"。

(三)治心则从根本处做起:"学者须敬守此心,不可急迫,当栽培深厚,涵泳于其间,然后可以自得。但急迫求之,只是私己,终不足以达道。"② "学者不必远求,近取诸身,只明人理,敬而已矣,便是约处。"③

(四)采取这种易简方法,既要求学者严以律己,例如谢良佐改习大戴礼,认为这是"决科之利",程颢批评他:"汝之是心,已不可入于尧、舜之道矣"。④ 同时还反对烦琐哲学,谢良佐曾说他"某从洛中学时,录古人善行别作一册",程颢见了,便批评道:"记诵博识为玩物丧志。"⑤

(五)综合程颢全部认识论及其内心反省方法,大致可以这段话概括之:"须是合内外之道,一天人(意为天人一体,程颢曾说"人与天地一物也,而人特自小之,何耶?"⑥)齐上下,下学而上达,极高明而道中庸。"⑦

程颢的认识论和内心反省方法,是极力强调乃至夸大个人的主观认识的能动作用,亦即"心"的作用,只要通过内心反省工夫,恢复固有的良知良能,即可达到与天地万物融为一体,万物皆为自己所用,从而

---

① 《河南程氏遗书》卷二下《附东见录后·二先生语二下》。
② 《河南程氏遗书》卷二上《元丰己未吕与叔东见二先生语》。
③ 《河南程氏遗书》卷二上《元丰己未吕与叔东见二先生语》。
④ 《河南程氏遗书》卷四《游定夫所录·二先生语四》。
⑤ 《河南程氏遗书》卷三《谢显道记忆平日语·二先生语三》。
⑥ 《河南程氏遗书》卷一一《师训·刘绚质夫录·明道先生语一》。
⑦ 《河南程氏遗书》卷三《谢显道记忆平日语·二先生语三》。

下学上达，成就其内圣外王之道。就其认识事物的方法而论，真可如陆九渊所说的"易简工夫"，但是就其所标置的目的而言，包括程颢在内，又有谁达到"内圣外王"的地步？离开了建功立业的实践途径，高谈道德性命，便自谓之达到"内圣外王"，"汝谁欺，欺天乎"？

了解了程颢的认识论及其方法之后，对于了解程颐的认识论和方法就方便得多了。下面仅简略提出几点。

程颐极其重视形而上与形而下的区分，亦即道与物的区分。这一点冯友兰先生早已说过。如程颐所说：

"一阴一阳之谓道"，道非阴阳也，所以一阴一阳道也，如一阖一辟谓之变。①

离了阴阳更无道，所以阴阳者是道也。阴阳，气也。气是形而下者，道是形而上者。形而上者则是密也。

"一阴一阳之谓道"，此理固深，说则无可说。所以阴阳者道，既曰气，则便是二。言开阖，已是感，既二则便有感。所以开阖者道，开阖便是阴阳。……阴阳开阖，本无先后，不可道今日有阴，明日有阳。……②

前面说过，程颢对形上形下、道与器的区分不大讲究，往往把这两者结合起来，有时甚至把物质的东西看成是精神的东西，如"天是理"、"心是理"之类。这种混淆二者的做法，为其精神决定或统率物质做好了准备。尽管程颢的这些思想还不像陆九渊那样明朗，却为陆九渊的主观唯心主义认识论开拓了道路。程颐与程颢则不同，他之所以强调形上形下的区分，把道和器亦即精神和物质划出明显的不可混淆的界限，则在于阐明物质的东西是精神派生出来的，"所以阴阳者是道也"即是这一理论的总体的说明。而且他极其明确地说：

---

① 《河南程氏遗书》卷三《谢显道记忆平日语·二先生语三》。
② 以上两段载《河南程氏遗书》卷一五《入关语录·伊川先生语一》。

第十五章 理学的主流——程颢程颐所创建的洛学

> 道则自然生万物。今夫春生夏长了一番,皆是道之生,后来生长,不可道却将既生之气,后来却要生长。道则自然生生不息。①

"道"不仅是"自然生万物",而且是"自然生生不息",成为一个永恒地派生物质东西的本体,因而这种认识论是标准的客观唯心主义。

程颐与其兄程颢在认识论上既存在分歧,因而在认识方法上或者说在修养方法上同样存在分歧。上面所说的程颢的方法是易简的方法,抓住其大者,"存而畜之",恢复心的原有的良知良能而使万物为我所用。程颐则不使用这种方法,在下章《苏轼"蜀学"与程颐"洛学"在思想领域中的对立》中,我把"敬"在程学切问近思中的地位作了叙述,这里仅扼要地摘引几段程颐的语录加以说明:

> 涵养须用敬,进学则在致知。②

这句话是程氏兄弟修养方法中最根本的方法,其中的"敬"是程门修养的最重要的方法,前文已经说过不少,下面着重说明程颐"致知"的方法。一是"类聚观之"的方法:

> 问仁。曰:"此在诸公自思之,将圣贤所言仁处,类聚观之,体认出来。"
>
> 人要明理,若止一物明之,亦未济事,须是集众理,然后脱然自有悟处。

二是最为人们经常提到的是"格物致知"的方法:

> 或问:"进修之术何先?"曰:"莫先于正心诚意。诚意在致知,'致知在格物'。格,至也,如'祖考来格'之格。凡一物上有一理,须是穷致其理。穷理亦多端:或读书,讲明义

---

① 《河南程氏遗书》卷一五《入关语录·伊川先生语一》。
② 《河南程氏遗书》卷一八《刘元承手编·伊川先生语四》。

理；或论古今人物，别其是非；或应接事物而处其当，皆穷理也。"或问："格物须物物格之，还只格一物而万理皆知？"曰："怎生便会该通？若只格一物便通众理，虽颜子亦不敢如此道。须是今日格一件，明日又格一件，积习既多，然后脱然自有贯通处"。

程颐极其强调"真知"。"真知"往往是亲自在实际中得到的，他以一人为虎所伤为例，"因言及虎，神色便变"，"盖真知虎者也"，因此程颐要求"学者须是真知"。特别值得注意的是，程颐在强调"真知"的同时，进而强调"才知得是，便泰然行将去也"①。有关"知行合一"的问题，程颐说了不少，如：

> 知至则当至之，知终则当遂终之，须以知为本。知之深，则行之必至，无有知之而不能行者。……知至是致知，博学、明辨、审问、慎思，皆致知、知至之事，笃行便是终之。②
>
> 识必见于行，如行道涂，涉暗阻，非日月之光，炬火之照，则不可进矣。故君子贵有识。力学穷理，则识益明，照知不惑，乃亦敏至！③

程颐对学是极为重视的，他勉励人们，"人之于学"要知难而进，如果"避其所难而姑为其易者，斯自弃也已"④。总之，程颐所论述的致知、知行合一等都很精彩，很富有教益。但是也要看到，程颐虽然强调知行合一，但程学之所谓行，并不是变革社会的具体实践，而是一些内心反省工夫，恰好反映了程学所说的依然是知与行的脱节，按照程颐的论述，依然是缺乏真知所致吧！

---

① 以上诸条载《河南程氏遗书》卷一八《刘元承手编·伊川先生语四》。
② 《河南程氏遗书》卷一五《入关语录·伊川先生语一》。
③ 《河南程氏粹言》卷一《论学篇》。
④ 《河南程氏粹言》卷一《论学篇》。

五、二程的天理人欲论

"明天理，灭人欲"，在程朱理学系统中具有极为重要的位置。究竟什么是天理，什么又是人欲，它的界限怎样划分，标准又根据什么确定，都是值得探索的问题。这里仅先将二程有关论述予以说明，到朱熹哲学思想一章再详加评论。

程颢曾经说过："吾学虽有所受，天理二字却是自家体贴出来。"① 由此可见，天理是二程洛学创造出来。在二程哲学中，道、性、理、天理诸概念的含义是一样的，道即性、即理、天理；天理亦即性、即理、道。但在二程哲学中，天理的意义是自然之理，所以他们有时说："天下善恶皆天理"②，"万物莫不有对，一阴一阳，一善一恶……斯理也，推之其远乎？人只要知此耳！"③ 这两段文字中所使用的"天理"和"理"都是事物的自然之理。现在所探索的天理和人欲，二者是对立的，即天理所排斥的是一些人为的坏的东西，因而所谓的恶、利欲、私心等等，都属于天理所排斥的和反对的，最终属于"灭"的范围，诸如此类，如恶等，就不能列之于天理中了，这是需加说明的。

二程对天理人欲之辨极为重视、认真。程颐甚至说："人之所以为人者，以有天理也。天理之不存，则与禽兽何异矣。"④ 既然天理是区分人与禽兽的，那么失掉天理的人也就成为衣冠禽兽了。由此可见，天理人欲之辨在二程道德哲学中的地位了。天理和人欲，这个对立的范畴构成二程伦理道德哲学的基础。对这个对立面应当认真探索。

天理是什么，它的涵义又是什么？有人问"如何是道"，程颢回

---

① 《河南程氏外书》卷一二《传闻杂记》。
② 《河南程氏遗书》卷二上《元丰己未吕与叔东见二先生语》。
③ 《河南程氏遗书》卷一一《刘绚质夫录·明道先生语一》。
④ 《河南程氏粹言》卷二《人物篇》；《河南程氏遗书》卷一八《刘元承手编·伊川先生语四》有一段文字与此意同，可知此处系程颐所说。

答道：

> 于君臣、父子、兄弟、朋友、夫妇上求。①
> 父子君臣，天下之定理，无所逃于天地之间。
> 为君尽君道，为臣尽臣道，过此则无理。②

依前面所说，二程所说的道也就是理或者天理。二程所说天理的一个基本的主要的内容是：君臣、父子、夫妇、兄弟和朋友，这也就是通常所说的五伦。五伦来自东汉《白虎通德论》中由汉章帝亲自主持而制定的三纲六纪，其中仅缺诸舅一纪，而且是继承三纲六纪作为封建社会等级制度和秩序的纲纪，因而它的性质之明确，意义之重大是极其清楚的。

二程所谓的天理，还包括：

> 仁、义、礼、智、信五者，性也。仁者，全体；四者，四支。仁，体也。义，宜也。礼，别也。智，知也。信，实也。
> 知、仁、勇三者，天下之达德，所以行之者一。一则诚也。止是诚实此三者，三者之外，更别无诚。
> 如天理底意思，诚只是诚此者也，敬只是敬此者也，非是别有一个诚，更有一个敬也。③
> 忠，天道也。恕，人事也。忠为体，恕为用。"忠恕违道不远"，非一以贯之之忠恕也。④

传统的伦理道德观念，不仅仁、义、礼、智、信，连忠、孝、诚、敬、悲，等等，也都包括在二程的天理之中。天理包含的范围极广，如与仁相关的爱（"仁者爱人"）、恕等也属于天理。

什么是人欲？与天理对立、并为天理所排斥的，都属于欲或人欲、

---

① 《河南程氏外书》卷一二《传闻杂记》。
② 《河南程氏遗书》卷五《二先生语五》。
③ 《河南程氏遗书》卷二上《元丰己未吕与叔东见二先生语》。
④ 《河南程氏遗书》卷二一下《附师说后·伊川先生语七下》。

私欲。如程颐所说："仁之道，要之只消道一公字。"① 那么，与仁与公对立的"私"，当然属于人欲的范围。但下面的三句话，则是二程所说的"欲"之中最具代表意义的：

> 多权者害诚，好功者害义，取名者贼心。②

因此，把说过"正其谊而不谋其利，明其道而不计其功"，进一步把义利对立起来的董仲舒称赞为"度越诸子"，并紧跟着董仲舒叫喊：

> 大凡出义则入利，出利则入义。天下之事，唯义利而已。③

并以这种僵化了的义利观观察历史，称：

> 先王之世，以道治天下，后世只是以法把持天下。④
> 三代之治，顺理者也。两汉以下，皆把持天下者也。⑤

孔子厚古薄今、美化三代的论谈，形成了儒家正统派形而上学的历史观。而程氏兄弟不仅美化三代，进而贬抑汉唐，把这种形而上学的历史观推入历史倒退论。对此问题，将在有关朱熹、陈亮王霸义利之辨的论战中再作评论。

二程不仅以这种僵化的义利观观察古代，而且早在王安石变法初年，即用来评论时政。程颢在熙宁二年奏陈宋神宗的《论王霸札子》中说道：

> 臣伏谓：得天理之正，极人伦之至者，尧舜之道也；用其私心，依仁义之偏者，霸者之事也。⑥

上奏这篇札子时，程颢依然积极参加变法，所以奏札不仅没有攻击时政，而且对于那些反对变法，称之"易于更张"的谬论还给以驳斥，指出

---

① 《河南程氏遗书》卷一五《入关语录·伊川先生语一》。
② 《河南程氏粹言》卷二《人物篇》。
③ 《河南程氏遗书》卷一一《师训·明道先生语一》。
④ 《河南程氏遗书》卷一《端伯传师说》。
⑤ 《河南程氏遗书》卷一一《师训·明道先生语一》。
⑥ 《明道先生文集》卷一《论王霸札子》。

"所谓更张者,顾理所当耳"。可是,在反变法派气焰高涨之下,程颢顶不住了,犹豫动摇了,终于退出了变法派。程颐在程颢行状中写道:

> 时王荆公安石日益信用,先生每进见,必为神宗陈君道以至诚仁爱为本,未尝及功利。神宗始疑其迂,而礼貌不衰。①

程颐所写行状,没有透露程颢参加变法的情况,不能认为是真实的。但程颐把程颢的王霸义利观的要点则反映到行状中了。正是这个僵化了的王霸义利观导致程颢同王安石以及王安石变法实践的分歧,并由此退出变法派,最后甚至以这种僵化的王霸义利观攻击王安石,攻击变法改革,以表示他的褊狭的儒家正统派思想。

程颐一直以处士的身份活动在西洛反变法的士大夫集团中,元丰末程颐在司马光、吕公著汲引之下置身于侍从之臣中。以司马光为首的反变法派悍然不顾一切地废除了青苗、免役、保甲等全部新法,实现了元祐复辟。铁的事实说明,青苗、免役诸法有损于官僚大地主阶层利益。程颢之所以退出变法派,归根结底是不愿官僚大地主阶层在变革中受到限制,而程颐之所以参加司马光的复辟活动,归根结底还是为了恢复官僚大地主阶层的利益。尤有甚者,程颐与苏轼间两个派别集团(洛党蜀党)的矛盾斗争,表面上是双方思想认识上的分歧,实质上则是双方为争权夺势,陷入了权力再分配的斗争漩涡。二程兄弟的这些行动,难道说都是为道、为公、为仁义,而无丝毫为个人私利或私欲的成分?二程兄弟的实际行动,又怎么能够证明如他们口头上所说的那么正大光明?社会生活之树是形形色色的人们活动的舞台,而这个舞台尽管当时还没有录像带,但它把人们的形形色色的真实面目保留得一清二楚。离开现实生活之树,坐在那里闭着眼睛苦思冥想,瞎说什么天人合一、以内圣补外王云云,不亦可笑亦复可悲乎!

---

① 《伊川先生文集》卷一一《明道先生行状》。

第十六章
苏轼"蜀学"与程颐"洛学"在思想领域中的对立

一、苏程矛盾的表面化及其在思想
领域中矛盾焦点之所在

元丰八年（1085）宋神宗病死，政局发生了急遽的变化。在宣仁太后的大力支持下，司马光鸠集了此前各种反变法的力量，在推翻熙丰新法的同时，还不遗余力地打击变法派，以恢复旧法度。这个被称作"元祐更化"的历史事件，用最准确最深刻的政治语言来表达，可以称之为"元祐复辟"，才更加切合历史的实际。

可是，这个反变法联盟好景不长，司马光死后不久，即分裂为以苏轼为首的蜀党、以程颐为首的洛党和以刘挚为首的朔党这三个宗派集团。这个分裂从苏轼、程颐交恶开始。我在《释"鏖糟陂里叔孙通"》这篇札记中曾叙述了这件事情的由来。① 苏、程交恶来自如下的记载：

> 温公（指司马光）薨，朝廷命伊川先生（即程颐）主其丧事。是日（李焘《续资治通鉴长编》卷三九三系此事于宋哲宗

---

① 载《河北大学学报》1999年第3期。

元祐元年（1086）十二月壬寅）也，祀明堂礼成，而二苏往哭温公，道遇朱公掞（即朱光庭），问之。公掞曰："往哭温公，而程先生以为庆吊不同日。"二苏怅然而反，曰："鏖糟陂里叔孙通也（原注：言其山野）。"自是时时谑伊川。①

按，鏖糟陂在汴京城南十五里，杂草横生，是京师禁军不时检阅的一个地方。鏖糟，不洁、不干净、肮脏之意。鏖与肮，糟与脏，皆一音之转，鏖糟亦即肮脏。所谓鏖糟陂亦即肮脏陂，本地人改称为好草陂。苏轼就地取材，以"鏖糟陂里叔孙通"一语，讥讽这位孔门教条主义者，自然使闻者无不哄然。苏轼的这个调侃不打紧，却调动了苏、程两派亲厚团聚起来，互相攻讦，从而造成双方势如水火。反变法联盟自此分裂，苏轼、程颐以及蜀洛两派矛盾关系随之表面化。

苏、程以及两派矛盾表面化毕竟是由偶发事件引起的，但在这个矛盾表面化的背后，是否还存在如权力之争等更为深刻的矛盾关系？史料迹象表明，两派确实存在权力之争的问题：

> 吕申公（吕公著）为相，凡事有疑，必质于伊川。进退人才，二苏疑伊川有力，故极口诋之云。
>
> 朝廷议授游定夫（即游酢）以正言，苏右丞（即苏辙）沮止，毁及伊川。宰相苏子容（即苏颂）曰：公未可如此。颂观过其门者无不肃也。②

程颐在政治上绝不是自甘寂寞而仅向往冷猪肉的人。还在熙丰年间（1068—1085），退居西洛的著名官僚士大夫如富弼、文彦博、司马光经常聚会，对新法恣意毁斥之时，程颐即厕身其间，"敬陪末座"，跟着飞短流长，从而得到这些人物的赏识。所以在元祐更化之际，在司马光、吕公著的汲引下，程颐从布衣一跃而为崇政殿说书，位列侍从之臣。亦

---

① 《河南程氏外书》卷一一《时氏本拾遗》，载《二程集》。
② 以上两条均见《河南程氏外书》卷一一《时氏本拾遗》。

第十六章 苏轼"蜀学"与程颐"洛学"在思想领域中的对立

许是由于一步登天,板着面孔教训学生惯了的程夫子,竟发展到教训朝中的同列。苏门四学士之一的秦观即是其中之一。大约在苏、程交恶之前(材料后面引证评说),程颐曾因秦观《水龙吟》中"天还知道,和天也瘦"一语,当面吹胡子瞪眼,"少游面色骍然"。不论如何评论,程夫子这件事做得有些忘乎所以,苏、程交恶这也可能是诱因之一。但,程夫子这个政治上的暴发户并不满足,为了恢复像两汉为帝王师的经学家那样的真正师道地位,程颐要求经筵官讲书要坐讲。这件事引发了朝官们的纷纷呶呶,其中包括苏轼兄弟。五六年前遭乌台诗案诏狱的苏轼,贬居黄州时写出《赤壁赋》、《赤壁怀古》等千古名作,并仅以享受"江上之清风与山间之明月"这类造物者的赋予为乐,以表示自己的洒脱和超然尘世。可是,自元祐更化,一朝天子一朝臣,苏轼由中书舍人而为翰林学士,成为秉笔词臣,便又恢复了青年时期政治上不可一世的豪情和气势,从而张扬起来,"江上之清风,与山间之明月"难以餍足。于是,苏轼和程颐这两个顶尖人物,蜀党和洛党、蜀学和洛学,政治上学术上的代表人物,就不可避免地发生了冲撞。在"麋糟陂里叔孙通"这一调侃背后,确实寓存了反变法联盟内权力再分配的问题,前引材料充分反映了这一问题。司马光、吕公著在选用人才上,重视程颐的意见,为二苏所不满。游定夫即游酢,程门高弟,被任命为言事官时,苏辙即出面阻止,都在说明两派权力争夺的表面化。面皮撕破之后,双方告讦,无所不用其极。孔文仲称程颐为"五鬼之首",算是达到了顶点。

不无奇怪的是,苏、程两派权力之争,却隐蔽在思想领域矛盾之中,换句话说,或者是以蜀学和洛学两种思想矛盾为其表现形式。下面不妨摘录有关这方面的事实材料,以便进行论证:

[朱熹]因说:……东坡与荆公固是争新法,东坡与伊川是争个甚么?只看这处,曲直自显然可见,何用别商量?只看东坡所记云,"几时得与他打破这'敬'字!"看这说话,只要奋手捋臂,放意肆志,无所不为便是。只看这处,是非曲直自

易见。论来若说争，只争个是非。①

《二程集》中还有与此类同的一条材料，以及程颐教训秦观的一条材料，均录如下：

> 朱公掞为御史，端笏正立，严毅不可犯，班列肃然。苏子瞻语人曰：何时打破这"敬"字？②

> 一日，偶见秦少游。[程颐]问："天若知也和天瘦"[今查秦观《淮海集》《长短句》卷上有《水龙吟》（原注赠妓娄东玉）一词，此句作"天还知道，和天也瘦"]是公词否？少游意伊川称赏之，拱手逊谢。伊川云：上穹尊严，安得易而侮之？少游面色骍然。③

按御史一职自来是以肃静朝班为己职的，遇事弹劾还需服法服，以示郑重。"端笏正立，严毅不可犯"云云，不光是朱光庭一人而已。苏轼此语，意在程颐，是极其明白的。苏辙之反对游酢为言官，"语涉伊川"，苏颂称"过其门者无不肃然"，也指明程颐之严肃。这一点是非常确切的。至于程颐教训秦观的这条材料，前文说可能发生在苏、程交恶之前，原因是：秦观对程颐毫无任何警觉，反抱有幻想，希望程颐夸奖两句；如果是在交恶之后，秦观有所警觉，对程颐就不会抱有幻想了。程颐对秦观的教训是："上穹尊严，安得易而侮之？"亦可谓三句话不离本行，批评秦观的轻率、随便，而这样的批评，当然不仅仅是针对秦观，还包括黄九，以及苏轼在内的文人学士大夫。这几条材料的含义是，是否严肃、严毅、尊严，等等，都可以归结为敬还是不敬的问题。

弄清以上材料含义之后，回头来看《朱子语类》中的一条记载。按苏轼、程颐在役法问题上与司马光虽有所分歧，但在反对荆公新法这一根本的政治立场上，苏轼、程颐与司马光则是一致的。朱熹称："东坡

---

① 《朱子语类》卷一三〇《本朝四·自熙宁至靖康用人》。
② 《河南程氏外书》卷一一《时氏本拾遗》。
③ 《河南程氏外书》卷一二《传闻杂记》。

第十六章 苏轼"蜀学"与程颐"洛学"在思想领域中的对立

与荆公固是争新法，东坡与伊川是争个甚么？"由此指明苏程两家政治方向的一致。不过，需说明的是，对苏、程两家权力之争，朱熹《伊川年谱》则只稍微一提，而隐约其事。《朱子语类》此段记载称"打破这'敬'字"系"东坡所记"，则为《程氏外书》等记载所未有，其可贵之处即在于此。"敬"在二程洛学思想体系中占有极其重要的位置，而苏轼在此处却要打破"敬"字，以上诸材料也都牵涉到敬和不敬的问题。由此可见，程颐之主敬与苏轼之破敬，实为洛学、蜀学思想领域中矛盾症结之所在。下面围绕这一主题加以叙述。

二、"敬"在程氏洛学思想体系中的地位和作用

二程洛学在吸收和继承传统儒家思想的同时，深受佛教禅宗之影响，学术界早已论述，今不多赘。在对传统儒家思想的摄取中，《中庸》一书至关重要。自唐李翱提出重视《中庸》一书之后，宋学创建者范仲淹、三先生都对此书甚为重视，而司马光对《中庸》的诠释，更使中庸学迈出了一大步。由于司马光继承了子思的思想认识路线，将"中"字作为一个概念而加以把握，遂使孔夫子所提出的具有朴素辩证法的中庸之道向形而上学、均衡论转化。这一点我在《中庸之道与司马光哲学》、《儒家中庸之道与佛家的中道义》诸文中已作了叙述。[①] 对司马光有关《中庸》的探索，二程虽有所继承，但他们的思想路线则沿着《中庸》的性、命、道等范畴发展，最后形成了以"天理"为核心的唯心主义思想体系，从而把对《中庸》的阐释和推演达到极致。对此，两宋之际的胡安国曾加以评论：

---

① 《儒家的中庸之道与佛家的中道义》，载《北京大学学报》1999年第3期。参见本书第五章附；《中庸之道与司马光哲学》，载《揖芬集》，中国社会科学出版社2002年5月版。参见本书第十二章。

> 《中庸》之义，不明久矣，自颐兄弟始发明之，然后其义可思而得……孔孟之道不传久矣，自颐兄弟始发明之，而后其道可学而至也。①

《中庸》作为思想原料，为二程哲学奠定了基础。而在《中庸》基础上发展起来的二程哲学思想体系，则在宋学发展阶段独树一帜。"敬"，如上所论，是苏轼、程颐两派哲学思想领域中对立的焦点，但推演其对立的由来，则是苏、程两家对《中庸》的认识和看法存在根本性的分歧，这是必须说明的一点。

"天命之谓性，率性之谓道，修道之谓教"，《中庸》开头的三句话，朱熹认为是《中庸》的三纲领。二程将其改造制作，认为天命（或命）、性、道这三者是一个东西，概括言之为"理"，或者是"天理"。举凡社会上的和自然界的所有事物，诸如仁义道德善恶等之类，都纳诸"理"或"天理"之中，从而构成为一个包罗万象的"理"世界。对于这个"理"世界，要怎样认识和把握，以实现其"内圣外王之道"这一最高理想呢？程颐认为："涵养须用敬，进学则在致知。"由此而循序渐进。关于"致知"，二程尤其是小程讲说了不少。他们提出的"格物致知"的方法，是探索和认识客观世界的一个基本方法，值得重视。可是，在重视"形而上"和轻视"形而下"的错误思想引导下，这套方法转化为内心反省、自我修养的方法，用来探索他们所建造的"理"世界。在这一转变之下，于是"敬"在二程哲学思想体系中的地位便显得格外重要了。

"敬"之与"诚"，在二程哲学中是紧密地联系着的。《中庸》上说："诚者天之道也。"在回答"何谓诚，何谓道"的提问时，程颐说：

> 自性言之为诚，自理言之为道，其实一也。
> 或问："诚者，专意之谓乎？"子（指程颐）曰："诚者，实理也，专意何足以尽之。"②

---

① 胡安国：《奏状》，见《河南程氏遗书附录》。
② 《河南程氏粹言》卷一《论道篇》。

第十六章　苏轼"蜀学"与程颐"洛学"在思想领域中的对立

"诚",既是"道",又是"理",而"敬"则是认识到"道"、认识到"实理"的手段。所以在二程哲学体系中,"敬"在"诚"之后,为"诚"所用,与"诚"有着体用、表里的关系:

　　诚然后能敬,未及诚时,却须敬而后能诚。①
　　主一者谓之敬,一者谓之诚。主则有意在。②

了解了"敬"与"诚"在二程哲学中的地位和作用,由此可进一步了解"敬"与"诚"在二程自我修养中的地位和作用了。程氏兄弟进修亦即修养的次序是:

（一）正心诚意。"或问进修之术何先？曰：莫先与正心诚意。诚意在致知。"③

（二）正心诚意也就是诚。"道之浩浩,何处下手？惟立诚才（一作方）有可居之处,有可居之处则可以修业也。"④ 立诚也就是明道明理的开端。

（三）立诚必须及"敬",因为"敬"是认识"实理"的手段,如前面引用过的："诚然后能敬,未及诚时,却须敬而后能诚。"

（四）"敬"的意义和作用是："识道以智为先,入道以敬为本。夫人测其心者,茫茫然也,将治心而不知其方者,寇贼然也。天下无一物非吾度内者,故敬为学之大要。"⑤

（五）"敬"的意义和作用是："所守不约则泛然而无功。约莫如敬"⑥；"学必先知仁,知之矣,敬以存之而已。"⑦

由以上所引,大体上可以看出"敬"在程学思想体系中所具有的重

---

① 《河南程氏遗书》卷六《二先生语六》,此条又见是书《粹言》卷一。
② 《河南程氏遗书》卷二四《邹德久本伊川先生语一〇》。
③ 《河南程氏遗书》卷一八《刘元承手编伊川先生语四》。
④ 《河南程氏遗书》卷一《端伯传师说》。
⑤ 《河南程氏粹言》卷一《论学篇》。
⑥ 《河南程氏粹言》卷二《心性篇》。
⑦ 《河南程氏粹言》卷一《论学篇》。

要地位和作用。为什么"敬"在程学中具有这样的地位和作用？程颐曾多次论述过这个问题，下面看他的详细论述：

> 学者先务，固在心志。有谓欲屏去闻见知思，则是"绝圣弃智"。有欲屏去思虑，患其纷乱，则是须坐禅入定。如明鉴在此，万物毕照，是鉴之常，难为使之不照。人心不能不交感万物，亦难为使之不思虑。若欲免此，唯是心有主。如何为主？敬而已矣……大凡人心，不可二用，用于一事，则他事更不能入者，事为之主也。事为之主，尚无思虑纷扰之患，若主于敬，又焉有此患乎？所谓敬者，主一之谓敬。所谓一者，无适之谓一。且欲涵泳主一之义，一则无二三矣。言敬，无如圣人之言。《易》所谓"敬以直内，义以方外"，须是直内，乃是主一之义。至于不敢欺、不敢慢、尚不愧于屋漏，皆是敬之事也。但存此涵养，久之自然天理明。①

程氏洛学对后世所起的正作用远不如它所起的负作用为大，但其中程颐论学部分则有可称述者，而这一段议论最为精彩。所谓"主一无适谓之敬"，是治学治事的一个很好的格言。无论是做学问，还是干事业，必须是亦只能是专心致志而不能三心二意、见异思迁，才能有所成。程颐的这一格言，与佛家《金刚经》中所说的"应无所住而生其心"的含义是一样的，都值得学习。

重师道，这是程氏洛学的再一特色，"敬"在重师道这一特色中也具有特殊的意义和作用。韩愈提出"文以载道"和恢复师道作为复兴儒学的两个重要主张，前一主张"文以载道"稍有建树，后一主张即恢复师道不仅没有成就，反给韩愈带来不少麻烦，以致在两京都不得安居。至宋仁宗庆历年间宋学形成阶段，由于胡瑗、孙复、石介三先生学术上的崇高声望，以及他们的不懈努力，终于把韩愈提出的师道重新建立起

---

① 《河南程氏遗书》卷一五《入关语录（或云明道先生语）·伊川先生语一》。

第十六章 苏轼"蜀学"与程颐"洛学"在思想领域中的对立

来:"师道废久矣!自景祐、明道以来,学者有师,惟先生(指胡瑗)暨泰山孙明复、石守道三人";"〔石〕介执杖屡侍〔孙复〕左右……由是始识师弟子之礼。"① 程颐既是胡瑗的学生,又在太学任职,把三先生重建的师道继承下来,移植到洛学中,给洛学以重大影响。

我国古代教育,从西周始,即重视入学儿童为人处世方面的培养,而这种培养则从洒扫应对进退之礼开始。程氏兄弟特别是程颐非常重视这项基本教育,他曾经说过:

> 形而上者,存于洒扫应对之间。理无小大故也。②

"形而上者谓之道,形而下者谓之器。"程颐所说的"形而上者",即是道,亦即是理,道或理存在于洒扫应对之间。程学讲格物致知,寓存于洒扫应对之间的道理,当然也要"格"。但是,在"格"洒扫应对之理时,首先是对师长的尊敬。因而重视入学儿童的培养,首先是从洒扫应对中培养对师长的尊敬。对这一点,程颐说得非常明白:

> ……俨然正其衣冠,尊其瞻视,其中自有个敬处。虽曰无状,敬自可见。③

在洒扫应对一类的小事上,即已渗透"敬"的意义和作用,那么,在一些重大场面,它所寓存的"敬"的意义和作用也就不言而喻了。

> "出门如见大宾,使民如承大祭",只是敬也。敬则是不私之说也。才不敬,便私欲万端害于仁。④

在古代"大宾"、"大祭"场面中,不仅使人们"敬",而且是"肃然起敬"。其所以"肃然"者,是因为在这种场面中自有其"威"、"严"之处。很显然,"敬"与"威"、"严"是相联系的。程颐对这种联系亦曾

---

① 欧阳修:《欧阳文忠公文集》卷二五《胡先生墓表》;又卷二七《孙明复先生墓志铭》。
② 《河南程氏粹言》卷一《论道篇》。
③ 《河南程氏遗书》卷一八《刘元承手编伊川先生语四》。
④ 《河南程氏遗书》卷一五《入关语录·伊川先生语一》。

予以论述道：

> 严威俨恪，非敬之道，但致敬须自此入。①

"致敬"从"威"、"严"入，这就是"敬"与"威"、"严"的关系。

程颐在洛学中建立起来的师道，充分地体现了师道的尊严。程颐及其门弟子都在"敬"字上下工夫，前面引文称朱光庭之严毅，苏颂称程门弟子"无不肃者"，都足以说明洛学师道之尊严。一则颇饶趣味的故事说，二程兄弟和客人及其门弟子游览一座庙宇，人们大都跟随待人一团和气的程颢谈笑，而整日板着面孔的程颐几乎成了孤家寡人。程颢对他的老弟却非常推崇，称："异日能尊师道，是二哥！"② 程颢对这一点看得非常准确，程颐固然由尊师道而出了名，但洛学却由于程颐的尊师道而得到意想不到的好处。由于洛学的严尊师道，不仅由此使程门弟子凝聚起来，在学术上以二程为核心，而且尊师道的本身亦即是尊道统，为取得继承孔孟的道统而奔走呼号。洛学虽是宋学鼎盛时期最不显眼的一个学派，但在南宋初四十多年间即成为显学，程氏兄弟也跻进了吃冷猪肉的行列。尊师道、争道统，成为洛学发家的一个重要手段。

伦理哲学是二程哲学的重要内容。二程把"敬"运用到伦理哲学中去，极力渲染"敬"的意义和作用。如所谓："君子之遇事，无巨细，一于敬而已"③、"敬胜百邪"④，等等，"敬"几乎成为万灵丹。下面的一条材料，更具有典型意义：

> 圣人修己以敬，以安百姓，笃恭而天下平。唯上下一于恭敬，则天地自位，万物自育，气无不和，四灵何有不至？⑤

程颐这段话的意思是什么？君臣、父子、夫妇是封建伦理纲常中的三

---

① 《河南程氏遗书》卷一五《入关语录·伊川先生语一》。
② 《河南程氏外书》卷一二《传闻杂记》。
③ 《河南程氏遗书》卷四《游定夫所录二先生语四》。
④ 《河南程氏遗书》卷一一《刘绚质夫录师训》。
⑤ 《河南程氏遗书》卷六《二先生语六》。

纲，程夫子虽则把他们一视同仁地都"一于恭敬"，但在实际生活中，下对上（即臣对君、子对父、妇对夫）的"敬"要多一些，而上对下的"威"、"严"不仅是多一些，而是绝对地多。平民百姓之对统治者阶级更不必多说了。在"敬"的两个方面的作用下，下对上的"敬"、上对下的"威"、"严"，就只能产生下顺从于上，服服帖帖于封建伦理秩序下的等级制度。"天地自位，万物自育"，程夫子在等待他的这个美妙设想的实现。

三、苏轼的《中庸论》

在宋代士大夫对《中庸》尊奉有加、一片喝彩声中，苏轼对《中庸》却提出了自己的独特见解，而与宋代士大夫的看法截然不同，这在中国哲学思想史上是绝无仅有的，值得认真地探索。

苏轼对《中庸》的论述，集中在他的《中庸论》上中下三篇文章中。《中庸论》（上）劈头就提出了对是书的根本看法，他指出：

> 甚矣，道之难明也！论其著者，鄙滞而不通；论其微者，汗漫不可考。其弊始于昔之儒者，求为圣人之道而无所得，于是务为不可知之文，庶几乎后世之以我为深知之也。后之儒者，见其难知，而不知其空虚无有，以为将有所深造乎道者，而自耻其不能，则从而和之曰然。相欺以为高，相习以为深，而圣人之道，日以远矣！自子思作《中庸》，儒者皆祖之，以为性命之说。嗟夫，子思者，岂亦斯人之徒欤？①

苏轼的这些话说得极为清楚明白。孔夫子之道之所以越来越不明白、离

---

① 苏轼：《东坡全集》卷四一《中庸论》（上），四库影印本1107—568。以下引文同此，不再注明。

人们越来越远，根本原因在于此前那些探索孔夫子之道的儒生们，对孔夫子之道不懂装懂，故作高深，"务为不可知之文"，以欺骗后世；后来的儒生们被那些不懂装懂的儒生们唬住，随声附和那些"不可知之文"，"相欺以为高，相习以为深"。子思《中庸》的性命之说，"儒者皆祖之"。子思这个人，大概也是那些人物中的一个。子思虽然遭到荀子的严厉批判，不过是造作五行谬说而已。而苏轼把子思看作为盗名欺世的人物，比荀子的批评更为严厉。

苏轼之所以如此严厉地批评子思，乃是由于苏轼认为《中庸》虽是"孔氏之遗书而不完者也"，其中的"虚词蔓延"是子思之流们硬塞进去的。因此，苏轼指出，删除这些虚词，《中庸》包括三个重要问题，即为：（一）其始论诚明之所入；（二）其次论圣人之道所从始，推而至于其所终极；（三）而其卒，乃始内之于《中庸》。苏轼认为这三个问题是圣人之道亦即孔夫子之道的大略，下面分别加以叙述。

（一）"始论诚明之所入"

苏轼极其重视《礼记》上实际上也就是《中庸》上所说的这句话："自诚明谓之性，自明诚谓之教。诚则明矣，明则诚矣。"他从分析诚明入手，阐明了圣人之所以成为圣人的道理之所在，由此论证"诚"的重要性。"诚"之重要，宋人研治《中庸》者都具有共同的认识，在这一点上苏轼与洛学并无分歧。

什么是诚？什么是明？二者的区分与联系是什么？孔夫子曾经说过："知之者不如好之者，好之者不如乐之者。"据此，苏轼指出，"诚"者是"乐之之谓也"；"明者"是"知之之谓也"。根据这一认识，苏轼进而强调和阐释"始学"的重要性，所谓"君子之为学，慎乎其始"。这是因为"始学"是"先入为主"，对人们来说不仅具有重要意义，而且往往起着决定性的作用。圣人之所以为圣人，其始学是以"乐之者为主"，以乐之者为主，虽然对事物有所不知，但"知之未尝不行"。贤人中者之难也"。因之,中庸只能是"既不可过,又不可不及",这是一点。

中庸之所以难知和难以把握,又是由与君子之中庸相对立的小人之中庸之干扰。"小人之中庸",如《礼记》上所说的,"小人而无忌惮也",小人们窃取中庸之名而随意乱来:

> 君子见危则能死,勉而不死以求合于中庸;见利则能辞,勉而不辞以求合于中庸。小人贪利而苟免,而亦欲以中庸之名私自便也。

孔子、孟子对于窃取中庸之名的人,多次给以严厉的贬斥,称之为"乡愿",称之为"德之贼也",这是中庸之难行的又一因素。

总之,苏轼认为,"信矣,中庸之难言也"。既然如此之困难,应当采取什么态度呢?"君子之欲从事乎此,无循其迹,而求其味,则几矣!"苏轼这句话的意思是,对中庸只能"心领神会","可意会而不可言传"。

苏轼对子思的《中庸》,对孔子所谈的中庸,都在《中庸论》三篇中扼要地予以说明了。

四、论苏轼"蜀学"与程颐"洛学"在哲学领域里的对立

归纳上面的叙述,苏轼"蜀学"与程颐"洛学"在哲学领域里的对立,是从对《中庸》一书认识上的分歧开始的。

在宋代士大夫对《中庸》的一片颂扬声中,程颐称"《中庸》乃孔门传授心法"[①],因而洛学奉《中庸》为不可亵渎的经典。苏轼则认为"《中庸》乃孔氏遗书而不完者",把子思看作为"欺世盗名"之流的儒

---

① 《河南程氏外书》卷一一《时氏本拾遗》。

生，虽不能说彻底否定《中庸》，但也否定了十之八九。在对《中庸》一书的认识和评价上，蜀、洛两派的差距是非常之大的。

洛学之所以奉《中庸》为圭臬，是由于程氏兄弟从《中庸》中汲取天命、性、道等思想资料，加以制作改造，从而形成了以"理"（或"天理"）为核心的思想体系。苏轼则对子思的性命之说非常轻蔑，甚至不屑一顾，而是从自己的认识来论述孔夫子的中庸之道，其中没有任何神秘意味。当然可以批评苏轼不像今天那些所谓的哲学家、新儒家头脑中富有哲学细胞，难以涉足于抽象思维的领域，而且按照维科所定的缺乏抽象思维这个标准，苏轼当不上哲学家。但不论怎样高谈阔论，苏轼有关《中庸》的论述，自成一家之言，这是毫无疑义的。

了解了蜀学、洛学在《中庸》上这一重大分歧，进而就可以了解苏轼要打破程颐"敬"字的意义之所在。

"敬"，如前所述，在洛学思想体系中具有极其重要的地位和作用。"涵养须用敬，进学则在致知"，"敬"是维护"理"、"天理"的最为主要的方法，所谓"主一无适"者是也。苏轼是否从洛学思想体系找出突破口而打破"敬"字？苏轼对子思性命之说尚认为不值一顾，况程夫子天理性命之一套乎？看来不是。

洛学继承古代儒家哲学传统，对伦理哲学作了更进一步的发挥。"敬"在洛学伦理哲学中亦具有重要地位和作用。如程颐所说"上下一于恭敬"，天下即可太平无事。苏氏与程氏兄弟生长在同一时代里，对洛学伦理哲学中的"敬"字的意义作用，未必不清楚。而且苏轼同样是生长在伦理社会里，在现实生活中，诸如夫妇相敬如宾的古训，三纲六纪是伦理生活中的天经地义，苏轼也必须与程氏兄弟一道遵守。由此看来，苏轼也不是从洛学伦理哲学中找出突破口而打破"敬"字的。

"敬"是一个抽象概念，苏轼从什么具体事物入手打破程颐的"敬"字呢？从前引苏、程交恶的几条材料看，苏轼所要打破的，不是别的，

第十六章　苏轼"蜀学"与程颐"洛学"在思想领域中的对立

而是程颐及其门弟子共同遵守的尊师道的"敬"字。

洛学十分讲究自我修养，通过一套内心反省工夫，即可实现"内圣外王之道"，吃上冷猪肉，成为孔孟继承者。但程颢与程颐在自我修养方法上又迥然不同。前者简易，后者繁复。前面说过，程颢十分夸奖他的老弟，认为"二哥"能够尊严师道。这一点恰恰是小程的特点。程颐不赞成作诗、写文章，认为这些事情是"玩物丧志"，有害于道。就其个人生活态度来看，"衣虽绸素，冠襟必整，食虽简俭，蔬饭必洁"[①]，酒不多饮，看来颇有圣人生活作风。可是程颐是一个善自标置的人物，高筒帽，仙桃巾，把自己装扮得不同于一般凡夫俗子。整日满面严肃，死灰枯槁般坐在那里反省。他用这个模式铸造他的学生，于是严肃成为程门的风尚。前引有关朱光庭、游酢等人的材料，都一再说明这个问题。如前所说，程颐通过严师道，使他的学生结成一个宗派，而且利用这个条件终于争取到了祖师爷的位子。

苏轼及其类型的士大夫，在生活道路上与程夫子是大异旨趣的。苏轼亦熟读孔夫子的书，以儒学作为自己的主导思想，但对老庄、对佛家亦流连不已，在不得志时往往这些思想占上风。苏轼当着他在政治上一帆风顺的时候，又何尝不想建功立业，"达则兼善天下"！但，苏轼从来不像程颐那样，抱着吃冷猪肉的野心。惟其如此，他同程颐走的是截然不同的道路。"都不曾自身上做工夫"，朱熹对苏轼的这个评论十分中肯，苏轼根本不搞什么内心反省、自我修养这一套；诗要作，文要写，酒要饮，歌要唱，还同歌儿舞女们来往。在苏轼心目中，程颐不仅土头土脑、山野可笑，他们那套严肃形象，亦不过是矫揉造作而已，根本是违背人情的。孔夫子之道，苏轼认为是"本于人情"，此一点大约受欧阳修的影响。从这一点来看，苏轼心目中未必不把洛学看作是弄虚作假，正如看待子思《中庸》那样而予以否定。

苏轼与程颐，同是封建士大夫，在反对熙丰新法中的政治立场是一

---

① 朱熹：《伊川先生年谱》引尹焞语，见《河南程氏遗书附录》。

致的。但是由于他们生活道路、所受教育环境不同,终于在哲学思想领域中形成对立。洛学中的"敬",被苏轼紧紧抓住,必欲打破之,而给洛学以全盘否定。"一爪落网,全身被缚。"岂此之谓欤?洛学形成不久,就出现了它的对立面——蜀学。

第四编

宋学的演变阶段

第十七章
二程理学突然兴发

一、引 言

南宋初年，宋学发生了巨大的演变。前此居于主导地位近六十年的荆公新学，在宋高宗反动统治打击下衰落下来；而一直处于民间、影响不大的二程理学，却在南宋初四十年间突然兴发起来，在社会上逐步取得主导地位，成为学术上的暴发户。随着宋学的这一发展演进，宋学学风也呈现了巨大的蜕变。抽象的道德性命之论取代了此前通经致用的学风，作为个人道德修养的内心反省工夫，成为独一无二的法宝，代替、抹杀了生机勃勃的社会履践；熙丰一代由王安石倡导的刚刚萌起的辩证法思想，又重新被淹没在形而上学的泥淖中。

宋人从王安石、张载、程颢到叶适，都一致认为：一切事物都有"对"。在理学暴发之际，它的身旁亦出现了浙东事功派，成为理学的对立物。浙东事功派，其中除以吕祖谦为代表的金华学派具有从理学向事功之学转变的过渡性质外，像陈亮所代表的永康学派，薛季宣、陈傅良和叶适等所代表的永嘉学派，大都入经出史，强调建功立业、面对社会实际，把从宋初三先生到王安石等的通经致用的优良学风继承下来，使宋学依然体现了它的盎然生机。

在北宋，宋学是在文风、学风和政风的变革过程中形成的，本身就

第四编　宋学的演变阶段

是矛盾斗争的产物。而在宋学的兴盛时期，荆公学派、温公学派等之间，不仅在政治领域中展开了变法反变法的斗争，在思想领域中也展开了各种形式的斗争。在南宋宋学演变阶段中，作为对立面的程朱派理学与浙东事功派之间进行了尖锐斗争；而在理学内部，也出现了陆九渊代表的心学同朱熹所代表的理学之间的斗争。理学在社会上逐步据有主导地位，而围绕理学这个主轴，开展了诸学派之间的矛盾斗争。从宋学形成到宋学蜕变的全部过程看，矛盾斗争从未停息。这一事实充分说明了一部哲学史，或者一部学术思想史，也就是一部哲学思想、学术思想斗争史。一部宋学形成、兴盛和演变史，也就是宋学与其敌对学派，以及宋学内部诸学派之间的矛盾斗争史。正是这些矛盾斗争，才体现了宋学本身及宋学内部各学派的此起彼伏、兴盛衰落。

说到这里，需要提出和解答的问题是，理学作为南宋思想的主轴，究竟是怎样暴发起来，而且暴发到什么程度而成为众矢之的？据胡安国在绍兴五六年间所上的一道奏状中提到：

> 壬子年（绍兴二年），臣尝至行阙，有仲并者言伊川之学，近日盛行。臣语之曰：伊川之学，不绝如线，可谓孤立，而以为盛行，何也？岂以其说满门，人人传写，耳纳口出，而以为盛乎？①

从胡安国奏状看，程氏理学于绍兴二年（1132）不过刚开始崭露头角，还谈不上兴盛。可是，到了陈亮、叶适的时代，情况便大不一样了。陈亮论述理学暴发的情况道：

> 绍兴辛巳、壬午之间，余以极论兵事，为一时名公巨臣之所许，……道德性命之学亦渐开矣。又四、五年，广汉张栻敬夫，东莱吕祖谦伯恭，相与上下其论，而皆有列于朝。新安朱熹元晦讲之武夷，而强立不反，其说遂以行而不可遏止。齿牙

---

① 此处引文据《河南程氏遗书·附录》，载《二程集》。

所至，嘘枯吹生，天下之学士大夫贤不肖，往往系其意之所向背，虽心诚不乐而亦阳相应和。……①

对此，叶适亦有所记载：

> 昔周、张、二程考古圣贤微意，达于人心，以求学术之要，世以其非笺传旧本，有信有不信。百年之间，更盛衰者再三焉。乾道五六年，始复大振。讲说者被闽、浙，蔽江、湖，士争出山谷，弃家巷，赁馆贷食，庶几闻之。②

引文中陈亮所说的绍兴辛巳、壬午，系绍兴三一、三二年（1161—1162）；"又四、五年"，即宋孝宗乾道二年、三年（1166—1167）。叶适也说，乾道五、六年（1169—1170）理学"又复大振"。陈亮、叶适所记录的理学暴发的时间大体一致，即在宋孝宗乾道五、六年间。陈亮所提张栻、吕祖谦和朱熹三家，南宋讲学的鼎足三分，与叶适所说的"被闽、浙，蔽江、湖"也是一致的。至于陈亮所记述的朱熹理学一家气焰之盛，咄咄逼人，显然成了当时学术界的一霸。程朱系理学之成为学术上的暴发户，以及成为学术上的众矢之的，亦是灼然明白的。

或许要问，为什么在南宋初的四十年间，程氏理学从北宋一个不大显眼的学术上的小宗派，一跃而成为思想领域中的暴发户、霸主了呢？下面要从当时政治形势的发展变化谈起，或许能够说得明白些。

二、抗金民族斗争与南宋内政——论宋高宗收夺兵权及对王安石变法、荆公学派的打击压制

南宋政权是在戎马倥偬中建立起来的。从建炎元年到绍兴十一年

---

① 邓广铭校点《陈亮集》卷三六《钱叔因墓碣铭》，中华书局1987年8月版。
② 叶适：《水心文集》卷一三《郭府君墓志铭》，中华书局点校本。

(1127—1141)宋高宗—秦桧集团订立卖国投降的"绍兴和议",十五年来的抗金斗争制约了南宋内政的许多方面,包括它的方针政策的制定和变换。

宋高宗于建炎元年(1127)五月当上皇帝,在"恐金病"支配之下,即率领新政府自东平向淮南迁移。女真贵族吞灭北宋之后,头脑和贪欲同时膨胀起来,妄图以军事力量扑灭刚刚建立的南宋。金军在军事上采取奔袭、追击的策略,尾随南宋政府。完颜兀朮一军跨河、过淮、渡江,直至明州城下,宋高宗乘船逃脱,漂到温州海面。女真贵族没有能够实现其战略意图,不得不转换奔袭追捕策略,将战略重点放在关陇蜀川。宋高宗则因此获得了喘息,并在女真贵族战略重点转换之下,到绍兴初年在东南站稳了脚跟。虽然如此,赵构一再向女真贵族哀求,但女真贵族根本不予理睬,不把赵构当作谈判的对手。

金军变更战略之后,1130年秋富平之战获得大胜,完颜兀朮、撒离喝妄图窥伺蜀口,对宋采取迂回战略。经过四、五年的较量,吴玠一军以和尚原、仙人关等天险为依托,一再挫败了金军的进攻,女真贵族的战略设想又化成泡影。不仅如此,宋在东南地区也遏止住了金、伪齐的攻势,而岳飞则收复襄阳,与太行义士密切联系,声势所至远逾二河。"女真不满万,万则无敌"的神话破产了,女真贵族又不得不转换其军事策略。女真贵族上层,从粘罕到挞懒,已经觉察到单靠军事力量征服南宋怕是不容易,因而提出"以和议佐征战",即战场上难以得到的东西,妄图在谈判桌上得到。这样,宋高宗赵构在天平上的砝码加重了,在谈判桌上亦有了席位。

随着女真贵族军事策略上的转换,南宋政府也跟着发生变化。宋高宗在站稳脚跟之后,即加紧向女真贵族乞降。绍兴元年(1131)起用秦桧为右相,准备用秦桧这个奸细同女真贵族统治集团牵线搭桥。不料秦桧的"北自北,南自南"投降谬论激起众怒,宋高宗不得不将其罢免。但宋高宗看到秦桧是个重要棋子,因此只是暂时搁置一边。而且宋高宗所考虑的首要问题是,针对朝臣们攻击秦桧的情况,如何颠倒舆论,特别是如何把真正的抗金力量完全纳入政府统治轨道上,使在实施投降政策时不致发生意外变动。本文所要叙述的问题,如收夺兵权等,就是南宋内部政策发生的转变,这一转变适合宋高宗—秦桧卖国集团反动统治的需要。这样,利用张浚、赵鼎支撑局面,而到绍兴八年(1138)复起用秦桧,最后赶走张浚、赵鼎,秦桧把持政权,与赵构狼狈为奸,绍兴十一年(1141)悍然惨杀岳飞,接着就签订了卖国投降的"和议"。

简要地叙述南宋十五年抗金斗争的形势,对本文所论述问题的性质及其意义也就了然于怀了。宋高宗之要收夺兵权,第一步是必须有舆论的配合,特别是从儒家经典中找出理论根据。胡安国的《春秋传》即是与宋高宗集团积极配合,为宋高宗收夺兵权迈出第一步的弄潮儿。

《春秋传》三十卷,胡安国"潜心是书二十余年,以为天下事物无不备于此",并自夸为"传心要典"①。四库馆臣则批评此书"多借以托讽时事,于经义不尽相符"。② 楼钥在《春秋后传序》中论及胡安国《春秋传》的学术地位说:"自王荆公安石之说盛行,此道(指春秋之学)几废,建炎绍兴之初,高宗皇帝复振斯文,胡文定公安国承伊洛之余,推明师道,劝讲经筵,然后其学复传,学者以为标准。"③ 就是这个继承伊洛之学的胡安国率先在朝廷上吹捧二程之学,对程学的发展起着相应的作用,在前章中已加以说明。现在看看他是如何在经筵上借讲解《春秋》的机会,向宋高宗"托讽时事"的。

[例一]在鲁僖公十八年秋八月丁亥葬齐桓公条下,胡安国发挥其义理道:

> [桓公]虽名方伯,实行天子之事,然而不能慎终如始,付托非人,枢方在殡,四邻谋动其国家而莫之恤,至于九月而后葬,以此见功利之在人浅矣。《春秋》明道正义,不急近功,

---

① 《宋史》卷四三五《胡安国传》。
② 《四库全书·胡氏春秋传》简目。
③ 楼钥:《春秋后传序》,载陈傅良《春秋后传》书首,四库影印本151—595。

不规小利，于齐桓晋文之事有所贬而无过褒以此。①

胡安国是根据孟子有关齐桓晋文的评论而阐发的，其义理之所在则主要体现从孟子、董仲舒到二程要义不要利的义利观。胡安国之所以如此，对现实政治生活并非无的放矢，而是针对朝廷上由范冲等的发难而对王安石变法、荆公之学进行批判。此事放在后面再谈。

[例二] 在鲁隐公十年鲁公子翚帅师伐宋条下，胡安国发挥其义理道：

> 夫乱臣贼子积其强恶，非一朝一夕之故，及权势已成，威行中外，虽欲制之，其将能乎？故去其公子，以戒兵柄下移，制之于未乱也。②

在鲁庄公二年夏公子庆父帅师伐于馀丘条下说：

> （馀丘，邾邑也，国而曰伐）志庆父之得兵权也。庄公幼年即位，首以庆父主兵，卒致子般之祸……鲁在春秋中见弑者三君，其贼未有不得鲁国之兵权者。③

在鲁闵公二年十二月郑弃其师条下说：

> ……人君擅一国之名宠，杀生予夺，惟我所制尔，使[高]克不臣之罪已著，[郑伯]按而诛之可也；情状未名，黜而远之可也；爱惜其才，以礼驭之可也；乌有假以兵权，委诸境上，坐视其失伍离散而莫之恤乎？然则弃师者，郑伯！④

胡安国在其所著《春秋传》的序言中曾说，他写这部书的目的是："尊君父，讨乱贼，辟邪说，正人心，用夏变夷，大法略具，庶几圣王经世

---

① 胡安国：《胡氏春秋传》卷一二《僖公中》，四库影印本151—102。
② 胡安国：《胡氏春秋传》卷三隐公十年夏翚帅师会齐人、郑人伐宋条，四库影印本151—36。
③ 《胡氏春秋传》卷七庄公二年夏公子庆父帅师伐于馀丘，四库影印本151—60。
④ 《胡氏春秋传》卷一〇闵公二年十二月郑弃其师条，四库影印本151—85。

第十七章 二程理学突然兴发

之志,小有补云"。上述引文,胡安国左一个兵权,右一个兵权,一再强调兵柄之重要,而不能为乱臣贼子所窃据,这些话是对谁说的,又是对谁有"补"呢?今查《宋史·胡安国传》,胡安国于绍兴元年(1131)"兼除侍读,专讲《春秋》",绍兴五年(1135)"提举江州太平观,令纂修所著《春秋传》","书成,高宗谓深得圣人之旨,除提举万寿观,兼侍读",还因此加了官。此前,胡安国受朱胜非排挤之时,"右相秦桧三上章乞留之"。上述这些,足以说明胡安国与宋高宗、秦桧之间的关系。胡安国之受到宋高宗的重视,是很清楚的。宋高宗说:"他人通经,岂胡安国比!"胡安国通过讲筵来阐明他在《春秋传》中有关兵柄不可下移的观点,宋高宗、秦桧当然是极其熟稔的。绍兴五年(1135)前后六七年间,正是朝廷上宋高宗—秦桧集团吆喝收夺大将兵权的关键时刻。而在这关键时刻,包括张浚、赵鼎、吕颐浩甚至李纲在内,都在吆喝收夺兵柄。而胡安国向宋高宗秦桧们一再灌输兵柄之不可下移的思想,这与宋高宗——秦桧集团收夺大将兵权的实际活动,难道说没有任何的联系和作用?姚瀛艇等同志《宋代文化史》最先注意到胡安国的这些言论,并引用了王夫之《宋论》予以评论。① 王夫之在《宋论》上说:"尝读胡氏《春秋传》而有憾焉。"他认为胡安国对公子翚之伐郑、公子庆父之伐于馀丘,"两发兵权不可假人之说"是"考古验今"的,与秦桧是"以志合相奖"的。无论怎样解说,胡安国《春秋传》从思想上、学术上配合呼应了宋高宗—秦桧集团收夺兵权的政策,对这个集团打击抗金力量、卖国投降不是"小有补",而是"大有补"。

在压制抗金力量的同时,宋高宗于绍兴四年(1134)八月召见范冲之际,对王安石变法恣意进行攻击。范冲为元祐反变法派范祖禹之子,宰相赵鼎的姻亲,奉宋高宗之命修改此前宋神宗哲宗两朝史事,与宋高宗有下面的对话:

---

① 姚瀛艇等著《宋代文化史》第155页,河南大学出版社1992年2月版。

绍兴四年八月戊寅朔，宗正少卿兼直史馆范冲入见。冲立未定，上云："以史事召卿，两朝大典，皆为奸臣所坏，若此时更不修定，异时何以得本末？"

冲因论熙宁创制，元祐复古，绍圣以降，张弛不一，本末先后，各有所因，不可不深究而详论。

读毕，上顾冲云："如何？"

[冲]对曰："臣闻万世无弊者，道也。随时损益者，事也。……王安石自任己见，非毁前人，尽变祖宗法度，上误神宗皇帝，天下之乱，实兆于安石，此皆非神祖之意。"

上曰："极是。朕最爱元祐。"

上又论史事。冲对："先臣修神宗实录，首尾在院，用功颇多，大意止是尽书王安石过失，以明非神宗之意。其后安石婿蔡卞怨先臣书其妻父事，遂言哲宗皇帝绍述神宗，其实乃蔡卞绍述王安石。惟是直书安石之罪，则神宗成功盛德焕然明白。哲宗皇帝实录，臣未尝见，但闻尽出奸臣私意。"

……

上又论王安石之奸，曰："至今犹有说安石是者，近日有人要行安石法度，不知人情何故直至如此。"

冲对："昔程颐尝问臣：'安石为害于天下者何事？'臣对以新法。颐曰：'不然。新法之为害未为甚，有一人能改之即已矣！安石心术不正。为害最大，盖已坏了天下人心术，将不可变。'臣初未以为然，其后乃知安石顺其利欲之心，使人迷其常性，久而不自知。且如诗人多作《明妃曲》，以失身为无穷之恨。至于安石为《明妃曲》，则曰：汉恩自浅胡自深，人生乐在相知心。然则刘豫不足罪过也。今之背君父之恩，投拜而为盗贼者，皆合于安石之意。此所谓坏天下人心术。"①

---

① 李心传：《建炎以来系年要录》卷七九绍兴四年八月戊寅纪事。

第十七章 二程理学突然兴发

作为司马光派的"孤臣孽子",范冲对王安石变法派的攻击、神宗哲宗实录的诬蔑极其猖狂,其中关于对王安石《明妃曲》的一些谰言,我在《王安石的〈明妃曲〉》一文中已作了辨析①,不多论。范冲之攻击王安石变法最根本的一点是,"尽书王安石过失,以明非神宗之意";"惟是直书安石之罪,则神宗成功盛德焕然明白";王安石"尽变祖宗法度,上误神宗皇帝,天下之乱,实兆于安石"。范冲这一表态,立即得到宋高宗的认可:"极是"。而且他自己也表白:"朕最爱元祐",完全站在宣仁太后、司马光保守派一边,同范冲一道反对王安石变法、荆公之学。

朝廷上掀起了对王安石变法、荆公之学的批判,风向所及,到翌年三月又有所谓兵部侍郎王居正"献辩学四十二篇"之举:

> [王]居正尝入见,请以旧所论著王安石父子平昔之言不合于道者为献。上许之,居正乃厘为七卷……谓之辩学。诏送秘书省。
>
> 崇观间,王安石学益盛,内外校官,非《三经义》、《字说》不登几案,居正独非之。至是因事请对,进言曰:"臣闻陛下深恶安石之学久矣,不识圣心灼见,其弊安在?敢请。"上曰:"安石之学,杂以伯道,取商鞅富国强兵。今日之祸,人徒知蔡京王黼之罪,而不知天下之乱生于安石!"②

王居正的《辩学》不足多论,宋高宗所谓王安石之学"杂以伯道","今日之祸,人徒知蔡京王黼之罪,而不知天下之乱生于安石"等语,实为此段引文之要害。综观前后引文,宋高宗之所以"最爱元祐",之所以赞同范冲谬论,根本要害在:靖康之祸,虽起于蔡京、王黼,而蔡京、王黼之祸则根源于王安石"富国强兵"的变革,王安石是导致北宋亡国之祸的根源,如此而已。

---

① 漆侠:《王安石的〈明妃曲〉》,《北京大学学报》1999年第1期。收入《探知集》,河北大学出版社1999年12月版。
② 李心传:《建炎以来系年要录》卷八七绍兴五年三月庚子纪事。

为什么宋高宗硬把北宋亡国之祸加诸王安石变法，从北宋灭亡的历史实际进行考察，所谓靖康之祸，导致亡国罪责的首先要由宋徽宗承担，而不能推给任何人。元代史家袁桷在其《修辽金宋史搜访遗书条列事状》中指出：

> 洪迈作神哲徽钦四朝史，于时高宗在德寿宫，多所避忌；立传亦有芜类，所宜刊削；当直书徽宗亡国之罪。①

"当直书徽宗亡国之罪"，这就是靖康之祸的历史结论。宋高宗之所以打击压制王安石变法、荆公学派，就在于改变这一历史结论，把靖康之祸推给蔡京、王黼，又拐弯抹角地推给王安石变法、王安石本人，以开脱宋徽宗亡国罪责，如此而已！事实上，宋高宗这个如意算盘，早在靖康年间（1126—1127），因程门立雪而享得声名的杨时，即已经这样盘算，并在朝廷上吆喝过了。

三、宋高宗朝对程学的宣扬提倡

南宋初反动统治对王安石变法和荆公之学的打击、压制，是从政治上到学术上的一个粗暴干涉。而这一干涉，不言而喻，给程学的发展以可乘之机。实际上，如果作更进一步的考察，荆公之学遭到打击、压制，是程学同宋高宗政治权力结合的一种表现。

程学在南宋的发展，而且是一种迅猛的发展，与朝廷上对程学的宣扬与提倡是分不开的。在南宋朝廷第一个吹嘘程学的是前面提到的那个杨时。杨时以程门立雪而获得"不虞之誉"，而尤为重要的是，这个人物善于在对立政治派别、学术派别的变换中来表示他的本身价值。杨时被程颢夸奖为"学得灵利高才也"：

---

① 袁桷：《清容居士集》卷四一《修辽金宋史搜访遗书条列事状》，四库影印本1203—551。

第十七章 二程理学突然兴发

> 杨时于新学极精,今日一有所问,能尽知其短而持之。介父之学,大抵支离。伯淳尝与杨时读了数篇,其后尽能推类以通之。①

杨时是带着荆公之学向程学靠拢,并以批判荆公之学作为进身之阶。这是杨时的第一变。

杨时第二变则是从程学向权奸蔡京投靠。杨时用什么作为投靠蔡京的进身之阶不得而知,在源自于宋人话本的《勘皮靴单证二郎神》这篇小说,称杨时为"蔡京门下士"则是清清楚楚的。《四库全书》提要的作者曾称胡宏所写给秦桧的一封书信,"视其师杨时委曲以就蔡京者,可谓青出于蓝,而冰寒于水矣!"② 可是,到了靖康元年(1126)蔡京在朝廷上成为了众矢之的,左谏议大夫兼侍讲杨时向蔡京做了有力的反戈一击,表现了他的第三变:

> 蔡京用事二十余年,蠹国害民,几危宗社,人所切齿,而论其罪者,莫知其所本也。盖京以继述神宗为名,实挟王安石以图身利,故推尊安石,加以王爵,配享孔子庙庭。今日之祸,实安石有以启之。
>
> 谨按安石挟管、商之术,饰六艺以文奸言,变乱祖宗法度。当时司马光已言其为害当见于数十年之后,今日之事,若合符契。其著为邪说以涂学者耳目,而败坏其心术者,不可缕述……③

杨时确实不愧为程颢所说的"灵利高才"。杨时将蔡京作为替罪羊,把所有亡国罪恶都推给蔡京,又将全部罪恶转嫁给王安石,把宋徽宗浆洗得干干净净,因而被道学之流将这篇奏书视作"取王氏心肝底刽子手段"④。

---

① 《河南程氏遗书》卷二上《元丰己未吕与叔东见二先生语》,载《二程集》。
② 胡宏:《五峰集》提要,四库影印本 1137—88。
③ 《宋史》卷四二八《道学·杨时传》。
④ 朱熹:《伊洛渊源录》卷一〇《龟山志铭辨》,台湾文海出版社 1986 年版。

"王氏心肝"似乎没有被取出来,杨时刽子手的面目则从其第三变中显现出来了!将杨时这篇奏书同前引宋高宗所论,可谓之"若合符契"、一模一样。绍兴年间朝廷上对王安石变法和荆公之学的打击、压制,是程学与宋高宗政治权力结合的一个表现,不就十分清楚了吗?惟其如此,宋高宗即位的建炎元年(1127),杨时便获得了工部侍郎的高官。杨时虽以老迈而使他的活动能量受到限制,但程学能在南宋得到迅猛的发展,杨时当是第一大功臣。所以《宋史》本传上说:"凡绍兴初崇尚元祐学术,而朱熹张栻之学得程氏之正,其源委脉络皆出于时。"

南宋初在朝廷上宣扬、提倡程学的,是前面说过的一再提醒宋高宗收夺兵权的那个胡安国。

胡安国没有师从过程颐,但与程颐的几位高足如杨时、游酢、谢良佐往还甚多,在学术上是宗程的。靖康元年,胡安国向宋钦宗奏事,称:"明君以务学为急,圣学以正心为要。心者,事物之宗;正心者,揆事宰物之权也。"① 绍兴五六年间,朝廷上台谏中曾反对程学,胡安国写出一篇辩解的奏书,对程学极尽宣扬之能事,甚至称程颐"有经天纬地之才",并对程氏兄弟对《中庸》的诠释作了全面肯定:

> 夫圣人之道,所以垂训万世,无非中庸,非有甚高难行之说,离世异俗之行,此诚不可易之至论也。然中庸之义不明久矣,自颐兄弟始发明之,然后其义可思而得也。不然,则或谓高明所以处己,中庸所以接物,本末上下,析为二途,而其义愈不明矣。
>
> 士大夫之学,宜以孔孟为师,庶几言行相称,可济时用,此亦不易之至论也。然孔孟之道不传久矣,自颐兄弟始发明之,而后其道可学而至也。不然,则或以六经语孟之书,资口耳、取世资,以干利禄,愈不得其门而入矣。②

---

① 胡寅:《斐然集》卷二五《先公行状》,四库影印本1137—647。
② 李心传:《道命录》卷三《胡文定公乞封爵邵张二程先生列于从祀》,丛书集成初编本。此系胡安国奏书原本,较胡寅《斐然集》卷二五《先公行状》所引翔实。

第十七章 二程理学突然兴发

奏书还提出，对邵雍、张载、程颢、程颐等四人"加之封号，载在祀典，比于荀扬之列"，力图使这几位道学家也能享受到冷猪肉！引文中"高明所以处己，中庸所以接物"一句，是王安石对"极高明而道中庸"一语的阐释，《河南程氏遗书》载有，程颐曾加引用并给予批驳。胡安国在奏书中重新引用、批驳，则是从对荆公新学的批判更进而宣扬程学的正确。胡安国一生做的事情不少，但最称重要的则是两件事：其一便是前面说过的一再敦促宋高宗收夺兵权，另一则是对程学的大力宣扬。

程学之在宋高宗朝得到迅猛的发展，赵鼎以宰相的身份所给予的支持，尤为重要。

赵鼎从绍兴四年（1134）三月任参知政事，到绍兴八年（1138）十月第二次罢相，这五年中大体上同张浚共掌朝政。这两个人被誉为爱国名臣贤相，与他们的功业很不相称。张浚是个"志大才疏"的饭桶，已故的杨德泉教授作出的评价是很恰当的。[①] 需要补充的是，张浚对真正的抗金力量一再压制、打击，不折不扣地执行了宋高宗收夺兵权的命令，把抗金斗争纳诸政府制定的军事轨道上，从而为宋高宗—秦桧集团卖国投降铺平了道路，这一点是必须指出的。因此，坚决抗金爱国的抗金名将这顶桂冠落不到张浚头上。至于赵鼎，在抗金问题上，并无业绩可言。叶适批评赵鼎抗金斗争的法宝，亲征、驻跸而已，乏善可陈。至于赵鼎所提出的"议和"条件是以黄河为界，比秦桧以淮为界向金称臣，或许稍微体面些，亦不过五十步百步之间耳！《宋史·赵鼎传》评论道："及赵鼎为相，则南北之势成矣。两敌之相持，非有灼然可乘之衅，则养吾力以俟时，否则图取危困之辱。故鼎之为国，专以固本为先，根本固而后敌可图，仇可复，此鼎之心也。"这个评论是明目张胆地对赵鼎的偏袒。赵鼎当国之时，抗金斗争的有利态势已经向宋一方转化，而赵鼎、张浚在此关键时刻收夺兵权，削弱抗金力量，这是赵鼎、张

[①] 杨德泉：《张浚事迹述评》，载邓广铭、郦家驹主编《宋史研究论文集》，河南人民出版社1984年7月版。

浚误国的要害所在。至于秦桧破坏抗金斗争的大好形势,惨杀爱国名将以向金屈膝投降,其所以遭到唾弃,落得千古罪名亦正以此。虽然不能把赵鼎与秦桧等量齐观,但赵鼎所获得的虚誉与他的实际则很不相称。

在对内政策上,赵鼎心胸之褊狭,不识大体,贤相的桂冠同样落不到他的头上。例如,范冲擅自篡改神宗实录、哲宗实录,赵鼎因范冲是其姻亲,而且在思想上一直反对熙丰变法,因而大力支持范冲。张浚并没站在王安石变法立场上替变法说话,仅仅认为熙丰未必全非,其中很多地方与宋神宗息息相关,因而不赞成范冲篡改两朝实录。

再一例证是:由于赵鼎反对王安石变法,所以对两派的后人,也存在偏见。赵鼎对元祐党人的后代如司马光之孙司马伋等都给以安排,使其在政治上有了着落;对变法派后人则加以歧视、排挤。史称张浚为黄潜善所汲引,黄潜善是熙丰派,张浚也因此不反对熙丰派后人。这一说法并不恰当。赵鼎抬元祐而压熙丰这种宗派主义做法,继续此前党派间的对立,对风雨飘摇中的南宋政权的稳定是不利的。不管张浚是否意识到这一点,他反对赵鼎的宗派主义做法,应当说是识大局的。拿赵鼎和张浚相比,在军事上张浚的失误是严重的,在内政上赵鼎的作为则是褊狭、无能的,名臣贤相的桂冠都落不到他们的头上。

赵鼎虽然没有什么功业,但在任职宰相的几年间,程学则由于他的维护而得到发展,元祐党人的后代由于他的拔擢而得到了妥善安排。李心传在《道命录》序言上说:

> 元祐道学之兴废,系乎司马文正之存亡;绍兴道学之兴废,系乎赵忠简之用舍;庆元道学之兴废,系乎赵忠定之去留。①

胡寅在《鲁语详说序》一文中对程学等的发展变化情况作了较为详尽的叙述:

> 某年十六七,见先君(指胡安国)书案上有《河南语录》,

---

① 李心传:《道命录·序》,丛书集成初编本。

第十七章　二程理学突然兴发

上蔡谢公、龟山杨公《论语解》，间窃窥之，乃异乎塾之业。一日，请诸塾师曰：河南杨谢所说，与王氏父子谁贤？塾师曰：彼不利于应科举尔，将趋舍选，则当遵王氏。……（方腊起义后）兹时天子临轩策士，收采谠言，党禁向驰。于是邵康节《皇极书》、张横渠《正蒙篇》、河南先生诸经诸说，元祐忠贤言论风旨稍出，好之者往往传写袭藏，若获希世之宝。而谢公《语解》则已锓板盛行。噫！此岂人力也哉！后四载，岁在乙巳，女真入侵……今皇帝勇智中兴，灼知祸败之衅，本由王氏，以其所学迷误天下，变乱宪章，得罪宗庙，于是诏三省政事，并遵至和嘉祐。发自圣性，笃好孔子所作、安石所废之《春秋》，又于讲筵进读神祖所序、司马光所纂之《通鉴》，下杨时家取《三经义辩》，置之馆阁；选从程氏学士大夫，渐次登用，甄叙元祐故家子孙之有闻者，仍追复其父祖爵秩，将以刬削盅蠱，作成人物。朝冀贤才之赖，国培安固之基，此绍兴五六年间，大哉王言，一哉王心！①

程学中的朱震、尹焞之被起用和受到表彰，元祐故家子孙司马伋等在政治上有了安排，都是赵鼎鼎力造成的。宋高宗称"赵鼎主程颐，秦桧尚王安石"云云，赵鼎宣扬、提倡程学，使之得到迅猛发展，是铁的事实，而"秦桧尚王安石"则史无迹象可寻，姑备一说而已。王安石新学自朝廷上开展政治批判以来，确实受到沉重打击，但直到宋孝宗朝王氏新学一直不绝，我在总论《宋学的发展与演变》中曾引用员兴宗《九华集·苏氏王氏程氏三家之学是非策》一文论述此事。那么，这是什么原因造成的？一个重要原因，便是科场考试的需要。这在前引胡寅《鲁语详说序》已经透露这一消息。胡寅曾问塾师，王氏新学与程学谁好，塾师回答得非常干脆："彼（程学）不利于科举尔！"熙宁以来王氏新学之

---

① 胡寅：《斐然集》卷一九《鲁语详说序》，四库影印本1137—548。

所以居于主导地位，正因为科举考试以新学说法为主。尽管宋高宗批判王学，赵鼎们宣扬程学，但在绍兴年间王氏《论语解》依然作为场屋举子们的敲门砖。宋高宗齿牙虽硬，在政治上可以将王氏新学批判得体无完肤，但他没有胆量敢于在场屋中禁止考生们诵习王氏新学，因为"众怒难犯"，宋高宗的色厉内荏从这件事情暴露出来了。

四、程学发展的社会历史环境

我国古代社会历史的发展，有其独自的特点，从而与其他民族存在不少的差别。宗法家长制就是其中的一个突出特点。

宗法家长制导源于原始氏族社会。氏族长老亦即家长，率领以血缘关系为纽带的族群，从事各种生产活动，以维持族群的存在、繁衍生息。进入父系家长制、阶级社会，尽管族内有了非血统关系的外族人（有的是俘虏而成为奴婢，有的是依附者），但血缘关系依然存在，家长成为天然的尊长而受到崇敬。而在这个时候，由于生产力的发展，本族也分析成由一夫一妻组成的许多小家庭。因此，在父系氏族到阶级社会过程中，出现强大的氏族显贵家庭，或者说是强宗大族。到殷周，特别是到西周，综合此前的这一发展，形成一套较为完整的宗法制度，以百世不祧的继承法确立宗子的特殊地位。周王、周君到大夫以这种宗法关系形成为维护奴隶制的等级秩序，占据各等级顶端的人物，亦即宗子，或者说各宗族（或家族）的家长，而遍布各地的就是大大小小的宗族（或家族）。战国初进入封建化时期，商鞅变法为取得更多的赋税和兵源，扶植一夫一妻的家庭制，采取"兄弟不析居，倍其赋"的政策，分化瓦解奴隶制下的强宗大族。直到西汉，继续实施这一方针政策。到东汉，经过西汉末、东汉初强宗大族的活动，改变此前的政策，因而大族继续得到发展，宗法家长制完整地保留下来。宗法家长制虽然保留下来，但进入奴隶制和封建制社会，宗法家长制则一分为二。就封建制社会而论，既存在贵族地主阶级的家长制，也存在自耕农民、徒附（依附农民）、佃客的家长制。虽然都名曰家长制，但性质则有很大的不同。贵族地主阶级的家长在自己的家族具有至上的权威，尤为重要的是，对徒附、佃客则具有剥削、奴役支配的权力，徒附、佃客愈多，他的奴役支配权力则愈大。自耕农民仅受到封建国家的奴役支配，较诸徒附、佃客有更多的人身自由。徒附、佃客属于被剥削、奴役支配的劳动者，他们的家长同自耕农民的家长一样，领导这个家庭从事生产劳动，但在自己的家庭中，也具有说了算这一权威，家庭成员日子过得虽苦，但民主气息比贵族地主家庭成员似乎要多一些。两个阶级的家长制虽有质的不同，但外观上则都是家长，都具有天然尊长的共同性。认识这些情况，对所要论述的问题非常重要。

作为社会有机体的细胞或单位组织，从孔夫子为首的儒家即予以概括，到东汉章帝年间的白虎观会议方确定下来，这就是前文已经提到过的三纲六纪：

> 三纲者，何谓也？谓君臣、父子、夫妇也。六纪者，谓诸父、兄弟、族人、诸舅、师长、朋友也。……
>
> 何谓纲纪？纲者，张也。纪者，理也。大者为纲，小者为纪。所以张理上下，整齐人道也。人皆怀五常之性，有亲爱之心，是以纲纪为化，若罗网之有纪纲而万目张也。①

所谓三纲六纪，是作为封建统治阶级的纲纪而提出的。即利用"人皆怀五常之性，有亲爱之心"，寓存于父子、夫妇、兄弟、诸父、诸舅之间血缘关系和天然尊长关系，以"张理上下，整齐人道"，达到维护封建等级秩序的目的。本来如前面说过的，虽然都是家长制家庭，但贵族封建主与自耕农、徒附、佃客之间则是对立的，统治与被统治的。从孔夫

---

① 陈立：《白虎通疏证》卷八《三纲六纪》，载《新编诸子集成》中华书局1997年版。

子到《白虎通德论》为了适应贵族封建主阶级统治的需要，则无视、泯灭、抹煞这种对立和统治被统治，于是三纲六纪便凌驾于社会之上而成为"全民牌号"的普遍性原则了。《白虎通德论》建立这个纲纪具有深远的影响，陈寅恪先生在《王观堂先生挽词并序》中曾说："吾中国文化之定义，具于白虎通三纲六纪之说，其意义为抽象理想最高之境，犹希腊柏拉图所谓 idea 者。"① 并把王国维之自沉誉为殉中国文化，因为他以三纲六纪为抽象理想最高之境，殉中国文化亦即殉于"抽象理想之境"的三纲六纪！王国维是否如陈寅恪所论那样不必多说，陈寅恪多年接触欧美教育和文化，依然坚持封建时代的三纲六纪，其青年时代所受家庭、社会和时代的影响，可谓深矣！

二程理学则把三纲六纪之说推展到一个新的阶段，使之更加广泛，更加浅显，从而赋以新的理论意义。什么是"天理"，什么是"道"，程颢回答道：

> 天理于君臣、父子、兄弟、朋友、夫妇上求。
> 父子君臣天下定理，无所逃于天地之间。
> 为君尽君道，为臣尽臣道，过此则无理。②

所谓三纲六纪，用最简单的语言表达，就是各尽各的本分。其次，二程还把仁、义、礼、智、信等各类道德观念，都纳在天理这个万宝囊中，要什么就有什么，都能满足人的胃口。荀子曾说："人非特二足而无毛也，以其有辨。"辨是区分人与禽兽的分界线。二程则把天理的有无作为人与禽兽的分界线，还有谁会违背这个普遍性的哲学形式呢？三纲六纪这个伦理纲常，经过程氏兄弟的改造制作，涵蕴丰富得多了，适应性亦更加强了，对劳动者、小百姓来说，更富有眩惑性了。"青出于蓝而胜于蓝"，二程伦理道德哲学超出了三纲六纪，宋学中任何一个学派在这一方面，尤其是从封建统治阶级需要来看，是全然无法与程学抗衡

---

① 陈寅恪：《寒柳堂集》，上海古籍出版社1980年版。
② 《河南程氏外书》卷一二《传闻杂记》。

的。惟其如此，程学到宋理宗时终于成为官学，程朱们也都因此分享到一份冷猪肉，尤为重要的是，到元明清诸代，程朱系理学成为封建正统思想而居于主导的统治地位了。

宋高宗反动气氛所笼罩下的社会环境，也为程学的发展提供了条件。

绍兴四年（1134）以来，朝政由赵鼎、张浚共同执掌，他们本来互相援引、支持，可是由于在许多问题上的分歧，又转为互相攻讦。尤为可叹的是，两人都以秦桧作为自己的援手而加以拉拢。结果是，正当秦桧亲自利用赵、张矛盾，使Z他们加紧打击抗金力量，在有利于向金投降的时刻，即将赵、张赶出临安。最后宋高宗——秦桧集团终于在绍兴十一年（1141）实现了卖国投降的"绍兴和议"。在政局发生这样一个巨大变动的过程中，此前如火如荼、轰轰烈烈的抗金斗争被冷酷的反动统治摧折殆尽，举国上下沉浸在灯红酒绿、奢靡腐化之中。试看这首著名诗歌：

> 山外青山楼外楼，西湖歌舞几时休？
> 暖风薰得游人醉，直把杭州作汴州。①

一切坚持抗金斗争的赞歌和进步思想都受到禁止，而那些空喊道德性命的说教，却无损于宋高宗—秦桧反动统治集团，并找到了自己最适宜孳生的土壤。不然，为什么程系理学到乾道年间一跃而凌驾于各学派之上而成为显学呢？

---

① 厉鹗：《宋诗纪事》卷五六林升《题临安邸》。

第十八章
南宋乾道淳熙年间鼎足而立的讲学形势及其演进

南宋孝宗乾道淳熙年间（1165—1189），理学大振，形成为广汉张栻、东莱吕祖谦和新安朱熹三家鼎足而立的讲学形势，即所谓"被闽、浙，蔽江、湖"① 者是也。张栻一支或称为湖湘学派，创建于其师胡宏，而自胡宏即寓存向心学演进之态势，张栻继之。吕祖谦所代表的金华学派，则有向浙东事功派演进之态势。独有新安朱熹所代表的闽学，坚守小程一脉于理学系统，进而集理学之大成，居南宋思想界之主导地位。本章虽以鼎足而立的讲学形势为题，主要的是叙述张栻、吕祖谦两派情况，朱熹闽学则放在后面再作叙述。下面先阐述胡宏、张栻湖湘学派及其承继大程理学系统而向心学系统演进的过程。

一、胡宏：湖湘学派的创建者及其向心学方向的发展

胡宏（1105—1161）②，字仁仲，系胡安国之季子③，福建崇安人。

---

① 叶适：《水心文集》卷一三《郭府君墓志铭》。
② 此据《胡宏集》吴仁华《代序》，中华书局点校本1987年6月版。
③ 《胡宏集》吴仁华《代序》引用胡寅《斐然集》考证胡宏为胡安国之季子，甚是。在胡宏《五峰集》中有诗呈伯、仲或呈伯、此伯、仲当即胡寅与胡宁是也。

第十八章　南宋乾道淳熙年间鼎足而立的讲学形势及其演进

秦桧与胡安国私交甚厚，有提拔胡宏的意图。胡宏因鄙视秦桧的卖国投降主义，回信拒绝，"词婉而意严"，"视其师杨时委曲以就蔡京者，可谓青出于蓝而冰寒于水矣"。① 胡宏一生从事于教学，在碧泉道山诸书院教授生徒。

胡宏师从程门弟子杨时、侯仲良，尽得胡安国家学。胡宏著作甚多，成书于绍兴十一年（1141）的《皇王大纪》，按照朝代的重大问题作为标目而予以撰述，应当说是纪事本末体，早于袁枢的《通鉴纪事本末》，在史学体例上值得一提。其《知言》大体上是仿照《论语》语录式的著述，记述自己在学术上的见解。张栻曾称赞是书"其言约，其义精，诚道学之枢要，制治之蓍龟也。"② 《宋元学案》的作者全祖望对胡宏的学术成就作过如下的评论："绍兴诸儒，所造莫出五峰之上。其所作《知言》，东莱以为过于《正蒙》，卒开湖湘之学统。"③ 胡宏是一位有自己的思想和善于思考的学者。

在学术思想上，胡宏继承了二程。胡宏曾对宋仁宗嘉祐以来学术上几个重要学派如荆公学派、欧阳修经学、苏蜀学派和二程洛学作了比较研究，他批评荆公之学"支离"，欧公经学"浅"，苏蜀学派属于"纵横家"，因而都不足以继承孔孟道统；而继承孔孟道统的，非程氏兄弟莫属。他说：

> 然则属之谁乎？曰：程氏兄弟明道先生伊川先生也。
>
> 或者笑曰：其为言也不文，世人莫之好也；其制行也仿古，世人莫之信也；其讲道也，惟开其端；其言治也，不计其效。盖迂阔之至也，曷足以为斯民耳目、纂尧舜文王孔孟之绪乎？而子属之以传，过矣！
>
> 曰：言之不文，乃发于口，而门人录之，传先王之道，泽

---

① 胡宏：《五峰集》提要，四库影印本 1137—88。
② 张栻：《南轩集》卷一四《胡子〈知言〉序》，载《张栻全集》长春出版社 1999 年 12 月版。
③ 《宋元学案》卷四二《五峰学案·五峰学案序录》。

> 及天下，是其乐也；传之其人，又其次也。修饰辞华，以矜愚
> 众，非其志也；行之仿古，不徇流俗，必准之于圣人也；讲道
> 启端，不骋辞辨，欲学者自得之也；治不计效，循天之理，与
> 时为工，而期之以无穷也。……虽然，唱久绝之学于今日，变
> 三川为洙泗之盛，使天下之英才，有所依归，历古之异端，一
> 朝而谬戾；见比于孔子作《春秋》、孟子辟杨墨，其功大矣！
> 属之以传，又何过哉！①

这段引文甚为重要。前面已经几次提到，程学在北宋是影响不大的一个小学派，它本身存在不少的弱点，如引文中所揭示的，言而无文、衣着穿戴依照古人从而给人以阴阳怪气的感觉，亦确实是迂阔可笑的（迂阔这是战国以来给儒家的一个评论，亦可谓之历史久远，但又岂止迂阔可笑）。所以，在建炎绍兴年间洛学在社会上传播时，显然受到人们的种种指责。胡宏对这些责难给予种种辩解，极其逼真地反映了胡宏在湖湘一带对程学的大力宣扬，从而使程学得以发展起来。胡宏不仅是湖湘学统的创建者，而且是二程之学的发扬光大者。

胡宏继承、宣扬了二程洛学。但，在二程的洛学中，胡宏继承的则是大程的心学。胡宏和他的弟子张栻对大程的心的主观能动作用，对恢复人们固有的良知、良能的意义作了更进一步的阐发，给大程心学建立起来更加明晰的框架，使大程认识论的路线突出出来。二程洛学即理学的内部分化随之扩大、明显了。首先，胡宏在《上光尧皇帝书》中表达了他的爱国激情，他反对秦桧们卖国投降，指出其"北面事仇、偷安江左"的可耻行为，要求宋高宗恢复旧疆。继此之后，他对程颢有关心、良心的重大作用作了深刻的阐发：

> 臣闻治天下有本……何谓本？仁也。何谓仁？心也。心官
> 茫茫，莫知其乡。若为知其体乎？有所不察，则不知矣。有所

---

① 胡宏：《五峰集》卷三《程子雅言全序》，四库影印本1137—152。

第十八章　南宋乾道淳熙年间鼎足而立的讲学形势及其演进

顾虑，有所畏惧，则虽有能知能察之良心，亦沦没于末流，浸消浸亡，而不自知（《宋史》卷四三五胡宏本传此句作"亦浸消亡而不自知"）。此臣之所大忧也。夫邻敌据形胜之地，逆臣僭位于中都，牧马骎骎，欲争天下，臣不是惧。而以良心为大忧者，盖良心者，充于一身，通于天地，宰制万物，统摄亿兆之本也。①

在《知言》中，胡宏亦多次论到心的作用：

> 万物生于天，万事宰于心。
> 天下莫大于心，患在不能推之尔！
> 大本，一心也；大几，万变也；大法，三纲也。②

胡宏把"心"看作天下之大本，"天下莫大于心"，心"宰制万物"，"统摄亿兆"，显然是继程颢之后把心强调到几乎是无以复加的地步。而在《与原仲兄书》中，胡宏在批驳了佛家心性的同时，进而阐发心的能动作用：

> 昔孔子下学而上达，及传心要，呼曾子曰：吾道一以贯之，曷尝如释氏离物而谈道哉！曾子传子思，亦曰：可离，非道也。见此，则心迹不判，天人不二，万物皆备于我，反身而诚，天地之间，何物非我，何我非物？仁之为体要，义之为权衡，万物各得其所，而功与天地参焉。此道之所以为至也。③

前引指明胡宏以心"宰制万物"，此段引文胡宏又以"我"为中心，说明"何物非我，何我非物"，即物我一体，出此以至于"天人合一"，"万物皆备于我"，充分发挥了程颢的认识论及其路线。张栻在《胡子〈知言〉序》中，把胡宏在《知言》的精华所在予以揭示出来，他说：

---

① 胡宏：《五峰集》卷二《上光尧皇帝书》，四库影印本1137—104。
② 以上分见《知言》中《修身》、《纷华》、《复义》诸篇，载《胡宏集》。
③ 胡宏：《五峰集》卷二《与原仲兄书》，四库影印本1137—129。

> 故其言有曰："诚成天下之性，性立天下之有，情效天下之动。"而必继之曰："心妙性情之德。"又曰："诚者，命之道乎！中者，性之道乎！仁者，心之道乎！"而必继之曰："惟仁者为能尽性至命。"学者诚能因其言而精察于视听言动之间，卓然知夫心之所以为妙，则性命之理盖可默识。①

上述性、命、道，以及性与情及其统率于心这一理论框架建立起来了。这是胡宏对程学的发挥，也是他在哲学上的建树。"心"在胡宏理论框架中的意义和作用，是起着决定性意义和作用的，现再从他的《示二儿》一诗中予以说明：

> 此心妙无方，比道大无配。妙处果在我，不用袭前辈。得之眉睫间，直与天地对。混然员且成，万古不破碎。②

"心"既能够"直与天地对"，又能够"万古不破碎"，奥妙之处全在于"我"，胡宏的这首诗形象化地描述了"心"的作用。

此外，还有以下数点须作说明：

（一）胡宏论证问题的方法，如把事物看作为自然之理或自然趋势，这种方法亦来自程颢。胡宏在《知言》上说："天理人欲同体而异用，同行而异情"，又说"好恶性也"。朱熹对此颇有意见，认为是"性无善恶之意"，"性但有好恶而无善恶之则"，认为可以删掉。吕祖谦则以为可备一说。③ 或者根据胡宏的这些言论，认为胡宏像告子一样，主张性无善恶之说。其实，胡宏依然是主性善说的。从孟子到程颢，以至到胡宏，既强调"心"、良知良能，就必然主张性善、主张恻隐之心等四端；而主张恻隐之心四端，就必然"识仁"，就必然"物我同体"、天人合一而"万物皆备于我"，这是主观唯心主义认识论逻辑的必然结果。胡宏把天理人欲看作"同体而异用"，"好恶性也"，认为天理、人欲、好、

---

① 张栻：《南轩集》卷一四《胡子〈知言〉序》，载《张栻全集》。
② 胡宏：《五峰集》卷一《示二子》，四库影印本 1137—96。
③ 朱熹：《朱文公文集》卷七三《〈胡子知言〉疑义》。

恶都是自然而然之理，自然形成的东西，仅是说其由来，并不是价值的判断。

（二）胡宏在认识论上过分强调"心"的能动作用，走上唯心主义，但在个别部分则有很好的见解。如其所说："人心应万物，如水照万象。应物有诚妄，当其可之谓诚，失其宜之谓妄。"这一反映论的论述是正确的。接着胡宏以这种正确认识，论述道："物象有形影，实而可用之谓形，空而不可用之谓影。儒者之教践形，释氏之教逐影，影不离乎形者也。是故听其言则是，稽其形则非。惟高明笃实之君子，乃知释氏之妄大有害于人心。"① 这是胡宏从反映论这一哲理上批评佛家的空妄，是较为深刻的。

（三）胡宏对辩证法亦有所认识，他指出"物不独立必有对，对不分治必交焉"；认为事物发展到极点则走向反面，变革就是事物发展到极点的必然结果："事成则极，极则变；物极则倾，倾则革。"同时，他认为，对事物发展的这种变化，如所谓"变异见于天者，理极而通，数穷而更，势尽而反，气滋而息，兴者将废，成者将败"，要尽力予以了解认识，特别是作为人君者，"所宜尽心也"，以维护自己的统治。所以，他说："事有大变，时有大宜；通其变，然后可为也；务其宜，然后有功也。"②

（四）胡宏的一些思想观点，则是陈旧的，而且带有明显的阶级烙印。胡宏反对秦始皇以来的郡县制，拥护战国以前的封国建邦制，这是因为："郡县天下，可以持承平而不可支变故；封建诸侯，可以持承平，可以支变故"。与分封建邦相关联，他主张恢复井田制："仁心，立政之本也。均田，为政之必先也。田里不均，虽有仁心而民不被其泽也。井田者，圣人均田之要法也"，这是"三代之所王者"的根本原因。因此，胡宏反对秦桧卖国投降主义的政治路线，主张分封诸侯、实行井田，而

---

① 胡宏：《知言·大学》，载《胡宏集》。
② 胡宏：《知言》中《纷华》、《阴阳》、《复义》诸篇，载《胡宏集》。

这一见解则是不对的。这种思想观点立足于两宋之际土地兼并势力利益基础上。胡宏所处的湘西,与荆湖夔峡路峡州一带接壤,这里是庄园农奴制占主导地位的地区,豪强大地主为争夺客户作为自己的劳动人手而胡作乱为,客户试图逃脱庄园主的控制。我在《宋代经济史》(上卷)曾详其事,读者可参看。胡宏曾给当时荆南的刘锜信叔写过一信,这封信是胡宏站在"贵以贱为本,高以下为基"的立场,让刘锜下令不许客户擅自离开主户,以保证庄园主的劳动人手,使客户"世世服役"①。胡宏思想上的阶级烙印从这封信中彻底暴露出来了。

对王霸义利观,胡宏亦有自己的独到见解,而且对张栻的影响甚大,将在下面再加以论述。

二、张栻所代表的湖湘学派及其特色

张栻(1133—1180),胡宏的继承者,是曾任过宰相枢密大臣的张浚之子,字敬夫、钦夫,号南轩,汉州绵竹(绵竹)人。其父张浚葬于东潭州衡阳(湖南长沙),张栻一家在潭州落户。

张栻以父荫得官,隆兴元年(1163)曾一度到其父张浚幕府中任书写机宜文字,由于符离之败,张浚复被贬斥,张栻亦赋闲家居。经刘珙荐举,张栻被命为知严州,一度为侍从之臣。淳熙元年(1174)张栻为广西帅臣、知静江府,对广西盐法、横山买马中的弊政进行革除。淳熙五年(1178),张栻除秘阁修撰、知江陵府,对当地军政甚为注意,"均犒赏,修义勇法"等等②,改进当地防务。淳熙七年(1180)病死任上。

张栻四十八岁的一生主要献身于学术事业。张栻年轻时承受家学,

---

① 胡宏:《五峰集》卷二《与刘信叔书五首》之第五首,四库影印本1137—128。
② 朱熹:《朱文公文集》卷八九《右文殿修撰张公神道碑》。

一 第十八章　南宋乾道淳熙年间鼎足而立的讲学形势及其演进 一

二十八岁时向胡宏请教程氏之学。"以其家学佛",张栻第一次求见时遭到闭门羹,"再见,乃授业焉"①。可是,师生见面后,胡宏、张栻"真如故交,言气契合"②,思想认识上得到真正的交流,对张栻的学术道路有着极为重要的影响。张栻著作甚多,主要的有《南轩易说》、《论语解》、《孟子说》和《南轩集》数部,长春出版社刊行的《张栻全集》,给研究者带来了不小的方便。

本文着重说明张栻思想的两个问题,其一是继承胡宏,继续阐发了程颢的心学哲学思想,其二是王霸义利之辨,在宋代有关此一问题的论述中有其独特之处。下面分别予以论述。

(一) 张栻对程颢心学思想的阐发

对张栻思想的探索和认识,还存在分歧:是承继程颐呢,还是承继程颢。与张栻同时代、而在学术思想方面探讨又极为密切的朱熹,对张栻作过如下的评论:

> 陆子静(即陆九渊)之学,只管说一个心本来是好底物事,上面著不得一个字,只是人被私欲遮了。……南轩初年说,却有些似他。如《岳麓书院记》,却只恁地说。如爱牛,如赤子入井,这个便是真心。③

《宋元学案》的作者全祖望则说:

> 南轩似明道,晦翁似伊川。④

按照朱熹的说法,张栻初年说法似陆子静,亦即承继程颢之学。按照全祖望的说法,南轩似明道,承继的是程颢;晦翁似伊川,承继的是程

---

① 张栻:《南轩集补遗·语录·本朝诸子》,载《张栻全集》。
② 胡宏:《五峰集》卷二《与孙正孺》,四库影印本1137—145。
③ 《朱子语类》卷一二四《陆氏》。
④ 《宋元学案》卷五〇《南轩学案》。

颐。看来张栻哲学思想源自程颢，不是没有来头的。

程氏兄弟思想上的这一分歧，最早是由冯友兰先生提出和加以说明的。二程共同创建了洛学，共同建筑了"理"的世界，相同甚多而分歧处则不甚明显。仔细推究起来，程颢强调"心"的主观能动性，推重良知良能，最终只能以"心"作宇宙万物的主宰；程颐则强调客观存在物质世界的"理"的作用，推重格物致知以穷理，最终只能以"理"作为宇宙万物的主宰。因而判别二程的分歧，只能缘着他们各自的思想认识路线，看看如何由"心"或"理"作为主宰。判别二程之后的朱陆之间的分歧，或者判明张栻是否似陆子静或似程明道，亦只能缘着原来的认识路线，找到最后的主宰者。下面就用这样的方法来探索张栻的思想。

（一）孔夫子说："仁者，人也。"儒家向来重视仁，二程尤其是大程，强调学者首先要识仁。张栻在乾道六年（1170）以后编纂成功了《洙泗言仁》一书，把有关仁的语录汇集起来，以便学者诵习。他在为是书写的序言中说：

> 盖仁者天地之心，天地之心而存乎人，所谓仁也。人惟蔽于有己，而不能以推，失其所以为人之道，故学必贵于求仁也。①

程颢要学者首先"识仁"，从万事万物生生不息中去认识"仁"，所以他说"观鸡雏可以识仁"。为什么这样强调仁的重要？这是因为，仁、义、礼、智这四者，都是人的本性，而仁在四者中是最为重要的。张栻曾一再阐释了程颢的这个思想，在《孟子说》、《仁说》中，张栻指明：

> 人受天地之中以生，仁义礼知皆具于其性。②
>
> 人之性，仁、义、礼、智四德具焉：其爱之理则仁也，宜之理则义也，让之理则礼也，知之理则智也。……而所谓爱之

---

① 张栻：《南轩集》卷一四《洙泗言仁序》。
② 张栻：《孟子说》卷二《公孙丑上》。

第十八章　南宋乾道淳熙年间鼎足而立的讲学形势及其演进

> 理者,是乃天地生物之心,而其所由生者也。故仁为四德之长,而又可以兼能焉。①

程颢之所以强调仁、识仁,乃是由于人与天地参,"人与天地一物也",不能够小看自己。张栻对此领会得是极其清楚的,所以在《答胡伯逢》的信中说:

> 万物之体即我之体,立言者之意,乃是仁者以天地万物为一体,认得为己,何所不至之意。②

(二)强调仁、强调仁义礼智为人的本性还有其重要的意义和内容。程学是继承了孟子性善说的,而孟子性善说则是建立在恻隐之心等四端这一基础之上的,而这四端则来自于人的仁义礼智的本性。张栻曾说:

> 惟性之中有是四者(按即仁义礼智),故其发见于情,则为恻隐、羞恶、是非、辞让之端,而所谓恻隐者亦未尝不贯通焉,此性情之所以为体用,而心之道则主乎性情者也。③

而所谓的恻隐之心等四端,也就是从孟子到程颢一直强调的所谓良知良能。对于这种良知良能,从孟子到程颢也一直强调要"扩而充之",使其最大限度地发挥出来。张栻在《扩斋记》中发挥这一思想道:

> 太极混沦,生化之根,开辟二气,枢纽群动。惟物由乎其间而莫之知,惟人则能知之矣。人之所以能知者,以其为天地之心,太极之动,发见周流,备乎己也。然则心体不既广大矣乎?道义完具,事事物物无不该、无不遍者也。而人顾乃局于血气之内而自小之,虽曰自小之,而其广大之体,本自若是,以贵夫能扩也。然而知之之端不发,则扩之之功亦无自而施。

---

① 张栻:《南轩集》卷一八《仁说》。
② 张栻:《南轩集》卷二九《答胡伯逢》。
③ 张栻:《南轩集》卷一八《仁说》。

故孟子谓："凡于四端于我者，知皆扩而充之矣。"①

最大限量地扩充、发挥人们先天的良知良能，就能够成德立业，实现"内圣外王"之道，"心"的作用竟是如此重大。

（三）可是，在人们的私心或私欲的阻遏之下，人们所有的良知良能所蓄存的天理却无从发挥出来。在这样的时刻，程学却从孔夫子、子思那里传来了绝学——《中庸》，经过二程的探索，以"道心"来克服"人心"亦即克服私欲，使天理得到了恢复。张栻继承了二程所阐释的中庸之道，首先指出人们"皆有是心（即不忍之心、恻隐之心），然为私欲所蔽，则不能推而达之，而失其性之所有者"。② 接着提出解决问题的办法是读圣贤书：

> 故学者当以立志为先，不为异端诬，不为文采眩，不为利禄汩，而后庶几可以言读书矣。圣贤之书，大要教人使不迷失其本心者也。夫人之心，天地之心也，其周流而该遍者本体也。在乾坤曰元，而在人所以为仁也。③

所谓"不迷失其本心者"，亦即不失不忍之心亦即仁心，不失本心也就是"复仁"。在"复仁"的问题上，张栻提出了两个方法。其一是持敬：

> 盖事物之来，其端无穷，而人之才力虽极其大，终有限量。以有限量应无穷，恐未免反为之役，而有所不给也。君子于此抑有要矣，其惟敬乎！盖心宰事物，而敬者心之道所以生也。生则万理森然，而万事之纲总摄于此。④

其二是实践。在《答吴晦叔》的信中说：

> 所谓知之在先，此固不可易之论。……所示有云"譬如行

---

① 张栻：《南轩集》卷一一《扩斋记》。
② 张栻：《南轩集》卷二《公孙丑上》。
③ 张栻：《南轩集》卷九《桂阳军学记》。
④ 张栻：《南轩集》卷一二《敬简堂记》。

> 路，须识路头"，诚是也；然要识路头，亲去路口寻求方得，若只端坐于室，想象跂而曰"吾识之矣"，则无是理也。……要之，此非躬行实践则莫由至。但所谓躬行实践者，先须随所见端确为之，此谓之知常在先则可也。①

张栻以实践得到当时朱熹及后来黄宗羲等的称赞，获得极好的名声。就张栻"持敬"和实践这两种方法说，前者是符合程颢的修养方法，而后者在格物致知方面则是程颐所倡导的方法，但并不为程颢所喜用，方法上是继承程氏兄弟之学的。张栻阐述"心"之主宰万物、统率万理这一根本点来说，则明确地继承了程颢的核心思想。作于乾道二年（1166）的《潭州重修岳麓书院记》中说：

> 仁，人心也，率性立命，知天下而宰万物者也。②

在《敬斋记》中说：

> 天下之生久矣，纷纭缪辀，日动日植，变化万端。而人为天地之心，盖万事具万理，万理在万物，而其妙著于人心。一物不体则一理息，一理息则一事废。一理之息，万理之紊也；一事之废，万物之蠹也。心也者，贯万事，统万理，而为万物之主宰者也。致知所以明是心也，敬者所以持是心而勿失也。③

张栻也经常谈论理，但总是以"心"统率"理"：

> 动以理者，心得其宰，而物随之……
>
> 然所谓思者，非泛而无统也。……事事物物，皆有所以然。其所以然者，天之理也。思其所以然而循天理之所无事，则虽日与事物接，而心体无乎不在也。④

---

① 张栻：《南轩集》卷一九《答吴晦叔》。
② 张栻：《南轩集》卷一〇《潭州重修岳麓书院记》。
③ 张栻：《南轩集》卷一二《敬斋记》。
④ 张栻：《孟子说》卷六《告子上》。

> 理之自然,谓之天命,于人为性,主于性为心。天也,性也,心也,所取则异,而体则同。尽其心者,格物致知,积习之久,私意脱落,万理贯通,尽得此生生无穷之体也。①

不论是由思而得来的理,还是由格物致知达到"万理贯通",都统帅于心,都主宰于心。非常明显,张栻是继承其师胡宏进一步阐发了程颢的哲学思想,使这一派的强调主观能动作用的主观主义认识论树立起来,应当说这是胡宏、张栻为代表的湖湘学派在哲学派别丛立中做出的一个贡献。

对张栻哲学思想论证方式已如上述,就所援引的张栻著作情况看,既有《洙泗言仁》、《孟子说》等专著,也有一些单篇论文和信札,其所反映、代表张栻的思想称得上广泛。就所援引的著作写作年份看,朱熹所说的《岳麓书院记》是张栻初年的著作,其实这篇文章写于乾道二年(1166),张栻已三十四岁,是张栻四十八岁一生的大半。至于《洙泗言仁》则编纂于乾道六年(1170)以后,《孟子说》则系张栻于乾道四年(1168)着手,乾道七年(1171)修订,癸巳(1173)年题名为《癸巳孟子说》,显然这一年张栻又审阅了一遍。《论语说》也题为《癸巳论语说》。以癸巳年来论,张栻已是四十一岁,应当说是张栻四十八岁一生的晚年了。从写作年份看,也完全可以说代表张栻一生的思想,而绝非朱熹所说"南轩初说"云云。

总之,在南宋初年宋学发生急遽演变的时候,湖湘学派代表者胡宏、张栻则沿着程颢心学的路线发展,虽然胡宏、张栻思想中也反映了程颐的影响,自其主流看是极其清晰的。这是理学内部演进过程中所表现的时代特色。

(二)在王霸义利之辨中,胡宏、张栻也表现了他们的特色

胡宏在《知言·义理篇》中指出:"为天下者,必本于理义。理也

---

① 张栻:《孟子说》卷七《尽心上》。

第十八章 南宋乾道淳熙年间鼎足而立的讲学形势及其演进

者，天下之大体也；义也者，天下之大用也。"他以孟子义理观为线索，"上稽三代，下考两汉……以及于五代"，"总于大略，其兴隆也，未始不由奉身以理义；其败亡也，未始不由肆志于利欲。"根据对历史诸代兴废，胡宏又畅谈了天理人欲流行的情况，并对历史上这一问题作出了他的判断。在《与樊茂实书》中，胡宏说道：

> 今日之事何如也？天理存乎不存乎？人欲肆乎不肆乎？天理绝（似当作"存"）而人欲消者，三代之兴王是也。假天理以济人欲者，五霸是也。以人欲行而暗与天理合者，自两汉以至于五代之兴王盛主是也。存一分之天理，而居平世者，必不亡；行十分之人欲，而当乱世者，必不存。其昭然如日月，断然如符契。①

胡宏把程颢的王霸义利论推进了不小的一步，他提出的"暗合论"，成为朱陈王霸义利之辨中，朱熹用以对抗陈亮的重要论点。张栻对这个问题也增加了新的内容，如其所说：

> 学者潜心孔孟，必得其门而入，愚以为莫先于义利之辨。②
> 学者要须先明王伯之辨，而后可论治体。③

把王霸义利之辨作为孔孟之道入门的学习初步，从而使这一问题愈益重要了。张栻继承儒家传统的义利观，把道义、功利绝对对立起来，认为二者互相排斥：

> 天下有道，则道义明，而功利之说息，故小德役大德，小贤役大贤，各循其理而由其分，此所谓治也。若大无道之世，则功利胜而道义微，徒以势力相雄长而已，此所由乱也。④

---

① 胡宏：《五峰集》卷二《与樊茂实书》，四库影印本1137—131。
② 张栻：《南轩集》卷一四《孟子讲义序》。
③ 张栻：《南轩集》卷一六《史论·汉家杂伯》。
④ 张栻：《孟子说》卷四《离娄上》。

接着，张栻对王霸义利的辨别提出新的看法：

> 大抵王者之政，皆无所为而为之，伯者则莫非有为而然也。无所为者天理，义之公也；有所为者人欲，利之私也。①
> ……盖圣学无所为而然也。无所为而然者，命之所以不已，性之所以不偏，而教之所以无穷也。凡有所为而然者，皆人欲之私，而非天理之所存，此义利之分也。自未尝省察者言之，终日之间鲜不为利矣，非特名位货殖而后为利也。斯须之顷，意之所向，一涉于有所为，虽有浅深之不同，而其徇己自私则一而已。②（朱熹在《张栻神道碑》中将这段话概括为："学莫先于义利之辨，而义也者，本心之所当为，而不能自已，非有所为而为之者也。一有所为而后为之，则皆人欲之私，而非天理之所存矣！"③）

张栻把"无所为而为"和"有所为而为"作为辨析义利的标准，无所为而为则为天理、为公义，表现在政治上为三代王政；而有所为而为则为私欲、为私利，表现在政治上则为霸政。对张栻的这个辨析，朱熹是备加赞赏的，一则称"于前哲之所欲言而未及究"者，再则称"扩前圣之所未发，而同于性善养气之功者欤？"④ 其实，在胡宏《知言·好恶篇》中早就说过："有为之为，出于智……无为之为，本于仁义"，张栻则在此基础上作了更进一步的发挥。

张栻义利辨析的涵义究竟是什么？张栻的无为而为与道家的无为并无关系。前面说过，程颢对自然界和社会上的景物和现象，如生生不息、君臣父子夫妇等，视作为一种自然趋势或自然之理，而非有为和无为。张栻则采用了程颢的这种看法，把从人们内心里自然流露出来的人

---

① 张栻：《南轩集》卷一六《史论·汉家杂伯》。
② 张栻：《南轩集》卷一四《孟子讲义序》。
③ 朱熹：《朱文公文集》卷八九《右文殿修撰张公神道碑》。
④ 朱熹：《朱文公文集》卷七六《张南轩文集序》。

第十八章　南宋乾道淳熙年间鼎足而立的讲学形势及其演进

的本性仁义道德等，看作是无为而为。反之，如果是有为而为，即使是丝毫的闪念（动机的瞬息之间），就同孟子所说那样，是谋之私利，亦即私欲（人欲）的表现。张栻的义利之辨，便是从这种丝毫的闪念、瞬息的动机之间区分开来的。《聊斋志异·考城隍》中的这句话："有心为善，虽善不赏；无心为恶，虽恶不罚"，似乎可以为张栻的动机论作注释。真德秀曾对《大学》、程颐、张栻的义利观作了比较，他指出：《大学》论财利"犹有粗处"，程颐称"有一毫自便之心即是利"，而张栻"有所为而为即利"，程颐、张栻的义利观，"其言愈精且微"，"入细工夫"做到了家。① 不错，张栻的"入细工夫"把二程义利观通过动机论而推进到极峰。

张栻以"入细工夫"辨析义利，不是无所为而为，而是有所为而为。张栻的义利之辨，也就是天理人欲之辨，其目的就是要达到程氏兄弟所说的"明天理，灭人欲"。君臣、父子、夫妇所谓的人伦，这是天理中头等重要的，张栻要人们首先"明人伦"，而后"尽其心而不失其性"②。但是在现实社会上存在着富贵贫贱等现象，又究竟如何"尽其心而不失其性"呢？张栻在《论语解》中讲：

> 有得富贵之道，有得贫贱之道。盖正而获伸者理之常，此以其道而得富贵者也。不正而诎者亦理之常，此以其道而得贫贱者也。然世盖有反是而富贵贫贱者矣，所谓不以其道也。惟君子则审其在己，不为欲恶所迁。故枉道而可得富贵，己则守其义而不处，在己者正矣。不幸而得贫贱，己则安于命而不去，此其所以无入而不自得也。③

在社会现实中，"正而获伸者"得到了富贵，"不正而诎者"获得了贫贱，这些都属于"理之常"，亦即符合天理，符合自然的安排。在这种

---

① 真德秀：《西山先生真文忠公文集》卷三〇《问治国平天下章》，四部丛刊本。
② 张栻：《孟子说》卷三《滕文公上》。
③ 张栻：《论语解》卷二《里仁篇》。

情况下，自然是知命安分。反之，如果不在"理之常"的情况下，"不幸而得贫贱"，应当怎么办呢？"安于命而不去"，亦即天命不能违背，自然之理要顺从，这样也就"知分而不失其性"。张栻辨义利而明天理、灭人欲，重点即在于"不幸而得贫贱"！从义利之辨到明天理、灭人欲，这是程朱系理学的要害，后面还要作为重点而加以探索。

三、吕祖谦对二程理学思想的宣扬及其向浙东事功派倾斜

吕祖谦（1137—1181），字伯恭，金华人（今浙江金华市），世称东莱先生。

吕氏是有宋一代的名门望族。吕祖谦七世伯祖系宋太宗朝宰相，六世祖吕夷简三任仁宗朝宰相，五世祖吕公著暨其兄吕公弼任神宗、哲宗朝宰执枢密大臣，祖吕好问为徽宗朝宰执大臣，其后曾祖以下三代也多历职州郡，成为两宋少见的望族。吕氏同程氏（颐）、苏氏（洵）等族都强调立宗收族的重要，吕祖谦集中所载的族规显示了吕氏族内的各种关系。

吕祖谦初以恩补得官，"隆兴元年进士第，又中博学宏词科"[1]，历任严州州学教授、太学博士、秘书省正字、国史院编修官、实录院检讨官、著作佐郎、著作郎等职。吕祖谦仕宦虽不显进，但在淳熙年间成为与张栻、朱熹鼎足而立的著名的学术界人物。《宋史》吕祖谦本传称其"学以关、洛为宗，而旁稽载籍"[2]，《圹记》上称其"问学术业，本于天资，习于家庭，稽诸中原文献之所传，博诸四方师友之所讲，参贯融

---

[1] 吕祖谦：《东莱集附录》卷一吕祖谦《圹记》，四库影印本1150—448。
[2] 《宋史》卷四三四《儒林四·吕祖谦传》。

液，无所偏滞"①，是一个视野开阔、学术广博的学者。著有《东莱集·别集·外集》、《吕氏家塾读诗纪》、《大事记》、《历代制度详说》、《东莱左氏博议》、《东莱书说》、《左氏传说·续说》、《古周易》等史学哲学方面著作，编有《皇朝文鉴》。吕祖谦出经入史，受二程理学影响不少，但在史学上极有成就，终而在此基础上形成自己的思想，虽谈论道德性命之学，却极留意于事功之学，因而使他的学术思想具有向浙东事功派倾斜的特色。

（一）吕祖谦对二程理学的继承

南宋乾道、淳熙之际东南三家张栻、朱熹、吕祖谦所继承的虽然是二程的理学，但各有侧重，从而表现了他们之间的差别。朱熹则承继程颐的思想并作出了更进一步的发展；张栻及其师胡宏对程颢性理之学作了进一步的发挥，使程颢心学更加疏朗明白；而吕祖谦则对二程理学都有阐释。②

---

① 吕祖谦：《东莱集附录》卷一吕祖谦《圹记》，四库影印本1150—448。
② 此节漆侠先生未能完稿，今保持原貌，余付阙如。

第十九章
浙东事功派代表人物陈亮的思想与朱陈"王霸义利之辨"

一、浙东事功派

宋学到南宋发生了一个急剧的、重要的变化。如前所说，在宋高宗、孝宗之际的四十年间，北宋宋学兴盛时期一个默默无闻的小学派——二程洛学，亦即当时人们称之为"道学"（即理学）的学派，像暴发户一般，成为当时的显学。亦正是在社会上充斥一片道德性命的说教时，与道学相对立的浙东事功派亦突然兴盛起来，形成了与居于主导地位的朱熹所代表的正统派理学之间的对立，从而在哲学思想领域中大放异彩。

浙东事功派的形成，有其深厚的社会经济的、政治的以及学术思想的根基。下面首先简略地谈谈这个问题。

先说社会经济方面的原因。浙东学派诞生的土壤是浙东路。北宋时浙东、浙西两路谓之两浙路，南宋时才析而为浙东、浙西两路。两浙是宋代社会经济最称发达的地区，不论是农业、手工业，还是商业、城镇都居全国之最。到南宋，这里的经济发展又具有新的特点。其一是，由于杭州成为南宋行在，人口激增至百万，两浙路许多城市也随之增长。城市人口增长，商业贸易更显得兴盛。这样，商人的力量较之北宋更加扩大了。其二是,随着城市人口的增长,各种生活必需品如粮米布帛的需求随之大增,而物价随之提高,生活在宋孝宗、宁宗诸朝的叶适对此曾有所记述:

> 夫吴、越之地,自钱氏时独不被兵,又以四十年都邑之盛,四方流徙尽集于千里之内,而衣冠贵人不知其几族,故以十五州之众当今天下之半。计其地不足以居其半,而米粟布帛之直三倍于旧,鸡豚菜茹、樵薪之鬻五倍于旧,田宅之价十倍于旧,其便利上腴争取而不置者数十百倍于旧。①

值得注意的是,米帛薪炭生活必需品价格倍增的同时,地价增长尤为惊人,不仅是"十倍于旧","其便利上腴争取而不置者数十百倍于旧"。地价增长如此迅猛,但仍不能满足人们对土地的占有。因此,随着物价的增长,又形成了两浙地区社会经济上的又一特点,即土地转移的急遽是前所未有的。有关这类材料为数不少,就拿陈亮所记录的他的家乡永康一带的情况予以说明:

> [喻夏卿]中年与其侄分田,不过百三十亩,卒亦几至于千亩。②

> 夫人夏氏,世居婺之永康。……夫人初归吕氏,家道未为甚裕,吕君不遗余力,经理其家,至有田近数千亩,遂甲于永康。③

> 永康之陈……百四五十年之间,衣被国家之饱暖,大家世族或已沦替而无余。④

喻夏卿之田地自百三十亩到近千亩,以及永康吕氏有田数千亩都是二三十年实现的,足以说明土地转移之剧烈。而在陈氏家族百四五十年中,

---

① 叶适:《水心别集》卷二《民事中》,载《叶适集》。
② 《陈亮集》卷三六《喻夏卿墓志铭》,中华书局点校(增订)本。
③ 《陈亮集》卷三八《吕夫人夏氏墓志铭》。
④ 《陈亮集》卷三六《陈府君墓志铭》。

即从11世纪60年代到12世纪末,土地转移的结果,一方面出现了新兴的土地势力——暴发户,而另一方面则是旧有的土地势力,"大家世族或已沦替而无余",衰落下来。土地势力中的大起大落,极其明显的是,与城市商人资本的发展密切相关,新兴的土地暴发户大都出自这个势力。浙东事功派就是在这样一个复杂多变的社会经济环境中形成的。

南宋初的几十年,浓重的反动政治气氛弥漫于朝廷上下。宋高宗—秦桧集团以"绍兴和议"的方式向女真贵族屈膝投降,轰轰烈烈的抗金卫国战争为之葬送,抗金爱国力量受到极大的摧残。与此同时,这个卖国集团一再加强其反动专制统治,主张抗战、谈论恢复的有罪,顺从其卖国媚外的则鸡犬升天,而舆论的钳制,篡改、销毁抗金斗争的史实,则是其反动统治的小焉者也。"隆兴和议"再度屈节以来,宋孝宗虽欲有所作为,但内受制于身为太上皇的赵构,外又被汤思退们把持政柄,这种形势用陈亮的话来说,依然是"架漏过时"、"牵补度日",处于"半死半活"的状态之中①。在这种政治低气压的窒息之下,固然有利于投机取巧者、庸人的钻营,以及一些保守落后的思想得以孳生;但也不可否认的是,亦激发、砥砺了一批士大夫的爱国壮志,使他们积极献身于恢复的大业,以彻底改革这一屈辱的局面。浙东事功派便置身于这批士大夫中,成为时代的前驱。

亦正是由于浙东事功派献身于恢复的伟大事业,力图改变现有局面,他们便极其自然地继承了宋学建立以来自范仲淹到王安石等的面向社会实际、讲求应用于社会实际的优良学风,从而形成为浙东事功派。浙东事功派指的是生活成长于浙东地区的士大夫,除吕祖谦作为从理学向浙东事功派转折过程中的学者外,主要代表人物则有薛季宣、陈傅良、陈亮和叶适等人。如薛季宣、吕祖谦在给朱熹的一封信中曾经说:

> 士龙[薛季宣字]于世务二三条如田赋、兵制、地形、水

---

① 《陈亮集》卷二八《又乙巳春书之一》。

利，甚曾下工夫，眼前殊少见其比。①

这封信说明，薛季宣所研治的学问如田制等都是供实际应用的学问，与胡瑗所讲究的务实之学多么一致！薛季宣在给薛象先的一封信中，谈到他自己的治学态度是：

> 务为深醇盛大，以求经学之正；讲明时务本末利害，必周知之，无为空言，无戾于行。②

"无为空言，无戾于行"，是薛季宣务实的最扼要的说明。薛季宣的治学态度和道路，是所有浙东事功派治学态度和道路的体现，或者说是浙东事功派共同具有的特点。

从学术渊源来看，浙东事功派大都入经出史，从史学中寻绎出解决当前政治经济中的种种问题的办法，充分地体现了史学的功能和作用。在这个问题上，显然与理学家有所不同。洛学的创始者程颐还懂得利用史籍提高自己的思维认识能力："先生（指程颐）始看史传，及半，则掩卷而深思之，度其后之成败，为之规画，然后复取观焉。"③ 程颐是把自己置身于历史中来谈历史，用来提高自己。但是，包括程颐在内的二程没有对他的学生多谈史学的功能。朱熹不仅自身反对吕祖谦、陈亮，且把史学也作为自己的反对对象，从而表现了他的褊狭："看史只如看人相打，相打有甚好看处？陈同父一生被史坏了。"④ 实际上，史籍"历记成败存亡祸福古今之道"（《汉书·艺文志》语），既能够从成败盛衰中汲取丰富的经验教训，又能从典制的因革损益中，为今天的措施规划找出路子，历来都受到有识之士的重视。浙东事功派都非常重视对史籍的研究，而且也都有有关史学的著作。这一点是人们都知道的，不再多赘。值得一提的是，他们既然要献身于恢复大业，而恢复大业就

---

① 吕祖谦：《东莱集·别集》卷七《与朱侍讲》，四库影印本 1150—239。
② 薛季宣：《浪语集》卷二五《答象先任书》，四库影印本 1159—395。
③ 《河南程氏遗书》卷二四《伊川先生语十》，载《二程集》。
④ 《朱子语类》卷一二三《陈君举》。

必须懂得军事,因此事功派对军事格外重视。概括来看,他们从两个方面来论述这一问题。一是如陈亮的《酌古论》,通过前代许多人物在军事活动中取得的成就、经验,为今所用。另一方面是从讲求制度入手,前面说过的薛季宣讲"兵制"即是一例。陈傅良的《周汉以来兵制》论述历代兵制,又是一例。① 叶适对前代兵制的优劣得失,也有所论述。总之,浙东事功派之探索、研究历史,旨在解决当前的实际问题。

浙东事功派既然讲究经世致用之学,因而对于空谈道德性命之学亦即理学,采取批判的态度。理学创始者程颢在领悟了"天地万物之理,无独必有对"这一矛盾对立的道理时,"每中夜以思,不知手之舞之,足之蹈之也"。② 在南宋反动统治四十年间,在北宋不过一个小的宗派——二程理学,却成为居于主导地位的显学,这自然是程颢所未曾料到的。当着道德性命之学成为暴发户、居于主导地位之时,就在其身旁突兀而起,形成了批判道德性命之学的浙东学派,这同样是领悟了"无独必有对"这一矛盾对立道理的程颢始料未及的。程颢亦没有料到他所创立的道学受到浙东事功派的有力冲击。浙东事功派之批评道德性命之学,是这一学派又一共同的特点。前面提到的薛季宣即对崇尚空谈的学术予以鄙夷和批评。在给一位心学家杨简的一封信中,薛季宣指出,"灭学以来",把"言行判为两途"的偏颇、不全面,称那些"矫情之过者,语道乃不及事",徒发空论,"其为不知等尔!"同时表明他对那些"清谈脱俗之论","未能无恶焉"。③ 在给另一位著名学者沈焕的信中,将那些"言道而不及物"的空谈家视之为"今之异端"。④ 如果说,薛季宣这些言论对理学家们还留有三分情面,而在另外两道策问中,对

---

① 据先师邓广铭教授《陈傅良〈历代兵制〉卷八与王铚〈枢廷备检〉》一文,题名为陈傅良所作的《历代兵制》,卷八则录王明清《挥麈录余话》之《祖宗兵制名枢廷备检》,前七卷即《周汉以来兵制》,见《邓广铭学术论著自选集》首都师范大学出版社1994年版。
② 《河南程氏遗书》卷一一《师训》。
③ 《浪语集》卷二五《抵杨敬仲简》,四库影印本1159—397。
④ 《浪语集》卷二五《抵沈叔晦》,四库影印本1159—398。

"道学之统，源流之辨"，则指出理学家们所开列的"道统之序应当去其妄而辨其惑"，直指程系理学的要害！陈亮和叶适，特别是陈亮，对程系理学的批判，更是不遗余力的。

除陈亮外，浙东事功派如薛季宣、陈傅良、叶适等人，虽然怀有经世之志，但他们并没能登上朝廷这个政治舞台，施展其政治抱负，而只能够屈居于州郡，作出许多斐然可观的政绩，为当地造福。除事功派外，像理学中的朱熹、陆九渊、杨简等，以及既非事功派又非理学家的辛弃疾，在思想认识上并不一致，而且寓存尖锐的矛盾。但他们都属于中下层士大夫，对改变南宋的政局则具有相同的或相近的认识，他们和事功派一样，屈居州郡，在地方上做出可观的政绩。其所以出现这种情况，首先是我在总论《宋学的发展和演变》中提出的，到南宋中下层地主阶级经济力量削弱，使他们在政治上无法形成一个强有力的政治集团，发挥政治才能。其次，在他们当中没有出现一个像范仲淹、王安石那样的领导群伦的杰出人物，统一大家的认识，实行第三次政治变革运动，而只能分散在各地，进行局部的改革。因之，浙东事功派给人们留下来的不是惊天动地的历史业绩，而是绚丽多彩的精神财富。

二、陈亮——终生为恢复大业而奔走呼号的杰出思想家

陈亮（1143—1194），字同甫，婺州永康（今浙江永康市）人，学者尊奉为龙川先生。

陈氏家族是绵延二百年的永康大族，陈亮一支则在其祖父时家道已经衰落，青年时期的陈亮生活较为清苦。大约在陈亮中年时期，家道又复振兴。从淳熙十二年（1185）陈亮给朱熹的一封信中，叙述其灌园治产、兴修土木的怡然自得的情况可清楚地表现出来：

> 今年不免聚二三十小秀才，以教书为行户。一面治小圃，多植竹木，起数处小亭子。……两池之东有田二百亩，皆先祖先人之旧业，尝属他人矣，今尽得之以耕。如此老死，亦复何憾！田之上有小坡，为园二十亩……此小坡，亮所居屋正对之。屋之东北，又有园二十亩，种蔬植桃李而已。①

此外，陈亮在京口还置有别业，包括房舍和芦地。单是信中所说之田二百亩、园四十亩，陈亮已经是一个经济力量较强的中等地主了。这些田产约在陈亮三四十岁时恢复起来，使一家无衣食之忧。但没有料想到，家道的复兴，却招致了不少的闲言碎语，给陈亮添了不少的麻烦。

陈亮本来是一个功名之士，可是命途多蹇，屡试不中，摧折锐气。尤为不幸的是，陈亮一生又遭到两次狱事。据先师邓广铭《陈龙川狱事考》②，陈亮于淳熙十一年（1184）春第一次入狱。入狱原因是当权者"主于治道学"，陈亮与道学家们来往甚多，加上其他琐事，于是"城门失火，殃及池鱼"，陈亮遭此无妄之灾达数月之久。第二次狱事是在宋光宗绍熙元年（1190）冬，历时约一年半，至绍熙三年春方从衢州监狱中出来。这次狱事是由于陈亮得罪了考官何澹，何澹任御史中丞后当即予以报复，而陈亮家道的复兴招人嫉妒，从而给陈亮横添上"豪强"、"任侠"等许多罪名。从陈亮出狱后给郑汝谐侍郎等人的几封谢启中，就可以看出狱事的始末端倪：

> ［亮］晚乃自安于一廛。身名俱沈，置而不论；衣食才足，示以无求。人真谓其有余，心固疑其克取。而况奴仆射日生之利，子弟为岁晏之谋。
>
> 同故旧之戚休，乃名"任侠"；通里间之缓急，见谓"豪强"。欲为饱暖之谋，自速摧残之祸。
>
> 谓其豪强，处以任侠。

---

① 《陈亮集》卷二八《又乙巳春书之一》，乙巳为淳熙十二年（1185）。
② 邓广铭：《邓广铭学术论著自选集》。

第十九章 浙东事功派代表人物陈亮的思想与朱陈"王霸义利之辨"

  重以当涂之切齿（指何澹的迫害），加之群小之凿空。①

上述材料对了解陈亮的狱事是非常重要的，由此对进一步了解陈亮的财利观、功利主义尤为重要，后面再加叙述。

  陈亮虽命途多蹇、两遭狱事，但贯穿他的一生的则是为抗金而奔走呼号，为恢复大业而著书立说。乾道五年（1169），陈亮以所著《中兴五论》上奏宋孝宗，"不报"，之后十年，又于淳熙五年（1178）向孝宗连上三书，淳熙十五年（1188）再次向孝宗上书，至宋光宗绍熙四年（1193）陈亮殿试的对策，六次上书，以及《酌古论》、《三国纪年》、《汉论》和一些史传序文等，都是围绕抗金恢复大业这一根本问题的。综论陈亮对抗金恢复大业的论述，可以分析出如下几点：

  （一）陈亮指出，宋孝宗"愤王业之屈于一隅"②，"慨然有平一天下之志"，因而积极推动宋孝宗投身于抗金恢复大业："海内涂炭，四十余载矣。赤子嗷嗷无告，不可以不拯；国家凭陵之耻，不可以不雪；陵寝不可以不还；舆地不可以不复。"③过去之所以不能从事于恢复，"独畏其强尔！"其实这是不对的："方南渡之初，君臣上下痛心疾首，势不与虏俱生，卒能以奔败之余而胜百战之虏"。可是，自从秦桧破坏抗金大业，"忠臣义士斥死南方"，"三十年之余，虽西北流寓皆抱孙长息于东南，而君父之大仇，一切不复关念，自非逆亮送死淮南，亦不知兵戈之为何事也！"杭州这个南宋行都所在之地，秦桧不遗余力地打击抗金力量，"又从而备百司庶府以讲礼乐于其中，其风俗固已华靡；士大夫又从而治园囿台榭以乐其生于干戈之余，上下晏安，而钱塘为乐国矣。"④"秦桧以和误国二十余年，而天下之气索然而余矣"⑤，晏安鸩

---

① 以上引文载《陈亮集》卷二六《谢郑侍郎启》、《谢何正言启》、《谢葛知院启》和《谢梁侍郎启》。
② 《陈亮集》卷一《上孝宗皇帝第一书》。
③ 《陈亮集》卷二《中兴论》。
④ 《陈亮集》卷一《上孝宗皇帝第一书》。
⑤ 《陈亮集》卷一《戊申再上孝宗皇帝书》。

毒。如果再这样耽误下去,"过此以往而不能恢复",不仅"中原之民乌知我之为谁",而且形势变化如此,抗金恢复大业"可得而更缓乎!"①

(二)抗金恢复大业既然是如此紧迫,那么,从何处下手呢?陈亮从战略全局的高度考察,他认为:从守的一面看,"吴会者,晋人以为不可都,而钱镠据之以抗四邻","其地南有浙江,西有崇山峻岭,东北则有重湖沮洳,而松江、震泽横亘其前。虽有戎马百万,何所用之?"仅有一条海可以"径达吴会",但"海道之险,吴儿习舟楫者之所畏,虏人(指女真贵族)能以轻师而径至乎?"京口、建业,"登高四望,深识天地设险之意",但守江必须守淮,"韩世忠顿兵八万于山阳,如老黑之当道,而淮东赖以安寝"。如果以恢复大业为重,"则当先经理建业,而后使临之",即将都城自钱塘迁至建康。② 从战略全局出发,陈亮特别重视荆襄,他认为荆襄"控引京洛,侧睨淮蔡;包括荆楚,襟带吴蜀。沃野千里,可耕可守,地形四通,可左可右",是战略要地。在陈亮之前,李纲在南宋之初即以襄阳作为收复中原要地,而岳飞则以军事实践,以荆襄作为向关陇河洛进军之基地。从这一认识出发,陈亮提出"朝廷徙都建业,筑行宫于武昌"的主张。尔后论述"进取之道,必先东举齐,西举秦,则大河之南,长淮以北,固吾腹中物"。③ 沿着这两个战略方向收复大河以南地区。

(三)要想实现恢复大业,必须改变朝廷上"烂熟委靡"、无所作为的保守局面。陈亮指出,"本朝以儒立国,而儒道之振独优于前代"。现今的儒生们,"烂熟委靡,诚可厌恶"④。同他们"论恢复则曰修德待时,论富强则曰节用爱人,论治则曰正心,论事则曰守法",其实他们根本不懂得"安一隅之地则不足以承天命,忘君父之仇则不足以立人

---

① 以上引文见《陈亮集》卷二《中兴论》。
② 《陈亮集》卷一《戊申再上孝宗皇帝书》。
③ 《陈亮集》卷二《中兴论》。
④ 《陈亮集》卷一《上孝宗皇帝第三书》。

第十九章 浙东事功派代表人物陈亮的思想与朱陈"王霸义利之辨"

道"①。因此,陈亮以愤激的语言称,"今世之儒士自以为得正心诚意之学者,皆风痹不知痛痒之人也。举一世安于君父之仇,而方低头拱手以谈性命,不知何者谓之性命乎!"② 要改变这种保守的无所作为的局面,就不能"笼络小儒,驱委庸人,以迁延大有为之岁月"③,而是应当选拔一些讲究实际的有用人才,这就牵涉到许多制度变革的问题了。

(四)要实现恢复大业,必须对北宋以来的立国之制有所变更。陈亮指出,"南渡以来,大抵遵祖宗之旧",而无所变通。当前急需变动的,在于宋初以来为解决藩镇割据,使中央集权制日益走上极端,所谓"朝廷立国之势,正患文为之太密,事权之太分,郡县太轻于下而委琐不足恃,兵财太关于上而重迟不易举"④。这一根本性问题的提出,便意味着有关官制、科举、财政、兵制等一系列的问题都必须予以考虑而加以变更!

陈亮的这几次奏书,虽都石沉大海,而且还给他带来不少的麻烦,但是陈亮的奔走呼号在社会上产生了巨大的影响,一个才气纵横的爱国者的形象终于树立起来了。

宋光宗绍熙三年(1192),亦即陈亮自衢州监狱出狱后的第二年,又参加了科举考试,并通过了礼部试的三场考试,名列第三,从而由此又参加廷试对策。宋光宗赵惇策问中的开头几句是:

> 朕以凉菲,承寿皇付托之重,夙夜祗翼,思所以遵慈谟、蹈明宪者甚切至也。临政五年于兹,而治不加进,泽不加广,岂教化之实未著,而号令之意未孚耶?

由于宋光宗在泼悍的李皇后挟制之下,不朝重华,同其父宋孝宗关系极为紧张,朝臣们沸沸扬扬,议论光宗之未能恪尽孝道,陈亮在这几句话

---

① 《陈亮集》卷一《上孝宗皇帝第二书》。
② 《陈亮集》卷一《上孝宗皇帝第一书》。
③ 《陈亮集》卷一《上孝宗皇帝第二书》。
④ 《陈亮集》卷一《上孝宗皇帝第一书》。

499

下的对答是：

> 臣窃叹陛下之于寿皇，莅政二十有八年之间，宁有一政一事之不在圣怀，而问安视寝之余，所以察词而观色，因此而得彼者，其端甚众，亦既得其机要而见诸施行矣。岂徒一月四朝而以为京邑之美观也哉？①

陈亮的这些话，极其露骨地为赵惇不朝重华宫的不孝予以开脱。宋光宗看到自然高兴，认为陈亮"善处人父子之间"，擢为第一名状元。宋孝宗听到陈亮被取为状元也极为高兴。但陈亮对策的这几句话也受到当时及后世人们的指责，以为陈亮为攫取状元科名而不惜为光宗的不孝曲为回护，全祖望甚至有"其学更粗莽抡魁，晚节尤有惭德"② 这样过头的错误评论。陈亮这几句话的意思是，只要宋光宗真正能够继承宋孝宗力图恢复的壮志，又何需乎每月四朝重华宫而向寿皇请安？陈亮这些话是从大局方面向宋光宗提出的要求，值得肯定。③

三、朱陈"王霸义利之辨"

有关朱熹、陈亮的"王霸义利之辨"，持续了两三个年头，是宋学演变过程中浙东事功派与二程朱熹所代表的理学派之间矛盾公开化的一场大辩论，其意义远远超过了朱陆"鹅湖之会"的辩争。

朱陈之间的这个大辩论并不是偶发的，而是两个学派在思想认识上矛盾积累的一个必然结果。在道学急剧发展问题上，陈亮曾写有两段文字，其一是陈亮《送王仲德序》：

---

① 《陈亮集》卷一一《策·廷对》。
② 《宋元学案·龙川学案》全祖望序。
③ 先师邓广铭教授《陈亮反儒辨析》一文对此问题论述甚为精到，请参看《邓广铭学术论著自选集》。

第十九章 浙东事功派代表人物陈亮的思想与朱陈"王霸义利之辨"

> 至渡江以来，天下之士始各出其所能，虽更秦氏之尚同，能同其谀而不能同其说也。二十年之间，道德性命之说一兴，迭相唱和，不知其所从来。后生小子读书未成句读，执笔未免手颤者，已能拾其遗说，高自誉道，非议前辈以为不足学矣。世之为高者，得其机而乘之，以圣人之道为尽在我，以天下之事无所不能，能麾其后生以自为高而本无有者，使惟己之向，而后欲尽天下之说一取而教之，顽然以人师自命。①

其二是陈亮的《送吴允成运干序》：

> 往三十年时，亮初有识知，犹记为士者必以文章行义自名，居官者必以政事书判自显，各务其实而极其所至，人各有能有不能，卒亦不敢强也。自道德性命之说一兴，而寻常烂熟无所能解之人自托于其间，以端悫静深为体，以徐行缓语为用，务为不可穷测以盖其所无，一艺一能皆以为不足自通于圣人之道也。于是天下之士始丧其所有，而不知适从矣。为士者耻言文章、行义，而曰"尽心知性"；居官者耻言政事、书判，而曰"学道爱人"。相蒙相欺以尽废天下之实，则亦终于百事不理而已。②

陈亮所说的二十年、三十年，指的是在宋高宗绍兴末（绍兴三十年左右）至宋孝宗乾道五、六年间。这两段文字一方面说明了道学在南宋初四十多年间的急剧发展，另一方面说明了陈亮对道学之空虚无用的憎恶。陈亮不仅在日常生活中对道学采取憎恶的态度，而且如前面引证的，陈亮在淳熙五年（1178）《上孝宗皇帝书》中一再提出道学不单单是空洞无物，而且朝廷上如不改变"道德性命"笼罩下的保守政治气氛，就无从议论恢复大业。陈亮把学风上的问题，以及由学风而蔓延成

---

① 《陈亮集》卷二四《送王仲德序》。
② 《陈亮集》卷二四《送吴允成运干序》。

为政风的问题，视作为实现恢复大业的重大问题而提出并要加以解决，由此可见陈亮对道学的鄙视到了什么程度。陈亮在为其弟子钱叔因所写的墓碣中径直地提出：

> 道德性命之学亦渐开矣。又四五年，广汉张栻敬夫、东莱吕祖谦伯恭，相与上下其论，而皆有列于朝。新安朱熹元晦讲之武夷，而强立不反，其说遂以行之而不可遏止。齿牙所至，嘘枯吹生，天下之学士大夫贤不肖，往往系其意之所向背，虽心诚不乐而亦阳相应和。①

矛头所向，直指朱熹。这个墓碣是在朱陈论战以后写成的，时间虽晚，却能够进一步说明真相。由此可见，陈亮是以破釜沉舟的决心同理学周旋到底的。惟其如此，朱熹出自维护道学的立场，虽然陈亮对其礼敬有加，不论生日与否都要馈赠礼品，朱熹却不但不遗余力地招架陈亮的咄咄进攻，而且此后对陈亮一直贬斥，从来没有一句好评。即使是在陈亮身后，朱熹亦不肯写一篇墓志。朱陈日常生活往来算得了什么，而朱陈在思想领域中的对立则是无法调和的。

直接引发朱陈之间那场大辩论的是朱熹给陈亮的一封复信。淳熙十一年（1184）春陈亮第一次狱事结束，出狱后给朱熹一信，说明狱事原委。朱熹回信是以规劝者的面目出现的，信中除一句安慰话外，称：

> 然观老兄平时自处于法度之外，不乐闻儒生礼法之论，虽朋友之贤如伯恭者，亦以法度之外相处，不敢进其逆耳之论……老兄高明刚决，非吝于改过者，愿以愚言思之，绌去"义利双行，王霸并用"之说，而从事于惩忿窒欲，迁善改过之事，粹然以醇儒之道自律，则岂独免于人道之祸，而其所以培壅本根，澄源正本，为异时发挥事业之地者，益光大而高

---

① 《陈亮集》卷三六《钱叔因墓碣铭》。

第十九章　浙东事功派代表人物陈亮的思想与朱陈"王霸义利之辨"

明矣。①

此信不长,但从陈亮之为人到陈亮之思想,都涉及到了,这些当然是陈亮无法接受的。先师邓广铭在《朱陈论辩中陈亮王霸义利观的确解》一文中指出,朱熹的"绌去义利双行,王霸并用"一语,激起了陈亮的反驳,朱陈之间的"战幕从此揭开"了②。

"王霸义利"这一议题,既不是来自陈亮,也不是来自朱熹,而是来自二程。《二程集》上有两条关于这一议题的语录:

> 先王之世,以道治天下;后世只是以法把持天下。
> 三代之治,顺理者也。两汉以下,皆把持天下者也。

另外还有一条与本议题甚为关切,也录于下面:

> 大凡出义则入利,出利则入义。天下之事,唯义利而已。③

按:二程哲学系统所讲的"道"亦即是"理",因而引文中的"以道治天下"或"顺理者也",其义一也。又二程继承了先秦儒家孔孟正统派的义利观,把义利截然分开,并对立起来,他们认为三代之以道治天下,是公、是义;而秦汉以下则是以法或是以智力把持天下,也就是私(或私欲)、是利。朱陈"王霸义利之辨"就是从这一论题开展起来的。陈亮在给陈傅良的一封信中指出,自己之与朱熹辩论,在他自己则是为"天地日月雪冤",而在朱熹则是为"二程主张门户"④。这样看来,朱陈之间的这场论战是以浙东事功派的代表者陈亮同朱系正统派道学之间的论战,其意义是极其重大的。

朱陈之间的论辩是以书信形式展开的,从淳熙十一年(1184)到淳熙十三年(1186),往返信件重要的有十几封之多,均收集到先师邓广铭教

---

① 朱熹:《朱文公文集》卷三六《与陈同甫》。
② 载邓广铭:《邓广铭学术论著自选集》。
③ 以上三条材料,第一条载于《二程集》卷一《端伯传师说》;第二、三条载于刘绚质夫所记录《师训》。
④ 《陈亮集》卷二九《与陈君举》。

授点校的《陈亮集》中。综合双方争论，可以概括为以下几个问题：

（一）在对"道"的认识上双方存在歧异。陈亮认为：

> 天下岂有道外之事哉？……天下固无道外之事也。①
>
> 道之在天下，平施于日用之间，得其性情之正者，彼固有以知之矣。……而其所谓平施于日用之间者，与生俱生，固不可得而离也。②
>
> 夫盈宇宙者无非物，日用之间无非事。③
>
> 夫道之在天下，何物非道，千途万辙，因事作则。④
>
> 夫道之在天下，无本末，无内外。⑤
>
> 夫道，非出于行气之表，而常行于事物之间者也。……夫喜、怒、哀、乐、爱、恶，所以受形于天地而被色而生者也，六者得其正则为道，失其正则为欲。……夫道岂有他物哉，喜、怒、哀、乐、爱、恶得其正而已；行道岂有他事哉，审喜、怒、哀、乐、爱、恶之端而已。⑥

根据陈亮的论述，道外无事，事外无道，道和事（或物）是紧密结合着的；充满宇宙之间的是物，而日用之间无非是事，所以与事物紧密结合的道，"无本末，无内外"，同样是无限的，或者说是横无际涯的。陈亮在对"道"的认识上，与程朱系道学将"道"（或理）看作为离开事物而单独存在的抽象的本体，显然有着根本性的不同，即把"道"看作与事物紧密结合而不能独立存在，因而在认识论上属于唯物主义路线，而程朱系理学则属于唯心主义认识路线。

其次，陈亮对"道"的认识，不是像程朱系理学那样，认为"道"

---

① 《陈亮集》卷九《勉强行道大有功》。
② 《陈亮集》卷一〇《六经发题·诗》。
③ 《陈亮集》卷一〇《六经发题·书》。
④ 《陈亮集》卷二七《与应仲实》。
⑤ 《陈亮集》卷一〇《语孟发题·论语》。
⑥ 《陈亮集》卷九《勉强行道大有功》。

第十九章 浙东事功派代表人物陈亮的思想与朱陈"王霸义利之辨"

"为不传之妙物",而是把它看作与人们的喜、怒、哀、乐、爱、恶即六欲是分不开的,这六欲得其正即为"道";而所谓的"行道",则是审查六欲的始末,因而"道""平施于日用之间",没有任何神秘之处。由于陈亮把"道"看作是解决日常生活中的实际问题的,所以他对高谈"道德性命"的道学家之无补实际、之空洞无物是不满的,进行批判的,如上面所说。因之,陈亮之对"道"研究、探索,在于解决现实中的问题,以供实际应用。浙东事功派之重实际,显然继承了宋学建立以来自范仲淹到王安石这一优良的传统学风。

(二)陈亮为答复朱熹的责难而在《又甲辰秋书》的长信中,对程朱系统道学的王霸义利观提出了全面的批评。首先,陈亮认为这种义利观是彻头彻尾的错误的:

> 自孟荀论义利王霸,汉唐诸儒未能深明其说。本朝伊洛诸公(指二程),辩析天理人欲,而王霸义利之说于是大明。然谓三代以道治天下,汉唐以智力把持天下,其说固已不能使人心服;而近世诸儒(包括朱熹在内的二程派信徒),遂谓三代专以天理行,汉唐专以人欲行,其间有与天理暗合者,是以亦能久长。信斯言也,千五百年之间,天地亦是架漏过时,而人心亦是牵补度日,万物何以阜蕃,而道何以常存乎?

从陈亮以上有关"道"的认识出发,"道"是亘古迄今存在并流行于万事万物之中的,陈亮则进一步把这种认识运用到历史上去,反对汉唐千五百年间"道"不存在这一看法,从而为汉唐辩护:

> 故亮以为:汉唐之君本领非不洪大开廓,故能以其国与天地并立,而人物赖以生息。惟其时有转移,故其间不无渗漏。

陈亮在批驳了"暗合说"的同时,公然申明汉唐同样是"以道治天下",不过"其间不无渗漏"而已。这样,陈亮的唯物主义认识论就同他的历史观结合起来了,把三代汉唐联系起来,形成为一个具有历史连续性的统一体。还不止此,陈亮不仅把历史看作为连续的统一体,而且认为在历史的连续性中，前代与后代有着因革继承性，他毫不含糊地说：

> 谓之杂霸者，其道固本于王也。

杂霸也是以道治天下，而这个"道"是从前代的"王"延续、继承下来的。本着对哲学的和历史的这一认识，陈亮毫不客气地指出：

> 诸儒自处者曰义曰王，汉唐做得成者曰利曰霸，一头自如此说，一头自如彼做；说得虽甚好，做得亦不恶；如此却是义利双行，王霸并用。如亮之说，却是直上直下，只有一个头颅做得成耳。①

陈亮的这封信，给朱夫子带来不少的难堪。儒家正统派历史观从孔夫子始，就带有形而上学色彩。孔夫子颂扬三代即已是是古而薄今，但他还承认历史的因革继承关系，称："殷因于夏礼，其损益可知也；周因于殷礼，其损益可知也。其或继周者，虽百世可知也"，还没有割断历史的联系。孔夫子以后的儒家正统派则是每况愈下，美化三代，丑诋汉唐，认为历史越来越倒退。从二程到朱熹一直都坚持这种倒退论，朱熹在答复陈亮来信中"夫人只是这个人，道只是这个道，岂有三代、汉、唐之别"这句话时说：

> 但以儒者之学不传，而尧、舜、禹、汤、文、武以来转相授受之心不明于天下，故汉唐之君虽或不能无暗合之时，而其全体却只在利欲上。此其所以尧舜三代自尧舜三代，汉祖唐宗自汉祖唐宗，终不能合而为一也。②

朱熹不仅把三代与秦汉割裂，坚持其历史倒退论，而且在陈亮咄咄逼人的话锋下，不得不承认由于"儒者之学不传"，道在汉唐千五百年间不

---

① 以上材料见《陈亮集》卷二八《又甲辰秋书》。
② 《朱文公文集》卷三六《答陈同甫》（此信系答陈亮《甲辰秋书》）。

第十九章 浙东事功派代表人物陈亮的思想与朱陈"王霸义利之辨"

复存在。因此,陈亮在《钱叔因墓碣铭》中指出,汉唐千五百年间"道"这个"不传之妙物","儒者又何从得之,以尊其身而独立于天下?"① 看来,从二程到朱熹,把"道"攫为己有,是厚自标置的。

(三) 王霸义利究竟如何分辨呢?归根结底,朱熹和陈亮还是从自己的认识论考察的。朱熹指出:

> 尝谓天理人欲二字,不必求之于古今王伯之迹,但反之于吾心义利邪正之间,察之愈密,则其见之愈明,持之愈严,则其发之愈勇。……老兄视汉高帝唐太宗之所为而察其心,果出于义耶?出于利耶?出于邪耶?正耶?若高帝则私意分数犹未甚炽,然已不可谓之无。太宗之心,则吾恐其无一念之不出于人欲也。直以其能假仁借义以行其私,而当时与之争者才能知术既出其下,又不知有仁义之可借,是以彼善于此而得以成功耳!②

朱熹在答陈亮信中不止一次地以这种认识方法辨析王霸义利,甚至还引司马光、二程以来经常引用的"人心惟危,道心惟微",来论证方寸之地的认识作用。"心"的认识功能虽很重要,但从朱熹辨别王霸义利的方法来说,则是从动机——心的认识作用入手的。朱熹认为汉高帝、唐太宗特别是唐太宗,"无一念之不出于人欲",而只是"假仁借义"掩盖他的这种私欲,从而得到成功。单单从心念亦即从动机考察人们的一切活动,这种方法不能不是唯心主义的认识方法。

在论战中,朱陈双方都有不周到之处,亦都有小辫子被对方抓住。朱熹贬抑汉唐,把三代说得纯粹又纯粹,干净又干净,因此陈亮说:

> 秘书以为三代以前都无利欲,都无要富贵底人,今《诗》、《书》载得如此净洁,只此是正大本子。亮以为才有人心便有

---

① 《陈亮集》卷三六《钱叔因墓碣铭》。
② 《朱文公文集》卷三六《答陈同甫》。

> 许多不净洁,革道止于革面,亦有不尽概圣人之心者。……秘书亦何忍见二千年间世界涂涴、而光明宝藏独数儒者自得之,更待其有时而若合符节乎?①

但在王霸义利的辨析上,陈亮一直坚持自己的认识方法。在回答朱熹"推尊汉唐以为与三代不异,贬抑三代以为与汉唐不殊"这一指责时,陈亮答复道:

> 其大概以为三代做得尽者也,汉唐做不到尽者也。②

在《又乙巳秋书》中,陈亮又说:

> 亮大意以为本领闳阔,工夫至到,便做得三代;有本领无工夫,只做得汉唐。而秘书必谓汉唐并无些子本领,只是头出头没,偶有暗合处,便得功业成就,其实则是利欲场中走。使二千年之英雄豪杰不得近圣人之光,犹是小事,而向来儒者所谓"只这些子殄灭不得",秘书便以为好说话,无病痛乎?

陈亮之一再为汉唐辩护,称汉唐本领闳阔的实际意义是什么?朱熹在答陈亮甲辰书中说:"若以其(指汉唐之君)能建立国家,传世久远,便谓其得天理之正,此正是以成败论是非,但取其获禽之多而不羞其诡遇之不出于正也。千五百年之间正坐如此,所以只是架漏牵补过了时日。"③ 陈亮对朱熹这句话进行反驳时,和盘托出了他推尊汉唐的实际意义:

> (信中有孟子一段射者御者配合无间,才能多所获禽)亮非喜汉、唐获禽之多也,正欲论当时御者之有罪耳。高祖、太宗本君子之射也,惟御者之不纯乎正,故其射一出一入;而终归于禁暴戢乱、爱人利物而不可掩者,其本领宏大开廓故也。④

---

① 《陈亮集》卷二八《又乙巳秋书》。
② 《陈亮集》卷二八《又乙巳春书之二》。
③ 《朱文公文集》卷三六《答陈同甫》。
④ 《陈亮集》卷二八《又乙巳春书之一》。

第十九章 浙东事功派代表人物陈亮的思想与朱陈"王霸义利之辨"

陈亮的这些话的意思指明,汉高祖、唐太宗本领宏大开廓的结果是,"终归于禁暴戢乱、爱人利物而不可掩者";而"禁暴戢乱、爱人利物"云云,当然为仁为义,符合于"道",当然与三代之"王"没有什么差别。由此可见,陈亮之推尊汉唐,是从汉高祖、唐太宗活动的实际效果而言的。

朱陈之间的论战涉及的问题不少。朱熹曾称陈亮"自处于法度之外",让陈亮"迁善改过","以醇儒之道自律"。① 陈亮回答朱熹的是:他自己曾对吕伯恭(祖谦)说过,"亮口诵墨翟之言,身从杨朱之道,外有子贡之形,内居原宪之实"②,绝不以儒自居;特别是回答以"以醇儒之道自律"时称,"学者先学成人",他自己绝不肯"闭眉合眼,蒙瞳精神以自附于道学"。陈亮以咄咄逼人的话锋,确如陈傅良所说,"跳踉叫呼,拥戈直上",在重大问题上寸步不让。朱夫子毫无办法,最后话锋一转,结束了这场辩论。

对朱陈王霸义利之辨,陈傅良是陈亮的好友,双方的论争都曾过目,因而他在给陈亮的信中予以评论道:

> 功到成处便是有德,事到济处便是有理。此老兄之说也。如此,则三代圣贤枉做工夫。功有适成,何必有德,事有偶济,何必有理,此朱丈之说也。如此,则汉祖唐宗贤于盗贼不远。

陈亮对陈傅良的信上说自己"跳踉号呼,拥戈直上",称朱熹"占得地段平正"云云,极为不满,认为"非二十年相聚之本旨"。并将同朱熹论战的材料寄上,嘱其再作考虑。在第二封信上,陈傅良称陈亮"之论要是颠扑不破",朱熹"何尝敢道老兄点当得错",如果像朱熹那样认为"汉唐事业","并无分毫抚助正道,教谁肯伏?""暗合两字,如何断

---

① 《朱文公文集》卷三六《与陈同甫》。
② 《陈亮集》卷二八《又甲辰秋书》。

人!"① 陈傅良对这场论战的态度是很清楚的。

另一个浙东事功派人物叶适,在《龙川文集》的序言中对这场论战评论道:"同甫既修皇帝王霸之学,上下二千余年,考其合散,发其秘藏,见圣贤之精微常流行于事物,儒者失其指,故不足以开物成务。其说皆今人所未讲,朱公元晦意有不与而不能夺也。"②

概括朱熹、陈亮之间有关王霸义利之辨,从历史观来看,正统派儒家一直坚持的形而上学历史观,到二程、朱熹则更加绝对化,形成为历史倒退论;陈亮则坚持东汉王充以来的历史进化论的观点,认为历史是前进的。这是其一。

其二是,从对王霸义利的认识方法看,朱熹从动机来考察以识别王霸义利,而陈亮则是从活动的实际效果来判断王霸义利;前者为动机论,属于唯心主义认识路线;而后者则可称之为效果论,属于唯物主义认识路线。

最值得注意的是,通过朱陈王霸义利之辨,反映出来了陈亮的功利主义哲学思想。前引陈傅良曾对朱陈论辩的评论,其中对陈亮的评论是:

> 功到成处便是有德,事到济处便是有理。此老兄之说也。

陈傅良的这句话是对陈亮功利主义哲学最为准确的概括,犹之乎司马光反变法派所概括的"三不足说",最为准确地概括了王安石思想的这一特点。陈亮的这一哲学思想是在对历史的探讨论辩中表现出来的,但它同陈亮所处的历史环境,以及他个人经历等方面有什么关系?事实上,后者则是陈亮功利主义哲学思想形成的根基。下面将侧重对这一问题以及这一哲学的社会倾向进行探索。

---

① 陈傅良:《止斋先生文集》卷三六《答陈同父三》。
② 叶适:《水心文集》卷一二《龙川集序》;《陈亮集》附录。

四、陈亮功利主义哲学形成的社会环境及其社会倾向

如果把"功到成处便是有德,事到济处便是有理"这一哲学观点,放在形成这种哲学观点的社会经济环境里,亦许更能够说明这种哲学思想只看效果、不看动机,只问目的、不问(择)手段这个特点。

在财富观上,陈亮有其独特的看法。岳珂《桯史》曾经有如下一则故事:

> 东阳陈同父资高学奇,跌宕不羁。尝与客言,昔有一士,邻于富家,贫而屡空,每羡其邻之乐。……富翁告之曰:"致富不易也……大凡致富之道,当先去其五贼。五贼不除,富不可致。"请问其目,曰:"即世之所谓仁、义、礼、智、信是也。"①

而陈亮在《赠楼应元序》中所写的一段话,尤为值得重视:

> 夫一有一无,天之所为也。哀多增寡,人道之所以成乎天也。圣人之惓惓于仁义云者,又从而疏其义,曰若何而为仁,若何而为义。非以空言动人也,人道固如此耳。余每为人言之;而吾友戴溪少望独以为:"财者人之命,而欲以空言劫取之,其道为甚左。"余又悲之而不能解也。虽然,少望之言,真切而近人情,然而期人者未免乎薄也。②

合观这两条材料,前则认为仁义礼智信是阻碍发家致富的"五贼",后则认为仁义是劫取人财的"空言",两则材料是贯通的,《桯史》所记是真实的。在财富观上陈亮具有这样的认识,与经年口诵仁义道德的儒生

---

① 岳珂:《桯史》卷二,中华书局点校本1981年版。
② 《陈亮集》卷二四《赠楼应元序》。

背道而驰，无怪乎一再受到朱熹的讥讽，称陈亮"自处于法度之外"，"不乐闻儒生礼法之论"，等等。

事实上，陈亮就是他所论述的这一财富观的实践者。前文说过陈亮年轻时家道衰落，祖父母、母亲三丧未葬，父亲系狱，生计至为困难，因而一度要下海经商。吕祖谦曾因此写信劝阻：

> 闻便欲为陶朱公调度，此固足少舒逸气，但田间虽曰伸缩自如，然治生之意太必，则与俗交涉，败人意处亦多，久当自知之。恃契爱之厚，不敢不尽诚也。①

吕祖谦此信下文如何无足多论，但这时的陈亮则是投入到灌园治产的活动中，而且不十年间，到甲辰年（1184）以前陈亮已经有了四十亩园、二百亩田的产业，京口的别业芦地尚不在内，成为一个中等力量较强的地主士大夫。陈亮的这二百亩田，根据当时地价十贯一亩计算，费资二千贯以上，显而易见，单靠陈亮教小秀才的收入是置办不了的，只有经商和放高利贷才有可能在不到十年的时间里置办这些田地。陈亮比那些道貌岸然的道学家真诚得多，他对朱熹说："亮口诵墨翟之言，身从杨朱之道，外有子贡之形，内居原宪之实"云云，并非空话，而是有实际内容的。在甲辰年第一次狱事之后，陈亮在向那些帮助他脱狱的官员们致谢的信中，透露了一些情况。在《谢陈同知启》中说："岂求田问舍之是专，亦闭门造车之可验。一毫以上，通缓急于里间（此指借贷事）；终岁之间，仅饱暖其妻子"；在《谢梁侍郎启》中说："豪于里间，所得宁几！迫于妻子，无策自资"；在《谢郑侍郎启》中说："身名俱沈，置而不论；衣食才足，示以无求。人真谓其有余，心固疑其克取。而况奴仆射日生之利，子弟为岁晏之谋"，等等。② 这些话清楚地说明了陈亮在治生活动中，他的子弟、奴仆参与了商业经营，而所谓"通缓急于里间"也明显地透露了从事于放债活动。陈亮之能够在不到十年的时间恢

---

① 吕祖谦：《东莱集·别集》卷一〇《与陈同甫》，四库影印本1150—284。
② 以上见《陈亮集》卷二六。

第十九章　浙东事功派代表人物陈亮的思想与朱陈"王霸义利之辨"

复了过去的田产，与经营商业、放债是分不开的。尽管陈亮还不时说自己贫穷，但在甲辰年给朱熹的信中，对他此前的治生，已沉浸在志满意得、自我陶醉的境况中了。

陈亮以其资生之业的实际行动实现了他的发财致富的财利观，同时也为他的"功到成处便是有德，事到济处便是有理"这一功利主义哲学思想作了注释。

陈亮不仅为他的资生之业而自我陶醉，对他周围的暴发户，同样是颂扬有加。在他给何夫人写的墓志中说：

> 始余闻东阳何君坚才善为家，积资至巨万，乡之长者皆自以为才智莫能及。①

对东阳郭德麟的父亲郭彦明宣扬得尤为厉害：

> 往时东阳郭彦明徒手能致家资巨万，服役至数千人，又能使其姓名闻十数郡。此其智必有过人者。②

像郭彦明一类的新兴经济势力——暴发户，既包括大商人，也包括向土地转化的商业资本，当然引起老牌经济势力（主要是地主及部分士大夫）的嫉忌，不仅喷喷烦言，而且造端生事，形成两者之间的矛盾。陈亮为这类暴发户鸣不平，接着上文：

> 国家以科举造士，束天下豪杰于规矩尺度之中，幸能把笔为文，则可屈折以自求达。至若乡间之豪，虽智过万夫，曾不得自齿于程文熟烂之士。及其以智自营，则又为乡间所仇疾，而每每有身挂宪纲之忧，向之所谓士者，常足以扼其喉而制其死命，卒使造化之功有废置不用之处。此亦为国之一阙。

"向之所谓士者，常足以扼其喉而制其死命"云云，陈亮所发感慨竟如

---

① 《陈亮集》卷三八《何夫人杜氏墓志铭》。
② 《陈亮集》卷三四《东阳郭德麟哀辞》。

此之深，是来自他的切身感受。陈亮正是由于治生而引起邻里和所谓"士"的编造诬告而入狱的，借着这个机会为那些不当权的乡间之豪呼号。

从陈亮对乡间之豪——暴发户的颂扬中，又可以看出：不问暴发户们的资产得来是否合法，只要是家资巨万，就受到赞扬。这样，只问目的，不问手段，陈亮为他的"功到成处便是有德，事到济处便是有理"的功利主义哲学思想作了注释。

前面提到，陈亮对他的才能是极其自负的，自诩为"有推测一世"的英雄气概。陈亮对上述那些能够发家致富的人物，也称赞为"乡之长者皆自以为才智莫能及"，"其智必有过人者"，等等。对历史人物，特别是其中的帝王将相，陈亮更是赞颂不已，如前引对汉高祖唐太宗，不仅认为他们有本领，而且是有"大本领"的人。如在《酌古论·崔浩》中说："古之所谓英豪之士者，必有过人之智。"[①] 又在《酌古论序》中论文臣武将说："吾以谓文非铅椠也，必有处世之才；武非剑楯也，必有料敌之智。才智所在，一焉而已，凡后世所谓文武者，特其名也。"[②] 在陈亮心目中，本领、才智等，以及由此而体现的实力，是实现功利主义目的的重要条件，因而受到格外重视。

概括看来，陈亮的"功到成处便是有德，事到济处便是有理"这一哲学思想，在其具体运用中，本领、才智，或者说实力，是极为重要的。还要注意的是，对实际、实践的重视。如陈亮在《上孝宗皇帝第一书》中说："人才以用而见其能否，安坐而能者不足恃也；兵食以用而见其盈虚，安坐而盈者不足恃也。"本领、才智放在实践中才能检验出来，重实际、实践是陈亮功利主义哲学思想的一个极其重要特点，而这个特点成为高谈道德性命的道学的对立面。是否可以这样说：以陈亮为代表的事功派及其哲学思想是南宋理学勃兴的一个反动？

---

① 《陈亮集》卷八《酌古论》。
② 《陈亮集》卷五《酌古论序》。

第十九章 浙东事功派代表人物陈亮的思想与朱陈"王霸义利之辨"

以陈亮为代表的事功派的功利主义哲学社会倾向性是非常明显的。也是在《上孝宗皇帝第一书》中,陈亮说:"王安石以正法度之说","括郡县之利尽入于朝廷","青苗之政,惟恐富民之不困也;均输之法,惟恐商贾之不折也",公然替商贾富民说话,而富民如上面所叙述的则包括暴发户在内,其中有一些是转化为土地势力的商业资本。

第二十章
叶适献身于恢复事业的不懈努力及其对理学的批判

一、叶适的生平以及献身于恢复事业的活动

前章对浙东事功派作了简略的叙述,严格地说来,除吕祖谦金华学派外,还应分为以陈亮为代表的永康学派,以及由永嘉诸学所代表的永嘉学派。叶适在《温州新修学记》中扼要地叙述了永嘉学派的状况,他写道:

> 昔周恭叔(指周行己)首闻程(指程颐)吕(指吕大钧)氏微言,始放新经,黜旧疏,挈其侪伦,退而自求,视千载之已绝,俨然如醉忽醒,梦方觉也。颇益衰歇,而郑景望(指郑伯熊)出,明见天理,神畅气怡,笃信固守,言与行应,而后知今人之心可即于古人之心矣。故永嘉之学,必兢省以御物欲者,周作于前而郑承于后也。
> 薛士隆(或作龙,指薛季宣)愤发昭旷,独究体统,兴王远大之制,叔末寡陋之术,不随毁誉,必摭故实,如有用我,疗复之方安在?至陈君举(指陈傅良)尤号精密,民病某政,国厌某法,铢称镒数,各到根穴,而后知古人之治可措于今人之治矣。故永嘉之学,必弥纶以通世变者,薛经其始而陈纬其终矣。

第二十章　叶适献身于恢复事业的不懈努力及其对理学的批判

四人，邦之哲民也，诸生得无景行哉！①

上文扼要地论述了永嘉之学的脉络及其特色，大体上周行已将程氏理学传至永嘉，形成为永嘉之学的一个来源。不过，到郑伯熊即向事功之学发展，同吕祖谦之从理学向事功之学过渡相同。自薛季宣、陈傅良入经出史，完全转化为事功之学，从而与朱熹为代表的正统派理学相对立。叶适就在这一学术环境中成长起来，被誉为永嘉之学的集大成者。他的著作流传下来的有《水心文集》、《水心别集》、《习学记言序目》（或《习学记言》）等。下面所论述的叶适的思想，主要来自他的上述著作。

叶适（1150—1223），字正则，原籍处州龙泉，后迁居温州瑞安，因居住于水心村，故自号水心，学者尊之为水心先生。

叶适年轻时，家境极为清寒。叶适在为他的母亲所写的墓志中说，杜家"世为县吏"，到他的外祖父不愿做县吏，"居田间"。可是"耕渔之乐"没有多久，家道便衰落下来。杜家世为县吏，按照宋朝户等制度规定，属于经济力量较强的形势户；但至其外祖时由于家道衰落，成为没落地主。叶适家迁瑞安后，已是"贫匮三世"，叶适母亲嫁来的那一年又碰上大水，"室庐什器俱尽"，连遭困厄。叶适父亲"聚数童子以自给，多不继"；叶适的母亲"至乃拾滞麻遗纼缉之"作为补助。②叶适成长于一个穷教书先生家庭，在给他的岳母高氏所写墓志上说："始，高氏既归余，余号尤贫。高氏之能匀厚培薄，均足内外，使余尚自立于间巷者，皆用夫人（叶适岳母）教。"③叶适在这样清苦的环境中，一方面为衣食奔走，同时还到浙东各地问学，除了结识当地名流郑伯熊、陈傅良外，很早就同陈亮有了来往，这对他的思想形成有着重要的作用。

宋孝宗淳熙五年（1178），叶适考中进士，走上仕途，历任州县官、

---

① 《水心文集》卷一〇《温州新修学记》，载《叶适集》。
② 《水心文集》卷二五《母杜氏墓志》。
③ 《水心文集》卷一四《高夫人墓志铭》。

太学正、太学博士等，逐步同统治者上层有了接触。在多年从政中，叶适对当时政治、经济、财政等许多方面都有了自己的看法，例如在靳州时曾论述淮西铁钱等关系到国计民生的问题，我在《宋代经济史》"经济思想"一编中，论述了叶适这方面的见解，不多赘。叶适穷毕生之力所做的，是如何改变南宋屈辱的局势，使其强盛起来。在《习学记言序目》中，叶适写道：

> 建炎绍兴十余年间，天下能愤忾视之如仇敌，秦桧既坚持之，自此不惟以和亲为性命义理之实，而言复仇雪耻者，更为元恶大憝，灭天常，绝人理，其事极大，未知此论何时当回也。①

继陈亮之后，叶适就是为"此论当回"而大声疾呼、奋斗终生的。

叶适在中进士前后的十几年，完成了他的《进卷》、《外稿》诸作，其中包括《君德》、《治势》、《财计》、《兵权》等四十余篇，在社会上已经广泛流行。这些篇章充分反映了叶适经世致用的事功思想，可以概括为以下诸方面：

（一）叶适生活在所谓"绍兴和议"、"隆兴和议"至"开禧用兵"的几十年间，摆在南宋面前的最大问题是采取报仇雪耻、恢复故疆的路线，还是继续匍匐屈膝于女真贵族面前以求偏安于东南隅。概括来说，就是对金是战还是和？这个根本问题是检验这一时期南宋士大夫政治态度的试金石，谁也无法回避。叶适在这个根本问题上，态度极其鲜明。在淳熙十四年（1187）的《上殿札子》中劈头就说："二陵之仇未报，故疆之半未复。"同时还指出，这件大事是"天下之公愤"，为南宋军民共同关心。②叶适回顾了几十年来抗金斗争的历史，愤激地抨击了秦桧们假借"和议"之名而行卖国之实的卖国路线：

---

① 《习学记言序目》卷四三《五代史》。
② 《水心文集》卷一五《上殿札子》。

第二十章 叶适献身于恢复事业的不懈努力及其对理学的批判

> 往者绍兴行之（指秦桧"南自南，北自北"的投降谬论），天下不厌，至于废逐大臣，诛杀名将，尽黜异议者，空士大夫之列，汹汹数岁而后定。一旦虏自败约，始举不得已之兵以应之，天下因又以言复仇为事。暴师淮水之上，久未有功，宰相仍用前策，建议罢督师，撤攻具，出东西北道四要郡以乞之，而复为和。俄而虏又大出，天下之心，凛然以为盟誓必不可保……①

叶适极力批判了"久和好也"谬论②，指出"兵端可畏，易开难合，厚赂请和，可以持久"等，是"偷安姑息之论"③；而所谓"待时"④，则是迁延时日、蹉跎岁月以"偷安姑息"的另一表现形式，其为谬论之一。特别值得提出的是，叶适在《终论三》中批判了"士大夫过去誉虏而甘为伏弱者"这种败北主义情绪和论调，这种论调不仅为卖国投降路线张目，而且成为卖国投降主义的借口和依据。

在对金和战上，叶适坚持战而反对和。尤为重要的是，叶适不仅坚持主战，而且提出如何去战，才能夺取抗金的胜利。立足于这一认识基础上，叶适以此前抗金斗争中"论恢复"的代表人物赵鼎、张浚为例，予以评论道：

> 请言前日之所以谋为恢复者。赵鼎书生，自附于问学（赵鼎依附于二程理学），收拾文义之遗说，与其一时士大夫共为贵中国贱夷狄之论，此说《春秋》者所常讲也，不可以为不美。虽然，中国之不可以徒贵，夷狄之不可以徒贱也。所谓女真者，岂口舌讲论、析理精微之所能胜邪？张浚之始用也，少年狂疏，恩信未足以感士，智勇未足以服人，蹙迫强项玩命之

---

① 《水心别集》卷四《进卷·外论二》。
② 《水心文集》卷一〇《息虚论一》。
③ 《水心别集》卷四《进卷·兵权下》。
④ 《水心文集》卷一〇《息虚论二》。

将，一举而失关、陕，蜀之全者幸耳。鼎既泛然于事机之间，不战不守；房来则进而拒，名曰亲征；房去则退而安，名曰驻跸。而浚尤为无统。光尧（指宋高宗）四顾无所倚仗，……于是秦桧"南自南北自北"之论冲入其中，坚不可破，而鼎与浚均逐矣！①

叶适的评论，对赵鼎而言似嫌不够，他所讲的恢复徒有其名，实质上与秦桧之投降伯仲之间耳！对张浚这志大才疏的饭桶评论得还算过得去，但就是这个张浚假抗金之名，而对真正的抗金力量压制、打击、削弱，与秦桧对抗金的破坏，则有异曲同工之妙，这一点是叶适无法理解的。

叶适综合此前抗金和战两个方面的分析，作出这样的结论："以为使今之天下自安而忘战则不可，使之自危而求战，尽变而能战，又决不可也。"② 那么，如何摆脱当前和战两难的困境？叶适认为，当务之急是抓紧时机革除"百年积弊"，从贫弱中解脱出来。

（二）叶适在《进卷》和《外稿》中所提出的"百年积弊"主要有以下几点：

（1）关于集权过甚问题。叶适指出，"国家因唐、五季之极弊，收敛藩镇，权归于上，一兵之籍，一财之源，一地之守，皆人主自为之也。"③ 由于一切皆自防弊"矫失"，州郡缺乏自主、应变的能力，一遇外患，千里崩溃。

（2）养兵之患。叶适在《廷对》中指出："为天下之大蠹，十分之九以供之，而犹不足者，兵是也。……艺祖受命，……养兵之患未暇去也。太宗、真宗继有西北之事，天下之兵遂以增益而不省，而本朝之大，独当前世养兵之患也。"④"并兵之数亦且百万……虽然，大则历数

---

① 《水心文集》卷一五《终论五》。
② 《水心别集》卷一《进卷·治势下》。
③ 《水心文集》卷一〇《外稿·始议二》。
④ 《水心文集》卷九《廷对》。

第二十章　叶适献身于恢复事业的不懈努力及其对理学的批判

十岁与房人和亲而不敢斗一日之兵，小则草窃穷寇数百人忽发而不能制，……故兵以多为累而至于弱。"①"养兵以自困，多兵以自祸，不用兵以自败，未有甚于本朝者也。"②

（3）财政困难。据叶适统计，北宋前期财政收入，"比于汉唐之盛时一再倍"；宋神宗时"比治平以前数倍"；蔡京变钞法后，"视宣和又再倍矣"，"是自有天地，而财用之多未有今日之比也"。成倍增长的财政收入，是通过南宋政府的巧取豪夺而取得的，如所谓经总制钱、和买、月椿钱、板帐钱等等，这样地日朘月取，"生民日困"，"国用日乏"，岌岌不可终日。③

（4）"人才日衰"。宋代培养人才的途径甚为宽广，诸如科举、任子、保荐、学校，等等，不一而足。但叶适认为，入仕者大都是庸碌之辈，而无经世之才。为什么有这种结果？叶适指出，现今以经术代替诗赋取士，"虽五尺童子无不自谓知经，传写诵习，坐论圣贤。其高者谈天人，语性命，以为尧、舜、周、孔之道，技尽于此，雕琢刻画，侮玩先王之法言，反甚于词赋"。这类从科举挤进来的，"平居道先古，语仁义、性与天道者，特雅好耳，特美观耳"，及至"一日为吏"，"而操切无义之术"都加应用，极尽搜刮之能事，并且口口声声、恬不知耻地说"彼学也，此政也"④，学与用两张皮，又怎么能够选拔出真正的人才？

淳熙十四年（1187），叶适以太常博士的身份轮对时，当即上奏宋孝宗，把"二陵之仇未报，故疆之半未复"作为头等大事提出来，谋求恢复。叶适札子尚未读完，宋孝宗皱起眉头说："朕比苦目疾，此志已泯，谁克任此，惟与卿言之耳"！"及再读，帝惨然久之"。⑤满怀恢复志业的宋孝宗，终以赍志而终；而陈亮、叶适激情满怀的文字，亦仅是

---

① 《水心文集》卷一〇《外稿·实谋》。
② 《水心文集》卷一一《外稿·兵总论二》。
③ 《水心文集》卷一一《外稿·财总论二》、《外稿·经总制钱二》。
④ 《水心文集》卷一一《外稿·经总制钱二》。
⑤ 《宋史》卷四三四《叶适传》。

作为先进思想留传给后人。

宋宁宗开禧二年（1206），以外戚韩侂胄为首的大地主集团把持政权，意图北伐，将叶适召回临安，付以翰林学士之职，希望得到叶适的帮助。叶适坚持了他一贯的主张，在《上宁宗皇帝札子》中首先指出："甘弱而幸安者衰，改弱以就强者兴"，鼓励宋宁宗"思报积耻，规恢祖业"等的诏命是"欲改弱以就强"的好势头。但要实现恢复大业，必须在坚定这种信念之后，要"修实政，行实德"。而所谓的实政、实德是：加强濒淮沿江的防御，确保大江安全；加强两淮、江南、荆襄和四川的防御，谓之四镇，屯驻御前大军，使其在"数年之内，制房有余"①。叶适的这些主张与此前主张是一贯的。惟其如此，叶适并不赞同韩侂胄的骤然出兵。开禧二年（1206）四路出师失败，江淮防务吃紧，叶适于是年五月受命任江东安抚使、知建康府，接着又被任命为沿江制置使。为加强沿江防务，叶适立即建立定山、瓜步、石跋三堡坞，作为靖山、东阳、下历以及采石的屏障，而且收到了防江的效果。②

由于韩侂胄北伐失败，正像叶适此前议论的那样，南宋政府又重走绍兴和议的老路，向金乞降。而这一次投降的结果是，以史弥远为首的大地主阶级另一统治集团阴谋刺杀韩侂胄，而且函韩侂胄之头向金谢罪乞降。叶适则遭御史中丞雷孝友的弹劾，以"附韩侂胄用兵"罪名罢置于闲散之地，直至老死。

二、叶适唯物主义认识论和功利主义哲学思想

人们在思想领域中的分歧，往往从对客观世界认识的分歧开始。对

---

① 《水心文集》卷一《上宁宗皇帝札子一》、《上宁宗皇帝札子二》。
② 《水心文集》卷二《定山瓜步石跋三堡坞状》。

第二十章　叶适献身于恢复事业的不懈努力及其对理学的批判

客观世界认识上的分歧，使对立双方都形成为自己的系统认识，从这种认识上的对立逐步展开，以致对许多问题都发生分歧。叶适，以及前章叙述过的陈亮，之与朱熹理学间的对立就是这样展开的。当然叶适对陆九渊所代表的心学也是不满的。下面就从叶适对客观世界的认识开始论述。

《周易》这部古老经典，作为思想资料，人们对它的理解、认识及从中汲取的成分，是极不相同的。叶适在《进卷》中对《周易》作出了论断，他提出一个非常重要的命题，即：《周易》之所以形成为卦、象、爻等等，"要反其本而论之"。叶适所说的"本"是什么？他解释道：

> ［周易］曰卦、曰象、曰象、曰爻，此其所以为《易》，而天下后世所共知者也，然至于求之而莫得其当。夫天、地、水、火、雷、风、山、泽，此八物者，一气之所役，阴阳之所分，其始为造，其卒为化，而圣人不知其所由来者也。因其相摩相荡，鼓舞阖辟，设而两之，而义理生焉，故曰卦。……①

这段文字用哲学界的行话说，是所谓的宇宙生成论。叶适同样是"气"哲学系统中的人物，他也认为宇宙之间天、地、山、泽、水、火、雷、风等，都是"一气之所役，阴阳之所分"，经过其间的"相摩相荡，鼓舞阖辟"而形成的。在宇宙形成之后，也就产生了形成宇宙的道理所在，即叶适所说的"义理"，亦即《易》中的"卦"。从宇宙生成以及宇宙生成的道理的顺序来看，宇宙第一，形成宇宙的"义理（卦）"次于宇宙生成，顺序第二。从这种认识顺序看，叶适认识论属于唯物主义范畴。

基于这一认识，叶适认为，天地之间无非是物，但物与物不同，因而形成各自的物理。叶适指出：

> 夫形于天地之间者，物也；皆一而有不同者，物之情也；因其不同而听之，不失其所以一者，物之理也；坚凝纷错，逃

---

① 《水心别集》卷五《进卷·易》。

遁谲伏，无不释然而解，油然而遇者，由其理之不可乱也。①

叶适将物、物情、物理作了清晰的区分，对这三者之间的关系，特别是对物和物理之间的关系，作了明确的说明：

> 书有刚柔比偶，乐有声器，礼有威仪，物有规矩，事有度数，而性命道德未有超然遗物而独立者也。②

性命道德之类一切所谓抽象的理，都不能离开具体事物而单独存在，只有物实体，没有所谓的理实体，这样叶适便完成了他对物与理之间紧密结合的认识。

与此同时，值得称道的是，叶适还具有辩证法的思想认识。

由于叶适对《周易》进行探索，他很重视《周易》中提出的"一"这个数字。他指出，"数起乎一，转入于万物，其往无穷"。③ 叶适的这个看法，与《老子》的"道生一，一生二，二生三，三生万物"，显然有其密切的联系，通过"一"，看到万物在数量上的变。尤为值得重视的是，叶适不只看到事物在数量上的变，而且看到在变化中事物之间存在对立关系：

> 乾〔卦〕，其为三，阳也，天也，此《易》之始画。其有阴，则地也。理未有不对立者也。阳之一雷二水三山，阴之一风二火三泽，此卦也；其为六也，阳则乾、震、坎、艮，阴则坤、兑、离、巽，此义也。以卦则三足矣，以义必六，而交错往来，所以行于事物也。学者观其一，不观其二，此《易》道所以难明也。④
>
> 道原于一而成于两。右之言道者必以两。凡物之形，阴阳、刚柔、逆顺、向背、奇偶、离合、经纬、纪纲，皆两也。

---

① 《水心别集》卷五《进卷·诗》。
② 《水心别集》卷七《进卷·大学》。
③ 《水心别集》卷六《进卷·扬雄太玄》。
④ 《习学记言序目》卷一《周易一》。

第二十章　叶适献身于恢复事业的不懈努力及其对理学的批判

> 夫岂惟此，凡天下之可言者，皆两也，非一也。一物无不然，而况万物；万物皆然，而况其相禅之无穷者乎？交错纷纭，若见若闻，是谓人文。虽然，天下不知其为两也久矣，而各执其一以自遂，奇谲秘怪，寒陋而不弘者，皆生于两之不明。①

叶适这两段文字，对道"原于一而成于两"这一辩证法思想阐述得极为清晰、明白。叶适认为，任何事物都是成于两，而且是对立着的，如阴阳、刚柔、向背等等，从而把对立统一看作是普遍地存在着的。叶适由此更向前跨出一步，认为对立的双方，"相禅之无穷"，看作是永恒地存在着的。叶适对辩证法的认识，应当说，在南宋学者当中是不多见的，值得称道。

借着这个机会，不妨对辩证法思想认识在宋学中的发展作一简略的回顾。这个回顾说明如下两点：一是在宋学中辩证法思想是普遍发展着的，二是在发展过程中对辩证法诸范畴的认识达到一定高度。在庆历年间宋学形成阶段，范仲淹等通过对《周易》的阐发已经有了辩证法的思想认识，而在嘉祐年间王安石的《老子解》、《洪范传》问世之后，辩证法学说在社会上产生了广泛的影响，取得了广泛的发展。变法派中的吕惠卿、王雱、陆佃等，都对辩证法学说作出了自己的阐释，对解决政治上和学术上的各种问题，也做出了自己的贡献。一些非变法派和一些反变法派的学者如张载、程颢、程颐等，对辩证法也都有所论述。即使是以形而上学思想占主导地位的司马光也不时流露出辩证法的思想。辩证法不仅在学者、思想家中传播、运用，即使在政治生活中也一再显现它的踪影。《宋史·江公望传》记有如下一则故事：

> ［徽宗初］［江公望］又上疏曰：……元祐人才，皆出于熙宁、元丰培养之余，遭绍圣窜逐之后，存者无几矣。……陛下若立元祐为名，必有元丰、绍圣为之对，有对则争兴，争兴则

---

① 《水心别集》卷七《进卷·中庸》。

党复立矣。①

"有对则争兴",对立斗争使用到党争上,这说明对立斗争这一辩证法概念广泛地流传了。

"对"、"两"作为辩证法的范畴和概念的广泛流传和使用,《老子》辩证法学说的范畴在这个过程中有所发展、有所提高。在这一发展中,王安石对对立统一法则的论述,如以"对"、"耦"这两个概念来说明这一法则,较之以往更加清晰、更加透彻了。而王安石对"耦"的阐发,亦即对对立面的阐发,进一步强调"耦"之中又寓存有"耦",即在旧有的"耦"的矛盾体中,又产生新的"耦"的矛盾体,是无穷无尽的,即对立统一法则是永恒地发展下去、贯彻下去的,把辩证法对立学说的阐释提到了新的高度,这是前此未曾有过的。比王安石年长一岁,但在学术上比王安石起步较晚的张载,于熙宁年间以"两"这一概念论述对立统一法则,并指出了两者的斗争,但在最后这个对立却"解仇"、和解,又退回到形而上学。叶适也以"两"这一概念论述了对立面,虽然没有达到张载对对立统一法则的认识水平,更远不能同王安石在这一方面的认识水平相比,但他把对立面看成"相禅之无穷",在这一点上则可以追踪王安石,值得称述。

春秋战国诸子百家争鸣的时代,是我国古代辩证法思想大发展的时代,出现了《老子》这样的不朽著作。魏晋时期随着玄学的发展,辩证法思想有复起之势。而宋学形成发展时期,是我国古代辩证法思想又一发展的时期,涌现了像王安石这样的杰出思想家。可是,经过南宋高宗朝一代的反动统治,统治者不遗余力地打击王学,摧残王学,以至这个辩证法复兴时期又被打落摧折。学术又陷于形而上学的泥淖之中!

一个具有唯物主义认识论思想的人,总是能够放眼于社会现实问题,并通过对现实诸方面的考察,上升到抽象思维的领域,反复实践、

---

① 《宋史》卷三四六《江公望传》。

第二十章　叶适献身于恢复事业的不懈努力及其对理学的批判

认识，从而概括提炼为对现实事物的总的看法，从而跃入哲学思维领域。叶适的功利主义哲学思想，就是通过他的唯物主义认识论来完成的。

如大家所知道的，宋代程朱系理学家一直强调所谓天人之际，大讲特讲所谓的"天人合一"。于是"天人合一"成为中国古代哲学思想的最高境界，正像程朱系理学高自标置的那样，把《中庸》视作孔门独传心法。而今天哲学界，只要能够拿起笔来胡诌几句，无不把这个最高境界作为自己登上哲学殿堂的法宝而顶礼膜拜，其可尊敬之处，较诸宗教信仰者还要虔诚。叶适并不如此，他既不讲什么"天人合一"，也不强调天道，而是老老实实议论人道：

> "阴阳之精，本在地而上发于天"，后世天文术家固未有能言此者。然圣人敬天而不责，畏天而不求。天自有天道，人自有人道。历象璇玑，顺天行以授人，使不异而已。若不尽人道而求备于天以齐之，必如"景之象形，响之应声"，求天甚详，责天愈急，而人道尽废矣。[1]

在天人关系上，既不责天，亦不求天，以尽人道为根本。在性善恶的问题上，叶适也与程朱系理学家以及其他思想家有所不同，认为性善、性恶两种说法不分轩轾，都值得重视：

> 孟子"性善"，荀卿"性恶"，皆切物理，皆关世教，未易轻重也。夫知其为善，则固损夫恶矣；知其为恶，则固进夫善矣。……古人固不以善恶论性也。[2]

在性善恶的问题上，叶适同程朱派理学有明显的不同，而这个不同，又导致了在性、欲的问题上极大的不同。程朱派理学与司马光的见解一脉相通，要去克制人心产生的恶、欲。叶适则与此大相径庭：

---

[1] 《习学记言序目》卷二二《汉书·志》。
[2] 《习学记言序目》卷四四《荀子》。

> "人生而静，天之性也。感于物而动，性之欲也"，但不生耳，生即动，何有于静？以性为静，以物为欲，尊性而贱欲，相去几何？①

叶适根据《乐记》上的话，认为"人生而静"，这是"天之性"，亦即本性；所谓"动"则是"性"有"感于物"而产生的，因而"欲"亦是"性"的本能，与"静"是相同的。基于这一认识，他批评"尊性而贱欲"是不对的，认为"欲"是"性"的"动"的表现，是客观存在的。持有这样的见解，对理学家们所谓的"灭人欲"自然是不予赞同的。陈亮与叶适一样，都承认"欲"的合理存在，主张不能"灭"，只能"节"，即加以节制而已。

"欲"总是同"利"连在一起，朱熹批评陈亮在"胶漆利欲盆中"。程朱派理学家一直把利欲看成是不好的东西而要灭掉，叶适不同意这种看法。叶适从历史上对"利"的看法的演变谈起，称：

> 古人之称曰："利，义之和。"其次曰："义，利之本。"其后曰："何必曰利？"然则虽和义，犹不害其为纯义也，虽废利犹不害其为专利也。②

在义、利二者关系中，正统派儒家把义和利绝对对立起来，或者要义不要利，或者要利不要义。叶适针对董仲舒的义利观而予以批判道：

> "仁人正谊不谋利，明道不计功"，此语初看极好，细看全疏阔。古人以利与人而不自居其功，故道义光明。后世儒者行仲舒之论，既无功利，则道义者乃无用之虚语耳！③

叶适把"道义"和"功利"结合起来，是李觏、苏洵、王安石义利观的继续，而与程朱派理学的义利观是对立着的，这种义利观正是叶适

---

① 《习学记言序目》卷八《礼记》。
② 《习学记言序目》卷一一《左传·昭公》。
③ 《习学记言序目》卷二三《汉书三·列传》。

的功利主义哲学的重要组成部分。

叶适的功利主义与陈亮相同,重视目的、重视效果,无论做任何一件事情,都要看完成这件事情的目的,都要收到相应的效果。下面的一段文字清楚地说明了叶适的这一思想:

> 天下之物,养之者必取之,养其山者必材,养其泽者必渔。其养之者备,则其取之者多;其养之者久,则其得之者精。夫其所以养之者,固其所以为取也。①

"夫其所以养之者,固其所以为取也","所以为取"就是"养之"的目的;"其养之者备,则其取之者多",这就是"养之者备"的效果。功利主义离不开它的目的和效果,因此功利主义亦都是讲求实效的。同陈亮一样,叶适的功利主义概括起来说,具有面对现实、注重实际、讲求实效的特点。在这一哲学思想指导下,叶适在抗金斗争的根本问题上,主张抗金,反对屈膝投降;在内政问题上,主张革除百年积弊、致国强盛。在南宋朝廷上下偏安一隅的保守气氛弥漫,士大夫空喊道德性命的低气压之下,叶适、陈亮等送来了这些思想,沁人肺腑,使人耳目焕然一新。

最后,看看叶适功利主义哲学的社会倾向。前章曾称陈亮为那些新兴的暴发户唱赞歌,称颂这些人的智力才能。叶适也是这样,在为吕师愈所写的墓志上说:

> [吕师愈]婺州永康人。姿善治生,不为奇求,速赢转化,徒以俭节勤力,能使田桑不失利而已。……故骤起家,富于一县。

吕师愈之所以能够"骤起家,富于一县",关键在于"速赢转化",即通过商业经营等种种活动,使其家财迅速地扩大起来。对于这一类骤然兴起的富人,"世论常实讳贫而文诋富",叶适大不以为然。他认为,

---

① 《水心别集》卷三《进卷·士学下》。

吕师愈一类暴发户"致富虽纤微,然遇旱饥,辄再出稻子数千斛,助州县赈贷"①,是值得称颂的。对这一类的富人,包括商人、由商人转化的地主,叶适公开站出来替他们说话:

> 当熙宁之大臣,慕周公之理财,为市易之司以夺商贾之赢,分天下以债而取其什二之息……今天下之民,不齐久矣。开阖、敛散、轻重之权不一出于上,而富人大贾分而有之,不知其几千百年也,而遽夺之,可乎?夺之可也,嫉其自利而欲为国利,可乎?②

> 故臣以为,儒者复井田之学可罢,而俗吏抑兼并富人之意可损。因时施智,观世立法。诚使制度定于上,十年之后,无甚富甚贫之民,兼并不抑而自已,使天下速得生养之利。③

这些话说得很清楚,毋用多加解释。陈亮、叶适的功利主义哲学反映了商人、商人兼地主、新兴经济力量的利益。

三、叶适对理学的批判

叶适年轻时,理学已经从北宋晚年的小学派发展成为学术界居于主导地位的显学。在《郭府君墓志铭》中叶适记述这种情况道:

> 昔周、张、二程考古圣贤微义,达于人心,以求学术之要,世以其非笺传旧本,有信有不信。百年之间,更盛衰者再三焉。乾道五六年(1165—1166),始复大振。讲说者被闽、

---

① 《水心文集》卷一四《吕君墓志铭》。
② 《水心别集》卷二《进卷·财计上》。
③ 《水心别集》卷二《进卷·民事下》。

第二十章 叶适献身于恢复事业的不懈努力及其对理学的批判

浙,蔽江、湖,士争出山谷,弃家巷,赁馆贷食,庶几闻之。①

与陈亮一样,叶适对那些空谈道德性命而轻事功的道学家们不但鄙夷,而且采取批判的态度,对程朱派理学的批评甚多,对陆九渊派心学亦未放松过。

宋孝宗淳熙二年(1175),朱熹、陆九渊、吕祖谦等于信州鹅湖寺相会,朱、陆之间展开了第一次论辩。叶适对鹅湖之会曾有所记述和评论:

> 余记陆氏兄弟(陆九龄、陆九渊)从朱(朱熹)吕(吕祖谦)于鹅湖寺,争此甚切。其诗云:"墟墓生哀宗庙钦,斯人千古最明心(按陆九渊《象山全集》卷三四原诗作"斯人千古不磨心"),大抵有基方作室,未闻无址可成岑。"噫!徇末以病本,而自谓知本,不明乎德而欲议,误后生深矣!

陆九渊的这首诗来自周丰的这两句话:"墟墓之间,未施哀于民而民哀;社稷宗庙之中,未施敬于民而民敬。"叶适认为周丰的说法不对:墟墓本身已经有所"施哀",社稷宗庙本身已经标志着尊敬,因而产生"民哀"、"民敬"的后果。周丰根本没有弄清墟墓、社稷固有的含义,叶适评之为"俗儒之浅说"!跟着周丰跑的陆九渊自然也属于"俗儒之浅说"一类了。像陆九渊这种做法,不从根本上弄清楚,凭着自己的一知半解就认为懂得了根本,如同周丰根本不懂得什么是"德"而偏偏去议论"德"一样,便极其严重地贻误后学了。②

叶适对陆学的学习方法也是轻蔑的,并有所评论。在《胡崇礼墓志铭》上说:"初,朱元晦、吕伯恭以道学教闽、浙士;有陆子静后出,号称径要简捷,诸生或立语已感动悟入矣。以故越人为其学尤众,雨并笠,夜续灯,聚崇礼之家,皆澄坐内观。"③ 陆九渊的信仰者们的"澄

---

① 《水心文集》卷一三《郭府君墓志铭》。
② 《习学记言序目》卷八《檀弓》。
③ 《水心文集》卷一七《胡崇礼墓志铭》。

坐内观"，来自于佛家禅宗的"禅定"。叶适没有再作其他的批评，而仅仅标出此事，这算是没有批评的批评，同朱熹称陆学或江西之学"只是禅"是一致的。而《题周子实所录》中所说："古人多识前言往行，谓之畜德。近世以心通性达为学，而见闻几废，为其不能畜德也。然可以畜而犹废之，狭而不充，为德之病矣，当更熟论。"① "多识前言往行"以"畜德"，其中所说的"德"包括知识和道德修养两个方面，这是传统的、有效的教习方法，而陆九渊派心学，只要能够明乎本心，即可达到"内圣外王"的地步，其实不过是造就一批一无所知的庸才而已，与程朱派理学造就一批冬烘可笑的家伙，也算是异曲同工吧！

叶适对程朱派理学的批判，火力似乎要猛烈得多。叶适的批判集中在下述几个问题上：

（一）于理学所建立的道统问题

为了同佛家一争高低，自韩愈以来也仿照佛家"定祖"办法建立起来自文、武、周公、孔子等的儒家道统。二程到朱熹等理学家们，为树立自己在儒学中的特殊地位，以为继承周公、孔子道统者为曾子、子思、孟子，而程朱们则是这个道统的嫡传。程朱们道统说喊得越响亮，越暴露了他们独霸儒学的图谋。针对程朱派道统说，浙东事功派抓住道统说中的曾参这个薄弱环节而予以批判，薛季宣首先发难，叶适则承之于后。他们认为，孔子曾说过，"参也鲁"，在孔子的高足"德行颜渊而下十人"当中，也没有曾子。曾子后来是否"德加尊，行加修"，从而受到孔子的称赞，也没有确凿明白的证据，因而把曾子列为孔子的继承者、"传人"，是不能令人信服的。②

其次，否定曾子列于道统的孔门绝学即《中庸》一书的写作传受问题。叶适认为，"曾子之学，以身为本，容色辞气之外不暇问，于大道

---

① 《水心文集》卷二九《题周子实所录》。
② 《习学记言序目》卷四九《皇朝文鉴三》；薛季宣的论述载于拙文《宋学的发展和演变》，载《文史哲》1995年第1期。参见本书总论。

多所遗略，未可谓至"，从曾子所学与《中庸》论述比较，曾子与《中庸》显然无甚关联。孔子曾说"中庸之德民，鲜能久矣"，看来说是子思所作也难以说得过去。如果认为《中庸》为"孔子遗言"，颜渊、闵子骞等都可以知道，而"独秘其（指子思）家"，就不对了。如果认为《中庸》是子思自己作的，《中庸》所包蕴的思想，"高者极高，深者极深，宜非上世所传也"。由此可见，称《中庸》这部"孔门独传心法"，"孔子传曾子，曾子传子思，必有谬误"。① 我在《苏轼"蜀学"与程颐"洛学"在思想领域中的对立》一章中，曾指出苏轼率先怀疑《中庸》这本书的内容，认为所传儒家思想是不完备的。叶适是否在这个问题上受到苏轼的影响，不得而知，但他在苏轼之后提出《中庸》"宜非上世所传"，由《中庸》内容、写作时代否定程朱派理学所建立的道统论，批评这帮"涉世疏学者趋新逐奇，忽志本统"，"争言千载绝学"之可耻可笑。

（二）对二程理学系统中"敬"的批判

"敬"在二程理学系统中占有极为重要的位置，所谓"涵养须用敬，进学则在致知"。叶适从治学顺序而对程学提出批评，指出"程氏诲学者以敬为始"这个做法是不对的："以余所闻，学有本始，如物始生，无不懋长焉，不可强立焉。"为什么要这样说呢，叶适论述道：

> 孔子教颜子"克己复礼为仁。"请问其目，曰："非礼勿视，非礼勿听，非礼勿言，非礼勿动。"颜子曰："回虽不敏，请事斯语矣。"是则复礼者，学者之始也。教曾子曰："安上治民莫善于礼。礼者，敬而已矣。故敬其父则子悦，敬其兄则弟悦，敬其君则臣悦，敬一人则千万人悦。"是则敬者，德之成也，学必始于复礼，故治其非礼者而后能复。礼复而后能敬，所敬者寡而悦者众矣，则谓之无事焉可也。未能复礼而遽责以

---

① 《习学记言序目》卷四九《皇朝文鉴三》。

敬，内则不悦于己，外则不悦于人，诚行之则近愚，明行之则近伪；愚与伪杂，则礼散而事益繁，安得谓无？此教之失，非孔氏本旨也。①

叶适认为，为学的顺序应自"复礼"开始，而不是二程所说的"敬"。叶适从孔子对颜渊、曾参的教导中得出这一认识，可谓之有理有据，经得住检验。叶适批评"未能复礼而遽责以敬"，"诚行之则近愚，明行之则近伪"，在愚伪相杂的情况下二程所讲的"敬"，与孔夫子的原意相去甚远。苏轼，用朱熹的话来形容，"奋臂捋袖"要打破程颐所讲的"敬"，是否因为其中有"愚伪相杂"的成分，前文有这样的揣测。而叶适则直接批评二程所讲的"敬"夹杂着"愚伪"，苏轼、叶适在对待二程"敬"的问题上是有相通之处的。

（三）尤为重要的是，程朱派理学一向自诩所传儒家之道是纯而又纯的，王麻子的剪刀，"独此一家"，而叶适却戳穿了这个神话，指出被视作大块文章的程颢的《定性书》杂有佛老思想：

> 按程氏答张载论定性，"动亦定，静亦定，无将迎，无内外"；"当在外时，何者为内？""天地普万物而无心，圣人顺万事而无情"；"扩然而大公，物来而顺应"；"有为为应迹，明觉为自然"；"内外两忘，无事则定，定则明"；"喜怒不系于心而系于物"，皆老佛庄列常语也。程张攻斥老佛至深，然尽用其学而不自知者……子思虽渐失古人本统，然犹未至此。孟子稍萌芽，其后儒者则无不然矣。且佛老之学，所以为不可入周孔圣人之道者，盖周孔圣人以建德为本，以劳谦为用，故其所立能与天地相终始，而吾身之区区不与焉。佛老则处身过高，而以德业为应世，其偶可为者则为之，所立未毫发，而自夸甚于丘山。……嗟夫！未有自坐佛老病处，而揭其号曰"我固辨佛

---

① 《水心文集》卷一〇《敬亭后记》。

老以明圣人之道者"也。①

按：叶适于淳熙十六年（1189）于江陵湖北参议官任上，"读浮屠书尽数千卷，于其义类，粗若该涉"②。朱熹听到这个消息，认为"此甚可骇"！恰是因为这个"可骇"，反映出叶适深入到佛经中，才能够将程氏兄弟与佛家的渊源、思想上的联系，予以寻绎出来。程颢的《定性书》极为简洁，经过叶适更进一步地精练，于是《定性书》中字里行间所寓存的佛老思想，由于以儒家语言所做的包装被剥掉，从而清清楚楚地流露出来。不仅"明觉为自然"中的"明觉"是佛家语言，而且所谓"内外两忘"，"喜怒不系于心"云云，更是彻头彻尾的佛家语言和思想。老庄崇尚自然，而程颢《定性书》之所论与老庄思想也是契合的。根据这些考察，叶适批评程氏兄弟"自坐佛老病处"，还夸耀自己批判佛老以维护孔夫子之道。经过叶适的探索和评论，程朱们一向自夸的他们所继承的纯儒之道，亦破产了。

四、朱、陈王霸义利之辨与叶适的历史观

朱、陈王霸义利之辨是宋代思想史上一件大事，是朱熹的形而上学唯心主义历史观与陈亮的功利主义历史观的一场斗争。应当说，陈亮是在极不公正的历史条件下从事这场辩争的。其所以说不公正，是因为二程所提出的"三代行王政，汉唐以武力（或智力）把持天下"这个命题，上半截"三代行王政"是借着儒家祖师爷孔夫子的威势，泰山压顶般地压下来，使汉唐以来号称为儒生士大夫的人，谁也无从置喙于其间，道个不字。聪明一点的像王安石，用"法先王之意"作为幌子，把

---

① 《习学记言序目》卷五〇《皇朝文鉴四》。
② 《水心文集》卷二九《题张君所注佛书》。

三代王政问题磨过去，而实行自己的一套见解。只有陈亮敢于接其锋，不仅为汉唐辩护，且对朱熹美化三代、认为三代一切都是好的，提出批评。对朱、陈这场大辩论，陈亮的老友陈傅良是非常赞同的，前文已经说过；陈亮的另一老友叶适却不然了，他当时没有表态，但从其晚年完成的《习学记言序目》来看，则是赞同朱熹，反对陈亮的。不论是从方法，还是从对问题的论证，叶适的历史观与朱熹基本一致，属于形而上学唯心主义历史观。

叶适对历史的总体把握，或者说是总的看法，在他的《战国策总论》一文中表现得非常清楚：

> 论世有三道，皆以人心为本，三代以上，道德仁义，人心之所止也；春秋以来，人心渐失，然犹有义理之余焉；至于战国，人心无复存矣，先物而流，造势为倾，绵绵以出智巧，驾漏以成事机，皆背心离性而行者也。故其祸至于使天下尽亡而后已。①

叶适从人心变化，或者说是仁义道德的存亡泯灭论述三代春秋战国以来的历史发展，同二程、朱熹正统派理学的论述是完全一致的，用一句文学语言说，是一个鼻孔出气！因而叶适与二程、朱熹的历史观都属于唯心主义范畴。但叶适与程朱派多少还有点不同，即叶适对三代以前的历史，还坚持他的功利主义观点，如前面所引用的一段文字：

> 古之人称曰："利，义之和。"其次曰："义，利之本。"其后曰："何必曰利"。然则虽和义，犹不害其为纯义也，虽废利犹不害其为专利也。

叶适对"利"的变化也是按三代、春秋、战国来分的，以为义和利这是三代时的话。叶适还坚持三代以上既行仁义道德又讲功利，贯彻了他的功利主义。在这一点上，与朱熹相异而与陈亮相同，但是在三代以下，

---

① 《习学记言序目》卷一八《战国策总论》。

第二十章 叶适献身于恢复事业的不懈努力及其对理学的批判

叶适就与陈亮相异而与朱熹完全相同了。

以叶适对历史的总体看法为基点,叶适对三代历史的论述是:

> 唐虞三代之为国家,岂有毫发不尽于人心者哉?盖其得之未尝以智力,其守之未尝不以礼义。此意至周衰,惟管仲知之,故其言曰:"招携以礼,怀远以德,德礼不易,无人不怀。"①

> 君者,众民之总;国者,众家之总。是诗(指豳风七月)也,以家计通国服,以民力为君奉,自后世言之,不过日用之粗事,非人纪之大伦也,而周公直以为王业,此论治道者所当深体也。②

叶适对三代的颂扬和美化绝不亚于朱熹,还是陈亮说得对,三代并不像朱熹所描述得那样,都光明正大,私人利欲照样存在。对三代的颂扬美化是从孔夫子开始的,前文已提到这个问题。但孔夫子既没有把三代同后代的联系割断开来,称"其或继周者,虽百世可知也";而且对汤伐桀、武文伐纣这一段被称之为汤武革命的历史,也没有任何怀疑。到了孟子,就发生了巨大的变化,歌颂三代的仁义道德,菲薄齐桓、晋文的会合诸侯、匡戴王室,以维护华夏文化,于是王、霸的区分从此明朗化了;而且对武王伐纣的历史事实发生怀疑,以为"以至仁伐至不仁,何至血流漂杵"?对三代王政予以美化,掩盖三代时的武力征伐。从董仲舒把义与利进一步绝对化而对立起来,到二程、朱熹、叶适等就完成三代与战国秦汉的截然分开,王道与武力、仁义与利欲对立,前者一律是好的东西而加以赞美,后者一切为坏的东西,统统予以贬斥,于是三代战国汉唐的形而上学的、倒退的历史观便全部形成了。下面不妨摘录叶适的几段文字,看看他是如何尊奉三代、贬抑汉唐,从而表现他的这个历史观的:

---

① 《习学记言序目》卷七《周礼·秋官司寇》。
② 《习学记言序目》卷六《毛诗·国风豳·七月》。

> 周衰，圣贤不作，管仲相齐，成匡济之业，《春秋》二百余年载之。余考次仲事，与王道未有以异，而处士权谋用为首称。诸葛亮治蜀，虽不能复汉，然千岁间炳如丹青。余撼亮所行，实用霸政，而论者乃以为几于王道。盖古今之世不同，而人心见识亦随以变也。①
>
> 史称"[唐]太宗除隋之乱，比迹汤武致治之美，庶几成康，自古功德兼隆，由汉以来未之有。"尧舜三代之统既绝，学者寂寥，莫能推与，不得不从汉唐，然其德固难论，而功亦未易言也。汤武世有其国，已为诸侯所归，不忍桀纣之乱，起而灭之，犹以不免用兵，有惭于德，谓之功则可矣。光武宗室子，志复旧物，犹是一理。如汉高祖、唐太宗与群盗争攘兢杀，胜者得之，皆为己富贵，何尝有志于民？②
>
> [后世]乃以势力威令为君道，而以刑政末作为治体。然则汉之文、宣，唐之太宗，虽号贤君，其实去桀纣尚无几也，可不惧哉！③

汤武革命的问题，二程、朱熹避而不谈，叶适比二程、朱熹要老实一些，还是提出来了，但他把这类去残除秽的流血革命，认为是"有惭于德"而予以批评。叶适的笔下，三代王政下的道德仁义纯洁到何等地步了！尊奉三代的同时，叶适与二程、朱熹一样贬抑汉唐。诸葛亮在叶适笔下算是幸运的，仅仅被评为"实用霸政"，"本王心，行霸政，以儒道挟权术，为申商韩非而不知"，至于汉高祖、唐太宗"与群盗争攘兢杀"而得天下，则如朱熹所说的去盗贼不远。连被称为贤君的汉文帝、汉宣帝也遭到叶适的批评，认为是"去桀纣尚无几"！叶适的这些"诛心之论"，是他的动机论在历史上的具体运用，与程朱们的方法和论证是一

---

① 《习学记言序目》卷二八《三国志·蜀志》，另一段文字与此同，不录。
② 《习学记言序目》卷三八《唐书·帝纪》。
③ 《习学记言序目》卷六《毛诗·国风豳·七月》。

致的。

在叶适的历史观中也不乏一些积极的东西。他对历史盛衰提出较为深刻的看法，例如他所说的："盖天下之治乱有候而盛衰有机"①，以"候"和"机"作为历史盛衰的征象。由于具有这一认识，他否定了董仲舒以来的迷信的"天命论"，认为盛衰存亡有它的内在原因：

> 然则其存亡之数，盖有非天之所能为者也。……知天下有自亡之势，而非天命之使然。若唐之最甚者，而盗贼之不肖尤足以得国，则人主其可不惕然而自惧哉！②

这类见解具有唯物主义认识论的因素，可惜的是，这些积极因素在叶适的历史观中不占重要地位，而起主导作用的是前面叙述过的历史倒退论。

叶适与陈亮是南宋浙东事功派的主要代表人物，他们都具有功利主义哲学思想，为什么在历史观上，一个是倒退论，一个是进化论，存在这么显著的差别呢？主要原因在于：陈亮贯彻了他的功利主义哲学思想，从汉唐活动的实际出发，肯定汉唐业绩；而叶适没有贯彻这个哲学观点，却同朱熹一样，以动机论论汉唐并予以否定，从而陷入历史倒退论。

紧跟着这个问题而来的问题是，为什么陈亮能贯彻功利主义哲学思想观点，而叶适却不能呢？这可能与陈亮、叶适个人经历及其所受传统儒家思想的影响有密切关系。

前章说过，陈亮科考不利，直到他去世前一年才考中科举，做上状元，接着便病死而未能赴建康任职。科举虽然不能测验出人们的真正学问，陈亮多年科举不利并未能说明他真的不行，但陈亮在科场上的表现没有达到当时中举的规格则是无疑义的，而科举规格准绳自然是儒家思想。陈亮的实际活动也确实表明，他同儒家思想是有所抵触的。如前章说过的，陈亮把仁、义、礼、智、信看作为阻碍人们发家致富的"五贼"，把仁义看作劫取人们财产的"空言"，不仅与儒家思想格格不入，

---

① 《水心别集》卷六《进卷·三国志》。
② 《水心别集》卷六《进卷·五代史》。

而且他的实践活动在若干方面突破了儒家限制。由此可见,陈亮所受到的传统儒家思想的影响较包括叶适在内的一般儒生要小。恰恰是由于这个原因,陈亮的思维空间便获得较一般儒生更多的思想自由,从而创造了具有鲜明特色的功利主义哲学思想。因此,在同朱熹的论辩中,陈亮以这个思想武器造成破竹之势,并将这种哲学思想贯彻到对三代秦汉历史行程的考察中,形成了他的历史进化论。

叶适则不然,他不到三十岁即中举入仕,所受传统儒家思想较陈亮浓重得多,他与陈亮虽然相交甚早,但对陈亮所学却颇多微词,叶适的学生吴子良在《荆溪林下偶谈》中称陈亮"学未粹",即是叶适的评论。① 所谓的"学未粹",即在叶适心目中,陈亮的学识还没有达到儒学的纯粹地步。因此,对朱、陈王霸义利之辨,叶适虽然没有表达意见,实际上是赞同朱熹而不赞同陈亮的。叶适虽然也形成了他的功利主义思想,但是与陈亮相比,显得暗淡得多了。既然在朱、陈论辩中叶适站在朱熹一边,他的这个思想当然无从贯彻到对汉唐的历史考察中去,不能不同朱熹一样走上历史倒退论。《习学记言序目》是叶适晚年的作品,韩侂胄北伐失败,叶适也因而被贬逐于冗散之地,政治上的失意,也可能导致他的思想上的倒退,终于在历史观方面与朱熹合流了。

墨子极为重视社会(包括思想、道德、文化诸方面)给人们的影响,在《所染》中强调"施以苍则苍,施以黄则黄",用来让人们善于对待各种影响。在封建时代的宋朝,儒家思想作为一个传统的力量,它可以给人们以积极影响,也可以给人们以消极影响,对一个人的思想来说是至关重要的。陈亮、叶适所受儒家思想影响存在差别,导致两个人的历史观竟有这样重大的差别。从这一事实中可以看出,既要注意"所染",慎重地对待"所染",而区分"所染"成分的积极方面和消极方面,对一个人来说,同样是至关重要的。

---

① 吴子良:《荆溪林下偶谈》卷二称陈亮:"才高而学未粹,气豪而心未平,水心先生每以为然。"

参考书目[1]

书名	作者	版本
二画		
二程集	程颢程颐	中华书局点校本
九华集	员兴宗	四库全书珍本初集
三画		
三国志	陈寿	中华书局点校本
小畜集	王禹偁	四库影印本
习学记言	叶适	四库影印本
广弘明集	释道宣	四部丛刊本
大般若波罗蜜多经	玄奘译	中华大藏经
大方广胜圆觉修多罗了义经	唐罽宾沙门佛陀多罗译	中华大藏经
四画		
辽史	脱脱等	中华书局点校本
文献通考	马端临	中华书局影印本
五朝名臣言行录	朱熹	四部丛刊本

---

[1] 本书目系原始文献材料,近人论著,则于文稿引文中注明,不再收录。

参考书目

止斋先生文集	陈傅良	四部丛刊本
五峰集	胡宏	四库影印本
毛诗古音考	陈第	四库影印本
毛诗注疏	毛亨传 郑玄注	四库影印本
中庸		四库影印本
中庸辑略	石𡒉撰 朱熹删定	四库影印本
中庸章句大全	朱熹	四库全书珍本初集
中论	龙树	中华大藏经
元城语录	马永卿	四库影印本
历代名臣奏议	杨士奇	四库影印本
王荆文公诗李壁注	李壁	上海古籍出版社点校本
元氏长庆集	元稹	四部丛刊本
元和郡县图志	李吉甫	中华书局点校本
元城语录	马永卿	四库影印本
书传	苏轼	四库影印本
世说新语	刘义庆	四库影印本

五画

白虎通疏证	陈立	中华书局1997年版
史记	司马迁	中华书局点校本
汉书	班固	中华书局点校本
旧五代史	薛居正等	中华书局点校本
东轩笔录	魏泰	四库影印本
叶适集	叶适	中华书局点校本
东莱集	吕祖谦	四库影印本
龙川集	陈亮	四库影印本
白虎通德论	班固	四库影印本

参考书目

乐全集	张方平	四库影印本
东坡全集	苏　轼	四库影印本
东坡易传	苏　轼	四库影印本
龙川略志	苏　辙	中华书局点校本
节孝集	徐　积	四库影印本
四书大全		四库珍本

六画

杂　说	吕本中	四库影印本
朱文公文集	朱　熹	四部丛刊本
朱子语类	朱　熹	中华书局点校本
庄　子		四部丛刊本
老学庵笔记	陆　游	中华书局点校本
吕氏杂记	吕希哲	四库影印本
庄子注	郭　象	四库影印本
刘梦得文集	刘禹锡	四部丛刊本
庄子口义	林希逸	四库影印本
西山先生真文忠公文集	真德秀	四部丛刊本
华严原人论	宗　密	频伽精舍本《大藏经》
后汉书	范　晔	中华书局点校本
论　语		四部丛刊本
贞观政要	吴　兢	四库影印本
师友谈记	李　廌	四库影印本
伊洛渊源录	朱　熹	台湾文海出版社

七画

龟山集	杨　时	四库影印本
李文公集	李　翱	四部丛刊本
宋　史	脱　脱等	中华书局点校本
宋会要辑稿	徐松辑	北京图书馆影印本

张载集	张　载	中华书局点校本
张栻全集	张　栻	长春出版社点校本
冷斋夜话	释惠洪	四库影印本
宋元学案	黄宗羲	中华书局点校本
	全祖望	
宋诗纪事	厉　鹗	上海古籍出版社点校本
张司业集	张　籍	四库影印本
佛祖统纪	释志磐	大藏经本
甫里先生文集	陆龟蒙	四部丛刊本
宋宰辅编年录	徐自明	台湾宋史资料萃编本
宋名臣言行录	朱　熹	四库影印本
宋文鉴	吕祖谦	中华书局点校本
扬子法言	扬　雄	四库影印本
闲居编	释智圆	续藏经本

八画

昌黎先生集	韩　愈	四部丛刊本
欧阳文忠公文集	欧阳修	四部丛刊本
诗本义	欧阳修	四库影印本
直斋书录解题	陈振孙	四库影印本
直讲李先生文集	李　觏	四部丛刊本
周官新义	王安石	粤雅堂丛书
孟　子		四部丛刊本
周　书	令狐德棻等	中华书局点校本
河东集	柳　开	四库影印本
陈亮集（增订本）	陈　亮	中华书局点校本
诚斋集	杨万里	四部丛刊本
金石续编	陆耀遹	

陆宣公集	陆　贽	四部丛刊本
法藏碎金录	晁　迥	四库影印本
徂徕集	石　介	四库影印本
周易口义	胡　瑗	四库影印本
范文正公集	范仲淹	四部丛刊本
陈伯玉集	陈子昂	四部丛刊本
邵氏闻见后录	邵　博	中华书局点校本
经进东坡文集事略	苏　轼	四部丛刊本

九画

临川先生文集	王安石	四部丛刊本
闻见录	邵伯温	四库影印本
春渚纪闻	何　薳	中华书局点校本
洪范口义	胡　瑗	四库影印本
建炎以来系年要录	李心传	台湾文海出版社影印本
建炎以来朝野杂记	李心传	四库影印本
毗陵集	张　守	四部丛刊本
南阳集	韩　维	四库影印本
皇甫持正文集	皇甫湜	四部丛刊本
秋涧先生大全文集	王　恽	四部丛刊本
荀　子		四部丛刊本
春秋集传纂例	陆　淳	四库影印本
春秋繁露	董仲舒	四库影印本
春秋尊王发微	孙　复	四库影印本
春秋公羊传注疏	公羊高撰 何　休注	四库影印本
胡宏集	胡　宏	中华书局点校本
南华真经新传	王　雱	四库影印本
胡氏春秋传	胡安国	四库影印本

荆溪林下偶谈	吴子良	宝颜堂秘笈
皇宋通鉴长编	杨仲良	宛委别藏本
纪事本末		

十画

铁围山丛谈	蔡　絛	四库影印本
通　典	杜　佑	浙江书局本
资治通鉴	司马光	中华书局点校本
涑水记闻	司马光	中华书局点校本
郡斋读书志	晁公武	四库影印本
浪语集	薛季宣	四库影印本
栾城遗言	苏　籀	四库影印本
栾城集	苏　辙	四部丛刊本
唐柳先生集	柳宗元	四部丛刊本
般若波罗蜜多心经	玄　奘译	中华大藏经
钱仲文集	钱　起	四库影印本
高僧传	释慧皎	频伽精舍本《大藏经》

十一画

陶山集	陆　佃	四库影印本
桯　史	岳　珂	中华书局点校本
续资治通鉴长编	李　焘	中华书局点校本
陵川集	郝　经	四部丛刊本
象山先生全集	陆九渊	四部丛刊本
梁　书	姚思廉	中华书局点校本
清波杂志	周　辉	四库影印本
清容居士集	袁　桷	四库影印本

十二画

| 集注太玄经 | 司马光 | 《道藏》文物出版社本 |
| 温国文正司马公文集 | 司马光 | 四部丛刊本 |

道院集要	晁 迥	四库影印本
道德真经集注	彭 耜	《道藏》文物出版社本
道德真经集注	梁 迥	《道藏》文物出版社本
道命录	李心传	丛书集成初编本
鲁斋集	王 柏	四库影印本
隋书	魏 征等	中华书局点校本
渭南文集	陆 游	四部丛刊本
斐然集	胡 寅	四库影印本
湘山野录、续录	释文莹	中华书局点校本

十三画

新唐书	欧阳修等	中华书局点校本

十四画

滹南遗老集	王若虚	四库影印本
端明集	蔡 襄	四库影印本
嘉祐集	苏 洵	四部丛刊本
嘉泰吴兴志	谈 钥	吴兴丛书

十五画

樊川文集	杜 牧	四部丛刊本
墨客挥犀	彭 乘	四库影印本
增广司马温公全集	司马光	日本汲古书院影印本

十六画

避暑录话	叶梦得	四库影印本
儒林公议	田 况	四库影印本
麈史	王得臣	四库影印本

十七画

魏书	魏 收	中华书局点校本

后　记

呈现在读者面前的这部书稿，是已故著名历史学家漆侠先生的遗作。漆侠先生从事史学研究五十余载，在中国古代史、中国农民战争史、宋辽夏金史、宋代经济史等领域建树非凡，泽惠后学。1994年，漆侠先生的学术研究重点开始转向宋代学术思想史方面，同年申获"国家社会科学基金项目"《宋学的发展和演变》，此后几年的时间里，漆侠先生除完成教学任务和参加必要的学术交流活动之外，把全部精力投入了这部书稿的写作。

本书稿原计划于2001年底完稿，漆侠先生生前亲拟了本书章目。同时，随着对"宋学"的深入研究和探索，先生对目前学术界治思想史的方法有了一些不同想法和意见，于是着手为自己的书稿写一序言。惜乎书稿未竟，哲人先逝。后学弟子学力不逮，无法补其缺，续其作。唯幸先生治学术思想史的思路与方法已蕴含于是书稿的写作之中，学界同道体会察省，定会受益匪浅。

需做说明的是，先生原打算将此书献给他的贤妻、我们的师母万瑞兰先生。万师母辛勤一生、无私奉献，全力支持先生事业，不幸于2001年6月因病辞世。先生忍含悲痛，更争分夺秒地写作。然天不假年，仅数月后，2001年11月2日，先生竟亦仙逝。在此谨遵先生遗愿，以此书稿祭奠于师母万瑞兰先生灵前。

后 记

  书稿基本保持原貌，其中部分章节先生已先期以论文形式发表，个别章节未及完成。书稿校订时，除个别字句略作改动外，行文最大限度地保持了先生的写作原貌。河北大学宋史研究中心的漆侠先生的后学弟子们对文中征引的资料予以校订，并附录了参考书目。河北人民出版社更为此书的顺利出版做了许多工作，这是我们需要特别提出并衷心感谢的！

河北大学宋史研究中心

2002年6月27日

图书在版编目（CIP）数据

宋学的发展和演变/漆侠著. —北京：人民出版社；石家庄：河北人民出版社，2011

（人民·联盟文库）

ISBN 978-7-01-009982-8

Ⅰ.①宋…　Ⅱ.①漆…　Ⅲ.①学术思想-思想史-研究-宋代
Ⅳ.①B244

中国版本图书馆 CIP 数据核字（2011）第 115168 号

宋学的发展和演变
SONGXUE DE FAZHAN HE YANBIAN

漆　侠　著

责任编辑：王书华　张　旭
封扉设计：曹　春
出版发行：人民出版社
　　　　　北京朝阳门内大街 166 号　　邮　编：100706
网　　址：http://www.peoplepress.net
邮购电话：(010) 65250042/65289539
经　销：新华书店
印　刷：三河市金泰源印装厂
版　次：2011 年 6 月第 1 版　2011 年 6 月北京第 1 次印刷
开　本：710 毫米×1000 毫米　1/16
印　张：35.25
字　数：489 千字
书　号：ISBN 978-7-01-009982-8
定　价：67.00 元

版权所有　侵权必究

《人民·联盟文库》第一辑书目

分 类	书 名	作 者
政治类	中共重大历史事件亲历记(2卷)	李海文主编
	中国工农红军长征亲历记	李海文主编
哲学类	中国哲学史(1—4)	任继愈主编
	哲学通论	孙正聿著
	中国经学史	吴雁南、秦学顾、李禹阶主编
	季羡林谈义理	季羡林著,梁志刚选编
历史类	中亚通史(3卷)	王治来、丁笃本著
	吐蕃史稿	才让著
	中国古代北方民族通论	林幹著
	匈奴史	林幹著
	毛泽东评说中国历史	赵以武主编
文化类	中国文化史(4卷)	张维青、高毅清著
	中国古代文学通论(7卷)	傅璇琮、蒋寅主编
	中国地名学源流	华林甫著
	中国古代巫术	胡新生著
	徽商研究	张海鹏、王廷元主编
	诗词曲格律纲要	涂宗涛著
译著类	中国密码	[德]弗郎克·泽林著,强朝晖译
	领袖们	[美]理查德·尼克松著,施燕华等译
	伟人与大国	[德]赫尔穆特·施密特著,梅兆荣等译
	大外交	[美]亨利·基辛格著,顾淑馨、林添贵译
	欧洲史	[法]德尼兹·加亚尔等著,蔡鸿滨等译
	亚洲史	[美]罗兹·墨菲著,黄磷译
	西方政治思想史	[美]约翰·麦克里兰著,彭维栋译
	西方艺术史	[法]德比奇等著,徐庆平译
	纳粹德国的兴亡	[德]托尔斯滕·克尔讷著,李工真译
	资本主义文化矛盾	[美]丹尼尔·贝尔著,严蓓雯译
	中国社会史	[法]谢和耐著,黄建华、黄迅余译
	儒家传统与文明对话	[美]杜维明著,彭国翔译
	中国人的精神	辜鸿铭著,黄兴涛、宋小庆译
	毛泽东传	[美]罗斯·特里尔著,刘路新等译
人物传记类	蒋介石全传	张宪文、方庆秋主编
	百年宋美龄	杨树标、杨菁著
	世纪情怀——张学良全传(上下)	王海晨、胡玉海著

《人民·联盟文库》第二辑书目

分 类	书 名	作 者
政治类	民族问题概论(第三版)	吴仕民主编、王平副主编
	宗教问题概论(第三版)	龚学增主编
	中国宪法史	张晋藩著
历史类	乾嘉学派研究	陈祖武、朱彤窗著
	宋学的发展和演变	漆侠著
	台湾通史	连横著
	卫拉特蒙古史纲	马大正、成崇德主编
	文明论——人类文明的形成发展与前景	孙进己、干志耿著
哲学类	西方哲学史(8卷)	叶秀山、王树人总主编
	康德《纯粹理性批判》句读	邓晓芒著
	比较伦理学	黄建中著
	中国美学史话	李翔德、郑钦镛著
	中华人文精神	张岂之著
	人文精神论	许苏民著
	论死生	吴兴勇著
	幸福与优雅	江畅、周鸿雁著
文化类	唐诗学史稿	陈伯海主编
	中国古代神秘文化	李冬生著
	中国家训史	徐少锦、陈延斌
	中国设计艺术史论	李立新著
	西藏风土志	赤烈曲扎著
	藏传佛教密宗与曼荼罗艺术	昂巴著
	民谣里的中国	田涛著
	黄土地的变迁——以西北边陲种田乡为例	张畯、刘晓乾著
	中外文化交流史	王介南著
	纵论出版产业的科学发展	齐峰著
译著类	赫鲁晓夫下台内幕	[俄]谢·赫鲁晓夫著,述弢译
	治国策	[波斯]尼扎姆·莫尔克著,[英]胡伯特·达克(由波斯文转译成英文),蓝琪、许序雅译,蓝琪校
	西域的历史与文明	[法]鲁保罗著,耿昇译
	16～18世纪中亚历史地理文献	[乌]Б.А.艾哈迈多夫著,陈远光译
	亲历晚清四十五年——李提摩太在华回忆录	[英]李提摩太著,李宪堂、侯林莉译
	伯希和西域探险记	[法]伯希和等著,耿昇译
	观念的冒险	[美]A.N.怀特海著,周邦宪译
人物传记类	溥仪的后半生	王庆祥著
	胡乔木——中共中央一支笔	叶永烈著
	林彪的这一生	少华、游胡著
	左宗棠在甘肃	马啸著